Die Wirtschaft der neuen Bundesländer

Die Wirtschaft der neuen Bundesländer

Daten · Fakten · Perspektiven

Ausgabe 1994

Herausgeber

Senator für Wirtschaft und Technologie
des Landes Berlin

Minister für Wirtschaft, Mittelstand und Technologie
des Landes Brandenburg

Wirtschaftsminister
des Landes Mecklenburg-Vorpommern

Staatsminister für Wirtschaft und Arbeit
des Freistaates Sachsen

Minister für Wirtschaft, Technologie und Verkehr
des Landes Sachsen-Anhalt

Minister für Wirtschaft und Verkehr
des Landes Thüringen

GABLER

Die Deutsche Bibliothek – CIP-Einheitsaufnahme

Die Wirtschaft der neuen Bundesländer : Daten, Fakten,
Perspektiven / Hrsg.: Senator für Wirtschaft und Technologie
des Landes Berlin ... - Ausgabe 1994. - Wiesbaden : Gabler, 1994
  ISBN 3-409-13560-X
NE: Berlin / Senatsverwaltung für Wirtschaft und Technologie

An dieser Ausgabe haben verantwortlich mitgewirkt (in der Reihenfolge der Länderkapi-
tel): Dr. Michael Heine (Berlin), Dr. Helmut Zschocke (Brandenburg), Lukas Kalten-
bach (Mecklenburg-Vorpommern), Dr. Walter Ort (Sachsen), Hermann Doering (Sachsen-Anhalt), Michael Klughardt (Thüringen).

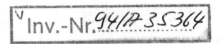
Der Gabler Verlag ist ein Unternehmen der Verlagsgruppe Bertelsmann International.

© Betriebswirtschaftlicher Verlag Dr. Th. Gabler GmbH, Wiesbaden 1994
Lektorat: Dr. Walter Nachtigall

Höchste inhaltliche und technische Qualität unserer Produkte ist unser Ziel. Bei der Produktion
und Auslieferung unserer Bücher wollen wir die Umwelt schonen: Dieses Buch ist auf säurefreiem
und chlorfrei gebleichtem Papier gedruckt. Die Einschweißfolie besteht aus Polyäthylen und damit aus organischen Grundstoffen, die weder bei der Herstellung noch bei der Verbrennung Schad-
stoffe freisetzen.

Die Wiedergabe von Gebrauchsnamen, Handelsnamen, Warenbezeichnungen usw. in diesem
Werk berechtigt auch ohne besondere Kennzeichnung nicht zu der Annahme, daß solche Namen
im Sinne der Warenzeichen- und Markenschutz-Gesetzgebung als frei zu betrachten wären und
daher von jedermann benutzt werden dürften.

Umschlaggestaltung: Schrimpf und Partner, Wiesbaden
Layout: Text, Grafik & Software, Dresden
Druck und Buchbinder: Wilhelm & Adam, Heusenstamm
Printed in Germany

ISBN 3-409-13560-X

Inhalt

Berlin

Brandenburg

Sachsen-Anhalt

Thüringen

Berlin

Größe, Einwohner

Berlin – altes und neues Bundesland zugleich – liegt inmitten von Europa und im Zentrum der neuen Bundesländer. Es ist die östlichste Wirtschaftsmetropole der Europäischen Staatengemeinschaft, also ein idealer Ausgangspunkt, die mittel- und osteuropäischen Märkte zu erschließen.

Das Stadtgebiet Berlins umfaßt knapp 90 000 Hektar, wovon 68 Prozent als Siedlungs- und Verkehrsfläche genutzt werden. Mit 17,5 Prozent Wald- und 6,4 Prozent Wasserfläche zählt die Stadt zu den grünsten und wasserreichsten Großstädten Deutschlands.

Ende 1992 lebten in den 23 Bezirken von Berlin 3,457 Mill. Einwohner (melderechtlich registrierte Einwohner am Ort der Hauptwohnung), davon 2,168 Mill. im Westteil und 1,289 Mill. im Ostteil der Stadt. Das sind 239 000 Personen mehr als zehn Jahre zuvor und 44 000 Personen mehr als nach dem Fall der Mauer 1989. Berlin hatte Ende 1992 386 000 ausländische Einwohner, die damit einen Anteil von 11,2 Prozent der Gesamtbevölkerung stellten.

Die Bevölkerungsdichte betrug 1992 3 898 Einwohner pro km^2. Der Westteil der Stadt war mit 4 471 Einwohnern pro km^2 dichter besiedelt als der Ostteil mit 3 208 Einwohnern pro km^2. Von den Bezirken wies Kreuzberg mit 15 046 Einwohnern pro km^2 die größte, Köpenick mit 849 Einwohnern pro km^2 die geringste Bevölkerungsdichte auf.

1. Gesamtwirtschaftliche Lage

Wirtschaftsstruktur

1991 waren in der Stadt knapp 1,7 Mill. Menschen erwerbstätig. Davon entfielen 62 Prozent auf die westlichen und 38 Prozent auf die östlichen Bezirke. Eine vergleichende Betrachtung der Erwerbstätigen nach Wirtschaftsbereichen zeigt, daß sich die Wirtschaftsstrukturen in beiden Teilen Berlins zumindest im Jahre 1991 noch stark ähneln (vgl. Tabelle 1). In beiden Stadthälften arbeiteten knapp 30 Prozent der Erwerbstätigen im Warenproduzierenden Gewerbe, in beiden Stadthälften nahmen die Elektro-, Maschinenbau-, Chemie-, Nahrungs- und Genußmittelindustrie sowie das Baugewerbe eine starke Position ein, und in beiden Stadthälften spielte der Verwaltungs- und Wissenschaftsbereich eine wichtige Rolle.

Konjunkturelle Entwicklung

Die bundes- und weltweite Konjunkturschwäche hat auch Berlin eingeholt. Die Wirtschaftstätigkeit im Westteil der Stadt hat sich unter dem Einfluß der bislang ausgebliebenen Belebung der Konjunktur in den westlichen Industrieländern und angesichts der konjunkturellen Flaute in den alten Bundesländern spürbar abgeschwächt. Dabei ist die wirtschaftliche Entwicklung in den westlichen Bezirken zu einem wesentlichen Teil auch als Normalisierung nach dem vorangegangenen Wachstumsboom zu werten. Dreieinhalb Jahre nach dem Fall der Mauer sind die einigungsbedingten Impulse nunmehr abgeebbt.

Die Wirtschaft im östlichen Teil Berlins befindet sich weiterhin im Umbruch. Die Umstellung auf marktwirtschaftliche Verhältnisse hat zwar weitere Fortschritte gemacht, die Erholung kommt aber nur langsam voran. Trotz Verbesserungen in Teilbereichen – insbesondere in der Bauwirtschaft und im Dienstleistungssektor sind Anzeichen für eine wirtschaftliche Belebung erkennbar – zeichnet sich bislang noch kein breit angelegter und sich selbst tragender Aufschwungprozeß in der östlichen Stadthälfte ab. Dabei darf nicht übersehen werden, daß eine anhaltende, ausgeprägte konjunkturelle Schwächephase im Westteil Berlins zunehmend auch negative Auswirkungen auf den Anpassungsprozeß in der östlichen Stadthälfte hätte.

Das reale Bruttoinlandsprodukt im westlichen Teil Berlins stagnierte 1992 auf dem erreichten hohen Stand, nachdem die Wirtschaft aufgrund des Nachfragesogs aus den östlichen Bezirken und dem Umland in den Jahren 1990 und 1991 mit Raten von 6,0 Prozent und 6,5 Prozent gewachsen war.

Das inzwischen erreichte hohe Produktionsergebnis wird deutlich, wenn man die Wirtschaftsleistung mit dem Stand von vor vier Jahren vergleicht: Die gesamtwirtschaftliche Aktivität im Westteil Berlins übertraf das Niveau von 1989 um etwa 12,9 Prozent, gegenüber 10,6 Prozent in den alten Bundesländern insgesamt.

Tabelle 1: Erwerbstätige in Berlin 1988 bis 1992 (Anzahl in Tsd.)

Wirtschaftsbereich	1988	1989	1990[1]	1991[1]	1992[1]
Erwerbstätige insgesamt					
Westteil Berlins	919,9	934,9	974,8	1 039,5	1 055,8
Ostteil Berlins	.	867,0	762,1	634,9	.
Unternehmen zusammen					
Westteil Berlins	664,0	675,1	709,8	766,5	.
Ostteil Berlins	.	564,7	517,3	453,5	.
Land- und Forstwirtschaft					
Westteil Berlins	5,2	5,2	5,5	5,7	6,2
Ostteil Berlins	.	7,4	6,2	3,5	.
Warenproduzierendes Gewerbe					
Westteil Berlins	283,1	285,3	293,3	304,0	301,4
Ostteil Berlins	.	269,7	242,9	184,2	.
Energie- und Wasserversorgung					
Westteil Berlins	13,0	13,0	13,1	13,0	.
Ostteil Berlins	.	.	.	.	.
Verarbeitendes Gewerbe					
Westteil Berlins	202,0	203,0	207,3	212,6	.
Ostteil Berlins	.	.	.	.	.
Baugewerbe					
Westteil Berlins	68,1	69,2	72,9	78,4	.
Ostteil Berlins	.	57,4	52,4	43,3	.
Handel und Verkehr					
Westteil Berlins	177,2	179,5	189,3	208,0	211,5
Ostteil Berlins	.	177,2	164,0	156,3	.
Handel					
Westteil Berlins	112,5	113,3	121,1	134,7	.
Ostteil Berlins	.	95,2	84,5	83,2	.
Verkehr, Nachrichtenübermittlung					
Westteil Berlins	64,6	66,2	68,2	73,3	.
Ostteil Berlins	.	82,0	79,5	73,1	.
Dienstleistungsunternehmen					
Westteil Berlins	198,4	205,1	221,8	248,7	267,7
Ostteil Berlins	.	110,3	104,2	109,4	.
Staat					
Westteil Berlins	207,0	208,7	211,9	217,8	.
Ostteil Berlins	.	276,9	230,4	168,4	.
Private Haushalte, private Organisationen ohne Erwerbszweck					
Westteil Berlins	48,9	51,1	53,1	55,3	.
Ostteil Berlins	.	25,5	14,5	13,0	.

1) Ab 1990 vorläufige Ergebnisse.

Quelle: Statistisches Landesamt Berlin

Das statistische Berichtssystem für den Ostteil Berlins befindet sich noch immer im Aufbau. Für 1992 liegen erstmals amtliche Ergebnisse über die Entwicklung des Bruttoinlandsprodukts vor. Danach ist der Leistungsrückgang – ähnlich wie in den neuen Bundesländern insgesamt – auf sehr niedrigem Niveau gestoppt worden. Die Wirtschaftstätigkeit nahm 1992 erstmals seit der Vereinigung der beiden deutschen Staaten zu. Vorläufigen Angaben des Statistischen Landesamtes zufolge erhöhte sich das Bruttoinlandsprodukt in der östlichen Stadthälfte im vergangenen Jahr real um 8,0 Prozent (vgl. Tabelle 2).

Mit Blick auf die Wirtschaftsleistung je Einwohner nimmt der Ostteil Berlins im Vergleich der neuen Bundesländer die Spitzenposition ein. Der entsprechende Wert (reales Bruttoinlandsprodukt je Einwohner) lag hier 1992 bei rund 16 700 DM. Der Durchschnittswert für die neuen Bundesländer insgesamt belief sich im vergangenen Jahr auf rund 12 700 DM.

In der Stadt insgesamt ergab sich 1992 ein Wirtschaftswachstum von real 1,5 Prozent. Wertmäßig stieg das Gesamt-Berliner Bruttoinlandsprodukt im vergangenen Jahr auf über 130 Mrd. DM. Dazu haben der Westteil etwa vier Fünftel und die östliche Stadthälfte ein Fünftel beigetragen.

Die Abschwächung der Wirtschaftsentwicklung in der westlichen Stadthälfte wurde maßgebend vom Verarbeitenden Gewerbe geprägt. Die gedämpfte gesamtwirtschaftliche Aktivität spiegelte sich besonders deutlich in der rückläufigen Nachfrage und Produktion im Investitionsgüterbereich wider. Hier mußten vor allem die Branchen Einbußen hinnehmen, die stark vom Exportgeschäft abhängen (Maschinenbau, Fahrzeugbau, Elektrotechnik). Merklich eingeschränkt wurde auch die Leistung im Verbrauchsgüterbereich sowie im Nahrungs- und Genußmittelsektor; beide Teilbereiche hatten zuvor in besonderem Maße von dem einigungsbedingten Boom profitiert.

Im Einzelhandel ging die Umsatztätigkeit augenfällig zurück. Neben einer allgemein schwächeren Verbrauchskonjunktur kommt in dieser Entwicklung vor allem auch die weitere Normalisierung des Geschehens nach den Wachstumsschüben 1990 und in der ersten Jahreshälfte 1991 zum Ausdruck.

Starke Impulse gaben dagegen der Dienstleistungssektor und die Bauwirtschaft sowie Zweige des Handwerks.

Auch in den östlichen Bezirken bewegten sich insbesondere die Bauwirtschaft, aber auch Teile des Dienstleistungssektors deutlich aufwärts, während auf der anderen Seite im Verarbeitenden Gewerbe noch keine eindeutige Erholung zu erkennen ist. Der Umstrukturierungsprozeß stellt sich in der Industrie am schwierigsten dar. Die Produktionstätigkeit hat sich den amtlichen statistischen Daten zufolge noch nicht von der Talsohle gelöst (vgl. Tabelle 3). Neben den vielfältigen Problemen bei der Umstellung und Erneuerung der Produktionsapparate bedeutet der weitgehende Zusammenbruch der Exportwirtschaft mit den osteuropäischen Staaten eine weitere erhebliche Belastung.

Tabelle 2: Bruttoinlandsprodukt[1] in Berlin 1988 bis 1992 (Veränderungen gegenüber dem Vorjahr in Prozent)

Wirtschaftsbereich	1988	1989	1990	1991	1992[2]
Bruttoinlandsprodukt[3]					
Westteil Berlins	3,2	3,3	6,0	6,5	0,1
Ostteil Berlins	.	.	.	.	8,0
Westdeutschland	3,7	3,4	5,1	3,7	1,6
Ostdeutschland	.	.	.	.	6,8
Bruttowertschöpfung insgesamt[4]					
Westteil Berlins	3,2	3,2	6,0	6,5	0,2
Ostteil Berlins	.	.	.	.	.
Westdeutschland	3,8	3,4	5,1	4,0	1,7
Ostdeutschland	.	.	.	.	6,5
Unternehmen zusammen					
Westteil Berlins	3,6	3,5	6,9	7,4	–0,3
Ostteil Berlins	.	.	.	.	.
Land- und Forstwirtschaft					
Westteil Berlins	5,9	–5,0	23,8	–1,3	–3,8
Ostteil Berlins	.	.	.	.	.
Warenproduzierendes Gewerbe					
Westteil Berlins	3,5	3,1	4,7	9,4	–0,7
Ostteil Berlins	.	.	.	.	.
Handel und Verkehr					
Westteil Berlins	3,9	4,1	18,5	7,1	–3,2
Ostteil Berlins	.	.	.	.	.
Handel					
Westteil Berlins	3,6	2,5	24,3	7,9	–4,6
Ostteil Berlins	.	.	.	.	.
Dienstleistungsunternehmen					
Westteil Berlins	3,5	4,0	4,8	4,5	1,8
Ostteil Berlins	.	.	.	.	.
Staat, private Haushalte, private Organisationen ohne Erwerbszweck					
Westteil Berlins	1,0	1,4	1,8	1,8	2,3
Ostteil Berlins	.	.	.	.	.

1) Im Westteil Berlins bzw. in Westdeutschland bis einschl. 1991 in Preisen von 1985.
2) In Preisen von 1991.
3) Bruttoinlandsprodukt = unbereinigte Bruttowertschöpfung abzüglich unterstellter Entgelte für Bankdienstleistungen, zuzüglich nichtabziehbarer Umsatzsteuer und Einfuhrabgaben.
4) Unbereinigte Bruttowertschöpfung der Wirtschaftsbereiche (d. h. einschl. unterstellter Entgelte für Bankdienstleistungen).

Quellen: Statistisches Landesamt Berlin, Statistisches Bundesamt

Tabelle 3: Entstehung des Bruttoinlandsprodukts[1] in Berlin 1988 bis 1992 (in Mrd. DM)

Wirtschaftsbereich	1988	1989	1990	1991	1992
Bruttoinlandsprodukt[2]					
Westteil Berlins	79,0	83,7	91,1	100,3	105,0
Ostteil Berlins	.	.	.	19,9	25,2
Bruttowertschöpfung insgesamt[3]					
Westteil Berlins	74,5	79,0	86,1	95,0	99,5
Ostteil Berlins	.	.	.	21,2	.
Unternehmen zusammen					
Westteil Berlins	59,9	63,9	70,4	78,2	81,6
Ostteil Berlins	.	.	.	16,4	.
Land- und Forstwirtschaft					
Westteil Berlins	0,2	0,2	0,3	0,3	0,3
Ostteil Berlins	.	.	.	0,0	.
Warenproduzierendes Gewerbe					
Westteil Berlins	30,6	32,5	35,2	39,8	41,2
Ostteil Berlins	.	.	.	5,3	.
Handel und Verkehr					
Westteil Berlins	8,9	9,5	11,5	12,6	12,6
Ostteil Berlins	.	.	.	4,3	.
Dienstleistungsunternehmen					
Westteil Berlins	20,2	21,6	23,4	25,6	27,6
Ostteil Berlins	.	.	.	6,7	.
Staat, private Haushalte, private Organisationen ohne Erwerbszweck					
Westteil Berlins	14,6	15,1	15,7	16,8	17,9
Ostteil Berlins	.	.	.	4,8	.

1) In jeweiligen Preisen.
2) Bruttoinlandsprodukt = unbereinigte Bruttowertschöpfung abzüglich unterstellter Entgelte für Bankdienstleistungen, zuzüglich nichtabziehbarer Umsatzsteuer und Einfuhrabgaben.
3) Unbereinigte Bruttowertschöpfung der Wirtschaftsbereiche (d. h. einschl. unterstellter Entgelte für Bankdienstleistungen).

Quellen: Statistisches Landesamt Berlin, Statistisches Bundesamt

Die Fortschritte im Umgestaltungsprozeß der Wirtschaft in den östlichen Stadtbezirken zeigen sich insbesondere bei den Gründungsaktivitäten. Dies gilt vor allem für den Dienstleistungsbereich, aber auch für den Handel. Die stürmische Aufwärtsentwicklung hat sich im vergangenen Jahr beruhigt, die Zahl der Gewerbeanmeldungen war (nach Abzug gleichzeitiger Abmeldungen) auch 1992 recht hoch (Saldo im zweiten Halbjahr 1990: + 13 100, im Jahr 1991: + 16 200, in 1992: + 9 200). Im Vergleich der neuen Bundesländer (gemessen am Saldo der Gewerbean- und -abmeldungen je 10 000 Einwohner) lag der Ostteil Berlins sowohl im vergangenen Jahr als auch im gesamten Zeitraum seit Beginn der Wirtschafts- und Währungsunion bis einschließlich April 1993 auf dem Spitzenplatz.

Beschäftigung

Die Ausweitung der Beschäftigung im Westteil Berlins dürfte sich insgesamt deutlich abgeschwächt haben. Gemessen an der Zahl der sozialversicherungspflichtig Beschäftigten stieg die Beschäftigung 1992 jahresdurchschnittlich um rund 28 000 oder 3 Prozent auf rund 882 000 (Westdeutschland: + 1,5 Prozent), nach 58 000 (+ 7,5 Prozent) in 1991 (Westdeutschland: + 3,5 Prozent). Die Zahl der sozialversicherungspflichtig Beschäftigten in der westlichen Stadthälfte lag damit insgesamt um rund 125 000 (+ 16,5 Prozent) über dem Stand von 1989 (Westdeutschland: + 8,5 Prozent).

In der östlichen Stadthälfte hielt der Beschäftigungsrückgang zwar an, die Abnahme hat sich aber im Jahresverlauf 1992 mehr und mehr verlangsamt. Regionale Zahlenangaben sind jedoch noch nicht vorhanden. Die Entwicklung dürfte sich allerdings nicht wesentlich von der in Ostdeutschland insgesamt unterscheiden (1992: – 11,7 Prozent, 1992 gegenüber 1989: etwa – 35,5 Prozent).

Schwerpunkt dieses Beschäftigungsabbaus war das Verarbeitende Gewerbe. Zu der mit Abstand stärksten Reduzierung der Belegschaften kam es im vergangenen Jahr in der Elektrotechnik. Aber auch im Maschinenbau, im Stahl- und Leichtmetallbau, im Nahrungs- und Genußmittelgewerbe, im Bekleidungsgewerbe und in der Chemischen Industrie nahm die Beschäftigtenzahl spürbar ab. Das Tempo des Beschäftigungsrückgangs hat inzwischen deutlich nachgelassen. Seit Mitte 1993 ist es zu einer Stabilisierung im industriellen Sektor gekommen.

Die Zahl der Arbeitslosen im westlichen Teil Berlins belief sich im vergangenen Jahr im Durchschnitt auf rund 109 000, das waren 16 100 Personen mehr als 1991. Im September 1993 wurde gegenüber dem entsprechenden Vorjahresmonat ein Anstieg um 8 085 (+ 7,3 Prozent) registriert. Insgesamt waren zuletzt rund 119 000 Personen arbeitslos gemeldet.

Im Ostteil Berlins erhöhte sich die Zahl der Arbeitslosen im Jahresdurchschnitt um 11 000 auf rund 98 000 (+ 12,5 Prozent; Ostdeutschland: + 28 Prozent). Allerdings ist es im weiteren Jahresverlauf 1992 insbesondere aufgrund der arbeitsmarktpolitischen Maßnahmen zu einem nicht unwesentlichen Rückgang der Arbeitslosigkeit gekommen; im September 1993 fiel der registrierte Arbeitslosenstand mit rund 79 800 um 9 300 (– 10,4 Prozent) geringer aus als zwölf Monate zuvor.

Diese Entwicklung bedeutet aber noch keine allgemeine Trendwende auf dem Arbeitsmarkt in den östlichen Bezirken. Einschließlich der Personen in Weiterbildung, Arbeitsbeschaffungsmaßnahmen (ABM) sowie Kurzarbeitsverhältnissen (mit Arbeitsausfall von über 50 Prozent) belief sich die Zahl der direkt und indirekt von Arbeitslosigkeit Betroffenen in der östlichen Stadthälfte im September 1993 auf fast ein Fünftel der Erwerbspersonen. Sie lag damit allerdings deutlich niedriger als in den übrigen ostdeutschen Bundesländern.

Erheblich entlastet wird der Arbeitsmarkt im Ostteil Berlins durch die hohe Anzahl von Arbeitskräften, die in der westlichen Stadthälfte einer Beschäftigung nachgehen.

In Gesamt-Berlin betrug die registrierte Arbeitslosenzahl 1992 rund 207 000, das sind 27 100 (+ 15 Prozent) mehr als im Vorjahr und entspricht einer Arbeitslosenquote von etwa 13 Prozent.

Tabelle 4:   Arbeitsmarkt Berlin 1991 bis März 1993

	Januar 1991	Juli 1991	Januar 1992	Juli 1992	Januar 1993	Mai 1993
Arbeitslose						
Westteil Berlins	92 510	92 770	104 923	111 017	121 985	119 129
Ostteil Berlins	71 926	99 708	117 357	96 464	93 536	78 792
Veränderung gegen Vorjahr absolut						
Westteil Berlins	−7 507	7 204	12 413	18 247	17 062	11 202
Ostteil Berlins	−	−	45 431	−3 244	−23 821	−19 094
Veränderung gegen Vorjahr in Prozent						
Westteil Berlins	−7,5	8,4	13,4	19,7	16,3	10,4
Ostteil Berlins	−	−	63,2	−3,3	−20,3	−19,5
Arbeitslosenquote in Prozent						
Westteil Berlins	9,3	9,4	10,6	11,3	12,4	12,1
Ostteil Berlins	10,1	14,0	17,2	14,1	13,7	13,0
Kurzarbeiter						
Westteil Berlins	3 689	2 017	6 515	5 161	12 204	11 834
Ostteil Berlins	82 994	67 871	14 402	10 168	7 874	5 702
Veränderung gegen Vorjahr absolut						
Westteil Berlins	−2 221	927	2 826	3 144	5 689	5 415
Ostteil Berlins	−	−	−68 592	−57 703	−6 528	−8 603
Veränderung gegen Vorjahr in Prozent						
Westteil Berlins	−37,6	85,0	76,6	155,9	87,3	84,4
Ostteil Berlins	−	−	−82,6	−85,0	−45,3	−60,1
Offene Stellen						
Westteil Berlins	7 001	5 906	8 937	7 471	9 077	6 352
Ostteil Berlins	2 073	4 038	6 875	3 604	3 604	3 288
Veränderung gegen Vorjahr absolut						
Westteil Berlins	−3 810	−3 476	1 936	1 565	140	−1 350
Ostteil Berlins	−	−	4 802	−434	−3 271	−547
Veränderung gegen Vorjahr in Prozent						
Westteil Berlins	−35,2	−37,0	27,7	26,5	1,6	−17,5
Ostteil Berlins	−	−	231,6	−10,7	−47,6	−14,3

Quelle: Landesarbeitsamt Berlin-Brandenburg

Die Zahl der Kurzarbeiter ist im westlichen Teil Berlins spürbar größer geworden. Im Jahresdurchschnitt 1992 erhöhte sie sich auf rund 6 600 (1991: 3 500); dies ist der höchste Stand seit acht Jahren. In der östlichen Stadthälfte hat die Kurzarbeit an Bedeutung verloren. Sie sank von rund 70 200 in 1991 um 59 100 (– 84 Prozent) auf etwa 11 100 im Jahresdurchschnitt 1992.

Privatisierung

Im Prozeß der zwingend notwendigen Umstrukturierung der Wirtschaft im Ostteil Berlins kam der Treuhandanstalt zentrale Bedeutung zu. Dies zeigen die folgenden Zahlen:

1990 nahm die Treuhandanstalt in Berlin noch für rund 364 000 Beschäftigte in 1 035 Betrieben unternehmerische Verantwortung wahr. Zum 1. Februar 1993 hat sie in 78 noch zu privatisierenden Unternehmen rund 40 000 Arbeitnehmer beschäftigt. Erwerber von Berliner Unternehmen und Immobilien aus Treuhandbesitz haben zwar 245 000 Arbeitsplätze garantiert und Investitionen in Höhe von 24,4 Mrd. DM zugesagt, doch wird dieser Prozeß erst über einen längeren Zeitraum zur Entlastung des Berliner Arbeitsmarktes beitragen.

Berlin schneidet im regionalen Vergleich relativ günstig ab. Die Zahl der bereits privatisierten großen Unternehmen liegt hier über dem Durchschnitt der ostdeutschen Bundesländer. Zudem ist die Zahl der je Unternehmen zugesagten Beschäftigten mit rund 320 mehr als doppelt so hoch, der Verkaufserlös sogar viermal so hoch wie im Durchschnitt Ostdeutschlands. Auch die vereinbarte Investitionssumme liegt, bezogen auf die Bevölkerung, deutlich über dem Durchschnitt der ostdeutschen Bundesländer.

Die Treuhandanstalt strebt für Ende 1993/Anfang 1994 den Abschluß ihres operativen Geschäfts an. Der noch nicht privatisierte, nach Auffassung des Senats jedoch unbedingt zu erhaltende industrielle Kern umfaßt derzeit noch drei größere Betriebe. Unternehmensverbände, Industrie- und Handelskammer, Gewerkschaften, Treuhandanstalt und Senat haben sich verständigt, den Erhalt dieser drei der ehemals neun Betriebe umfassenden "B-9-Liste" gegebenenfalls durch eine aktive Sanierungspolitik gemeinsam in Angriff zu nehmen. Die Treuhandanstalt sichert hierfür den erforderlichen finanziellen, unternehmerischen und zeitlichen Rahmen zu, während Berlin die Unternehmen mit seinem gesamten Förderinstrumentarium (insbesondere Mittel aus der Gemeinschaftsaufgabe "Verbesserung der regionalen Wirtschaftsstruktur", Landesbürgschaften, aber auch öffentliche Infrastrukturmaßnahmen und arbeitsmarktpolitische Instrumente) unterstützt.

Berlin hat von Anfang an sein gesamtes Wirtschaftsförderinstrumentarium auch für Treuhandunternehmen geöffnet. Mittel aus der Gemeinschaftsaufgabe (GA) "Verbesserung der regionalen Wirtschaftsstruktur" sind allerdings bisher nur in geringem Umfang in Anspruch genommen worden. Für bereits privatisierte Unternehmen wurde ein Management-Buy-Out(MBO)-/Management-Buy-In(MBI)-Programm aufgelegt, das die Unternehmensberatung erleichtert und Kreditverbilligungen ermöglicht. Die neugegründete Mittelständische Beteiligungsgesellschaft Berlin-Brandenburg GmbH (MBG) verbessert über sogenannte stille Beteiligungen die Eigenkapitalausstattung auch dieser kleinen und mittleren Unternehmen.

Haushalts- und Finanzlage

Eine schwere Bürde zur Lösung der aktuellen Probleme und eine hohe Hypothek für die zukünftige Entwicklung Berlins stellt der unverhältnismäßig schnelle Abbau der Bundeszuschüsse zum Berliner Haushalt dar. Trotz der immensen Einsparungen Berlins – so sollen von 1993 bis 1997 netto rund 25 000 Stellen im öffentlichen Dienst der Stadt eingespart werden –, die auch schmerzhafte Einschnitte ins soziale und kulturelle Netz unumgänglich machen, wird die Nettokreditaufnahme von rund 5,8 Mrd. DM in diesem Jahr auf rund 7,5 Mrd. DM im nächsten Jahr steigen.

Allerdings sind durch die Solidarpakt-Vereinbarungen für die Finanzpolitik Berlins verläßliche Rahmenbedingungen geschaffen worden. Die Stadt wird danach ab 1995 erstmalig am Finanzausgleich unter den Ländern teilnehmen; gleichzeitig entfallen die Bundeshilfe für Berlin und die Leistungen aus dem Fonds "Deutsche Einheit". Über Leistungen aus dem Länderfinanzausgleich hinaus hat Berlin künftig auch Anteil an den Sonderbedarfs-Bundesergänzungszuweisungen und an den Besonderen Finanzhilfen des Bundes für die neuen Länder.

Letztlich setzt die Stabilisierung des Landeshaushalts die Zunahme von Steuereinnahmen durch eine wachsende Wirtschaftskraft voraus. Es kommt daher darauf an, dieses Ziel durch eine gut koordinierte Wirtschafts- und Ansiedlungspolitik so schnell wie möglich zu erreichen.

Wirtschafts- und Beschäftigungsentwicklung

Unter konjunkturpolitischen Aspekten wird sich Berlin zunächst weiterhin in schwierigem Fahrwasser bewegen. Dabei macht sich die konjunkturelle Schwäche hauptsächlich im Verarbeitenden Gewerbe, aber auch mehr und mehr im Dienstleistungsbereich bemerkbar. Erst bei zunehmender Besserung der Weltkonjunktur und einer Erholung der Wirtschaftätigkeit in Deutschland kann auch in Berlin eine neue Aufwärtsentwicklung einsetzen.

Trotz der skizzierten konjunkturellen Probleme muß Berlin vor der Zukunft keine Angst haben. So werden durch die geplanten bzw. bereits in Angriff genommenen rund 260 größeren Investitionsprojekte mit einem Investitionsvolumen von rund 40 Mrd. DM in den nächsten zwei bis drei Jahren rund 160 000 Arbeitsplätze in Berlin neu entstehen oder gesichert. Hinzu kommen die positiven Effekte durch den Umzug von Regierung und Parlament nach Berlin. Daher gilt nach wie vor, daß nur wenige Regionen in Europa derart positive Parameter für zukünftige Entwicklungen aufweisen wie Berlin. Sie zu nutzen ist gemeinsame Aufgabe von Wirtschaft und Politik.

2. Wirtschaftsbereiche

Land- und Forstwirtschaft

Naturgemäß nimmt dieser Bereich der Volkswirtschaft in einer Großstadt wie Berlin nur eine sehr untergeordnete Position ein. Insgesamt sind in dem Bereich Land- und Forstwirtschaft in Berlin rund 9 000 Personen beschäftigt. Das entspricht etwa 0,5 Prozent der Gesamterwerbstätigen.

Bergbau und Energiewirtschaft

Seit der Wiedervereinigung wird die Entwicklung im Energiebereich insbesondere durch die notwendige energetische und ökologische Sanierung und Umstrukturierung der leitungsgebundenen Energien im Ostteil der Stadt und die Vorbereitungen zur Zusammenführung der Versorgungssysteme und -unternehmen zu leistungsstarken Einheiten bestimmt.

Bis auf absehbare Zeit muß die Gas- sowie Strom- und Fernwärmeversorgung wegen der unterschiedlich gewachsenen Strukturen im West- und Ostteil der Stadt allerdings noch aus getrennten Systemen erfolgen. Die Gasversorgung im Ostteil der Stadt basiert bereits ausschließlich auf Erdgas, während das für den Westteil bezogene Erdgas noch weitgehend in Stadtgas umgewandelt werden muß. Die gekoppelte Strom- und Fernwärmeerzeugung im Westteil der Stadt wird noch im "Inselbetrieb" durchgeführt. Der Ostteil der Stadt ist dagegen bereits in das überregionale ostdeutsche Stromverbundsystem eingebunden.

Bei der Modernisierung der Fernwärmeversorgung im Ostteil der Stadt wird neben der Umstellung der Feuerungsanlagen von Braunkohle insbesondere auf Erdgas die rationelle und sparsame Energiedarbietung und -verwendung im Vordergrund stehen.

Vor dem Hintergrund der drohenden Klimagefahren ist in Berlin unter Einbeziehung externen Sachverstandes der Entwurf eines ökologisch orientierten Energiegesamtkonzeptes erarbeitet worden. Eine wesentliche Zielsetzung des Energiekonzeptes besteht darin, einen energiepolitischen Konsens über Handlungserfordernisse und Schwerpunkte eines daraus resultierenden zukünftigen Landes-Energieprogrammes einzuleiten.

Im Rahmen der Energiepolitik ist im Herbst 1992 die Berliner Energieagentur mit Sitz in Berlin-Adlershof gegründet worden. Die Aufgabenbereiche des Energiedienstleistungsunternehmens erstrecken sich von der Beratung bis zum Contracting. Zielgruppe sind vor allem kleine und mittlere Unternehmen sowie die öffentliche Verwaltung.

Verarbeitendes Gewerbe

Die Lage im Verarbeitenden Gewerbe im Westteil Berlins hat sich nach dem Vereinigungsboom zunehmend abgeschwächt. Die Industriebestellungen unterschritten das

Niveau von 1991 dem Volumen nach um 6,5 Prozent. Daher wurde die Produktion deutlich zurückgenommen. Gemessen an der Entwicklung des Nettoproduktionsindex stellten die Firmen 5,5 Prozent weniger Güter her als im Jahr 1991. Den Ausschlag dafür gaben insbesondere die Produktionseinschränkungen im Investitionsgütersektor (Elektrotechnik, Büromaschinen/Datenverarbeitung, Maschinenbau, Straßenfahrzeugbau).

Die Industriebeschäftigung nahm nach der vorangegangenen Aufstockung in 1992 merklich ab. Im Durchschnitt des vergangenen Jahres unterschritt die Beschäftigtenzahl im Verarbeitenden Gewerbe der westlichen Stadthälfte den Stand von 1991 um rund 4 500 (– 4,5 Prozent). Am stärksten betroffen war die Elektrotechnik. Im Juli 1993 beschäftigten die Firmen im Westteil Berlins insgesamt rund 149 300 Personen, 17 700 (– 10,5 Prozent) weniger als zwölf Monate zuvor.

Der Beschäftigungsabbau wird dadurch forciert, daß der Industriestandort Berlin insbesondere ab Mitte des Jahres 1992 mit Wanderungsbewegungen von Unternehmen des Verarbeitenden Gewerbes in das Umland oder in andere Regionen konfrontiert wird. Hierzu gehören sowohl kleine und mittlere Unternehmen, die ihren Firmensitz aus Berlin hinausverlegen, als auch Betriebe von Großunternehmen, die ihre Produktion teilweise oder komplett an anderen Standorten außerhalb der Region konzentrieren.

Im Ostteil der Stadt konnten im Verarbeitenden Gewerbe auf der Nachfrageseite zwar erste Stabilisierungstendenzen beobachtet werden, gleichwohl hat sich die Entwicklung nur unwesentlich von der Talsohle gelöst. Mit Blick auf das gesamte Jahr 1992 wurde das niedrige Bestellniveau des Vorjahres wertmäßig um 3,5 Prozent übertroffen. Dabei standen einer erhöhten Investitionsgüternachfrage rückläufige Ordereingänge vor allem im Grundstoff- und Produktionsgüterbereich, aber auch im Verbrauchsgütergewerbe gegenüber.

Die Fertigung der Industriefirmen im Ostteil Berlins war 1992 – gemessen an den vierteljährlichen Produktionszahlen – nominal um 5,5 Prozent geringer als in 1991. Verschärft wurde die Lage noch dadurch, daß die osteuropäischen Märkte weitgehend ausfielen und eine allgemeine Schwäche der internationalen Konjunktur hinzukam. Besonders deutlich nahm die Erzeugung von Grundstoff- und Produktionsgütern ab. Im Gegensatz dazu wurde für den Nahrungs- und Genußmittelbereich ein augenfällig höheres Produktionsergebnis ausgewiesen als im Jahr zuvor.

Der Beschäftigungsabbau im Ostteil Berlins war angesichts der gravierenden Anpassungsprobleme auch im vergangenen Jahr erheblich. Im Jahresdurchschnitt 1992 belief sich der Rückgang der Beschäftigtenzahl auf 4 400. Der industrielle Personalbestand in den östlichen Bezirken verringerte sich insbesondere in der Elektrotechnik. Mit Abstand folgten die Branchen Maschinenbau, Stahl- und Leichtmetallbau, Nahrungs- und Genußmittelgewerbe, Bekleidungsgewerbe, Chemische Industrie, Druckerei/Vervielfältigung, Fahrzeugbau, Steine und Erden.

Im April 1993 waren von den ehemals rund 180 000 industriellen Arbeitsplätzen im Ostteil Berlins nur noch rund 37 800 vorhanden. Es kann jedoch davon ausgegangen werden, daß mit diesem Stand der Tiefpunkt nahezu erreicht ist, da die Umstrukturierung zumindest der meisten Großbetriebe weitgehend abgeschlossen ist und sich eine große Zahl von Privatisierungen auf dem Weg in die Wettbewerbsfähigkeit befinden. Seit Mitte 1993 hat sich dann auch die Zahl der Industriebeschäftigten wieder leicht auf 41 100 erhöht.

Im gesamten Berliner Verarbeitenden Gewerbe gab es im Jahresdurchschnitt 1992 rund 219 000 Beschäftigte. Der Vorjahresstand wurde um 52 000 (– 19 Prozent) unterschritten.

Baugewerbe

Im Berliner Baugewerbe waren 1991 etwa 2 750 Betriebe tätig, davon 286 im Ostteil der Stadt. Die Zahl der in diesem Gewerbe Beschäftigten betrug 60 400, davon arbeiteten 22 247 in den östlichen Bezirken. Insgesamt erreichten sie 1991 einen Umsatz von 720 Mill. DM, von dem 155 Mill. DM auf Betriebe aus dem Ostteil entfielen.

Die Bauwirtschaft Berlins hat 1992 in einer sich abflachenden Konjunkturphase die Lokomotivfunktion für die Gesamtwirtschaft übernommen. Während die meisten Wirtschaftszweige nachlassende Wachstumsraten und verschlechterte Geschäftsaussichten verzeichneten, zeigte der Trend der Bauproduktion in der Region Berlin-Brandenburg unvermindert nach oben.

Ausschlaggebend für die gesteigerten Bauaktivitäten war eine Baunachfrage, die seit dem Fall der Mauer rasant ansteigt und über die Stadtgrenzen Berlins weit hinaus strahlt. Immer stärker wächst dabei der Raum Berlin-Brandenburg zu einer Wirtschaftsregion zusammen. 20 Prozent der Bestellwerte fließen an auswärtige Baukapazitäten, europäische Nachbarländer dabei nicht eingerechnet.

Trotz der Zunahme auswärtiger Konkurrenz konnten die Berliner Bauunternehmen Auftragszuwächse in beträchtlichem Umfang erzielen. Die einheimischen Baubetriebe verzeichneten einen Anstieg ihrer Bestellwerte um 13,9 Prozent im Westteil und 29,4 Prozent im Ostteil der Stadt. Diese Entwicklung muß vor dem Hintergrund der bereits in den Jahren 1991 und 1990 eingetretenen hohen Steigerungen gewertet werden. Seit 1989 haben sich die Auftragswerte in etwa verdoppelt.

1992 gingen die bauwirtschaftlichen Impulse sowohl für den Hoch- als auch den Tiefbau erneut von gewerblichen Investoren aus. Dabei ist hervorzuheben, daß trotz noch nicht vollständig überwundener Planungshemmnisse und Grundstücksprobleme die Bautätigkeit im Ostteil der Stadt mehr und mehr in Schwung kommt.

Die bauaufsichtlichen Genehmigungen haben sich in den östlichen Bezirken 1992 gegenüber dem Vorjahr, gemessen am umbauten Raum, mehr als verfünffacht. Besonders erfreulich für die Wohnungssuchenden der Stadt ist die Tatsache, daß die Genehmigungsverfahren für den Wohnungsneubau deutlich gesteigert werden konnten. Sie liegen mittlerweile bei mehr als 60 Prozent des Niveaus der westlichen Bezirke.

Im Westteil Berlins wird vor allem der Gewerbebau die tragende Säule der Bautätigkeit sein. Bezogen auf den umbauten Raum wurden 1992 insgesamt 36,5 Prozent mehr Baugenehmigungen von den Bauaufsichtsämtern erteilt als 1991.

Parallel zur regen Baunachfrage verliefen auch die Bauaktivitäten in beiden Stadthälften bis zum Schluß des Jahres 1992 lebhaft. Das im Westteil Berlins ansässige Bauhauptgewerbe steigerte seine Bauleistung, gemessen an den geleisteten Arbeitsstunden, um 11,4 Prozent. Die Betriebe im Ostteil der Stadt erhöhten ihre Bautätigkeit um 4,0 Prozent. Bei der Umsetzung der Aufträge in Bauproduktion nahm der Gewerbebau eine vordere Position ein, aber auch der Tiefbau – beispielsweise beim S-Bahn-Südring – trug wesentlich zur gesamten Steigerung der Bauproduktion bei.

Über das gesamte Baujahr 1992 gesehen, hat sich die Tätigkeit des Berliner Bauhauptgewerbes mit 79 Mill. geleisteten Arbeitsstunden um 9,3 Prozent ausgeweitet. Die Zuwachsraten verteilten sich auf die einzelnen Baubereiche wie folgt:

– Wohnungsbau + 3,5 Prozent,
– öffentlicher Hoch- und Tiefbau + 13,5 Prozent,
– gewerblicher und industrieller Bau + 11,3 Prozent.

Mit der Steigerung der Bautätigkeit geht eine Erhöhung der Beschäftigtenzahlen einher. Im Durchschnitt des Jahres 1992 waren 63 000 Personen im Berliner Bauhauptgewerbe tätig. Gegenüber 1991 bedeutet das eine Steigerung von 2 750 Personen oder 4,6 Prozent. Wohl auch als Folge der besseren Verdienstmöglichkeiten war im Westteil der Stadt ein überproportionaler Anstieg in Höhe von 8,6 Prozent zu verzeichnen, wogegen die Beschäftigung im Ostteil mit – 2,7 Prozent im Jahresmittel rückläufig war. Zum Jahresende hin stabilisierten sich hier die Personalstände vor allem im gewerblichen Bereich bei den Facharbeitern.

Insgesamt wurde 1992 ein Bauvolumen von schätzungsweise 21 Mrd. DM bewältigt. Nominal stieg es gegenüber dem Vorjahr um 15 Prozent an. Real, also ohne Berücksichtigung der Baupreisentwicklung, erhöhte es sich um rund 8 Prozent. Zu dieser Gesamtleistung tragen inzwischen zunehmend auch importierte Bauleistungen aus den neuen und alten Bundesländern sowie aus den europäischen Nachbarstaaten bei.

Die zahlreichen Investitionsvorhaben in der Stadt und der bevorstehende Umzug von Parlament und Regierung signalisieren eine noch erheblich wachsende Baunachfrage in den nächsten Jahren.

Handel und Dienstleistungen

Handel

Bedingt durch die Umbruchsituation im Berliner Einzelhandel liegen derzeit keine verläßlichen Angaben über die Zahl der Geschäfte vor. Schätzungen gehen jedoch davon aus, daß etwa 5 800 Einzelhandelsunternehmen in Berlin tätig sind, von denen ca. 80 Prozent auf den Westteil der Stadt entfallen. Weit überwiegend handelt es sich bei ihnen um kleine und mittlere Unternehmen.

Während die Einzelhandelsumsätze im Jahre 1992 im Westteil der Stadt um nominal 2,9 Prozent zurückgingen, wurde im Ostteil der Stadt ein Umsatzzuwachs von 2,4 Prozent erreicht. Die Zahl der Beschäftigten, die sich in den westlichen Bezirken um 1,3 Prozent erhöhte, nahm in den östlichen Bezirken infolge umfangreicher Entlassungen bis zum Beginn dieses Jahres um fast 15 Prozent ab. Quartals- und Monatsvergleiche mit dem Vorjahr berechtigen zu der Annahme, daß die Beschäftigungsverluste im Einzelhandel in den östlichen Bezirken mit dem Jahresende 1992 einen Abschluß gefunden haben.

Handelspolitisch gilt es, auf eine schnelle Beseitigung noch vorhandener Verkaufsflächendefizite im Ostteil der Stadt und die Sicherung einer wohnortnahen Versorgung hinzuwirken. Dabei wird eine gesunde Mischung aus bezirklichen bzw. stadtteilbezogenen Einkaufszentren, großflächigen Einzelhandelsbetrieben sowie kleinen und mittleren Ladengeschäften angestrebt.

Zur Verbesserung der Marktzutrittschancen stehen für Existenzgründer sowie für kleine und mittlere Unternehmen zins- und laufzeitgünstige ERP-Kredite zur Verfügung, die in bestimmten Fällen öffentlich verbürgt werden können. Öffentlich geförderte Existenzgründungs- und Unternehmensberatungen runden die Förderung für mittelständische Handelsunternehmen ab. Bei der Vergabe landeseigener Immobilien für Handelsbetriebe wird besonders darauf geachtet, daß vorzugsweise kleine und mittlere Unternehmen zum Zuge kommen.

Die seit Grenzöffnung im Herbst 1989 zu verzeichnenden Umsatzzuwächse des Einzelhandels gingen einher mit einer Ausdehnung der Berliner Verkaufsfläche um etwa 200 000 m^2. Daneben wurden im Umland Berlins in zahlreichen Kommunen neue Standorte für Einkaufszentren und großflächige Einzelhandelsbetriebe ausgewiesen und planungsrechtlich genehmigt. Sie befinden sich derzeit entweder in der Errichtungsphase oder sind schon in Betrieb.

Nachdem die Jahre 1990 und 1991 dem Großhandel im Westteil der Stadt recht hohe Umsatzzuwächse gebracht hatten (+ 22,8 Prozent und + 16,6 Prozent), trat im abgelaufenen Jahr eine Normalisierung auf hohem Niveau ein (+ 4,3 Prozent). Trotzdem nahm die Zahl der Beschäftigten noch leicht zu (+ 1,6 Prozent).

Parallel zur Entwicklung im Einzelhandel ist zu erwarten, daß infolge der Revitalisierung vorhandener Betriebe, der Betriebsverlagerungen von West nach Ost und der Neugründungen der Tiefpunkt der Umsatz- und Beschäftigtenentwicklung des Großhandels im Ostteil Berlins erreicht wurde und es nunmehr wieder zu Wachstum kommt. Günstige Entwicklungen ergeben sich insbesondere für jene Großhandelsbranchen, die dem Bauhauptgewerbe zuliefern. Andererseits verstärkt die fortschreitende Konzentration im Einzelhandel, mit dem Trend zu auch flächenmäßig immer größeren Einheiten, die Tendenz zur Verdrängung des Funktionsgroßhandels und fördert den Direktvertrieb vom Hersteller zum Einzelhändler.

Dienstleistungen

Die Dynamik der Entwicklung im Dienstleistungsbereich Berlins hat auch im vergangenen Jahr nicht an Kraft verloren. Die Zahl der Dienstleistungsunternehmen ist weiter gestiegen. Über die Hälfte aller Erwerbstätigen in Berlin ist im Dienstleistungsbereich (ohne Handel, Verkehr und Nachrichtenübermittlung) beschäftigt. Nach einer Studie des Deutschen Instituts für Wirtschaftsforschung kann davon ausgegangen werden, daß im Jahre 2000 in privaten Dienstleistungsunternehmen rund 510 000 Erwerbstätige beschäftigt sein werden. 1991 waren es noch etwa 370 000 Personen. Dadurch wird Berlin seine strukturellen Defizite gegenüber anderen Ballungsräumen schrittweise abbauen.

Insbesondere im Ostteil der Stadt sind viele Neugründungen von Dienstleistungsunternehmen zu verzeichnen. Zu den Ausgründungen aus ehemaligen volkseigenen Betrieben und Kombinaten kommen mittlerweile verstärkt auch echte Neugründungen. Insbesondere die Sektoren Finanzdienstleistung, Unternehmensberatung, Weiterbildung, Werbung, Marketing sowie Consulting konnten hohe Wachstumsraten erzielen. Viele dieser Unternehmen haben intensive Kontakte nach Mittel- und Osteuropa. Einige in der Werbewirtschaft weltweit operierende Agenturen haben Niederlassungen in der Stadt gegründet und die Absicht bekundet, ihre Europazentralen nach Berlin zu verlegen.

Die Entwicklungsdynamik des Dienstleistungsbereichs spiegelt sich auch darin wider, daß die überwiegende Mehrzahl der bereits genannten rund 260 größeren Investitionsvorhaben in diesen Sektor der Volkswirtschaft fällt. Mit diesen Projekten ist die Sicherung bzw. Neuschaffung von rund 160 000 Arbeitsplätzen verbunden.

Dieser Entwicklung entspricht auch, daß von den 225 Gewerbeansiedlungen, die 1992 von der Wirtschaftsförderungsgesellschaft Berlin betreut wurden, 119 Dienstleistungsunternehmen mit einem Investitionsvolumen von rund 2 Mrd. DM waren. Hierdurch werden über 7 000 Arbeitsplätze geschaffen. Ein großer Teil der Ansiedlungen im Dienstleistungsbereich erfolgte durch ausländische Firmen, wobei französische und japanische Unternehmen an der Spitze standen. Auch in diesem Bereich wird so die Lücke zu anderen Zentren wirtschaftlicher Aktivitäten geschlossen.

Die geplanten Dienstleistungszentren im zentralen Stadtbereich, die nunmehr zunehmend von der Planungs- und Bauvorbereitungsphase in die Realisierungsphase kommen, dürften die Nachfrage nach Büroräumen in Spitzenlagen der Stadt in den nächsten Jahren in ausreichendem Umfang befriedigen.

Freie Berufe

Einen relevanten Beitrag zur Verbesserung der Berliner Wirtschaftsstruktur und zur Entlastung der angespannten Arbeitsmarktlage leisten die Freien Berufe. Leider liegt aktuelles Zahlenmaterial, das einen Überblick über die Freien Berufe in Berlin gibt, nur für jene Berufsgruppen vor, die in Kammern organisiert sind. So stehen zum Beispiel über Wirtschaftsberater, Chemiker, Physiker, freie pädagogische, psychologische und übersetzende sowie publizistische und künstlerische Berufe keine Daten zur Verfügung.

Ein Vergleich der Situation von ausgewählten, in Berufskammern organisierten Freien Berufe vor und nach Öffnung der Berliner Mauer zeigt für Gesamt-Berlin, daß die am Ende des Jahres 1989 knapp vor den Rechtsanwälten (2 909) liegenden niedergelassenen Ärzte (2 935) Ende Dezember 1992 mit Abstand den Spitzenplatz (6 097) vor den Rechtsanwälten (4 171) eingenommen haben. Das entspricht Zunahmen von 108 Prozent und 43 Prozent. Sehr hohe Zuwachsraten in diesem Zeitraum haben sonst nur noch die Zahnärzte aufzuweisen (+ 89 Prozent), deren Zahl sich von 1 300 auf 2 462 erhöhte, und die beratenden Ingenieure (+ 83 Prozent), die sich von 339 auf 621 steigerten. Mit der spürbar belebten Bautätigkeit in Berlin hat sich auch die wirtschaftliche Basis für die freiberufliche Architektentätigkeit verbreitert, so daß nach einem Zuwachs von 1 534 auf 2 377 (+ 55 Prozent) zwischen 1989 und 1992 auch künftig mit einer merklichen Zunahme der Zahl freiberuflicher Architekten zu rechnen ist.

Kreditwirtschaft

In Berlin gibt es gegenwärtig 147 Kreditinstitute mit insgesamt 965 Bankstellen. Außerdem arbeiten hier 42 Repräsentanzen ausländischer Banken, von denen der größte Teil in den Jahren seit 1990 nach Berlin gekommen ist. Die größten Berliner Kreditinstitute sind die Landesbank Berlin – Girozentrale – und die Berliner Bank AG (Bilanzsumme 81,1 bzw. 43,9 Mrd. DM).

Um seinem Ziel einer Aufwertung des Finanzplatzes Berlin zu einem Zentrum überregionaler Bedeutung näher zu kommen, hat der Senat im Juni 1992 beschlossen, seine Bankbeteiligungen neu zu ordnen. Zum Jahresanfang 1994 soll eine Holding-Aktiengesellschaft unter dem Namen Bankgesellschaft Berlin AG errichtet werden, unter deren Dach die Landesbank Berlin – Girozentrale –, die Berliner Bank AG und die Berliner Hypotheken- und Pfandbriefbank AG (Berlin Hyp) zusammengeführt werden. Das Land Berlin wird an dieser Unternehmensgruppe, zu der somit auch eine bedeutende Sparkasse, eine Landesbausparkasse sowie ein Wirtschafts- und Wohnungsbauförderinstitut gehören, die Mehrheit der Anteile haben.

Die beteiligten Banken werden, unter Wahrung ihrer Identität, eigenständig auf den Märkten auftreten. Damit bleibt auch der eingeführte Markenname Berliner Sparkasse – als Abteilung der Landesbank – erhalten. Die Bündelung der Ressourcen der drei Banken in einem Allfinanzkonzern soll dazu beitragen, den Anforderungen eines sich durch den EG-Binnenmarkt verschärfenden Wettbewerbs zu entsprechen und den Kunden ein umfassenderes Leistungsangebot zu attraktiven Preisen zu bieten.

Mit diesen Maßnahmen ist ein wichtiger Schritt in Richtung eines bedeutsamen Finanzplatzes getan worden. Allein die Bankgesellschaft Berlin AG wird mit einer Bilanzsumme von rund 180 Mrd. DM und 6 Mrd. DM Eigenkapital zu den zehn größten Geldhäusern Deutschlands gehören. Das Land Berlin ist bei der Realisierung dieses Projektes neue, unkonventionelle Wege gegangen. Öffentlich-rechtliche und private Interessen in einer Holding zu bündeln und diese Holding als Aktiengesellschaft an der Börse notieren zu lassen ist für Deutschland ein Novum.

Auch die Privatbanken bereiten sich durch Umstrukturierungen auf die künftigen Herausforderungen vor. So vollzog Anfang 1993 die Commerzbank AG als letzte der drei Großbanken die Verschmelzung mit ihrer Berliner Tochtergesellschaft. Die Deutsche Bank AG und die Dresdner Bank AG hatten diesen Prozeß bereits 1991 abgeschlossen.

Der Umsatz der Berliner Wertpapierbörse hat im Jahre 1992 in Wertpapieren (Aktien und Renten) 72,6 Mrd. DM betragen und liegt damit um ca. 30 Prozent über dem des Jahres 1991. Dabei entwickelten sich insbesondere die Rentenwerte zum Umsatzträger (40,8 Mrd. DM, Vorjahr 23,3 Mrd. DM), während die Erwartungen an den Aktienmarkt demgegenüber – entsprechend der gesamtwirtschaftlichen Konjunkturabkühlung – etwas zurückblieben. Die Emissionstätigkeit bei Aktien im amtlichen Handel und im geregelten Markt konnte nicht an die Entwicklung des Vorjahres anknüpfen, während bei der Neueinführung von festverzinslichen Wertpapieren mit Emissionen von 260 Mrd. DM ein Rekordvolumen erzielt wurde (plus 60 Prozent). Im I. Quartal 1993 war der Umsatz in Wertpapieren wesentlich höher als im Vergleichszeitraum des Vorjahres.

Ziel des Börsenvorstandes ist es, möglichst zahlreiche Emittenten von Wertpapieren aus den neuen Bundesländern für die Berliner Wertpapierbörse als Heimatbörse zu gewinnen und damit Berlin als den bedeutendsten Finanzplatz im Osten Deutschlands auszubauen. Die Berliner Wertpapierbörse hat des weiteren ihre Zusammenarbeit mit osteuropäischen Börsen vertieft und Unterstützungsmaßnahmen für aufstrebende Börsenplätze im ehemaligen Ostblock geleistet. Aus diesen vielfältigen Kontakten können sich mittel- bis langfristig Kooperationen entwickeln, die zur Bereicherung des Berliner Banken- und Börsenplatzes beitragen.

Medienwirtschaft

Berlin ist auf dem Weg, ein führendes Medienzentrum in Europa zu werden, ein gutes Stück vorangekommen. Inzwischen lassen die größten kommerziellen Programmveranstalter wie Sat 1 und RTL große Teile ihres Programms in Berlin produzieren. Das ZDF sendet aus Berlin sein Frühinformationsprogramm. Immer mehr Programme und Beiträge werden in Berlin produziert und gesendet, immer mehr Serien und Filme spielen in Berlin.

Das "n-tv Nachrichtenfernsehen", der erste von Berlin aus überregional ausstrahlende Fernsehsender, hat seine Arbeit in einer modernen Sendezentrale aufgenommen. Damit ist es gelungen, das erste Spartenprogramm auf dem Gebiet der Nachrichten in Berlin anzusiedeln.

Bei der Ausschreibung weiterer terrestrischer Fernsehfrequenzen durch die Medienanstalt Berlin-Brandenburg hat sich gezeigt, daß ein großes Bewerberpotential an der

Übernahme einer Frequenz, zum Beispiel für ein lokales Fenster oder ein Vollprogramm, interessiert ist.

Insgesamt steigt die Nachfrage nach Produktionskapazitäten für Fernsehen, Film und Video auch weiterhin. Das große Angebot filmtechnischer Betriebe mit ihren gut ausgebildeten Fachkräften bietet dafür eine geeignete Grundlage. Berliner Unternehmen haben in ihr Leistungsspektrum frühzeitig Produktionsarten mit innovativen Technologien, z. B. High Definition Television (HDTV), aufgenommen.

Berlin hat die meisten Radiostationen in Deutschland und ist gleichzeitig Vorreiter bei innovativen Programmen für einen speziellen Hörerkreis. Entsprechend groß ist der Wettbewerb um Marktanteile und um Werbefelder. Der erste deutsche Nachrichtenkanal, Inforadio 101, konnte sich leider nicht auf dem Markt durchsetzen. Rias und DS-Kultur werden in den nationalen Hörfunk einbezogen, der seinen Sendebetrieb am 1. Januar 1994 aufnehmen soll.

Nachdem es in der Berliner Presselandschaft zu einer Marktberuhigung gekommen ist, geht es nun für die verbleibenden Verlage darum, ihre Positionen zu festigen. Neben dem Axel Springer-Verlag/Ullstein und der Gruner + Jahr AG ist nun auch die Holtzbrinck-Gruppe durch Übernahme des "Tagesspiegels" in Berlin vertreten.

Berlin ist – nach dem Großraum München – die zweitgrößte Filmregion in der Bundesrepublik Deutschland. Die Filmwirtschaft belegt in Berlin nach dem Theaterbereich den zweiten Platz als Wirtschaftsfaktor auf dem Gebiet der Kultur. Dabei sind in Berlin vor allem mittelständische Betriebe angesiedelt.

Die wirtschaftliche Lage der einzelnen Sparten im Bereich der Filmherstellung ist unterschiedlich. Die Synchronisationsbetriebe verfügen bundesweit über eine gefestigte Position. Ihr Marktanteil liegt, bezogen auf das gesamte Bundesgebiet, bei 40 Prozent. Weniger gut sieht es bei den Kopierwerken aus. Hier ist die Konkurrenz der Münchner Werke sehr groß.

Die neuen Produktionskapazitäten in Babelsberg und Adlershof eröffnen neue Potentiale letztlich für das gesamte Spektrum der Filmwirtschaft.

Als einen wichtigen Medienstandort in Berlin will der Senat das ehemalige Fernsehbetriebsgelände des Deutschen Fernsehfunks in Adlershof erhalten und auf privater Grundlage entwickeln. Die entsprechenden Schritte für einen Erwerb durch das Land Berlin sind eingeleitet. Adlershof soll als Standort vor allem für mittelständische Unternehmen der verschiedenen Medienbereiche entwickelt werden, um so hohe Synergieeffekte erzielen zu können.

Adlershof ist ein attraktiver, erweiterungsfähiger und gleichwohl verkehrsgünstig gelegener Standort. So ist er geeignet, Dienstleistungszentrum für die Medienunternehmen in der Stadtmitte zu werden. Breitbandige digitale Satelliten- und Glasfaserverbindungen werden die notwendigen Verbindungen in das Zentrum und in andere europäische Metropolen sichern. Das Programmarchiv des ehemaligen Deutschen Fernsehfunks bleibt auf dem Gelände des Medienzentrums erhalten und wird für die öffentliche Nutzung aufbereitet.

Fremdenverkehr

Städtetourismus

Berlin nahm im deutschen Städtetourismus 1992 eine Spitzenposition ein. Mit rund 7 660 000 registrierten Übernachtungen war Berlin 1992 in Deutschland die Stadt mit dem weitaus höchsten Übernachtungsaufkommen. Die Zahl der Gäste (rund 3 105 000) lag allerdings geringfügig unter der Besucherzahl Münchens (3 180 000).

In Berlin gibt es zur Zeit 425 Beherbergungsstätten (Hotels, Hotels garnis, Pensionen, Gasthöfe etc.) mit insgesamt rund 41 400 Betten. Davon entfallen auf den Ostteil der Stadt 59 Betriebe mit ca. 11 900 Betten. Im Berichtszeitraum sind 45 Betriebe neu errichtet worden; es handelt sich dabei erfreulicherweise überwiegend um mittelständische Familienbetriebe.

Berlin verbuchte die längste durchschnittliche Aufenthaltsdauer (2,56 Nächte) und eine im Vergleich zu anderen Städten gute Bettenauslastung (50,2 Prozent).

Die Tourismusstatistik registriert nicht die privat bei Freunden, Verwandten und Bekannten übernachtenden Berlin-Besucher sowie Gäste auf Campingplätzen. Diese einbezogen besuchen schätzungsweise mehr als 8 Mill. Gäste jährlich die Stadt.

Die Zahl der in Beherbergungsbetrieben registrierten Gäste war im Westteil der Stadt 1992 vergleichbar mit 1989 (ca. 2,4 Mill. Besucher). Wenn die außergewöhnlichen Entwicklungen im Berlin-Tourismus, die durch die politischen Ereignisse in den Jahren 1989/90 geprägt waren, nicht berücksichtigt werden, so kann von Stagnation auf hohem Niveau gesprochen werden. Allerdings ist die Zahl der Übernachtungen als Folge der kürzeren Aufenthaltsdauer der Gäste auch im Vergleich zu 1989 rückläufig.

Dieser Rückgang hatte entsprechende Auswirkungen auf den Umsatz im Gastgewerbe. Der kontinuierliche Aufwärtstrend der letzten zwei Jahre setzte sich im Westteil Berlins 1992 nicht fort. Das Gastgewerbe insgesamt verzeichnete einen Umsatzrückgang von – 1,9 Prozent, darunter das Beherbergungsgewerbe mit – 3,5 Prozent, die Großhotels mit – 7,5 Prozent. Nicht ganz so deutlich waren die Einbußen in den Gaststättenbetrieben mit – 0,1 Prozent. Hervorzuheben ist allerdings die Umsatzsteigerung in den Speisegaststätten mit + 4,3 Prozent.

Bei der Beschäftigtenentwicklung machte sich die Stagnation im Berlin-Tourismus ebenfalls bemerkbar. Im Gastgewerbe nahm der Personalbestand 1992 geringfügig um 0,2 Prozent ab. Deutlichere Beschäftigtenrückgänge waren im gesamten Beherbergungsgewerbe mit – 2,6 Prozent und in den Großhotels sogar mit – 6,2 Prozent zu verzeichnen. Die Beschäftigtenzahlen der Gaststättenbetriebe nahmen insgesamt um + 1,5 Prozent zu. Ein deutliches Plus verbuchten die Speisegaststätten mit einer Steigerung von + 5,5 Prozent.

Sämtliche Zahlen beziehen sich lediglich auf den Westteil Berlins, da vergleichbare Zahlen für den Ostteil Berlins bisher nur für die Monate Januar bis Oktober 1992 vorliegen.

Im Vergleich zu den erstmalig im Jahr 1991 erhobenen Zahlen im Ostteil Berlins entwickelten sich die Umsätze dort wesentlich positiver. Das Gastgewerbe insgesamt konnte eine Zunahme von + 27,1 Prozent verbuchen. Im Beherbergungsgewerbe stieg der Umsatz um + 31,4 Prozent, in den Großhotels sogar um + 105,7 Prozent. In den Gaststätten nahmen die Umsätze insgesamt um 18,3 Prozent zu. In den Speisegaststätten lag das Umsatzplus bei + 50,3 Prozent.

Die Beschäftigtenentwicklung verlief nicht einheitlich. Insgesamt nahm der Beschäftigtenbestand um − 6,6 Prozent ab. Das Beherbergungsgewerbe legte jedoch insgesamt um + 31,1 Prozent, Großhotels sogar um + 48,4 Prozent zu.

Um den veränderten Rahmenbedingungen gerecht zu werden, hat das Land Berlin gemeinsam mit der Berliner Tourismuswirtschaft eine Gesellschaft gegründet, deren Aufgaben die Förderung des Tourismus ist. Die Tourismus-GmbH hat insbesondere die Aufgabe, die staatlichen und privaten Mittel und Aktivitäten für das Marketing zu bündeln. Damit wurde der Startschuß für eine vollständige Neuordnung der Tourismusförderung im Land Berlin gegeben.

Gesellschafter der neuen GmbH sind neben dem Land Berlin die Gesellschaft zur Förderung der Berliner Gastronomie, Dial Berlin, Berlin Convention Büro, die Messe Berlin GmbH, die aus der Ausstellungs-Messe-Kongreß GmbH (AMK) hervorgegangen ist, die Lufthansa, der Verein "Handeln für Tourismus", der Betriebe des Einzelhandels umfaßt, und der Verein "Pro Berlin" mit weiteren am Tourismus interessierten Betrieben. Alle Gesellschafter werden sich an der Finanzierung der Aufgaben der Tourismus-Werbung beteiligen.

Messen, Ausstellungen, Kongresse

Messen und Ausstellungen haben eine nachhaltige Aufwärtsentwicklung erfahren. Stärker als andere Wirtschaftsbereiche profitiert das Messewesen von der veränderten Situation in der Stadt und im Umland.

Die Auslastung des Messegeländes am Funkturm mit seiner Hallenfläche von 98 000 m^2 hat sich erheblich verbessert. Die Eigenveranstaltungen der Messe Berlin GmbH und zahlreiche Gastveranstaltungen auf dem Gelände haben die Position des Messeplatzes Berlin weiter gefestigt. Wie dynamisch er sich seit der Öffnung der Grenzen und der Wiedervereinigung entwickelt hat, belegen die folgenden Zahlen: Im Jahr 1992 (Vergleichszahl für 1989 in Klammern) präsentierten sich bei den AMK-Eigenveranstaltungen 10 691 (5 955) Aussteller auf 626 696 (319 791) m^2 Hallenfläche 1 283 148 (1 065 974) Besuchern. Im Vermietungsgeschäft erhöhte sich bei den Gastveranstaltungen die umgeschlagene Hallenfläche von 185 000 m^2 im Jahre 1989 auf 220 000 m^2 im Jahre 1992.

Die neuen Chancen des Messestandortes Berlin erfordern einen weiteren Ausbau des Messegeländes. Das Abgeordnetenhaus von Berlin hat beschlossen, das Messegelände auf eine Hallenfläche von 181 500 m^2 bis zum Ende des Jahres 1999 auszubauen.

Ausgehend von einer im Jahr 1993 vorhandenen Hallenfläche von 98 000 m^2 ist ein erster Abschnitt des Erweiterungsvorhabens bereits im Bau und wird für eine Inbetriebnahme im Jahr 1994 einen Zuwachs auf 108 000 m^2 bringen.

Berlin und Brandenburg sind als Gesamtregion Teil eines großen europäischen Marktes. Gemeinsames Ziel ist daher eine Kooperation beider Länder in der Messepolitik, die Synergieeffekte nutzt, regionale Messen sinnvoll einbindet und Berlin/Brandenburg zu einem international wettbewerbsfähigen Standort macht. Über dieses Ziel und über die grundsätzliche konzeptionelle Umsetzung sind sich beide Länder im wesentlichen einig.

Berlin hat seine führende Rolle als internationale Kongreßmetropole auch im Jahr 1992 behauptet. Beigetragen haben dazu die mit der Vereinigung der Stadt hinzugekommenen Tagungsfazilitäten im Ostteil der Stadt. Dadurch wurde die neben dem Internationalen Kongreßzentrum (ICC) Berlin bereits vorhandene breite Palette der Tagungsstätten weiter ergänzt.

Einen entscheidenden Anteil an dem florierenden Kongreßgeschehen in Berlin hat nach wie vor das ICC Berlin. Das Jahr 1992 brachte für das ICC Berlin eine Bestätigung seines Rekordergebnisses vom Vorjahr mit rund 250 000 Kongreßteilnehmern. Mit 86 Tagungsveranstaltungen mit über 1 000 Teilnehmern, davon sogar 15 Konferenzen mit über 3 000 Teilnehmern, konnte die bislang höchste Anzahl von Großkongressen durchgeführt werden. Damit setzte sich der Trend zu teilnehmerstärkeren Kongressen im ICC Berlin auch 1992 – im Gegensatz zum momentanen Tagungsmarkt allgemein – fort.

Der Kaufkraftzufluß für Berlin, der allein durch Kongresse im ICC Berlin bewirkt wurde, beträgt für 1992 rund 131 Mill. DM. Dieser neue Spitzenwert unterstreicht die wirtschaftliche Bedeutung des Kongreßwesens für die Stadt.

Verkehrswirtschaft

Eine gute Verkehrsinfrastruktur ist eine wesentliche Voraussetzung für die Attraktivität eines Wirtschaftsstandortes. Nur wenn die Verkehrsbedürfnisse der Wirtschaft in ausreichendem Maße befriedigt werden können, ist erfolgreiches Wirtschaften überhaupt möglich. Aufgabe des Staates ist es also, hierfür die infrastrukturellen Voraussetzungen zu schaffen. Die Befriedigung von Mobilitätsbedürfnissen kann dabei jedoch nicht die alleinige Richtschnur seines Handelns sein. Er muß ferner Kriterien der Raum- und Stadtentwicklung und der Ökologie in seine Überlegungen einbeziehen. Vor dem Hintergrund enger werdender Finanzspielräume muß zugleich für eine effiziente Verteilung der Mittel auf die zu bewältigenden Aufgaben gesorgt werden. Auch aus diesem Grund wird Privatinitiative zukünftig eine größere Bedeutung gewinnen.

Der Wirtschaftsverkehr in der Region wird sich als Folge der sich bereits vollziehenden Kern-Rand-Wanderung, des in der Wirtschaft der Stadt ausgelösten Strukturwandels und einer veränderten Stadtplanung völlig neu strukturieren. Das gilt sowohl für das Zusammenwachsen des West- und des Ostteils Berlins als auch für das Land Brandenburg. Zwar wird der LKW für die Güterfeinverteilung im städtischen Wirtschaftsraum das dominierende Transportmittel bleiben, jedoch soll mit neuen Formen der Sammlung und Verteilung von Gütern in und vor der Stadt in technisch hochmodernen Güterverkehrszentren eine Reduzierung des Schwerlastverkehrs erreicht werden.

Besonders für viele mittelständische Transport- und Speditionsbetriebe im innerstädtischen Bereich von Berlin hat der sich vollziehende Strukturwandel Konsequenzen. Für sie stellt sich wegen gestiegener Mieten und Bodenpreise sowie häufig fehlender Erweiterungsmöglichkeiten die Standortfrage neu. Es ist das Ziel der Länder Berlin und Brandenburg, diesen Betrieben in Güterverkehrszentren im Land Brandenburg eine neue Perspektive zu bieten und damit gleichzeitig eine neue Komponente der wirtschaftlichen Entwicklung des Landes Brandenburg zu schaffen. Die erforderlichen Raumordnungsverfahren für die ersten Güterverkehrsteilzentren im Bereich von Großbeeren, Wustermark und Freienbrink sollen 1994 abgeschlossen werden.

Für die Entwicklung Berlins als Hauptstadt, Parlaments- und Regierungssitz sowie europäische Metropole von Wirtschaft, Wissenschaft und Kultur spielt der Luftverkehr eine äußerst wichtige Rolle. Die bei den bisherigen Berliner Flughäfen bestehenden ökologischen und Kapazitätsprobleme sollen nach dem gemeinsamen politischen Willen der Länder Berlin und Brandenburg mittelfristig durch den Neubau eines Flughafens südlich Berlins gelöst werden. Die Raumordnungsverfahren für den Großflughafen sollen im Februar 1994 eingeleitet werden, so daß eine Inbetriebnahme spätestens im Jahre 2010 als realistisch anzusehen ist.

Im Rahmen der "Verkehrsprojekte Deutsche Einheit" (VDE) sollen darüber hinaus in einer Vielzahl von Maßnahmen die Verkehrsanbindungen Berlins durch die Schiene und durch die Straße verbessert werden. Der Bundesverkehrswegeplan sieht dabei Investitionen in Höhe von etwa 10 Mrd. DM für die Schiene und von 2,1 Mrd. DM für die Straße vor.

3. Mittelstand

Eine besondere Stellung nehmen in der Berliner Wirtschaft die kleinen und mittleren Unternehmen ein, die in allen wichtigen Wirtschaftsbereichen vom Verarbeitenden Gewerbe über das Handwerk, das Baugewerbe bis zum Handel vertreten sind. Und auch der wachstumsträchtige Dienstleistungssektor ist überwiegend von kleinbetrieblichen Strukturen geprägt.

Kleine und mittlere Unternehmen gewährleisten durch ihr vielfältiges und spezielles Angebot an Gütern und Dienstleistungen aller Art eine individuelle und flächendeckende Verbraucherversorgung. Insbesondere im Ostteil der Stadt tragen sie entscheidend zur Angleichung des Versorgungsniveaus der Bevölkerung in beiden Stadthälften bei.

Darüber hinaus leisten sie einen unverzichtbaren Beitrag zur Bewältigung des strukturellen Wandels der Berliner Wirtschaft. Anders als Großunternehmen, die oft aus organisatorischen Gründen nicht schnell und flexibel auf sich verändernde Märkte reagieren können, erweisen sich kleinbetrieblich strukturierte Unternehmen gerade in Umbruchzeiten als besonders anpassungsfähig. Sie sind in der Lage, Marktnischen aufzuspüren und sich bietende Chancen schnell zu nutzen.

Der Aufbau eines breiten, eigenständigen Mittelstandes im Ostteil Berlins und die Stärkung der kleinen und mittleren Betriebe im Westteil sind daher ein entscheidender Beitrag zur Überwindung der wirtschaftlichen Folgen der Teilung der Stadt.

Dieser schlägt sich vor allem in Existenzgründungen auf neuen, wachstumsintensiven Wirtschaftsfeldern nieder. Die Gesamtzahl der Gewerbeanmeldungen in Berlin lag 1992 bei knapp 40 000 nach nicht ganz 44 000 in 1991. Die Zahl der Gewerbeanmeldungen in den westlichen Bezirken ist mit 21 035 in 1992 zu 21 336 in 1991 in etwa gleich geblieben. In den östlichen Stadtteilen wurden 1992 etwa 18 600 Gewerbeanmeldungen registriert, ca. 3 800 weniger als 1991 mit rund 22 400.

Parallel dazu entwickeln sich auch die Gewerbeabmeldungen in der Stadt. Die Zahlen der Abmeldungen für die westlichen Stadtteile stimmen für 1992 mit 15 655 ungefähr mit den registrierten Abmeldungen für 1991 mit 15 216 überein. Im Ostteil der Stadt zeichnet sich bei den Abmeldungen eine deutliche Zunahme von ca. 50 Prozent ab. Waren es 1991 6 237 Abmeldungen, so belief sich diese Zahl in 1992 bereits auf 9 400, also ein Zuwachs von Abmeldungen um 3 200.

Diese relativ hohe Zahl der Gewerbeabmeldungen muß als Korrektur der vorangegangenen überschäumenden Gründungswelle angesehen werden. Die Erfahrungswerte aus den alten Bundesländern, nämlich ein Verhältnis von 4:3 bei An- und Abmeldung werden mittelfristig auch im Ostteil der Stadt den Trend bestimmen.

Die Aufholentwicklung beim Aufbau eines eigenständigen Mittelstandes im Ostteil der Stadt läßt sich aufgrund des Gründungssaldos, der Differenz zwischen Gewerbean- und -abmeldungen, annäherungsweise einschätzen. Der Gründungssaldo lag für Berlin 1992 bei 14 552. Davon entfielen auf die westlichen Bezirke 5 380, auf die östlichen 9 172. Im Vergleich der neuen Bundesländer seit der Währungsunion, gemessen am Saldo der Gewerbean- und -abmeldungen je 10 000 Einwohner, liegt der Ostteil Berlins nach wie vor an erster Stelle.

Eine Analyse des Gründungsgeschehens nach Branchen zeigt, daß sich dabei die Strukturen der mittelständischen Wirtschaft in der Stadt allmählich angleichen. Waren 1991 im Ostteil der Stadt noch die meisten Gewerbeanmeldungen im Bereich Handel getätigt worden, so sind sie 1992 vom Bereich Dienstleistungen, der im Westteil schon seit Jahren dominiert, eingeholt worden. Auf den Dienstleistungsbereich entfielen 1992 in den westlichen Bezirken 44 Prozent, in den östlichen Bezirken 35 Prozent der Anmeldungen. An zweiter Stelle lag der Handel mit 31 Prozent im Westteil und 35 Prozent im Ostteil. Die dritte Stelle ist im Westteil vom Baugewerbe mit 9 Prozent belegt, im Ostteil hingegen von dem Bereich Kreditinstitute und Versicherungsgewerbe mit 11 Prozent.

Allerdings stehen den Chancen von kleinen und mittleren Unternehmen und von Existenzgründern im strukturellen Wandel auch besondere Risiken gegenüber. Aufgrund ihrer oft dünnen Kapitaldecke sehen sich kleine und mittlere Unternehmen immer wieder Problemen bei der Finanzierung von Zukunftsinvestitionen ausgesetzt. Ebenso sind sie oft bei den Kosten und Risiken aufwendiger und langwieriger Forschungs- und Entwicklungsvorhaben überfordert. Darüber hinaus müssen sie aufgrund ihrer Betriebsgröße überproportionalen Aufwand für die Beschaffung notwendiger Informationen betreiben, und sie verfügen in aller Regel nicht über ein leistungsfähiges überregionales Service- und Betriebsnetz.

Auch sind vor allem kleine und mittlere Unternehmen von dem seit der Wende in Berlin zu beobachtenden dramatischen Anstieg der Gewerbemieten betroffen, der vor allem in traditionellen Bereichen des Handwerks und des Einzelhandels existenzbedrohende Ausmaße angenommen hat.

Von großer Bedeutung sind mittelständische Unternehmen insbesondere im Bereich des Verarbeitenden Gewerbes, das besonders ausgeprägt dem Strukturwandel unterworfen ist. So arbeiteten Ende September 1992 im Verarbeitenden Gewerbe im Westteil Berlins ca. 92 000 der insgesamt rund 174 000 Beschäftigten in Unternehmen mit weniger als 500 Mitarbeitern. Dies entspricht einem Anteil von 52,5 Prozent. 1986 hatte der Anteil noch 49,8 Prozent betragen. Und auch im Ostteil Berlins arbeiteten im September 1992 rund 26 000 Beschäftigte in Betrieben mit weniger als 500 Mitarbeitern.

Handwerk

Auf dynamischem Wachstumskurs bewegt sich weiterhin das Berliner Handwerk. Ende 1992 gehörten der Handwerkskammer Berlin insgesamt 22 994 Unternehmen an, 16 187 Betriebe aus dem Westteil und 6 807 Betriebe aus dem Ostteil der Stadt. Der Betriebszuwachs im Ostteil der Stadt lag dabei mit 9,9 Prozent deutlich über dem des Westteils mit 2,5 Prozent. Für Berlin insgesamt bedeutet dies eine Steigerung von

4,6 Prozent. Damit übertraf die Steigerungsrate das Vorjahresergebnis um 1,3 Prozentpunkte (= 701 Betriebe). Für den Westteil der Stadt ist dies ein weiterer Beleg für das solide Wachstum des Berliner Handwerks über einen langen Zeitraum von rund zehn Jahren. Für den Ostteil der Stadt spiegelt es die Flexibilität und die Aufbruchstimmung in einem wichtigen Teil der mittelständischen Wirtschaft wider.

Zwar konnte das Rekordergebnis von 1991 mit 21 803 zusätzlichen Arbeitsplätzen 1992 nicht wieder erreicht werden, aber mit einem Beschäftigungswachstum von 5,6 Prozent (12 717 Arbeitsplätze) entwickelte sich das Berliner Handwerk zum größten Arbeitgeber der Stadt. Ende 1992 meldeten die 23 000 Mitgliedsbetriebe des Kammerbezirkes rund 240 000 Beschäftigte. Das Berliner Handwerk hat damit in einem konjunkturell schwierigen Jahr dem Wirtschaftsstandort Berlin arbeitsmarktpolitische und wirtschaftliche Stabilität verliehen und positive Impulse vermittelt.

Besonders erfreulich verlief das Beschäftigungswachstum im Ostteil der Stadt. Die Betriebe stellten rund 41 Prozent (5 213) der zusätzlichen Handwerksarbeitsplätze Berlins zur Verfügung, und dies, obwohl das Handwerk im Ostteil der Stadt nur einen Anteil von 29,2 Prozent am Gesamtbestand der Betriebe hat.

Auch an der Umsatzentwicklung 1992 läßt sich der Konjunkturverlauf des Berliner Handwerks deutlich ablesen. Das Umsatzplus im Jahre 1992 lag mit nominal 18,6 Prozent noch einmal über dem bereits sehr hohen Niveau der Vorjahre. Dieses Ergebnis belegt, daß sich das Berliner Handwerk bisher vom gesamtwirtschaftlich negativen Konjunkturverlauf abkoppeln konnte.

Noch immer aber weist das Handwerk im Ostteil der Stadt zusätzliche Produktions- und Beschäftigungsreserven aus. Während im Westteil Berlins auf 170 Einwohner ein Handwerksbetrieb mit durchschnittlich 14 Beschäftigten kommt, ist es im Ostteil ein Handwerksbetrieb mit 7 Beschäftigten auf 210 Einwohner.

Das Handwerk hat 1992 mit großem Engagement seine Ausbildungsleistung nochmals gesteigert. Es leistet damit einen bedeutenden gesellschaftlichen Beitrag zur Vermeidung von Jugendarbeitslosigkeit und trifft gleichzeitig Vorsorge für den zukünftigen Fachkräftebedarf in der Region. Im handwerksähnlichen Gewerbe waren 1992 im Durchschnitt knapp 4 Personen je Betrieb beschäftigt, einer mehr als im Vorjahr.

Auch der überwiegend kleinbetrieblich strukturierte Berliner Einzelhandel zählt zu den Branchen mit günstiger wirtschaftlicher Entwicklung. Schätzungen zufolge dürften 75 Prozent der Einzelhandelsunternehmen im Westteil Berlins einen Umsatz von unter 2 Mill. DM pro Jahr erzielen. Im Ostteil beträgt der geschätzte Anteil kleiner Einzelhandelsunternehmen etwa 65 Prozent.

Allerdings ist der kleinbetriebliche Einzelhandel Berlins besonders von den im Zuge der Einheit und der Hauptstadtentscheidung schnell steigenden Gewerbemieten betroffen. Dies droht die ausgewogene Einzelhandelsstruktur im Westteil der Stadt zu zerstören und behindert den Aufbau in den östlichen Bezirken.

4. Außenwirtschaft

Der Außenhandelsumsatz Berlins erreichte 1992 ein Volumen von knapp 23 Mrd. DM. Die Exporte (12 Mrd. DM) blieben um 15 Prozent, die Importe um 8 Prozent unter dem Vorjahresniveau. Hinter diesem Gesamtergebnis verbergen sich sehr unterschiedliche Entwicklungen im West- und Ostteil der Stadt. Die Warenausfuhr aus dem Westteil erreichte etwa das Vorjahresniveau; Verluste im Handel mit den ehemaligen Staatshandels- und den Entwicklungsländern standen Exportsteigerungen in die westlichen Industrieländer gegenüber. Im Ostteil gab es hingegen einen gravierenden Exporteinbruch: 1992 wurde nur noch rund ein Fünftel des Vorjahreswertes erreicht; lediglich 5 Prozent der Berliner Exporte stammten aus dem Ostteil. In dieser dramatischen Entwicklung spiegeln sich vor allem der Schrumpfungsprozeß in der Industrie des Ostteils Berlins, aber auch der Zusammenbruch des Osthandels wider.

Exportschwerpunkte der Berliner Wirtschaft sind:

– elektrotechnische Erzeugnisse (3,233 Mrd. DM),
– Maschinenbau (2,818 Mrd. DM).

Tabelle 5: Ausfuhr von Berlin nach Ländergruppen[1] 1991 und 1992 (in Mill. DM)

Ländergruppen	Westteil Berlins		Ostteil Berlins[2]	
	1991	1992	1991	1992
EG-Länder	5 796,9	5 970,6	114,9	67,2
EFTA-Länder	1 394,5	1 472,6	446,0	26,8
Übrige westliche Industrieländer	1 470,5	1 701,3	14,0	13,1
Ehemalige Staatshandelsländer	895,0	696,3	1 788,4	382,9
Entwicklungsländer	1 733,3	1 642,7	177,8	56,7
Insgesamt[3]	11 507,2	11 486,7	2 564,5	546,7

1) Aufgrund von Rundungen können bei der Summenbildung Differenzen auftreten.
2) Für den Ostteil Berlins wurden die Daten erstmals 1991 erhoben. Sie waren mit Erhebungsproblemen behaftet und tendenziell überhöht.
3) Inkl. Schiffs- und Luftfahrzeugbedarf sowie nicht ermittelte Länder und Gebiete.

Quelle: Statistisches Landesamt Berlin

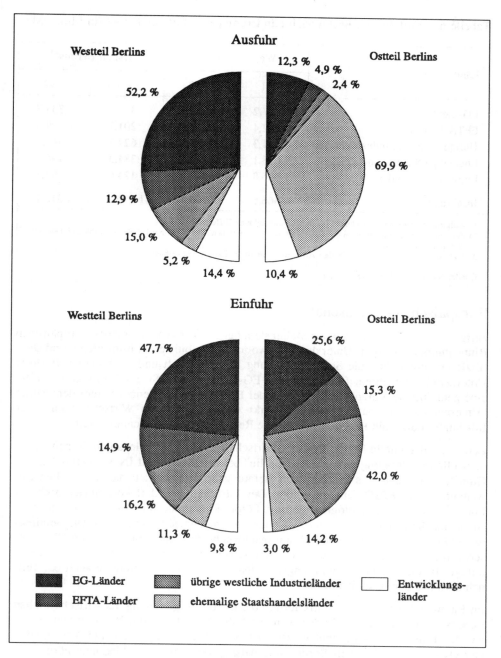

Abbildung 1: Ein- und Ausfuhr von Berlin nach Ländergruppen 1992

Tabelle 6: Einfuhr von Berlin nach Ländergruppen[1] 1991 und 1992 (in Mio. DM)

Ländergruppen	Westteil Berlins		Ostteil Berlins[2]	
	1991	1992	1991	1992
EG-Länder	4 627,2	4 368,7	334,1	333,7
EFTA-Länder	1 382,4	1 368,4	201,1	199,0
Übrige westliche Industrieländer	1 434,3	1 487,0	629,7	547,2
Ehemalige Staatshandelsländer	1 093,1	1 184,1	384,3	196,5
Entwicklungsländer	1 086,8	897,9	124,0	39,3
Insgesamt[3]	9 866,6	9 306,4	1 690,4	1 315,7

1) Aufgrund von Rundungen können bei der Summenbildung Differenzen auftreten.
2) Für den Ostteil Berlins wurden die Daten erstmals 1991 erhoben. Sie waren mit Erhebungsproblemen behaftet und tendenziell überhöht.
3) Inkl. Schiffs- und Luftfahrzeugbedarf sowie nicht ermittelte Länder und Gebiete.

Quelle: Statistisches Landesamt Berlin

Europäische Gemeinschaft

Anfang 1993 wurde ein weiterer Meilenstein bei der Verwirklichung des Europäischen Binnenmarktes passiert. Unter den Stichworten "Sensibilisieren, Informieren und Qualifizieren" unterstützt die Senatsverwaltung für Wirtschaft und Technologie Berliner Unternehmen bei ihrem Einstieg in den EG-Binnenmarkt. So fand im Oktober 1993 eine gemeinsame Veranstaltung der Länder Berlin und Brandenburg unter dem Motto "Unternehmen Europa: Vom Binnenmarkt zum Europäischen Wirtschaftsraum" zur Information über die Perspektiven für die Region Berlin/Brandenburg statt.

Zentrale Anlaufstelle für die Berliner Wirtschaft in allen EG-relevanten Fragen ist die offizielle EG-Beratungsstelle "ERIC Berlin" bei der BAO BERLIN Marketing Service GmbH. Angesichts des gestiegenen Beratungsbedarfs wurden die finanziellen Zuwendungen für ERIC deutlich erhöht. Der Informationsbedarf konzentriert sich auf Forschungs- und Technologieförderung, Förderprogramme für Mittel- und Osteuropa sowie auf die Möglichkeiten europaweiter Unternehmenskooperationen. Die Seminarreihe "Euro-Experte" soll den Führungsnachwuchs der Unternehmen für den Europäischen Markt qualifizieren. Dieses von der Senatsverwaltung für Wirtschaft und Technologie finanzierte Fortbildungsangebot findet zunehmendes Interesse auch bei Teilnehmern aus dem Ostteil Berlins.

Im Rahmen ihrer Regionalpolitik fördert die EG die Angleichung der wirtschaftlichen Lebensverhältnisse innerhalb der Gemeinschaft. Sie stützt sich dabei im wesentlichen auf den Einsatz der sogenannten Strukturfonds (Regional-, Sozial- und Agrarfonds). Der Ost- bzw. der Westteil Berlins sind dabei jeweils in unterschiedliche Förderprogramme einbezogen.

Der Ostteil Berlins erhält für den Zeitraum 1991 bis 1993 rund 245 Mill. DM aus einer Sonderdotation des Europäischen Fonds für regionale Entwicklung (EFRE) für die neuen Länder. Die EFRE-Mittel werden nach den Kriterien und in Verbindung mit den Mitteln der Gemeinschaftsaufgabe "Verbesserung der regionalen Wirtschaftsstruktur" für die Förderung der gewerblichen Wirtschaft (Investitionszuschüsse) und den Ausbau der wirtschaftsnahen Infrastruktur eingesetzt. Von 1994 an wird für den Ostteil der Stadt die höchste Förderpriorität der EG-Strukturfonds (Ziel-1-Gebiet: Regionen mit Entwicklungsrückstand) gelten.

Den westlichen Bezirken kommen die EG-Strukturfonds bereits seit längerem zugute. Der Westteil Berlins wird auch nach 1993 gemäß dem Vorschlag der EG-Kommission als Fördergebiet "sui-generis" ausgewiesen.

Ost-West-Wirtschaftskooperation

Der Reformprozeß in den Ländern Mittel- und Osteuropas (MOE) und in der Gemeinschaft unabhängiger Staaten (GUS) eröffnet der Berliner Wirtschaft mittelfristig neue Perspektiven für die Ausweitung des Osthandels. Diese Perspektiven werden um so eher zur Realität, je schneller der Übergang von der Systemkonkurrenz zur Systemkonvergenz in diesen Ländern gelingen wird. Im Rahmen der Möglichkeiten zielt die Politik Berlins gegenüber seinen östlichen Nachbarstaaten daher darauf ab, deren Transformationsprozeß zu unterstützen und die Zusammenarbeit zu fördern. Gegenüber der EG setzt sich Berlin für eine möglichst rasche Integration der Assoziierungsländer Polen, Ungarn sowie der Tschechischen Republik und der Slowakischen Republik in die Gemeinschaft ein.

1992 veranstaltete die Senatsverwaltung für Wirtschaft und Technologie für Politiker, Wirtschaftsexperten und Wissenschaftler der GUS, der ehemaligen CSFR, Polens und der baltischen Staaten verschiedene Ost-West-Foren und Round-Table-Gespräche: Gemeinsam mit Berlins Partnerstadt Moskau, der Region Moskau und Brandenburg wurde im Januar 1992 der erste Round-Table "Privatisierung und Strukturwandel" in Berlin realisiert. Im Juni 1993 fand der zweite Round-Table unter dem Thema "Konversion als Wirtschaftsfaktor" in unserer Partnerstadt Moskau statt. Beide Konferenzen wurden von der in Berlin ansässigen OstWestWirtschaftsAkademie (OWWA) organisiert.

Bereits anläßlich der Import-Messe Berlin 1992 wurde gemeinsam mit der zu dieser Zeit noch als Messe Berlin firmierenden Messe Berlin GmbH ein Ost-West-Forum veranstaltet, das sich Handelsfragen widmete und über die einschlägigen EG-Förderprogramme informierte. Zur wechselseitigen Information und Koordination von Berliner Aktivitäten in Richtung Osteuropa hat die Senatsverwaltung für Wirtschaft und Technologie einen "Berliner Arbeitskreis Ost-West-Wirtschaftskooperation" eingerichtet. Der Arbeitskreis trat im Februar 1993 erstmals zusammen.

Mit finanzieller Unterstützung der EG und des Senats soll im Innovations- und Gründerzentrum (IGZ) Adlershof ein Ost-West-Zentrum (OWZ) entstehen. Jungen Handelsunternehmen – vorrangig aus Osteuropa – werden dort zu relativ günstigen Bedingungen Büroräume und Serviceleistungen angeboten. Die Senatsverwaltung für Wirtschaft und Technologie will damit einen Beitrag zur Privatisierung in Osteuropa und zur stärkeren Einbindung der Berliner Wirtschaft in den Ost-West-Handel leisten.

Eine besondere Rolle in den Ost-West-Wirtschaftsbeziehungen spielt der Ausbau der Zusammenarbeit Berlins mit seinem Nachbarland Polen. Vor diesem Hintergrund stellten sich anläßlich der diesjährigen Import-Messe Berlin unter namhafter politischer Beteiligung die fünf Wirtschaftsregionen Westpolens in Berlin vor. Eine Woche zuvor organisierte die BAO BERLIN Marketing Service GmbH eine Berlin-Präsentation in Posen. Ein weiteres zentrales Thema war die Gründung einer deutsch-polnischen Wirtschaftsförderungsgesellschaft, die in Kürze ihre Tätigkeit aufnehmen soll. Der Bund, die angrenzenden Länder und Berlin werden sich voraussichtlich auf deutscher Seite an der Fördergesellschaft finanziell beteiligen.

Zusammenarbeit mit den Entwicklungsländern

Die wirtschaftlichen und sozialen Probleme in den Entwicklungsländern haben sich auch im vergangenen Jahr weiter verschärft. Ausdruck dieser kritischen Situation ist die nach wie vor besorgniserregende Verschuldung vieler Staaten und die weltweit ungebremste Umweltzerstörung. Eine Verbesserung ist trotz erheblicher Eigenanstrengungen der Entwicklungsländer ohne eine Veränderung der internationalen Rahmenbedingungen nicht absehbar.

So haben die Industrieländer keine substantiellen Zugeständnisse zum Abbau protektionistischer Handelspraktiken gegenüber den Ländern des Südens gemacht. Auch die Verschuldungsproblematik ist nach wie vor ungelöst. Die Verschuldung zwingt wiederum viele Länder zu einem Raubbau an ihren natürlichen Ressourcen. Trotz der UN-Konferenz zu Umwelt und Entwicklung in Rio de Janeiro steht die Trendwende zu einer dauerhaften und sich selbst tragenden Entwicklung noch aus.

Der Senat von Berlin unterstützt weiterhin die Bemühungen der Staaten der "Dritten Welt" beim Aufbau menschenwürdiger und demokratischer Lebensverhältnisse. Zur Stärkung der entwicklungspolitischen Arbeit Berlins wurde im März 1991 bei der Senatsverwaltung für Wirtschaft und Technologie die Landesstelle für Entwicklungszusammenarbeit eingerichtet.

Die Berliner Entwicklungspolitik orientiert sich dabei an folgenden Zielen:

– Befriedigung der Grundbedürfnisse,
– Erhaltung der natürlichen Umwelt,
– Stärkung der demokratischen Selbstorganisation der Betroffenen,
– Verwirklichung der Menschenrechte und
– Überwindung rassistischer und geschlechtsspezifischer Diskriminierung.

Angesichts der zentralen Rolle der Frauen im Entwicklungsprozeß und ihrer Benachteiligung wird bei der Umsetzung dieser Ziele besonderes Gewicht auf die Unterstützung und Förderung von Frauen gelegt.

5. Arbeitsmarkt

In der Region Berlin beginnt sich ein zusammenhängender Arbeitsmarkt herauszubilden. Er ist erwartungsgemäß von unterschiedlichen Tendenzen geprägt. Das Umland und die östlichen Bezirke sind weiterhin in einem außerordentlich starken Maße von der Transformationskrise bestimmt. Die Unterbeschäftigung in den östlichen Bezirken Berlins ist noch immer sehr hoch. Jedoch ist die Region Berlin in den neuen Bundesländern ein Investitionsschwerpunkt, mit positiven Effekten für den regionalen Arbeitsmarkt.

Das hohe Wachstum der Wirtschaft im Westteil der Stadt in den ersten beiden Jahren nach der Wirtschafts- und Währungsunion war von einer erheblichen Beschäftigungsausweitung begleitet. Die Zahl der sozialversicherungspflichtig Beschäftigten ist im Westteil Berlins zwischen 1990 und 1992 von 795 400 auf 882 400 (+ 11 Prozent) gewachsen. Seit dem Jahreswechsel ist erstmals ein Rückgang festzustellen (Januar 1993 = 872 000 Personen).

Im Ostteil der Stadt ist die Arbeitsplatzentwicklung statistisch noch nicht gesichert zu erfassen. Das Tempo des Beschäftigungsabbaus dürfte sich in 1992 deutlich verlangsamt haben. Mitte 1992 gab es im Ostteil der Stadt ca. 520 000 Erwerbstätige, davon ca. 462 000 sozialversicherungspflichtig Beschäftigte. Insgesamt ist der Arbeitsplatzabbau augenscheinlich zum Stillstand gekommen, wobei der Strukturwandel anhält und in einigen Zweigen bereits leichte Beschäftigungsimpulse zu verzeichnen sind.

Einen außerordentlich hohen Beitrag zur Stabilisierung des Arbeitsmarktes im Ostteil der Stadt und im Umland Brandenburg hat der bis Ende 1992 anhaltende Beschäftigungszuwachs im Westteil der Stadt geleistet. Zum Jahresende 1992 wird die Gesamtzahl der im Westteil Berlins beschäftigten "Pendler" auf 165 000 bis 180 000 geschätzt.

Die Folgewirkung dieser zunehmenden Verflechtung ist eine schlechtere Wettbewerbsposition der Arbeitslosen im Westteil der Stadt. Während für die westlichen Bezirke ein nahezu stetiger Anstieg der registrierten Arbeitslosigkeit auf einen Höchststand von über 120 000 Personen festzustellen ist, hat sich diese Zahl im Ostteil der Stadt beinahe kontinuierlich von über 117 000 im Januar 1992 auf knapp über 82 000 im April 1993 verringert, obwohl die Kurzarbeit gleichzeitig stark zurückging. Die Ursachen für die stärkere Wettbewerbsfähigkeit der Arbeitnehmer aus dem Ostteil und dem Umland im Vergleich zu den Arbeitslosen im Westteil der Stadt sind vielfältig: Größere Mobilitätsbereitschaft, höheres durchschnittliches Qualifikationsniveau, höhere Weiterbildungsbereitschaft und die Bereitschaft, tariflich geringer bewertete Tätigkeiten anzunehmen als es dem individuell gegebenen Qualifikationsprofil entspricht, können als die wesentlichen Punkte angesehen werden.

Im Ostteil Berlins waren im Jahresdurchschnitt 1992 98 022 Personen als arbeitslos registriert. Der Höhepunkt lag im Januar bei 117 357 und sank bis zum April 1993 fast kontinuierlich auf 82 525 Personen. Jahresdurchschnittlich betrug die Steigerung

12,6 Prozent, in den neuen Bundesländern 28 Prozent. Die Arbeitslosenquote betrug im Januar 1992 17,2 Prozent und sank bis zum Ende des Jahres auf 13 Prozent (April 1993 13,6 Prozent). Jahresdurchschnittlich lag die Arbeitslosenquote bei 14,3 Prozent. Damit weist der Ostteil der Stadt die geringste Arbeitslosenquote der neuen Bundesländer auf.

Der Anteil der Männer an den registrierten Arbeitslosen lag im Jahresdurchschnitt 1992 im Ostteil der Stadt bei 45,9 Prozent, die der Frauen bei 54,1 Prozent (alle neuen Länder 63 Prozent). Die Quote der Frauenarbeitslosigkeit lag mit 16 Prozent im Ostteil Berlins (Westteil 10,1 Prozent) deutlich unter der des Durchschnitts in den neuen Ländern mit 19,6 Prozent, während die der Männer im Ostteil Berlins mit 11,5 Prozent über dem Durchschnitt von 10,5 Prozent in den neuen Ländern lag (Westteil 12 Prozent).

Die Kurzarbeit ist 1992 im Ostteil der Stadt stark zurückgegangen. Im März 1991 war mit 88 841 Kurzarbeitern der Höhepunkt erreicht. Mit geringfügigen Auf- und Abschwüngen ging die Kurzarbeit bis April 1993 auf 6 219 Personen zurück. Der Rückgang lag deutlich höher als im Durchschnitt der neuen Länder.

Eine strukturelle Annäherung zwischen dem Ost- und Westteil der Stadt ist bei der Frage der Langzeitarbeitslosigkeit zu konstatieren. Im Ostteil hat sich inzwischen ein beachtlicher Sockel der Langzeitarbeitslosigkeit aufgebaut (genaue Zahlen liegen noch nicht vor). In den neuen Ländern sind 15,9 Prozent ein bis unter zwei Jahre arbeitslos und 5,6 Prozent über zwei Jahre und mehr (alte Länder 13,4 Prozent bzw. 13,2 Prozent Ende September 1992).

Im Westteil Berlins lag der Bestand an Arbeitslosen im Jahresdurchschnitt 1992 bei 109 037 Personen, 16 129 oder 17,4 Prozent mehr als im Jahr 1991. Frauen waren leicht überproportional betroffen (Frauen + 19,4 Prozent, Männer + 16 Prozent). Die Arbeitslosenquote stieg um 1,7 Prozentpunkte auf 11,1 Prozent im Jahresdurchschnitt (April 1993 13,4 Prozent). Die Quote der Männer erhöhte sich von 10,1 Prozent auf 12 Prozent (April 1993 13,4 Prozent), die der Frauen von 8,5 Prozent auf 10,1 Prozent (April 1993 11,1 Prozent).

Ein starker Verdrängungseffekt zeigt sich bei den ausländischen Arbeitnehmern. Der Jahresdurchschnitt der arbeitslosen Ausländer hat sich im Vergleich zum Vorjahr von 17 030 auf 23 409 Personen um 39,1 Prozent (Anstieg in den alten Ländern um 22 Prozent) bzw. einer Quote von 14 Prozent auf 19,8 Prozent erhöht (alte Bundesländer 12,2 Prozent). Noch 1990 lag der Anteil (September) bei 15,8 Prozent aller Arbeitslosen. Der Anteil der arbeitslosen männlichen Ausländer liegt mit ca. 62 Prozent der ausländischen Arbeitslosen sehr hoch.

Auch die Tendenz zur Langzeitarbeitslosigkeit im Westteil der Stadt hat in 1992 erneut stark zugenommen. Ende September 1992 gab es 33 301 Arbeitslose, die ein Jahr und länger arbeitslos waren, 7 579 oder 29,5 Prozent mehr als im September 1991 (alte Bundesländer + 4 Prozent). Damit ist der Anteil auf 30,1 Prozent gestiegen.

Beträchtliche entlastende Wirkungen gehen vor allem im Ostteil Berlins von den Maßnahmen aktiver Arbeitsmarktpolitik aus, wie sie im arbeitsmarktpolitischen Rahmenprogramm vorgesehen sind.

So wurden in Berlin im Jahresdurchschnitt 1992 33 626 Personen, darunter 27 226 in den östlichen Bezirken, in ABM beschäftigt. Der Anteil der Frauen in ABM betrug im Westteil ca. 30 Prozent, im Ostteil ca. 52 Prozent. Der Gesamtanteil der Frauen in ABM betrug ca. 47 Prozent und lag daher höher als in allen alten und neuen Bundesländern.

Mit Stand vom April 1993 sind 27 092 Personen in ABM beschäftigt, darunter 21 695 in den östlichen Bezirken. In unmittelbarer Regie des Landes Berlin wurden im Westteil der Stadt 2 000, im Ostteil ca. 12 000 (April 1993 11 511) Stellen geführt. Die Servicegesellschaften des Landes Berlin haben mit Stand März 1992 2 076 ABM-Projekte bei 457 Trägern mit 16 898 Personen konzeptionell vorbereitet, begleitet und betreut.

Der Senat von Berlin hat über ABM auch Ausgründungen aus Beschäftigungs- und Qualifizierungsgesellschaften (BQG) und aus Gesellschaften zur Arbeitsförderung (ABS) gefördert und somit neben Existenzgründungen einen Beitrag zur Entwicklung kleiner und mittlerer Unternehmen im Ostteil der Stadt geleistet. 1992 wurden 34 Betriebe mit 296 Beschäftigten ausgegründet. Für 1993/94 sind bisher 131 Betriebe mit ca. 1 200 Beschäftigten für Ausgründungen vorgesehen. Erfahrungsgemäß reduziert sich die Bereitschaft und Fähigkeit zur Ausgründung jedoch mit fortschreitender Zeitdauer.

Um die Übergänge zu erleichtern, wurden im Arbeitsmarktpolitischen Rahmenprogramm (ARP) Berlins neue Instrumente geschaffen und spezifische Fort- und Weiterbildung entwickelt. Außerdem können in den ausgegründeten Unternehmen Lohnkostenzuschüsse nach § 249 h Arbeitsförderungsgesetz (AFG) oder des Landes beantragt werden, soweit es die Beschäftigungsfelder ermöglichen. Die Eingliederung von Zielgruppen in langfristige oder Dauerarbeitsplätze erfolgt ebenfalls durch Lohnkostenzuschüsse.

Im Rahmen des ARP wurden 1992 203 Projekte bei 115 Bildungsträgern für 8 777 Teilnehmer initiiert und gefördert. Diese Weiterbildungsmaßnahmen orientieren sich primär an den Qualifikationserfordernissen des ersten Arbeitsmarktes. 70 Prozent der Teilnehmer kamen aus dem Ostteil der Stadt, 30 Prozent aus dem Westteil. Repräsentative Erhebungen ergaben eine ca. 60prozentige Teilnahme von Frauen an den Weiterbildungsmaßnahmen und eine durchschnittliche anschließende Vermittlungsrate von 60 bis 70 Prozent aller Teilnehmer.

Insgesamt wurden 1992 durchschnittlich 1 760 Teilnehmer durch Berufsbildungsbeihilfen gefördert. Dies bedeutete eine Steigerung um 60 Prozent. Durch erhebliche Kürzungen bzw. Einschränkungen der Mittel bei der Bundesanstalt für Arbeit (unter anderem Wegfall des § 41 a AFG, Reduzierung der Haushaltsansätze um 25 Prozent,

Einführung einer Eigenbeteiligung der Teilnehmer bei sogenannten zweckmäßigen Maßnahmekosten) wird die Verweildauer in Arbeitslosigkeit ansteigen und sich somit die Zahl der Nichtleistungsempfänger erhöhen. Als Folge wird sich ein Anstieg der landeseigenen Maßnahmen ergeben.

Beschäftigungsprogramme für langzeitarbeitslose Sozialhilfeempfänger haben ebenfalls große Bedeutung. Neben der sozialversicherungspflichtigen Beschäftigung zum Beispiel in Betrieben und bei Wohlfahrtsverbänden werden die Angebote von kombinierten Beschäftigungs- und Qualifizierungsmaßnahmen weiter ausgebaut. Speziell im Ostteil der Stadt werden neue Projektmaßnahmen begonnen. Von den derzeit insgesamt 1 850 sozialversicherungspflichtigen Arbeitsverträgen mit Sozialhilfeempfängern bestehen ca. 490 in solchen Projektmaßnahmen.

Im Jahre 1992 konnten insgesamt 3 332 Sozialhilfeempfänger in dem Programm "Hilfe zur Arbeit" mit einem zeitlich befristeten Arbeitsvertrag gefördert werden. Im Rahmen des Programms "Jugend mit Zukunft – Sonderprogramm gegen Gewalt" werden im Jahre 1993 weitere 300 Arbeitsplätze für jugendliche Langzeitarbeitslose geschaffen.

Seit 1988 führt die Senatsverwaltung für Soziales das Programm "501" durch. Besonders benachteiligte junge Menschen zwischen 18 und 25 Jahren, die arbeitslos sind und von den üblichen Maßnahmen der Berufsberatung und Arbeitsvermittlung nicht erfaßt werden, erhalten die Chance, sich einen Arbeitsplatz nach eigener Wahl in Klein- und Mittelbetrieben zu suchen.

Für die Schaffung, Erhaltung und Ausstattung von über 400 behindertengerechten Arbeitsplätzen wurden im Jahre 1992 von der Hauptfürsorgestelle aus Mitteln der Ausgleichsabgabe nahezu 5 Mill. DM an Arbeitgeber gezahlt. Darüber hinaus wurden für die psychosoziale Betreuung Schwerbehinderter im Arbeits- und Berufsleben in ca. 570 Einzelfällen von der Hauptfürsorgestelle insgesamt rund 2,5 Mill. DM aufgewendet.

Als überaus erfolgreich erwies sich das im Frühjahr 1991 von der Senatsverwaltung für Soziales mit dem Landesarbeitsamt (LAA) Berlin-Brandenburg vereinbarte und zunächst bis Ende 1994 befristete Sonderprogramm zum Abbau der Arbeitslosigkeit Schwerbehinderter in Berlin. Aus diesem Programm können Arbeitgeber Hilfen erhalten, die Schwerbehinderte, für die ein Anspruch auf Förderleistungen besteht, unbefristet einstellen. Dieses Angebot führte bisher zu über 400 Neueinstellungen von Schwerbehinderten. Der Senat beabsichtigt wegen der äußerst positiven Annahme dieses Programms durch die Arbeitgeber, die der Hauptfürsorgestelle zur Aufstockung der Geldleistungen der Arbeitsämter zur Verfügung stehenden Mittel von 3 auf 12 Mill. DM zu erhöhen.

6. Wirtschaftspolitik

Grundsätze

Obwohl Berlin zur Zeit viele Probleme zu meistern hat, weist die zukünftige Entwicklung der Stadt sehr günstige Perspektiven auf:

– Durch den Umzug von Regierung und Parlament werden Tausende neuer Arbeitsplätze entstehen und die Infrastruktur wird nachhaltig verbessert.

– Im Unterschied zu anderen Ballungsräumen Deutschlands verfügt Berlin grundsätzlich über ausreichende Flächen für wirtschaftliche Aktivitäten.

– Die Region besitzt einen breit gefächerten Arbeitsmarkt, auf dem qualifizierte und motivierte Arbeitnehmer ihre Leistungen anbieten.

– Die Stadt verfügt, wie keine andere Region, über eine Vielzahl wissenschaftlicher Einrichtungen.

– Sobald sich die Länder Mittel- und Osteuropas wirtschaftlich und politisch stabilisiert haben, werden sich die geografische Nähe und das hier konzentrierte Expertenwissen als komparativer Vorteil bei der Erschließung dieser Märkte erweisen.

– Berlin bietet ausgesprochen attraktive sogenannte weiche Standortfaktoren, wie ein beispielloses Kulturangebot, zahlreiche Bildungseinrichtungen oder ein reizvolles Umland, das zur Naherholung einlädt.

Die Zukunftschancen lassen sich allerdings nur dann wahrnehmen, wenn es im Großraum Berlin gelingt, industrielle Produktionen zu stabilisieren, Produktionsverfahren und Produkte auf Zukunftsmärkte auszurichten und diesen Sektor funktional enger mit regional ansässigen produktionsorientierten Dienstleistungen zu verbinden. Denn regionale Wachstumsprozesse werden nach wie vor entscheidend durch den industriellen Sektor bestimmt. Er schafft Nachfrage für produktionsorientierte Dienstleistungen, Zuliefermöglichkeiten für das Handwerk und sichert so anspruchsvolle Arbeitsplätze für qualifizierte Arbeitnehmer. Vor diesem Hintergrund besteht die entscheidende wirtschaftspolitische Aufgabe darin, den notwendig gewordenen Prozeß der Strukturanpassung sowohl im Ostteil als auch im Westteil so auszugestalten, daß Berlin als Industriestandort erhalten bleibt.

Mit dem Konzept zur Flächensicherung von 21 bedeutsamen Industriestandorten, der weitgehend abgeschlossenen Privatisierung der Industrieunternehmen im Ostteil der Stadt sowie der Einbeziehung der Berliner Unternehmen in die Förderkulisse der GA wurden entscheidende Voraussetzungen geschaffen. Obwohl gegenwärtig der rezessive Konjunkturverlauf zu einem Abbau von Arbeitsplätzen in diesem Sektor der Volkswirtschaft führt, ist dennoch davon auszugehen, daß in Berlin mittelfristig bis zu 250 000 industrielle Arbeitsplätze vorhanden sein werden.

Besonders dynamisch entwickeln sich in Berlin zur Zeit und in Zukunft das Baugewerbe und der private Dienstleistungsbereich. In diesen beiden Sektoren der Volkswirtschaft werden bis zum Jahre 2000 etwa 160 000 neue Arbeitsplätze entstehen, davon rund 140 000 im Bereich der privaten Dienstleistungsunternehmen. Andererseits werden Beschäftigungsverluste in den staatlichen Bereichen nicht zu vermeiden sein.

Der Senat von Berlin beobachtet die angespannte Situation auf dem Markt für Geschäftsraumflächen und das besonders in den Jahren 1990, 1991 und 1992 stark gestiegene Mietniveau mit großer Sorge. Aufgrund des hohen Mietniveaus besteht die Gefahr, daß insbesondere kleine und mittlere Unternehmen aus Handel, Handwerk und Dienstleistungsgewerbe aus den Innenstädten verdrängt werden oder ihr Geschäft ganz aufgeben müssen, weil sie keine adäquaten Ersatzräume finden. Durch die Betriebsaufgabe sind sowohl Arbeits- als auch Ausbildungsplätze gefährdet.

Vorrangiges Ziel des Senats bleibt es, durch die Schaffung neuen Gewerberaums den Markt für Geschäftsraumflächen nachhaltig zu entlasten. Das Land Berlin macht darüber hinaus seinen Einfluß geltend, damit überall dort, wo staatliche Stellen als Vermieter auftreten, durch Vermietung am unteren Rand der ortsüblichen Miete preisdämpfend auf das allgemeine Mietniveau gewirkt wird.

Der Senat hält aber auch gesetzliche Maßnahmen zur Verbesserung des Schutzes von gewerblichen Mietern zumindest für einen Übergangszeitraum für notwendig. Daher hat er zwei Gesetzesentwürfe in den Bundesrat eingebracht. Erstens sollen die gesetzlichen Kündigungsfristen für Geschäftsraummieter von gegenwärtig drei auf sechs Monate bzw. bei einer Mietzeit von mindestens fünf Jahren auf zwölf Monate verlängert werden. Diese Gesetzesinitiative hat bereits den Bundesrat und den Bundestag passiert und tritt 1994 in Kraft.

Der zweite Gesetzesentwurf des Landes Berlin zielt auf einen umfassenden Schutz der Mieter von Geschäftsraum in Anlehnung an die Schutzvorschriften für Mieter von Wohnungen. Vorgesehen ist neben der Begrenzung von Mieterhöhungen und der Einführung einer Kappungsgrenze von 30 Prozent bei Neuvermietungen insbesondere, daß Kündigungen in Zukunft ein berechtigtes Interesse des Vermieters erfordern. Eine Kündigung zum Zweck der Mieterhöhung soll ausgeschlossen werden.

Bei Erstvermietungen nach Neubau oder Instandsetzung von Geschäftsraum soll die Miethöhe jedoch frei vereinbar sein. Damit bleibt die Schaffung zusätzlichen Erwerbsraums weiterhin attraktiv. Die Entscheidung des Bundesrates über ein Geschäftsraummietengesetz wird voraussichtlich noch 1993 erfolgen.

Die Senatsverwaltung für Wirtschaft und Technologie unterstützt auch eine aus Kreisen der Wirtschaft angeregte Änderung des Vermögensgesetzes. Die geltende Fassung des Vermögensgesetzes hindert bei restitutionsbefangenen Grundstücken den jeweiligen Verwalter gegenwärtig am Abschluß langfristiger Mietverträge. Im Ostteil Berlins und in den neuen Bundesländern stehen trotz großen Bedarfs viele Geschäftsräume wegen ihres schlechten baulichen Zustandes leer. Mit der angestrebten Lockerung der Restriktionen des Vermögensgesetzes soll der Abschluß von Mietverträgen mit längerer Laufzeit ermöglicht und damit die Voraussetzung geschaffen werden, daß die Investitionen der Mieter in leerstehenden sanierungsbedürftigen Gewerberaum über einen längeren Zeitraum hinweg "abgewohnt" werden können.

Die 1965 gegründete Gewerbesiedlungs-Gesellschaft mbH (GSG) hat den Auftrag, Gewerbehöfe zu errichten und zu bewirtschaften. Dadurch sollen kleine und mittlere Betriebe – vornehmlich aus den Bereichen Produktion und Handwerk – mit Gewerberäumen zu tragbaren Mieten versorgt werden. Zur Zeit besitzt die GSG im Westteil Berlins auf eigenen Grundstücken oder Erbbaurechtsgelände 45 Gewerbehöfe mit einer Nutzfläche von rund 400 000 m^2 und 625 Mietern. Im Ostteil der Stadt versucht die GSG seit einiger Zeit Fuß zu fassen. Nachdem erste Projekte vor allem wegen ungeklärter Eigentumsverhältnisse nicht realisiert werden konnten, zeichnen sich jetzt erste Erfolge ab:

– Im Bezirk Marzahn steht die Übertragung eines durch Restitution wieder landeseigen gewordenen Grundstücks im Gewerbegebiet Wolfener Straße bevor. Die GSG hat hierzu bereits die Architektenaufträge bis zur Genehmigungsplanung für ein Gewerbezentrum mit einer Gesamtgeschoßfläche von netto 30 000 m^2 erteilt. Die Gewerbeflächen werden so angelegt, daß sie zur Unterbringung von ca. 70 kleinen und mittleren Betrieben geeignet sind.

– Von der Treuhandanstalt soll ein 57 000 m^2 großes Grundstück im Bezirk Pankow, Ortsteil Buchholz zur Errichtung eines Gewerbezentrums erworben werden.

– Im Bezirk Friedrichshain bemüht sich die GSG auf der Grundlage des Investitionsvorranggesetzes um vier Grundstücke, die in Verfügung des Landes Berlin stehen. Die vorhandenen Gebäude sollen in ein Gewerbezentrum mit rund 15 000 m^2 Nutzfläche umfunktioniert werden.

Wirtschaftsförderung

Förderinstrumente auf Bund-Länder-Ebene

Die GA ist das bedeutendste Regional-Förderinstrument von Bund und Ländern. Damit werden Investitionen gefördert, um in strukturschwachen Gebieten Einkommen und Beschäftigung zu erhöhen. Mit den Mitteln der GA können auf Antrag Investitionszuschüsse für volkswirtschaftlich besonders förderungswürdige Investitionsvorhaben der gewerblichen Wirtschaft und für kommunale wirtschaftsnahe Infrastrukturvorhaben gewährt werden.

Die Mittel für die GA werden von Bund und Ländern jeweils zur Hälfte getragen. Sie werden mit Mitteln des Europäischen Fonds für regionale Entwicklung (EFRE) aufgestockt. Der 22. Rahmenplan sieht für Berlin die in der nachfolgenden Tabelle aufgelisteten Maßnahmen und Mittel vor.

Tabelle 7: Finanzierungsplan zur Verbesserung der regionalen Wirtschaftsstruktur 1993 bis 1997 (in Mill. DM)

Geplante Maßnahmen	Zu fördernde Investitionen 1993–1997[2]	Finanzmittel[1]					
		1993	1994	1995	1996	1997	1993–1997 insges.
1. Förderung der gewerblichen Wirtschaft einschließlich Fremdenverkehr[4] GA-Mittel	5 175,0	401,1	199,7	143,5	143,5	143,5	1 031,3
2. Förderung des Ausbaus der Infrastruktur[3] [5] GA-Mittel	1 764,0	288,0	299,5	215,3	215,3	215,3	1 233,4
Investitionsmittel gesamt	6 939,0						
GA-Mittel gesamt		689,1	499,2	358,8	358,8	358,8	2 264,7

1) Für das Jahr 1993 ist eine Aufstockung in Höhe von 140,4 Mio. DM gemäß dem Föderalen Konsolidierungsprogramm enthalten. Über den Bewilligungsrahmen ab 1994 soll erst zeitnah bei der Aufstellung des Haushalts 1994 entschieden werden. Über den für 1997 vorgesehenen Betrag (Bundesanteil) wird bei der Aufstellung der Voranschläge zum Finanzplan 1993–1997 entschieden. Für das Jahr 1993 sind von den GA-Mitteln die EFRE-Mittel in Höhe von 73 Mio. DM im Verhältnis 45 v.H. für die gewerbliche Wirtschaft zu 55 v.H. für die wirtschaftsnahe Infrastruktur aufgeteilt.
2) Die Summe der zu fördernden Investitionen (Bemessungsgrundlage) wurde geschätzt, da nicht genügend Erfahrungswerte vorliegen.
3) Eine Änderung des Infrastrukturanteils bleibt vorbehalten.
4) Bei Errichtung, Ausbau, Umstellung oder grundlegender Rationalisierung von Gewerbebetrieben.
5) Soweit für die Entwicklung der gewerblichen Wirtschaft einschließlich Fremdenverkehr erforderlich.

Quelle: Senatsverwaltung für Wirtschaft und Technologie

Im Jahre 1993 stehen in Berlin 689 Mill. DM GA-Mittel einschließlich der Übertragungen aus 1992 zur Verfügung. Es zeichnet sich ab, daß die Inanspruchnahme der Mittel erheblich größer sein wird als im Vorjahr.

Zunehmend setzt sich die Erkenntnis durch, daß der Westteil Berlins angesichts des länger dauernden Strukturwandels im Osten Deutschlands nicht zu einem Förderloch inmitten einer einheitlichen Förderregion werden darf. Denn die Förderung von Investitionen mit dem Berlinförderungsgesetz (BerlinFG) läuft Ende 1993 aus. Bei der Neufestlegung der Fördergebiete der GA-West wurde erreicht, daß auch der Westteil Berlins in den Jahren 1994 bis 1996 in die Förderung einbezogen wird. Die gewerbliche Wirtschaft im Westteil der Stadt kann damit ebenfalls Investitionszuschüsse erhalten, wenn auch mit geringeren Fördersätzen, als sie für den Ostteil und die neuen Bundesländer gelten. Daher wird es in Relation zum Ostteil Berlins und zum Land Brandenburg bei einem angemessenen Fördergefälle bleiben. Der Prozeß des Strukturwandels, dem der Westteil Berlins ausgesetzt ist, wird mit GA-Mitteln jedoch wirksamer abgefedert werden können.

Die Investitionszulagenregelung (Investitionszulagengesetz 1991) ist für das Beitrittsgebiet bis 1996 verlängert und für das Verarbeitende Gewerbe und das Handwerk durch Einführung einer 20prozentigen Zulage für Steuerpflichtige, die am 9. November 1989 einen Wohnsitz oder ihren gewöhnlichen Aufenthalt im Beitrittsgebiet hatten, zusätzlich verbessert worden. Für den Westteil Berlins wurde durch das obengenannte Gesetz entsprechend der Entscheidung der EG-Kommission vom Juli 1992 die Zulage für 1992 getätigte Investitionen (Anzahlung, Teilherstellungskosten) auf 8 Prozent festgelegt. Ab 1993 sind Investitionen im Westteil Berlins nicht mehr nach dem Investitionszulagengesetz begünstigt.

Das Fördergebietsgesetz läßt bis 1994 Sonderabschreibungen für Investitionen auch im Westteil Berlins zu. Die von Berlin angestrebte und vom Bundesrat befürwortete Einbeziehung der westlichen Stadtbezirke in die vorgesehene Verlängerung bis 1996 wurde vom Deutschen Bundestag im Standortsicherungsgesetz nur für den Bereich des Wohnungsbaus gebilligt.

Die ERP-Programme stehen seit 1990 eindeutig im Zeichen der deutschen Vereinigung. Während für 1990 noch ein besonderes "Berlin (West)-Programm" bestand, wird der Westteil der Stadt nach einer Entscheidung der EG-Kommission seit dem 01.01.1991 wie ein altes Bundesland behandelt. Der Ostteil Berlins ist allerdings uneingeschränkt in die Förderung der neuen Länder eingebunden.

Neben diesen Förderinstrumentarien existieren noch weitere, landesspezifische Förderangebote. Diese konzentrieren sich zum einen auf den Ausbau des zukunftsorientierten Sektors Forschung und Entwicklung, zum anderen allgemein auf die Stützung des Mittelstandes.

Landesspezifische Technologieförderprogramme

Berlin wird es nur gelingen, im Wettbewerb der Regionen zu bestehen, wenn die hier ansässigen Unternehmen qualitativ hochwertige und innovative Produkte anbieten können, die mit Know-how-intensiven Verfahren hergestellt wurden. Daher kommt der Technologiepolitik ein zentraler wirtschaftspolitischer Stellenwert zu. Diese Bedeutung wird angesichts des verschärften internationalen Wettbewerbs noch zunehmen.

Aus diesen Gründen kommt es in der Wirtschaftsregion Berlin/Brandenburg entscheidend darauf an, Arbeitsplätze in forschungsintensiven Industriebereichen zu erhalten oder neu zu schaffen. Ohne technologieorientierte Industriebetriebe werden auch die Wachstumschancen für produktionsnahe Dienstleistungen erheblich eingeschränkt. Andererseits bietet die Berliner Universitäts- und Forschungslandschaft ideale Voraussetzungen für Know-how-Transfer in die Unternehmen der Region und für Existenzgründungen.

Die regionale Technologiepolitik muß wirksam beitragen zu

- einer den internationalen Standards genügenden, wirtschaftsnahen Forschung und Entwicklung (FuE) der außerbetrieblichen wissenschaftlichen Institutionen,
- einem schnellen Transfer der Informationen und einer raschen Umsetzung der wissenschaftlichen Ergebnisse in die betriebliche Praxis,
- einer Unterstützung der FuE-Anstrengungen der Betriebe selbst,
- einer Erhöhung der Qualifikation der Führungskräfte und der Mitarbeiter und
- einer wettbewerbfähigen Infrastruktur.

Technologiepolitik muß in der Übergangs- und Umbruchsituation Berlins auf verschiedenen Feldern gleichzeitig aktiv sein.

- Eine erfolgreiche Technologieförderung bedarf der engen Verzahnung mit der allgemeinen Wirtschaftsförderung.

- Im Westteil Berlins ist die Abwanderung von Betrieben zu verhindern, die durch Qualifizierung und Intensivierung der FuE gute Chancen haben, mit eigenen anspruchsvollen Produktprogrammen den Charakter der "verlängerten Werkbänke" zu überwinden.

- Im Ostteil der Stadt müssen die erhaltenswerten Industriebetriebe bei Fertigungsmodernisierung sowie Produkt- und Prozeßinnovationen unterstützt werden. Sie sind als industrielle Basis im Umstrukturierungsprozeß unverzichtbar und bilden den Kristallisationspunkt für regionale Lieferverflechtungen und Kooperationen sowie für befruchtende Wechselbeziehungen mit dem tertiären Bereich.

- Die notwendigen Rahmenbedingungen, wie moderne Infrastruktur, ausreichende und preislich wettbewerbsfähige Flächen oder Qualifikationsstrukturen der Arbeitnehmer, müssen geschaffen werden, damit sich Unternehmen erfolgversprechend auf den Weg der Produkt- und Prozeßinnovationen machen können.

Der Boden hierfür ist gut bereitet. So verfügt Berlin über eine einmalige Forschungsinfrastruktur, die zum innovativen Motor für den Strukturwandel und für eine industrielle Modernisierung der Stadt werden kann. Neben den drei großen Universitäten gibt es vier Kunsthochschulen, die Europäische Wirtschaftshochschule und neun Fachhochschulen mit insgesamt 140 000 Studenten in der Stadt. Damit ist Berlin vor München und Köln der größte deutsche Hochschulstandort. Außerdem sind in Berlin ca. 250 staatliche und private Forschungseinrichtungen konzentriert.

Berlin hat mit 27 Prozent einen – im Verhältnis zum Bevölkerungsanteil von 7,8 Prozent – überproportional hohen Anteil an außeruniversitären Forschungseinrichtungen aufzuweisen und nimmt damit unter den neuen Bundesländern die Spitzenposition ein. In den Wissenschaftseinrichtungen Berlins waren Ende 1992 ca. 50 000 Personen, darunter 16 000 Wissenschaftler, tätig. Damit sind im Sektor von Wissenschaft und Forschung ca. 3 Prozent der berufstätigen Bevölkerung Berlins beschäftigt.

Die administrative und ökonomische Struktur der ehemaligen DDR hat zu einer starken Konzentration von Forschungseinrichtungen insbesondere in Sachsen und Berlin geführt. Allein 54 Prozent des Potentials der ehemaligen Akademie der Wissenschaften (AdW), 40 Einrichtungen mit etwa 12 000 Mitarbeitern, befanden sich im Ostteil Berlins.

Die Neustrukturierung der Berliner Forschungslandschaft, die auf der Grundlage der Einschätzungen des Wissenschaftsrates 1991 begonnen wurde, ist im Jahr 1992 zielstrebig fortgesetzt worden. Schwerpunkt war dabei die Nutzung des in den Instituten der ehemaligen Akademie der Wissenschaften vorhandenen und durch den Wissenschaftsrat positiv evaluierten Forschungspotentials. Dieses Potential ist 1991 und 1992 in weitgehend bewährte Strukturen der deutschen Forschungslandschaft eingegliedert worden. Es entstanden Großforschungseinrichtungen, Institute der Blauen Liste, Institutsaußenstellen der Fraunhofer-Gesellschaft, Institute, Institutsaußenstellen und Arbeitsgruppen der Max-Planck-Gesellschaft, die vorwiegend auf dem Gelände Adlershof etabliert wurden.

Auf dem Gelände der ehemaligen Akademie der Wissenschaften soll eine integrierte Landschaft aus Wirtschaft und Wissenschaft aufgebaut werden. Hier sollen

- neugegründete Institute, Wissenschaftler- und Projektgruppen aus ehemaligen Akademieinstituten neben
- Teilbereichen bestehender Forschungsinstitute,
- auf Hochtechnologie orientierten Wirtschaftsunternehmen,
- neugegründeten Firmen im Innovations- und Gründerzentrum,
- naturwissenschaftlichen Bereichen der Humboldt-Universität,
- Einrichtungen der Technischen Fachhochschule Berlin und der neu gegründeten Fachhochschule für Wirtschaft und Technik wie auch
- wissenschaftlichen Großgeräteinstallationen wie BESSY II

in einem engen Austausch miteinander arbeiten.

Der Wissenstransfer soll sowohl innerhalb des Wissenschaftsbereiches als auch zwischen Theorie und Praxis intensiviert werden. Für dieses zukunftsorientierte Projekt in Adlershof sind für den Zeitraum 1992 bis 1994 bereits 73 Mill. DM an Mitteln aus der GA bereitgestellt worden.

Nach dem Abschluß der Gründungsphase Anfang 1992 begann die Konsolidierung der Einrichtungen am jeweiligen Standort. Hierzu gehörte der Aufbau der gerätetechnischen Ausstattung und die Verbesserung der räumlichen Unterbringung als Basis für eine erfolgreiche Forschungstätigkeit.

Die Technologiepolitik in Berlin geht von zwei Grundvoraussetzungen aus: dem vorhandenen Forschungs- und Entwicklungspotential und den notwendigen großen Veränderungen in der Industriestruktur der Stadt.

Zur Förderung von Forschung und Technologie gibt es eine große Anzahl von nationalen und internationalen Förderprogrammen. Die regionale Technologieförderung will diese Programme nicht kopieren, sondern – dem speziellen Bedarf entsprechend – sinnvoll ergänzen.

Gezielte finanzielle Förderung als Starthilfe oder zur Minderung schwer einschätzbarer und von einzelnen kaum tragbarer Risiken wird als unerläßlich angesehen, wenn die Technologiepolitik Impulse geben will. Folgende drei aufeinander abgestimmte Programme sind dafür von Bedeutung:

- Der Innovationsfonds, der kleinen und mittleren Unternehmen und Existenzgründern hilft, ihre Eigenkapitalbasis zu stärken;
- das neue FuE-Mittelstandsförderprogramm, das als Projektförderung die Durchführung von Produkt- und Verfahrensinnovationen begleitet und
- das sich in Neukonzeption befindende Landesprogramm Technologieförderung.

Mit dem Technologieprogramm "FIT BERLIN 2001" sollen Forschung, Innovation und Technologie über das Jahr 2000 hinaus gefördert werden. Es enthält in seinen Teilprogrammen die Bausteine FuE-Infrastruktur, Informations-, Beratungs- und Vermittlungsdienste sowie Gründer- und Finanzierungshilfen, die für eine zukunftsweisende Technologiepolitik unabdingbar sind. Damit wird dieses Technologieprogramm den skizzierten Aufgaben einer Technologiepolitik in besonderem Maße gerecht.

Eine Innovationsstrategie wird um so wirksamer, je besser es ihr gelingt, alle Beteiligten "an einen Tisch zu bringen". Für diese Abstimmung hat sich in Berlin und Brandenburg der Strategiekreis (SK) FIT Berlin/Brandenburg als wirkungsvolles Instrument erwiesen. Der SK FIT gibt Anstoß für wichtige Länderinitiativen, beispielsweise die "Länderinitiative Telekommunikation 2001" oder "Technologische Zusammenarbeit mit den Reformstaaten Mittel- und Osteuropas", und arbeitet die für die Region wichtigen Technologiefelder heraus, wie zum Beispiel Informations- und Kommunikationstechnik, Umwelt- und Lasertechnik.

Die Konzeption eines neuen Landesprogramms Technologieförderung – möglicherweise in Form einer Stiftung – wird in Berlin von Unternehmen, FuE-Institutionen, Kammern, Verbänden, Gewerkschaften, Transferstellen und Verwaltungen aktiv unterstützt und durch einen Landes-Technologiebeauftragten koordiniert. Ziel ist die Initiierung einer neuen FuE-Offensive und die Effektivierung des Technologietransfers.

Ferner gewährt der Senat seit 1992 privatisierten Unternehmen, die aus sogenannten Forschungs-GmbH der Treuhandanstalt sowie aus wirtschaftsnahen FuE-Arbeitsgruppen der ehemaligen AdW-Institute entstanden sind und noch entstehen, finanzielle Starthilfen im Rahmen des Technologieförderprogramms "FIT Berlin 2001". Knapp ein Viertel des Volumens des FIT-Programms von über 80 Mill. DM wurden 1992 dafür verausgabt, jungen privatisierten Forschungsunternehmen aus dem Ostteil Berlins den Start am Markt zu erleichtern.

1992 wurden 18 Forschungsunternehmen mit insgesamt rund 16 Mill. DM gefördert. Damit war es möglich, fast 550 Arbeitsplätze im Bereich von FuE zu sichern. Mit der Finanzierung einer leistungsfähigen FuE-Infrastruktur werden der "Kernbedarf" der jungen Forschungsunternehmen in sachlicher und personeller Hinsicht abgedeckt und die Voraussetzung zur Einwerbung von Drittmitteln, insbesondere von Industrieaufträgen, geschaffen.

Die Anzahl der geförderten Unternehmen wird 1993 auf 31 Unternehmen mit insgesamt 1 000 Beschäftigten steigen. Erstmals werden damit auch FuE-Unternehmensgründungen aus ABM-Projekten und Beschäftigungs- und Qualifizierungsgesellschaften im Bereich der anwendungsorientierten Wissenschaft und Forschung in die Förderung einbezogen.

Auch dem Personaltransferprogramm "Innovationsassistent" kommt in der derzeitigen Strukturkrise und Umbruchsituation weiterhin eine hohe Bedeutung zu. Im Jahr 1992 wurden 98 Innovationsassistenten in die mittelständische Wirtschaft vermittelt. Der Anteil der in Unternehmen des Ostteils der Stadt vermittelten Innovationsassistenten ist dabei erfreulich angestiegen. So konnten bis Juni 1993 bereits 59 Assistenten in 44 Unternehmen vermittelt werden.

Die Informations- und Kommunikationstechnologie (IKT) ist in mehrfacher Hinsicht zu einer Schlüsseltechnologie geworden, deren Einsatz Voraussetzung für die Wettbewerbsfähigkeit der Wirtschaft ist. Sie

- bestimmt wesentlich und mit weiter steigender Tendenz Produktionsverfahren und Produkte und wird immer stärker zur Antriebskraft des technischen und industriellen Fortschritts,
- bildet einen eigenen Wirtschaftszweig mit hohem Innovations- und Wachstumspotential und trägt in wachsendem Maße zur gesamtwirtschaftlichen Produktivität bei,
- eröffnet, wie keine andere technische Entwicklung, vielfältige Chancen und Möglichkeiten für
  a) intelligente, ressourcen- und energiesparende Produkte und Produktionsverfahren,
  b) eine Neuorientierung vom quantitativen zum qualitativen Wachstum,
  c) einen grundlegenden Strukturwandel der Wirtschaft.

Der Anteil der IKT-Produkte und -Dienstleistungen am Bruttosozialprodukt der Industriegesellschaften wird sich nach einer Untersuchung der OECD bis Ende dieses Jahrzehnts verdoppeln. Schon heute werden zwei Drittel aller Arbeitsplätze in der EG durch die IKT direkt oder indirekt beeinflußt. Im nächsten Jahrzehnt wird die IKT in der Bundesrepublik bereits mehr Arbeitsplätze stellen als die Automobil- oder die Chemische Industrie.

Sowohl die Informationstechnische Industrie als auch der Sektor der innovativen zumeist kleinen und mittleren Informations- und Kommunikationsunternehmen bilden einen wirtschaftlichen Schwerpunkt Berlins. Derzeit existieren ca. 900 Softwareunternehmen mit etwa 13 000 Mitarbeitern in der Stadt. Die Berliner Industrie beschäftigt weitere 5 000 Softwarespezialisten. Verstärkt wird dabei Wert auf eine Technologieumsetzung in marktfähige Produkte gelegt.

Berlin bietet bereits heute eine herausragende Telekommunikations-Infrastruktur. So können alle innovativen Kommunikationsdienste, wie ISDN (Integrated-Services-Digital-Network), Text- und Datenmehrwertdienste (Datex-P, Datex-G/BTX), Datex-M (MAN), Vermitteltes BreitbandNetz (VBN), Mobilfunkdienste und satellitengestützte Dienste genutzt werden. Für die Breitbandkommunikation sind in Berlin 1 460 km

Glasfaserkabel verlegt, mit einer Glasfaserlänge von 30 000 km. Mit über 760 000 Anschlüssen besitzt Berlin das größte Breitbandkabel-Verteilnetz für die Rundfunk- und Fernsehversorgung Europas.

Eine besonders wichtige Rolle für eine zukunftsorientierte Entwicklung Berlins zu einer IKT-Metropole spielen die in Berlin ansässigen öffentlichen Verwaltungen und Behörden sowie der anstehende Informationsverbund Berlin-Bonn. Die Verwaltung wird, als potentieller Nachfrager und Investor für Produkte und Dienstleistungen im Bereich innovativer IKT, zu einem bedeutenden Impulsgeber.

Ziel der IKT-Förderung ist es, die Rahmenbedingungen für eine schnelle und konsequente Technologieakzeptanz und -realisierung für die Wirtschaft sicherzustellen. Die bewährten Programme zur Förderung der Betriebsberatung, wie zum Beispiel die Existenzgründungs-, Marketing- und Technologieberatung oder die Förderung von Weiterbildungsmaßnahmen für Führungskräfte, sollen deshalb noch stärker auf den zukünftigen Bedarf an IKT-Förderung – sowohl auf der Hersteller als auch auf der Nutzerseite – ausgerichtet werden. Die erforderlichen Grundlagen zur Gestaltung der IKT-Infrastruktur werden dabei in enger Kooperation von Politik, Wirtschaft, Wissenschaft und Interessenorganisationen erarbeitet und umgesetzt.

Die vom SK FIT Berlin/Brandenburg angeregte Länderinitiative "Telekommunikation 2001" macht exemplarisch die Vielschichtigkeit einzelner Technologiefelder in den Chancen, aber auch im Nachholbedarf der Region deutlich.

Telekommunikationstechnik als

– regionale Infrastruktur,
– als angewandte Technik im Alltag von Wirtschaft und Verwaltung sowie als
– Basis für neue Produkte und Dienstleistungen

zeigt, welch unterschiedliche Projekte zum Nutzen der Region und einzelner Akteure initiiert werden können. Eine im Auftrag der Senatsverwaltung für Wirtschaft und Technologie und des Ministeriums für Wirtschaft, Mittelstand und Technologie des Landes Brandenburg erarbeitete Studie schlägt eine Reihe von richtungweisenden Maßnahmen als Pilotprojekte vor (Modellverbünde, wissenbasierte Informationssysteme), die von der Wirtschaft und der Verwaltung gemeinsam, auch finanziell, getragen werden. Die Region Berlin/Brandenburg will sich dabei als interessantes Entwicklungs- und Testfeld in internationale Kooperationen einbringen.

Verstärkte Kooperation zeichnet sich auch innerhalb der Förderung der Technologieberatungsstelle AVT (Aufbau- und Verbindungs-Technik) ab. Die Akzeptanz dieser Einrichtung ist in der Berliner Wirtschaft deutlich gestiegen. Der Senat hat diese Beratungsstelle in den vergangenen Jahren im Wege der Anschubfinanzierung nachhaltig gefördert und kann sich bei steigendem Finanzierungsanteil der Industrie voraussichtlich ab 1994 aus der Finanzierung zurückziehen.

Immer mehr Gewicht bekommen Fragen des Umweltschutzes auch im Bereich der Mikrosystemtechnik. Daher werden bestehende Projekte genutzt, um insbesondere kleine und mittlere Unternehmen und Institutionen für dieses Thema zu sensibilisieren, aber auch, um ihnen die Marktchancen, die sich auf diesem Sektor bieten, aufzuzeigen.

Allgemeine landesspezifische Förderprogramme

Existenzgründern kleiner und mittlerer Berliner Unternehmen, die sich vor bzw. in der Gründungsphase befinden, werden durch Förderung von Existenzgründungsberatungen individuelle Entscheidungshilfen für die Vorbereitung und Durchführung eines konkreten Gründungsvorhabens gegeben. Insbesondere wird geklärt, ob und auf welche Weise das Vorhaben in wirtschaftlicher wie technischer Hinsicht zu einer tragfähigen Vollexistenz führen kann.

Dabei werden Gründungen in den Bereichen Verarbeitendes Gewerbe (ohne Baugewerbe), Groß- und Außenhandel, Einzelhandel, Dienstleistungsgewerbe (ohne Freie Berufe, Unternehmensberater, Versicherungs- und Verkehrsgewerbe), Gastgewerbe sowie Handelsvertreter und -makler gefördert. Der Zuschuß beträgt 80 Prozent der in Rechnung gestellten Beratungskosten, maximal 3 000 DM. Bis Mai 1993 wurden 60 Personen mit einer Gesamtsumme von rund 175 000 DM gefördert.

Seit September 1992 werden Existenzgründerinnen aus dem Ostteil der Stadt mit einem gesonderten Programm zur Existenzgründungsberatung gefördert. Der Zuschuß beträgt 90 Prozent der Beratungskosten, maximal aber ebenfalls 3 000 DM. Darüber hinaus wird nach diesem Programm eine begleitende Existenzgründungsberatung gefördert.

Ergänzend zur Förderung der Existenzgründungsberatungen werden weitere Betriebsberatungen wie beispielsweise für den Bereich des Marketings oder bezüglich allgemeiner arbeitsorganisatorischer Aspekte oder der Existenzsicherung finanziell gefördert.

Ferner unterstützt der Senat die Vermittlung unternehmerischen Führungswissens für Existenzgründer, Inhaber und Führungskräfte aus kleinen und mittleren Berliner Unternehmen des Verarbeitenden Gewerbes (ohne Baugewerbe) und des Dienstleistungsgewerbes im Ostteil Berlins. Er will so mithelfen, die Leistungs- und Wettbewerbsfähigkeit der Betriebe zu steigern und ihre Anpassung an veränderte Marktbedingungen erleichtern.

Gefördert wird die Teilnahme an Informations- und Schulungsveranstaltungen (zum Beispiel Vorträge, Seminare, Kurse), die sich auf volkswirtschaftliche, betriebswirtschaftliche, technische, ökologische Themen sowie Fragen zum EG-Binnenmarkt und Existenzgründungen beziehen. Der Zuschuß ist gestaffelt und beträgt höchstens 1 000 DM. Der Senat beabsichtigt, dieses Programm dem zukünftigen Bedarf anzupassen und auf ganz Berlin auszudehnen.

Auch den Unternehmen, die aus Ausgründungen ehemaliger Treuhandbetriebe entstanden sind, wird aktive Unterstützung angeboten. Bisher sind rund 120 Unternehmen in Berlin im Wege eines MBO oder MBI aus Treuhandbesitz privatisiert worden. Die Entwicklungschancen dieser Unternehmen werden vielfach durch unzureichende

Finanzierungsverhältnisse sowie erst spät erkannte Risiken aus den mit der Treuhandanstalt geschlossenen Kaufverträgen belastet. Aus diesem Grunde wird diesen Unternehmen eine umfassende Beratung und Unterstützung zur Lösung ihrer Finanzierungsprobleme angeboten. Darüber hinaus können sie bei Nachverhandlungen mit der Treuhandanstalt begleitet werden. Diese Angebote sind auf äußerst positive Resonanz gestoßen.

Auf gemeinsame Initiative der Länder Berlin und Brandenburg ist Ende 1992 die Mittelständische Beteiligungsgesellschaft Berlin-Brandenburg GmbH (MBG) gegründet worden. Die MBG kann sich an Unternehmen in der östlichen Stadthälfte Berlins und in Brandenburg bis zur Höhe von 2 Mill. DM sowie an Unternehmen im westlichen Teil der Stadt bis zur Höhe von 1 Mill. DM beteiligen. Berlin und Brandenburg fördern die MBG durch die Übernahme von Garantien und durch die Bewilligung zinsloser Refinanzierungskredite. Das Beteiligungsprogramm der MBG wird auch aus dem Kreis der reprivatisierten Unternehmen sowie der MBO/MBI äußerst lebhaft nachgefragt.

Darüber hinaus wurde mit Unterstützung des Landes Berlin eine Beteiligungsgesellschaft für kleine und mittlere Betriebe mbH (bgb) gegründet, um mit Hilfe von Beteiligungen bis zum Höchstbetrag von 200 000 DM Arbeitsplätze für Arbeitslose oder von Arbeitslosigkeit Bedrohte in den Unternehmen der Berliner Wirtschaft zu sichern sowie Existenzgründungen aus ABS/BQG und im Rahmen des MBO/MBI zu fördern.

Der Sonderfonds – ein vielseitig und flexibel einsetzbares Förderungsinstrument für kleine und mittlere Berliner Unternehmen, die in Schwierigkeiten geraten sind – ist in den letzten Jahren nur noch verhalten nachgefragt worden. Da bei einer zunehmenden Zahl von Berliner Unternehmen konjunkturell und strukturell bedingte finanzielle Probleme auftreten, die mit normalen Mitteln häufig nicht mehr zu beheben sind, ist der Sonderfonds durch eine Reihe von Werbemaßnahmen Anfang 1993 gezielt aktiviert worden. Die Mittel des Fonds werden seither vor allem auch von Unternehmen aus dem Ostteil Berlins verstärkt nachgefragt.

Zudem erhalten kleine und mittlere Betriebe Messeförderungen, die dem Ziel dienen sollen, diesen Unternehmen neue Märkte zu erschließen bzw. deren Position am Markt zu festigen.

Im Rahmen der Programme zur Stärkung des Mittelstands werden sogenannte Meistergründungsprämien vergeben. Handwerksmeister, die sich innerhalb von zwei Jahren nach Ablegen der Meisterprüfung selbständig machen, werden mit einer Prämie in Höhe von 20 000 DM gefördert. 1990 wurde das Programm auf den Ostteil der Stadt ausgedehnt und für die Meister aus den östlichen Bezirken – mit den 1993er Richtlinien auch für Meister der ehemaligen volkseigenen Industrie – ein erleichterter Zugang geschaffen. Es wurden 1990 168 Meisterbetriebe mit 3,4 Mill. DM, 1991 185 Meisterbetriebe mit 3,7 Mill. DM und 1992 231 Meisterbetriebe mit 4,6 Mill. DM gefördert.

Durch die Umstellung des Bürgschaftsverfahrens konnte, indem Bürgschaftsbanken eingeschaltet werden, die Nachfrage deutlich angeregt werden. Dabei wird eine stärkere Inanspruchnahme durch Kreditnehmer im Ostteil Berlins, auf die rund 60 Prozent der Kredite entfallen, sichtbar. Ergänzt wird diese Form der Kreditbesicherung für Beträge über 1 Mill. DM durch Bund-Länder-Programme, die über die Berliner Industriebank AG (bis Ende 1992), danach über die Deutsche Ausgleichsbank bzw. die C & L Treuarbeit AG abgewickelt werden. 1992 wurden 537 Bürgschaften im Gesamtbetrag von 151,8 Mill. DM für ein Kreditvolumen von 218,7 Mill. DM bewilligt.

Förderung ökologischen Wirtschaftens

Der Erhalt industrieller Produktion auch im Stadtgebiet ist für den Wirtschaftsstandort Berlin unverzichtbar. Vor allem in Ballungsräumen wie Berlin müssen bisher umweltintensive Produkte und Verfahren schrittweise ökologisch gestaltet werden. Die traditionellen Methoden der nachgeschalteten Umwelttechnik stoßen dabei zunehmend an ihre Grenzen. Sie müssen ergänzt und mittelfristig durch die ökologische Modernisierung unserer Volkswirtschaft ersetzt werden.

Im Rahmen des "Programms zur Förderung ökologischen Wirtschaftens" unterstützt der Senat bereits seit Jahren diesen Ansatz. Hier kommt der Umweltberatung eine besondere Bedeutung zu. In seiner jetzigen Form wurde das Umweltberatungsprogramm 1990 gestartet. Nach einer relativ kurzen Anlaufzeit wurde es gut angenommen. Die Förderung von Umweltberatungen verfolgt das Ziel, kleinen und mittleren Unternehmen den Zugang zu rechtlichen, technischen und ökonomischen Aspekten des Umweltschutzes zu erleichtern und ihre Bereitschaft zu erhöhen, betriebsbedingte Umweltbelastungen zu reduzieren bzw. vorbeugenden Umweltschutz zu betreiben. Bisher erhielten 68 Betriebe einen Zuschuß zu den Kosten einer Umweltberatung, fast die Hälfte davon ist im Ostteil der Stadt ansässig. Die Fördersumme beläuft sich durchschnittlich auf rund 8 200 DM je Betrieb. Regelmäßige Nachbefragungen ergaben, daß diese Unternehmen in der Folgezeit insgesamt ca. 18 Mill. DM in den Umweltschutz investierten (durchschnittlich rund 265 000 DM je Betrieb).

Neben der Förderung von Einzelberatungen wird auch die Erstellung sogenannter Branchenkonzepte bezuschußt. Branchenkonzepte sind dort sinnvoll und möglich, wo die Umweltproblematik im wesentlichen branchenspezifisch und nicht betriebsspezifisch ausgeprägt ist. Gefördert wurde zum Beispiel die Erstellung einer Umweltentlastungskonzeption für das Hotelgewerbe und für den Lebensmitteleinzelhandel.

Um das ökologische Wirtschaften betriebswirtschaftlich kalkulierbar machen zu können, ist im Rahmen des Programms zur Förderung ökologischen Wirtschaftens ein an den Kriterien des Finanz-Controlling orientiertes Umwelt-Controlling entwickelt worden. Das Umwelt-Controlling ist ein neues Instrument der umweltorientierten Unternehmensführung. Es bietet die Möglichkeit, schnell und ohne großen Aufwand eine betriebliche Selbstkontrolle der Umweltrelevanz des Betriebsablaufs oder auch nur von Teilen davon durchzuführen. Das Unternehmen ist damit in der Lage, neben den bekannten technischen und wirtschaftlichen auch umweltbezogene Kriterien bei seinen unternehmerischen Entscheidungen und Tätigkeiten gleichermaßen mit zu berücksichtigen.

Brandenburg

Größe, Einwohner, Hauptstadt

Brandenburg ist mit einer Fläche von 29 472 km^2 das größte der neuen und das fünftgrößte aller Bundesländer. Es nimmt 8,1 Prozent der Gesamtfläche der Bundesrepublik Deutschland ein. Es grenzt an die Bundesländer Berlin, Mecklenburg-Vorpommern, Sachsen-Anhalt, Sachsen, Niedersachsen sowie an Polen. Brandenburg bildet zusammen mit Berlin eine europäische Region mit besten Wachstumsaussichten.

Das Land ist in 38 Landkreise und 6 kreisfreie Städte gegliedert. Es gibt insgesamt 1 807 kreisangehörige Städte und Gemeinden. Im Ergebnis einer Neugliederung wird Brandenburg ab Ende 1993 aus 14 Landkreisen und 4 kreisfreien Städten bestehen. Hauptstadt des Landes ist Potsdam mit 140 000 Einwohnern; weitere größere Städte sind Cottbus (125 000), Brandenburg (89 000), Frankfurt/Oder (86 000), Schwedt/Oder (50 000) und Eisenhüttenstadt (50 000).

1. Gesamtwirtschaftliche Lage

Bevölkerung

In Brandenburg lebten Ende 1992 rund 2,526 Mill. Einwohner. Je Quadratkilometer waren dies 86 Personen gegenüber 219 Einwohnern im Durchschnitt der gesamten Bundesrepublik. Von der dünnen Besiedlung des Landes zeugt auch der Umstand, daß 1991 gut 317 000 Personen in Gemeinden mit weniger als 500 Einwohnern (zwei Drittel aller Gemeinden) und weitere 384 000 Personen in Gemeinden mit einer Einwohnerzahl von 500 bis 2 000 lebten.

Tabelle 1: Bevölkerung in Brandenburg 1971 bis 1991 nach Gemeindegrößengruppen

Jahr[1]	Bevölkerung						
	insgesamt	davon nach Gemeindegrößen					
		unter 500	500 bis unter 2 000	2 000 bis unter 5 000	5 000 bis unter 10 000	10 000 bis unter 20 000	20 000 und mehr
1971[2]	2 656 567	376 241	498 812	334 508	272 995	281 549	892 462
1975	2 643 820	318 372	469 391	335 335	271 670	270 620	978 432
1981[2]	2 658 823	316 952	423 716	308 814	262 171	282 103	1 065 067
1985	2 659 626	316 925	406 730	307 927	253 316	285 153	1 089 578
1989	2 641 152	311 707	397 657	289 438	252 383	293 959	1 096 008
1990	2 578 312	316 131	392 486	278 095	247 977	278 038	1 065 585
1991	2 542 723	317 169	383 663	272 862	245 501	294 774	1 028 754

1) Gebietsstand des jeweiligen Jahres.
2) Ergebnisse der Volkszählung: 01.01.1971, 31.12.1981.

Quelle: Landesamt für Datenverarbeitung und Statistik Brandenburg, Statistisches Jahrbuch 1992

Im Mai 1992 wurden 1,1 Mill. Erwerbstätige (abhängig Beschäftigte und Selbständige) gegenüber 1,5 Mill. im Jahre 1989 ausgewiesen. Die Zahl der Arbeitslosen betrug im September 1992 ca. 173 000 und im September 1993 rund 182 000. Mit einer Arbeitslosenquote von 15,4 Prozent lag Brandenburg gleichauf mit Sachsen und etwas unter dem Niveau von Mecklenburg-Vorpommern, Sachsen-Anhalt und Thüringen.

Sozialprodukt

Das brandenburgische Bruttoinlandsprodukt lag 1992 bei 39,0 Mrd. DM. Die Wirtschaftsbereiche hatten (1991) folgende Anteile an der gesamtwirtschaftlichen Leistung (Bruttowertschöpfung) in Prozent:

- Land- und Forstwirtschaft, Fischerei   2,3
- Produzierendes Gewerbe   40,5
- Handel und Verkehr   16,8
- Dienstleistungsunternehmen   18,6
- Staat, Private Haushalte, Private
    Organisationen ohne Erwerbszweck   21,8
- Wirschaftsbereiche insgesamt   100,0

Brandenburg trug 1992 mit 16,6 Prozent zum Bruttoinlandsprodukt Ostdeutschlands (ohne Berlin-West) bei. Im Jahre 1992 wuchs das Bruttoinlandsprodukt gegenüber dem Vorjahr um 5,2 Prozent. Das war hauptsächlich das Ergebnis einer wachsenden Zahl mittelständischer, auf heimische Märkte orientierter Aktivitäten. Das beachtliche Volumen der vorwiegend industriellen Großinvestitions-Vorhaben ist demgegenüber in diesem Zeitraum zumeist noch nicht produktionswirksam geworden.

Das Brandenburger Wirtschaftswachstum für 1992 ist als ein erster Schritt zu werten. Es hat noch nicht das Tempo, das das Land für den Umbau der Wirtschaft benötigt. Allgemeine Strukturprobleme Ostdeutschlands, aber auch die Sondersituation Brandenburgs hemmen dieses Wachstum. Im Durchschnitt aller Wirtschaftsbereiche entfallen auf Brandenburg rund 17 Prozent aller ostdeutschen Erwerbstätigen. Mit über 24 Prozent ist das Land in jenen Bereichen, die wenig zum Wachstum beitragen (Landwirtschaft, Energie, Bergbau) stark vertreten. Besondere Probleme ergeben sich auch aus der Industrie. Das Übergewicht von Kohle und Stahl sowie der vergleichsweise hohe Anteil großer Produktionseinheiten bringen umfangreiche Anpassungsprobleme. Brandenburg hatte allein 17 Großbetriebe mit jeweils mehr als 5 000 Beschäftigten; oft waren diese an den betreffenden Standorten die einzigen nennenswerten Beschäftigungsmöglichkeiten im industriellen Bereich.

Einkommen

Weitgehend abgekoppelt von der realen Leistung entwickelten sich die Einkommen. Der durchschnittliche Bruttowochenverdienst der Industriearbeiterinnen und -arbeiter betrug 1992 nach Angaben des Landesamtes für Datenverarbeitung und Statistik Brandenburg (LDS) 578 DM. Er lag damit um 32,0 Prozent höher als im Jahre 1991. Für das durchschnittliche Bruttomonatsgehalt der Angestellten (ohne leitende Kräfte) in der Industrie und im Dienstleistungsbereich errechnete das LDS einen Betrag von 2 872 DM (+ 38,9 Prozent). Im gleichen Zeitraum stieg der Preisindex für die Lebenshaltung aller Arbeitnehmerhaushalte, hauptsächlich hervorgerufen durch die Anhebung der Mietpreise im Oktober 1991, um 12,4 Prozent. Real erhöhten sich somit die Einkommen der beiden Gruppen um 17,4 bzw. 23,6 Prozent.

Haushalts- und Finanzlage

Die Haushalts- und Finanzpolitik in Brandenburg gestaltet sich schwierig. Der struktureller Anpassungsprozeß, der mit einer geringen Wirtschaftskraft einhergeht, hat harte

Konsequenzen für die Finanzpolitik. Die hohe Arbeitslosigkeit und das niedrige Einkommensniveau ziehen entsprechend niedrige Steuereinnahmen nach sich. Während in den alten Bundesländern zwischen 60 und 80 Prozent der Länderhaushalte aus eigenen Steuereinnahmen finanziert werden können, erreicht die Steuerfinanzierungsquote in Brandenburg im Jahre 1993 etwa 23 Prozent. Solange die Kluft in der Wirtschafts- und Steuerkraft nicht geschlossen ist, wird Brandenburg wie auch die anderen neuen Länder auf erhebliche Transferzahlungen vor allem aus dem Bundeshaushalt, aber auch aus den Haushalten der alten Bundesländer angewiesen bleiben. Gleichzeitig tragen die neuen Länder Sonderlasten. Aufgrund der völlig andersartigen wirtschaftlichen und administrativen Strukturen gibt es einen großen Nachholbedarf, um dem Ziel der Vereinheitlichung der Lebensverhältnisse näher zu kommen. So sind zum Beispiel hohe zusätzliche Investitionen auf Jahre hinaus notwendig, um die Leistungsfähigkeit der öffentlichen Infrastruktur zu steigern. Daher beträgt die Investitionsquote 1993 über 30 Prozent im Vergleich zu ca. 11 Prozent in den westlichen Bundesländern. Die hohe Arbeitslosigkeit und das insgesamt niedrige Einkommensniveau schmälern nicht nur die Einnahmeseite, sondern sie erfordern auch überdurchschnittlich hohe Ausgaben für Sozialleistungen. Hier tritt das Land zum Teil für die Kommunen ein, um deren Haushalte zu entlasten. Vor diesem Hintergrund muß das Land Brandenburg zur Zeit seinen Haushalt in erheblichem Umfang durch Kredite finanzieren.

Der Haushalt des Landes Brandenburg 1993 hat einschließlich der globalen Minderausgabe von 850 Mill. DM und eines Nachtragshaushaltes von rund 1 Mrd. DM ein Volumen von 18,9 Mrd. DM erreicht. Dies bedeutet eine Erhöhung des Haushaltsvolumens gegenüber 1992 um 8,4 Prozent. Die um die Kreditaufnahme bereinigten Einnahmen betragen insgesamt nur 13,4 Mrd. DM. Das sind 5,8 Prozent mehr als im Vorjahr. Die Haupteinnahmequelle ist mit rund 5,5 Mrd. DM der Fonds "Deutsche Einheit". Die eigenen Steuereinnahmen werden sich auf rund 4,4 Mrd. DM belaufen. Die Investitions- und sonstigen Zuweisungen von Dritten sind mit insgesamt rund 3,4 Mrd. DM veranschlagt. In Höhe der fehlenden rund 5,5 Mrd. DM müssen Kredite aufgenommen werden. Damit beträgt die Kreditfinanzierungsquote etwa 29 Prozent.

Im Mittelpunkt der Ausgabenseite steht eine Investitionsoffensive mit insgesamt rund 6 Mrd. DM

- zur Sanierung und Erneuerung der öffentlichen Infrastruktur im wirtschaftlichen Bereich, im Bildungs- und Gesundheitswesen, in der Wohnungswirtschaft und im Umweltschutz und
- zur Stabilisierung der einheimischen Wirtschaft und Sicherung bestehender Arbeitsplätze sowie Schaffung einer Vielzahl neuer Arbeitsplätze in zukunftssicheren Branchen.

Aber auch die rund 4 Mrd. DM für Personalausgaben sind eine bedeutsame Position. Sie machen im Landeshaushalt Brandenburg etwa 23 Prozent aus. Dies ist verglichen mit dem durchschnittlichen Anteil in den Haushalten der alten Bundesländer von ca. 40 Prozent noch gering. Im Verlauf der Gehaltsanpassungen in den neuen Ländern wird dieser Bereich erheblich an Gewicht zunehmen. Dann sind nicht zuletzt rund 7 Mrd. DM für laufende Zuweisungen und Zuschüsse vorgesehen. Das sind Ausgaben, bei denen gesetzliche Zahlungsverpflichtungen des Landes bestehen, beispielsweise für den Kommunalen Finanzausgleich, für Wohngeld, BAföG-Mittel, Sozialhilfe, Personalkostenzuschüsse für Hortnerinnen etc.

Es ist zu erwarten, daß sich die besondere Haushaltssituation Brandenburgs mittel- bis längerfristig "normalisiert". Ein wichtiges Element in dieser Hinsicht stellt die vollständige und gleichberechtigte Einbeziehung der neuen Bundesländer in den bundesstaatlichen Finanzausgleich ab 1995 dar.

Umwelt

Der brandenburgische Landtag konnte umfangreiche umweltrelevante Gesetze verabschieden. Dazu gehören unter anderem die Vorschaltgesetze zum Landesplanungsgesetz und Landesentwicklungsprogramm, zum Abfallgesetz, Immissionsschutz und Wassergesetz sowie das brandenburgische Gesetz über Naturschutz und Landschaftspflege.

Die Gesamtkosten der Umweltsanierung in den neuen Ländern sind nicht genau zu beziffern. Sie sind von der Zielsetzung selbst (beziehungsweise dem Zeitraum bis zum Erreichen der gesteckten Ziele) abhängig. Publizierte Schätzungen gehen von 83 bis 500 Mrd. DM Investitionsbedarf bis zu Beginn der ersten Dekade des nächsten Jahrtausends aus, um in den ostdeutschen Ländern die EG-Normen für die Umweltmedien Wasser, Luft und Boden erfüllen beziehungsweise den Standard der westdeutschen Bundesländer erreichen zu können. Das Ifo-Institut für Wirtschaftsforschung, München rechnet mit 211 Mrd. DM.

Rechtsverbindliches Ziel der EG-Kommission ist unter anderem, daß – jeweils zum Jahresende – 1993 die Badegewässer und 1997 Trink- und Oberflächengewässer sowie der Abfallbereich dem Niveau Westdeutschlands entsprechen sollen. Teilweise können diese EG-Normen nicht zu den gesetzten Zeitpunkten erreicht werden. Das notwendige Kapital steht derzeit ebensowenig zur Verfügung wie ausreichende Planungskapazitäten. Um im Abwasserbereich die anerkannten Regeln der Technik ("Weststandard") zu erreichen, müssen bis zum Jahre 2005 etwa 20 Mrd. DM im Land Brandenburg investiert werden. Der Anfang wurde 1991/92 gemacht: Das Land förderte für über 400 Mill. DM Abwasserprojekte aus eigenen und aus Mitteln des Bundes. Werden 7 Mrd. DM in den Trinkwasserbereich investiert, können die EG-Normen erfüllt werden (Fördersummen im Trinkwasserbereich 1991/92 mindestens 250 Mill. DM).

Nach einer ersten Hochrechnung müssen für die Altlastenflächen im Land Brandenburg – ohne Berücksichtigung der von den sowjetischen beziehungsweise von den GUS-Truppen verursachten Schäden – 30 Mrd. DM aufgewendet werden.

Die Kosten für die Rekultivierung im Lausitzer Braunkohlerevier werden für den brandenburgischen Teil des Gebietes auf 12 Mrd. DM geschätzt.

Nachdem im Oktober 1992 mit dem Bund eine Vereinbarung über die Finanzierung von notwendigen Gefahrenabwehrmaßnahmen bei Freistellung abgeschlossen wurde, ist nunmehr beabsichtigt, die Verfahren zur Freistellung beschleunigt durchzuführen. Das Land ist nicht bereit, allein für die Kosten aufzukommen, deren Verursacher nicht die Bürger des Landes Brandenburg sind. Hierzu gehören beispielsweise die sogenannten Westmüllkippen Schöneiche, Vorketzin und Deetz. Allein für diese Deponien wurde einschließlich der Sondermülldeponie Röthehof ein Finanzbedarf von 1,2 Mrd. DM ermittelt. Hier ist neben der Verursacherhaftung des Landes Berlin der Bund gefordert, zusätzliche Mittel bereitzustellen.

Zur Altlastenerfassung, -sicherung, teilweise auch -sanierung und zur Erkundung und Ausweisung neuer Deponiestandorte im Land Brandenburg vergab das Land 1991/92 über 100 Mill. DM.

Diese Zahlen machen deutlich, daß Investitionen im Umweltbereich ein Eckpfeiler für die ökonomische Entwicklung des Landes Brandenburg sind. Durch Umweltinvestitionen werden zahlreiche Arbeitsplätze geschaffen. Allein die Gesamtinvestitionen im Wasserbereich in den Jahren 1991 und 1992 in Höhe von 2 Mrd. DM schufen oder sicherten jährlich über 6 000 Arbeitsplätze. Für den Betrieb der in Bau befindlichen 80 Kläranlagen sind weitere Arbeitsplätze erforderlich.

Wirtschaftsregionen

Abhängig von der jeweiligen Rolle der Industrie kann das Land in verschiedene Wirtschaftsregionen gegliedert werden. Dieser Untergliederung liegen die Ausgangsdaten nach dem Stand 1989/91 zugrunde. Im Zuge der seitherigen Strukturumbrüche sind vielerorts Produktionsrichtungen verschwunden oder haben erheblich an Bedeutung verloren; zugleich sind nicht wenige neue, oft mittelständische Aktivitäten zu beobachten. Diese notwendigen Veränderungen finden weitgehend an den alten Industriestandorten statt, an denen Investoren qualifizierte Arbeitskräfte und eine – zumindest relative – infrastrukturelle Erschlossenheit vorfinden.

Bergbau- und Industrieregion Lausitz

Die Bergbau- und Industrieregion Lausitz (neun Stadt- und Landkreise im Süden des Landes) war vor allem in den Kreisen Senftenberg, Spremberg, Cottbus/Land und Calau durch die Unternehmen des Kohle- und Energiekomplexes geprägt, dessen Einfluß über die Landesgrenzen hinaus bis in die sächsischen Nachbarkreise Hoyerswerda und Weißwasser reichte. Charakteristisch für diese Struktur waren großflächige Braunkohlentagebaue, die Großbetriebe der Braunkohleverarbeitung und die Kraftwerke einschließlich der umfangreichen Instandhaltungs- und Reparaturkapazitäten für die genannte Branche. Darüber hinaus bestanden in dieser Region in den Kreisen Senftenberg und Spremberg bedeutende Betriebe der Plastverarbeitenden Industrie, in Guben ein großes Chemiefaserwerk und in Forst bedeutende Kapazitäten der Textilindustrie. Die Kreise Finsterwalde und Bad Liebenwerda waren beachtliche Standorte des Maschinen- und Fahrzeugbaus. Obwohl die Region insgesamt eine multistrukturelle Industrie besaß, war die Wirtschaft einzelner Kreise durch eine Monostruktur bestimmt. Das betraf insbesondere die Kreise Cottbus/Land, Calau und Spremberg mit den Beschäftigungsschwerpunkten im Bergbau und in der Energiewirtschaft und den Kreis Guben mit einem hohen Beschäftigtenanteil in der Chemischen Industrie. Im Gegensatz dazu war der Kreis Bad Liebenwerda durch eine vielgestaltige Industriestruktur gekennzeichnet.

Berliner Umland

Bedeutende industrielle Verdichtungsräume im Berliner Umland (neun Stadt- und Landkreise, die direkt an Berlin angrenzen) befanden sich in den südlichen Kreisen Potsdam/Land (Teltow, Stahnsdorf), Zossen (Ludwigsfelde) und Königs Wusterhausen (Wildau), im östlichen Kreis Fürstenwalde sowie im nördlichen Kreis Oranienburg (Hennigsdorf, Velten). Dominierende Industriezweige dieser Wirtschaftsregion waren der Maschinen- und Fahrzeugbau mit ihren Hauptstandorten in den Kreisen Zossen, Königs Wusterhausen und Oranienburg sowie der Bereich Elektrotechnik/Elektronik/Gerätebau mit einer starken Konzentration im Landkreis Potsdam. Größere Betriebe der Lebensmittelindustrie befanden sich in den Kreisen Potsdam/Stadt, Potsdam/Land, Bernau, Nauen und Strausberg. Als bedeutender Metallurgiestandort des Berliner Umlandes ist der Kreis Oranienburg anzusehen. Die Wirtschaft des Kreises Fürstenwalde wurde wesentlich von der Gummi- und Baumaterialienindustrie bestimmt. Eine industrielle Monostruktur kennzeichnete vor allem die Wirtschaft der Kreise Potsdam/Land und Zossen.

Weitere wichtige Industriestandorte

Weitere wichtige Industriestandorte waren im nördlichen Teil des Landes Brandenburg (Uckermark und Prignitz) in den Kreisen Schwedt, Eberswalde, Neuruppin, Wittstock und Perleberg, im westlichen Teil (Westhavelland) in Rathenow und Brandenburg/Stadt, im östlichen Teil in Frankfurt/Oder und Eisenhüttenstadt sowie im südlichen Teil in Luckenwalde angesiedelt. Ihre industrielle Struktur war vor allem durch folgende Branchen charakterisiert:

- Schwedt: Erdöl-, Erdgas- und Kohlewertstoffindustrie, Zellstoff- und Papierindustrie, Lederindustrie;
- Eberswalde: Schwarzmetallurgie, Fördermittel- und Hebezeugbau;
- Neuruppin: Elektrotechnik/Elektronik/Gerätebau und Leichtindustrie;
- Wittstock: Textilindustrie;
- Perleberg: Maschinen- und Fahrzeugbau und Lebensmittelindustrie;
- Rathenow: Feinmechanik/Optik und Chemiefaserindustrie;
- Brandenburg: Schwarzmetallurgie, Bauteile- und Maschinenelementeindustrie, Konfektionsindustrie;
- Frankfurt/Oder: Elektronische Bauelementeindustrie;

– Eisenhüttenstadt: Schwarzmetallurgie;
– Luckenwalde: Maschinen- und Fahrzeugbau, Leichtindustrie.

Eine deutliche industrielle Monostruktur trat dabei besonders in der kreisfreien Stadt Eisenhüttenstadt auf. Typisch für die genannten Industriestandorte war gleichzeitig – mit Ausnahme von Schwedt – ein hoher Anteil der Lebensmittelindustrie an der gesamten Industrieproduktion, der schwerpunktmäßig der Verarbeitung von Produkten der bodenständigen Landwirtschaft und der Eigenversorgung der Bevölkerung diente.

Brandenburgischer Agrar-Gürtel

Dieser Aspekt kennzeichnete auch die Industrie der Kreise des brandenburgischen Agrar-Gürtels (16 Landkreise, die sich gürtelförmig um das Berliner Umland lagern), in der gleichzeitig der Landmaschinenbau eine bedeutende Rolle spielte.

Im Zuge der strukturellen Anpassungen der Wirtschaftsregionen haben sich die Beschäftigungsanteile im Bergbau und Verarbeitenden Gewerbe signifikant zugunsten der Cottbuser Bergbau- und Industrieregion verschoben. Damit hat das ohnehin überdurchschnittliche Gewicht dieser Region für die weitere Entwicklung der Beschäftigungslage in der brandenburgischen Industrie beträchtlich zugenommen. In nur neun Kreisen des Landes konzentrieren sich über 40 Prozent aller Industriebeschäftigten. Deutliche Einbrüche in der ab Anfang 1991 eingeleiteten Strukturanpassung sind dagegen in den Kreisen des Agrargürtels, deren Anteil an den Beschäftigten in der Industrie bis Anfang 1993 von 11 auf knapp 9 Prozent sank, und in den Kreisen mit einzelnen wichtigen Industriestandorten – mit einem Rückgang des industriellen Beschäftigungsanteils von 30 auf 26 Prozent – aufgetreten. Der Anteil der Kreise des Berliner Umlands an den Industriebeschäftigten ist minimal auf 24 Prozent gefallen, eine Tatsache, die die Abflachung des Beschäftigtenabbaus in der Region reflektiert.

2. Wirtschaftsbereiche

Land- und Forstwirtschaft

Im Land Brandenburg werden etwa die Hälfte der Territorialfläche landwirtschaftlich und ein Drittel forstwirtschaftlich genutzt. Als Bundesland mit der größten Binnenwasserfläche hat Brandenburg gute fischwirtschaftliche Voraussetzungen. Bei einem Produktionswert für Erzeugnisse der Land-, Forst- und Fischwirtschaft von ca. 3 Mrd. DM und ca. 2 Mrd. DM Vorleistungen beträgt die Bruttowertschöpfung etwa 1 Mrd. DM. Insgesamt waren zu Beginn des Jahres 1993 etwa 40 000 Erwerbstätige in der Landwirtschaft und etwa 5 000 in der Forstwirtschaft tätig. Das sind zwischen 4 und 5 Prozent der Erwerbstätigen des Landes.

Die Gesamterzeugung in der Landwirtschaft ist seit 1989 – außer bei Ölfrüchten – erheblich zurückgegangen. Wesentliche Ursachen für diesen Produktionsrückgang während des Umstrukturierungsprozesses sind der Abbau der Viehbestände, vor allem zur Gewährleistung der Zahlungsfähigkeit, begrenzte Milchquoten, Stillegung von Ackerflächen und hohe Ertragsausfälle durch Dürre 1992.

Tabelle 2: Nutz- und Anbauflächen in Brandenburg 1989 bis 1992 (in 1 000 ha)

	1989	1990	1991	1992	Entwicklung 1992 zu 1989 in Prozent
Landwirtschaftlich genutzte Flächen	1 421,2	1 441,2	1 271,2	1 268,1	9,2
darunter					
Grünland	279,1	290,1	252,4	240,8	86,2
Ackerland	1 077,7	1 081,8	1 008,1	1 015,1	94,2
darunter					
Getreide	579,3	593,4	449,5	474,2	81,9
Oelfrüchte	29,0	29,8	64,9	134,9	465,2
Kartoffeln	123,9	99,5	36,3	32,8	26,5
Zuckerrüben	21,7	21,4	16,9	16,0	73,7

Die Hektarerträge lagen 1991 höher als 1989, da der Anbau auf den ertragsarmen Böden eingeschränkt wurde. 1992 sind die Erträge durch die anhaltende Dürre um mehr als ein Drittel gegenüber dem Vorjahr zurückgegangen.

Tabelle 3: Hektarerträge wichtiger Fruchtarten in Brandenburg 1989 bis 1992 (dt je ha)

	1989	1990	1991	1992
Getreide	35,1	37,0	46,8	29,5
Raps und Rübsen	22,0	20,7	27,0	19,5
Kartoffeln	181,0	183,7	198,1	155,4
Zuckerrüben	325,0	368,4	375,0	342,2

Die Anbauflächen für Obst, Gemüse und Zierpflanzen verringerten sich von 1989 bis 1992 etwa auf ein Drittel. 1993 wird besonders bei Frühgemüse und Zierpflanzen wieder mit einem Zuwachs von Anbaufläche und Gesamterzeugung gerechnet. Zunehmendes Interesse findet der Anbau nachwachsender Rohstoffe, da die EG-Maßnahmen diesen Anbau auf stillgelegter Fläche zulassen. 1992 wurden für die Projektförderung insgesamt rund 3,5 Mill. DM zur Verfügung gestellt.

Die Viehbestände wurden bei Rindern nahezu halbiert. Bedingt durch die Auflösung der Schweinebestände in den industriemäßigen Anlagen ging die Anzahl der Schweine um ca. zwei Drittel zurück.

Tabelle 4: Entwicklung der Viehbestände in Brandenburg 1989 bis 1992 (in 1 000 Stück)

	1989	1990	1991	1992	Entwicklung 1992 zu 1989 in Prozent
Rinder insgesamt	1 233	1 071	781	684	55,5
darunter Milchkühe	423	354	251	232	54,8
Schweine	2 858	2 049	1 085	1 038	36,3
Schafe	392	226	178	123	31,4

Im Bereich Vermarktung und Verarbeitung verläuft die Anpassung an den Weststandard mit Unterstützung von EG, Bund und Land schneller als in den anderen Wirtschaftszweigen. Die Anzahl der geförderten investiven Vorhaben hat sich von 20 1992 auf 33 1993 erhöht. Das Fördervolumen betrug 1992 84 Mill. DM. Der Marktanteil bei agrarischen Ostprodukten wird im Land Brandenburg mit 30 bis 40 Prozent eingeschätzt.

Die Umstrukturierung der Landwirtschaft war mit einem drastischen Rückgang der Arbeitskräfte von 179 300 zur Zeit der Wende auf etwa 40 000 Anfang 1993 verbunden. Damit ist der Arbeitsplatzabbau in der Landwirtschaft schneller erfolgt als in der übrigen Volkswirtschaft. Im ländlichen Raum führte das zu einer überdurchschnittlich hohen Arbeitslosenquote, starker Konzentration von Empfängern für Arbeitslosen- und Sozialhilfen, vor allem bei Frauen. Verstärkt verlassen Jugendliche und hochqualifizierte Arbeitskräfte die Dörfer. Dadurch hat sich das soziale Gefälle zwischen Stadt und Land weiter verstärkt.

Tabelle 5: Entwicklung der Erwerbstätigen in der Landwirtschaft des Landes Brandenburg 1989 bis 1992 (in 1 000 Personen)

Jahr	Erwerbstätige insgesamt	Abgänge					Erwerbstätige insgesamt
	Jahresanfang	Rentner	Vorrentner Vorruheständler	Arbeitslose	Sonstige	darunter ABM	Jahresende
1989							179,3
1990	179,3	5,2	16,7	16,6	14,8	1,0	126,0
1991	126,0	7,5	19,0	22,0	16,0	10,5	61,5
1992	61,5	1,5	2,0	8,5	10,3	2,0	39,2

Das Ziel und die anstehenden Aufgaben bei der Entwicklung einer leistungsfähigen Ernährungs-, Land- und Forstwirtschaft sind im "Brandenburger Weg", dem agrarpolitischen Programm der Landesregierung, formuliert. Im Mittelpunkt stehen die

- Förderung einer vielfältigen Betriebsstruktur ohne Benachteiligung irgendeiner Rechtsform,
- Gewährleistung der Chancengerechtigkeit für die Brandenburger Bauern beim Neuanfang,
- Unterstützung eines verbraucherorientierten Produkt- und Leistungsangebotes sowie rationelle Nutzung der strategischen Vermarktungspotentiale der einheimischen Land- und Ernährungswirtschaft,
- Erhaltung der Funktionsfähigkeit des ländlichen Raumes.

Wesentliche Voraussetzungen dazu sind der Aufbau einer leistungsfähigen Agrarverwaltung, die Förderung von Bildung und Beratung sowie einer anwendungsorientierten Agrarforschung.

Mit der 1991/92 erfolgten Umstrukturierung der Betriebe entstand eine vielfältige Betriebsstruktur, die unter den Rahmenbedingungen des europäischen Binnenmarktes und spezifischen Gegebenheiten Brandenburgs die Erzeugung hochwertiger Agrarerzeugnisse in wirtschaftlich stabilen Unternehmen ermöglicht. Gleichzeitig wurden dadurch im ländlichen Raum Voraussetzungen geschaffen, die durch eine umweltgerechte Produktionsweise maßgeblich zur Erhaltung und Gestaltung der Kulturlandschaft beitragen.

Tabelle 6: Agrarstruktur in Brandenburg 1993

Rechtsform	Anzahl der Betriebe	durch- schnittliche Größe ha LF	Beschäftigte		Arbeitskräfte- Besatz je 100 ha LF
			insgesamt	je Betrieb	
Juristische Personen insgesamt darunter	750	1 352	31 346	41,8	3,1
eingetragene Genossen- schaften	320	1 567	16 477	51,4	3,9
GmbH und AG	385	1 218	13 704	35,6	3,5
Sonstige	45	1 099	1 183	26,2	2,8
Natürliche Personen Bereich Landwirtschaft insgesamt darunter	4 280	42	6 171	1,4	2,7
Personengesellschaften	240	342	1 611	6,7	1,7
Haupterwerb	1 320	97	2 475	1,9	1,9
Nebenerwerb	2 720	15	2 085	1,8	3,7
Bereich Gartenbau insgesamt	ca. 700	3,5	1 649	2,4	66

Aus den 1 092 ehemaligen sozialistischen Landwirtschaftsbetrieben im Jahr 1989 sind bis 1993 5 730 neue Unternehmen entstanden.

Gemessen an der Anzahl der Betriebe, dominieren die familienbäuerlichen Unternehm- men, die jedoch nur 14 Prozent der LF des Landes mit 12 Prozent der Erwerbstätigen der Landwirtschaft bewirtschaften. Nur 31 Prozent der Einzelunternehmen sind Haupt- erwerbsbetriebe. Diese Betriebe sind weit davon entfernt, strukturprägend zu sein oder einen bedeutenden Beitrag zur Beschäftigung und Erhaltung des ländlichen Raumes zu leisten.

In der Tendenz ansteigend ist die Anzahl der Personengesellschaften mit gegenwärtig 342 ha LF und 6,7 Erwerbstätigen je Unternehmen. In ihnen arbeiten zwischen 4 und 6 vollhaftende Gesellschafter. Für eine wirtschaftlich gesunde Agrarstruktur ist eine optimale Ausstattung der Unternehmen mit den Produktionsfaktoren Boden, Arbeit und Kapital Voraussetzung. Bei den Faktoren Boden und Arbeit bestehen auf etwa vier Fünftel der LF gute Bedingungen für die Entwicklung leistungsfähiger Unternehmen. Äußerst angespannt ist dagegen die Situation der Betriebe, die nach der bisherigen Dekapitalisierung völlig unzureichend mit Eigenkapital ausgestattet sind und nur be- grenzt Kredite aufnehmen und investive Fördermöglichkeiten nutzen können.

Für die landwirtschaftlichen Unternehmen wurden 1992 aus Mitteln der EG, des Bun- des und Landes ca. 800 Mill. DM als Fördermittel gezahlt.

Die Agrarreform der EG läßt neben neuen Herausforderungen auch verbesserte Voraussetzungen erwarten, durch die ein ständig wachsender Teil des Einkommens der Landwirte reformbedingt aus EG-Zuwendungen möglich ist und damit das Gesamteinkommen mittelfristig verläßlicher gesichert werden kann.

Bergbau und Energiewirtschaft

Der Braunkohlenbergbau Ostdeutschlands konzentriert sich in starkem Maße auf Brandenburg. Nach den Umsatzzahlen von 1992 entfielen 51 Prozent auf das Land. Innerhalb der Industrie Brandenburgs ist der Bergbau der mit Abstand größte Zweig. Im ersten Halbjahr 1991 entfiel ein Drittel des Industrieansatzes auf diesen Bereich; im Durchschnitt der alten Bundesländer waren es dagegen nur 1,5 Prozent.

In der Lausitzer Braunkohlenindustrie vollzog sich in den letzten drei Jahren ein dramatischer Strukturwandel, der umfassender wirtschaftspolitischer Begleitung bedurfte. Die Braunkohlenförderung Brandenburgs ging von 114 Mill. t im Jahre 1989 auf 61 Mill. t im Jahre 1992 zurück. Der Anteil der Kohle am Primärenergieverbrauch sank von 70 Prozent (1989) auf 55 Prozent (1992). Die Zahl der im Bergbau Beschäftigten schrumpfte im Land Brandenburg von ehemals 50 000 auf 30 000 zu Anfang des Jahres 1993. Drastische Rückgänge gab es auch in der Stromerzeugung und im Gasverbrauch.

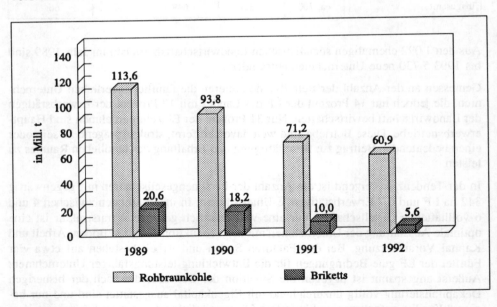

Abbildung 1: Kohleproduktion im Land Brandenburg 1989 bis 1992

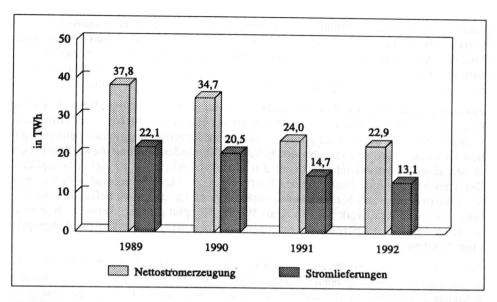

Abbildung 2: Stromerzeugung im Land Brandenburg 1989 bis 1992 (für die öffentliche Versorgung)

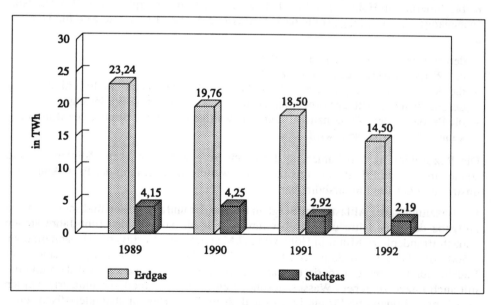

Abbildung 3: Gasverbrauch im Land Brandenburg 1989 bis 1992

Quelle: Monatsbericht zur Energieversorgung (Landesamt für Datenverarbeitung und Statistik Brandenburg)

Analysen des Wirtschaftsministeriums zeigen, daß die Lausitzer Braunkohle ihren Markt vornehmlich in der Grundlastverstromung in Großkraftwerken finden wird. Moderne Kraftwerks- und Umweltschutztechniken, die einen hohen Brennstoffausnutzungsgrad erreichen und somit zur Umwelt- und Ressourcenschonung beitragen, bieten die Gewähr für eine preisgünstige und zuverlässige Energiebereitstellung.

Zukünftig wird sich der Braunkohlenbergbau auf wenige leistungsstarke Tagebaue konzentrieren, die sich in unmittelbarer Nähe der Hauptverbraucher – der Großkraftwerke – befinden. So wird der Kraftwerkskomplex Jänschwalde von den beiden Tagebauen Cottbus-Nord und Jänschwalde beliefert. Die Modernisierung dieses Komplexes sichert dessen Fortbestand und damit direkt und indirekt etwa 10 000 Arbeitsplätze. Der jetzt beschlossene Neubau eines Kraftwerkes am Standort Schwarze Pumpe gibt der Lausitzer Region ebenfalls bedeutende Impulse für die wirtschaftliche Entwicklung. Das neue Kraftwerk wird in Kraft-Wärme-Kopplung neben Strom auch Wärme als Prozeßdampf und Fernwärme erzeugen. Versorgt wird dieser Kraftwerkskomplex vom Tagebau Welzow.

Angesichts der jüngsten Prognosen zum Gesamtstromverbrauch in den neuen Bundesländern und der vorliegenden Gutachterergebnisse zum Energiekonzept des Landes Brandenburg ist die von der Landesregierung in ihren "Leitentscheidungen zur brandenburgischen Energiepolitik" vorgegebene Fördermenge für das Jahr 2000 in Höhe von 60 Mill. t fraglich geworden. In dem Gutachten wird von einer abgesicherten Kohleförderung in Höhe von lediglich 45 Mill. t im brandenburgischen Teil der Lausitz ausgegangen. Diese Menge sollte nach Auffassung der Landesregierung erhöht werden, um

- den Beschäftigungsabbau zu dämpfen,
- die Wirtschaftskraft des Landes zu stärken,
- die Altlastensanierung zu erleichtern, die in vielen Bereichen mit Braunkohlenförderung kostengünstiger vorgenommen werden kann als ohne Förderung,
- die Probleme der Wasserhaushaltung zu bewältigen, die ohne Braunkohlenförderung kaum finanzierbar sein wird.

Die Rekultivierung und Sanierung der durch Bergbaualtlasten geschädigten Gebiete sowie eine zügige Privatisierung sind für die weitere Entwicklung der Braunkohlenindustrie und der Region unabdingbar.

Die Beseitigung der Altlasten im Bergbau ist eine der umfassendsten und schwierigsten Aufgabe der 90er Jahre und darüber hinaus. Für die kommenden fünf Jahre stehen danach Brandenburg Mittel in Höhe von 3,7 Mrd. DM zur Verfügung; sie sichern etwa 7 500 Arbeitsplätze im Sanierungsbereich. Es ergibt sich die einmalige Chance, der Lausitz durch gezielte planerische Landschaftsgestaltung ein neues Aussehen und damit auch Image zu geben. Wasser, gesunde Landschaft und moderne Industrie werden eine Einheit bilden und für die Lebensqualität in dieser Region charakteristisch sein.

Dank der Verständigung über die Finanzierung der Altlastensanierung ist auch eine rasche Privatisierung der aktiven Tagebaue und Veredelungsanlagen möglich. Damit das für die Modernisierung und Rationalisierung der Braunkohlenindustrie benötigte Kapital und Know-how schnell zur Verfügung gestellt wird, ist es wichtig, daß die Treuhandanstalt alle Möglichkeiten zur raschen Privatisierung nutzt. Zunächst ist die Fusion der beiden Braunkohleunternehmen LAUBAG und ESPAG vorgesehen. Dann soll die Privatisierung des überlebensfähigen Teils der Braunkohlenindustrie folgen.

Neue umweltverträgliche Technologien können der Braunkohle neben der Stromerzeugung auch in Teilen des Wärmemarktes eine Zukunft sichern. Von besonderer Bedeutung ist in diesem Zusammenhang die Fernwärme mit ihren Möglichkeiten zur Kraft-Wärme-Kopplung. Technisch ausgereifte Lösungen auf der Basis von Staub-, Wirbelschichtkohle und Briketts sind vorhanden. Die Schadstoffemissionen liegen deutlich unter den gesetzlich vorgeschriebenen Höchstgrenzen.

Der Berliner Energiemarkt steht vor einer grundlegenden Umstrukturierung. Hierdurch ergeben sich Chancen für die Lieferung von Braunkohle und Braunkohlenstrom aus der Lausitz. Der Berliner Wirtschaftssenator hat seine grundsätzliche Bereitschaft erklärt, mit dem Land Brandenburg auf den Gebieten der Energieversorgung zusammenzuarbeiten.

Das Wirtschaftsministerium fördert die Nutzung des beträchlichen Potentials der Energieeinsparung sowie die rationelle Energienutzung und den Einsatz erneuerbarer Energien. Die Fördermittel werden für Vorhaben eingesetzt, die Energieeinsparung und Umweltentlastung miteinander verknüpfen und große Effekte für einen umweltschonenden Energieverbrauch erzielen können.

Verarbeitendes Gewerbe

Das Kernproblem der jungen Bundesländer ist das dramatische Sinken der Beschäftigung im Verarbeitenden Gewerbe. In Brandenburg waren im Herbst 1992 nur noch 24 Prozent der Beschäftigten speziell in der Industrie tätig. Damit kamen auf 1 000 Einwohner 59 Industriearbeitsplätze; in den alten Bundesländern waren es mit 118 doppelt so viele. Inzwischen ist die Deindustrialisierung noch weiter fortgeschritten. Brandenburg unternimmt wie die anderen jungen Bundesländer alle Anstrengungen, um einem weiteren Verlust an industriellem Potential entgegenzuwirken.

Bereits heute zeigen sich im brandenburgischen Industriepotential Ansätze für eine zukunftsorientierte Branchenstruktur. Noch auf lange Zeit wird sich allerdings das Branchenbild der brandenburgischen Industrie erheblich von dem westlicher Industrieländer unterscheiden. Dort ist seit vielen Jahren als Ergebnis von Veränderungen in der internationalen Arbeitsteilung und im spezifischen Energie- bzw. Materialverbrauch das Gewicht von Bergbau und Grundstoffindustrien gesunken – teilweise durch absolutes Schrumpfen oder durch moderate Zunahmen. Wachstumsindustrien sind dort hauptsächlich forschungs- und technologieintensive sowie umweltverträgliche Bereiche. Demgegenüber haben es in Brandenburg derartige Fertigungen schwer, die industrielle Entwicklung zu bestimmen – wegen des bereits genannten hohen Gewichts der

Kohle, aber auch infolge der hohen Konzentration von Stahl und anderen Grundstoffbranchen.

Es ist deshalb für die künftige Wirtschaftskraft Brandenburgs entscheidend, daß sich unter den ansiedlungswilligen Unternehmen ein beachtlicher Teil weiterverarbeitender und höherveredelnder Produktionsrichtungen befindet. Die von der Landesregierung favorisierte Politik der integrierten Standortentwicklung unterstützt den Prozeß, die brandenburgische Industrie mit modernen, umweltfreundlichen Fertigungen im mittelständischen oder großbetrieblichen Bereich umzustrukturieren.

Das bereits gestiegene Gewicht des Investitionsgüter produzierenden Gewerbes (von 31,7 Prozent im 1. Halbjahr 1991 auf 35,5 Prozent im 2. Halbjahr 1992) schafft das nötige Gegengewicht zum relativen Rückgang der Grundstoffindustrien. Hervorzuheben ist insbesondere das starke Wachstum des Straßenfahrzeugbaus, die tendenziell nach oben gerichtete Entwicklung beim Stahlbau und bei Schienenfahrzeugen und die Tatsache, daß der Maschinenbau seine Bedeutung innerhalb des Verarbeitenden Gewerbes halten konnte.

Das aus vielen kleinen Branchen bestehende Verbrauchsgüter produzierende Gewerbe hat ebenfalls seine Position gehalten, während das für Brandenburg sehr gewichtige Nahrungs- und Genußmittelgewerbe etwas an Boden verloren hat.

Im Durchschnitt aller Branchen hat das Verarbeitende Gewerbe Brandenburgs noch nicht die Talsohle verlassen. Die Umsätze verringerten sich um 1,1 Prozent. Bei einem Anstieg der Erzeugerpreise gewerblicher Produkte um 0,9 Prozent ist ein Rückgang der realen Leistung um ca. 2 Prozent eingetreten.

Tabelle 7: Umsatz im Bergbau und im Verarbeitenden Gewerbe Brandenburgs 1992 (Veränderungen gegenüber dem Vorjahr in Prozent)

	1992	1. Hj.	2. Hj.	I. Qu.	II. Qu.	III. Qu.	IV. Qu.
Bergbau und Verarbeitendes Gewerbe	–10,2	–11,7	–1,6	–15,8	–7,3	–9,1	–8,1
Bergbau	–31,4	–39,0	–21,7	–40,0	–37,5	–21,4	–21,9
Verarbeitendes Gewerbe	–1,1	2,0	–3,9	–0,8	–4,5	–4,9	–3,0
Grundstoff- u. Produktionsgütergewerbe	–5,3	2,5	–12,1	4,4	0,8	–10,7	–13,5
Investitionsgüter produzierendes Gewerbe	5,2	5,0	5,3	–5,8	16,1	–0,4	10,6
Verbrauchsgüter produzierenes Gewerbe	1,0	8,8	–5,6	11,0	6,6	–6,9	–4,6
Nahrungs- u. Genußmittelgewerbe	–4,0	–4,4	–3,6	–4,5	–4,2	–1,2	–6,0

Quelle: Landesamt für Datenverarbeitung und Statistik des Landes Brandenburg

Die Vielfalt der Probleme hat 1992 zu einer recht unterschiedlichen Entwicklung der einzelnen Branchengruppen des Verarbeitenden Gewerbes beigetragen.

Im Verarbeitenden Gewerbe insgesamt folgte einem Umsatzzuwachs von 2,0 Prozent in der ersten ein Rückgang von 3,9 Prozent in der zweiten Jahreshälfte – jeweils bezogen auf die gleiche Vorjahreszeit. Dieser Trendwechsel fand aber weitgehend nur im Grundstoff- und Produktionsgütergewerbe statt: Zur Eisenschaffenden Industrie, die in allen vier Quartalen mit zweistelligen Raten schrumpfte, kamen ab Jahresmitte die Chemische Industrie und die Gummiverarbeitung hinzu. Im Verbrauchsgüter produzierenden Gewerbe verstärkten sich die Einbrüche bei Glas, Textil und Bekleidung.

Vergleichsweise günstig verlief die Entwicklung in der Branchengruppe der Investitionsgüterindustrien. Ihr Umsatz stieg in den beiden Halbjahren um 5,0 und 5,3 Prozent, was unter anderem aus der gegenüber anderen neuen Bundesländern geringeren Abhängigkeit der Unternehmen dieser Gruppe von Ost-Exporten zu erklären ist. Im Nahrungs- und Genußmittelgewerbe hat sich der Umsatzrückgang von 4,4 auf 3,6 Prozent abgeschwächt.

Ein differenziertes Bild boten 1992 auch die Auftragseingänge des Verarbeitenden Gewerbes (vgl. Abbildung 4). Insgesamt lagen sie wertmäßig um 3,1 Prozent unter dem Vorjahr, wobei die inländischen Bestellungen um 7,5 Prozent gestiegen, die ausländischen dagegen um 36,5 Prozent gesunken waren.

Wie bereits beim Umsatz verlief die Entwicklung auch bei den Auftragseingängen bei den beiden wichtigsten Branchengruppen in entgegengesetzter Richtung. Beim Investitionsgüter-Gewerbe (außer Elektrotechnik) ist die Nachfrage 1992 deutlich gestiegen; insgesamt für die Gruppe um 21,1 Prozent. Dabei verschlechterte sich die Situation allerdings im dritten und teilweise auch im vierten Quartal. Bei den Grundstoff- und Produktionsgüterindustrien gingen die Bestellungen 1992 um 21,4 Prozent zurück. Krasse Ausnahme in dieser Branchengruppe war die Industrie der Steine und Erden mit Bestellungen von + 79,2 Prozent, die weitgehend aus der Bauwirtschaft kommen.

Baugewerbe

Bis zum Jahre 2005 müssen in den neuen Bundesländern 2,4 Bill. DM im Baubereich ausgegeben werden, wenn bis dahin die Lebensverhältnisse in Ostdeutschland westliches Niveau erreichen sollen. Diese Schätzung des Münchner Ifo-Instituts für Wirtschaftsforschung vom Mai 1992 setzt voraus, daß in Ostdeutschland das Bauvolumen 15 Jahre lang um jährlich 15 Prozent real wächst.

Dieser Wert wurde in Brandenburg 1992 überschritten. Bauhaupt- und Ausbaugewerbe setzten 1992 zusammen 5,84 Mrd. DM um. Das entspricht einem Wachstum gegenüber dem niedrigen Niveau von 1991 um 33,1 Prozent. Bei Preissteigerungen zwischen 10 und 11 Prozent ergibt sich ein Zuwachs an realer Bauleistung um ca. 20 Prozent.

Der Umsatz des brandenburgischen Bauhauptgewerbes erreichte 1992 ein Volumen von 4,98 Mrd. DM. Die Einzelbereiche entwickelten sich wie aus Tabelle 8 ersichtlich.

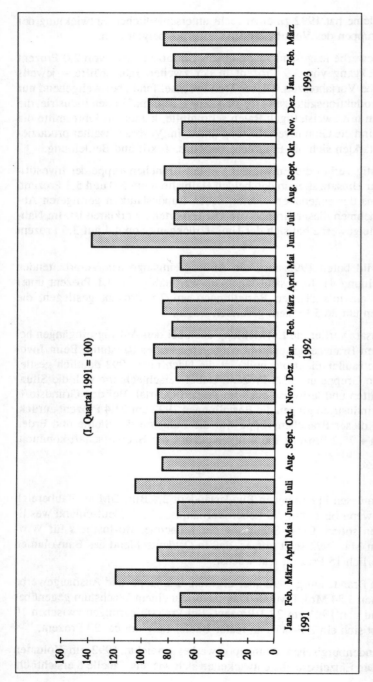

Abbildung 4: Auftragseingang im Verarbeitenden Gewerbe in Brandenburg 1991 bis 1993

Quelle: Landesamt für Datenverarbeitung und Statistik Land Brandenburg

Tabelle 8:   Umsatz im Bauhauptgewerbe Brandenburgs 1992 (Veränderungen gegenüber dem Vorjahr in Prozent)

	1992	1. Hj.	2. Hj.	I. Qu.	II. Qu.	III. Qu.	IV. Qu.
Insgesamt	32,5	29,1	34,6	51,5	16,1	23,6	42,1
Wohnungsbau	–3,3	–17,5	9,7	18,3	–35,9	–19,5	38,2
Landwirtschaftlicher Bau	–45,8	–60,2	–30,5	–63,3	–55,5	–45,5	–16,9
Gewerbe- u. Industriebau	53,7	40,8	63,3	55,4	31,0	66,7	61,1
Hochbau	52,1	38,6	62,6	62,5	22,7	75,6	54,5
Tiefbau	59,5	49,6	65,7	28,1	64,6	41,3	84,1
Öffentlicher u. Verkehrsbau	35,1	55,6	25,9	86,8	40,3	15,3	32,3
Hochbau	1,5	37,9	–18,1	62,4	22,1	–21,1	–15,9
Tiefbau	50,2	65,1	44,1	104,3	48,8	33,0	50,3

Quelle: Landesamt für Datenverarbeitung und Statistik des Landes Brandenburg

Die nominelle durchschnittliche Zunahme von 32,5 Prozent wurde im ersten Halbjahr unter-, in der zweiten Jahreshälfte überschritten. Zu dieser Beschleunigung kam es, weil

- der Gewerbe- und Industriebau ab Jahresmitte deutlich zulegte und im Expansionstempo die Führung übernahm. Im Wachstum der gewerblichen und Industrieinvestitionen liegt der Schlüssel für einen umfassenden wirtschaftlichen Aufschwung;
- der Wohnungsbau im IV. Quartal 1992 gegenüber dem Vorjahr eine deutliche Steigerung erreichte; ein erster Schritt auf dem langen Weg, das Defizit von 100 000 bis 120 000 Wohnungen im Lande abzubauen;
- das Schrumpfen des Landwirtschaftlichen Baus sich von Quartal zu Quartal verlangsamte.

Die Beschleunigung der Umsatzentwicklung im 2. Halbjahr 1992 kam zustande, obwohl der Öffentliche und Verkehrsbau wegen absoluter Rückgänge im Hochbau nur noch halb so schnell expandierte wie in der ersten Jahreshälfte. Finanzierungsprobleme, die ungeklärte Altschuldenfrage und administrative Hemmnisse waren die wesentlichen Gründe. Durch die Regelungen im Solidarpakt sowie das Investitionserleichterungs- und Wohnbaulandgesetz wird im kommenden Jahr eine Entspannung eintreten.

Mit nahezu unverändertem Tempo während des gesamten Jahres expandierte das Ausbaugewerbe Brandenburgs. Sein Umsatz erreichte 1992 rund 866 Mill. DM; 36,7 Prozent mehr als 1991. Gut das Eineinhalbfache (+ 53,8 Prozent) erzielte dabei die Bauinstallation (Anlagen- und Elektroinstallation, Klempnerei), während sich das Ausbaugewerbe im engeren Sinne (Malerei, Glaserei, Bautischlerei, Flieserei, Ofensetzerei u. a.) gemäßigter (+ 14,7 Prozent) entwickelte.

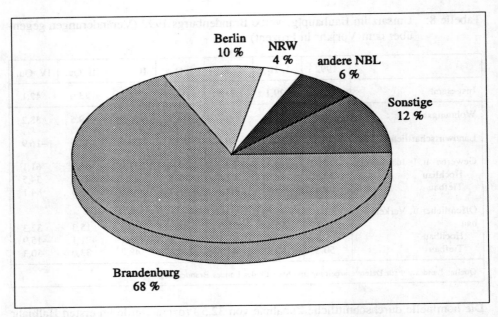

Abbildung 5: Anteil der Bundesländer am Auftragseingang für Baustellen in Brandenburg 1992

Quellen: Landesamt für Datenverarbeitung und Statistik Land Brandenburg, Statistisches Bundesamt, eigene Berechnungen

Rascher noch als die Umsätze erhöhten sich 1992 im Bauhauptgewerbe mit 43,9 Prozent die Auftragseingänge. Den Spitzenwert aller Bestellungen erreichte auch hier der Gewerbliche und Industriebau (77,2 Prozent), gefolgt vom Wohnungsbau (37,6 Prozent) und vom Öffentlichen und Verkehrsbau (23,6 Prozent). Die Aufträge der Landwirtschaft fielen wertmäßig um 42,5 Prozent geringer aus. Das Auftragsvolumen von fast 5 Mrd. DM, das Brandenburger Betriebe 1992 hereinnehmen konnten, wird zu 83 Prozent zu Bauten im Land selbst führen, 13 Prozent entfallen auf auswärtige Bautätigkeiten. Fast 68 Prozent der Bestellungen kamen aus Brandenburg, 10 Prozent aus Berlin, 6 Prozent aus den anderen neuen Ländern, 4 Prozent aus Nordrhein-Westfalen, der Rest von 12 Prozent entfällt auf Bayern, Niedersachsen und andere.

Die günstige Auftragsentwicklung hat sich auch nach dem Jahreswechsel fortgesetzt. Das Landesamt für Datenverarbeitung und Statistik meldet für das erste Quartal 1993 ein Auftragsplus gegenüber dem Vorjahr von 12,4 Prozent, darunter im März einen Zugang um 34,2 Prozent.

Die rasante Entwicklung der Bauwirtschaft hat zu einer weiteren Annäherung an westdeutsche Standards geführt, wie die Tabelle Bauhauptgewerbe 1992 im regionalen Vergleich zeigt.

Tabelle 9: Bauhauptgewerbe 1992 im regionalen Vergleich (in 1 000 DM je Person)

	Brandenburg	Neue Länder	Alte Länder
Umsatz (je Einwohner)	2,07	1,98	2,06
Auftragseingang (je Einwohner)	1,94	1,73	1,81
Umsatz (je Beschäftigter)	109,50	113,66	182,73
Auftragseingang (je Beschäftigter)	102,38	99,75	160,44

Quellen: Landesamt für Datenverarbeitung und Statistik des Landes Brandenburg; Statistisches Bundesamt; eigene Berechnungen

Kaum noch Unterschiede ergeben sich bei den auf die Einwohnerzahl bezogenen Werten. Dagegen erreichen Brandenburg bzw. Ostdeutschland noch immer nur knapp zwei Drittel der im ehemaligen Bundesgebiet je Beschäftigter erbrachten Leistung bzw. der hereingeholten Aufträge. Allerdings hatten diese Kennziffern vor Jahresfrist noch wenig mehr als die Hälfte des westdeutschen Niveaus betragen.

Insgesamt ist die Baukonjunktur in Brandenburg angesprungen. Die ganzjährigen, landes- und branchenumfassenden Zahlen steigen mit hohen zweistelligen Raten. Das Hauptproblem ist nicht mehr das Tempo, sondern die zeitliche Diskontinuität sowie die sektorale und regionale Ungleichverteilung der Entwicklung. Positive Veränderungen erfordern den Abbau einer Vielfalt von Hemmnissen, wobei die Wirtschaftspolitik fast immer flankierend, ordnend oder auch als ökonomischer Impulsgeber gefragt ist. Solche Hemmnisse sind unter anderem der Mangel an öffentlichen Aufträgen (Wohnungsbau, regional); die Sprunghaftigkeit bei der Vergabe öffentlicher Aufträge und Fördermittel; Unsicherheiten über die gewerbliche Investitionsbereitschaft; Verzögerungen der Planungsverfahren; zu hohe Lohn- und andere Kosten; Zahlungsverzögerungen für erbrachte Bauleistungen; eng begrenzte Kreditmöglichkeiten; mangelnde Erfahrung im Wettbewerb mit westlichen Anbietern; Kosten- und Preisdumping durch Nachauftragnehmerschaft aus Osteuropa bzw. Schwarzarbeit.

Handel und Dienstleistungen

Handel

Im Einzelhandel haben sich 1992 und im bisherigen Verlauf 1993 die Tendenzen zur Stabilisierung verstärkt. Dies gilt für die Geschäftslage der überwiegenden Zahl der Einzelhändler, schließt aber erhebliche Unterschiede nach Sparten ein.

Der Umsatz des Einzelhandels blieb 1992 im Vergleich zu 1991 unverändert. Dahinter verbergen sich aber, wie die Aufstellung zeigt, einerseits Steigerungen um 43 bzw. 47 Prozent bei Nahrungs- und Genußmitteln bzw. Textilien, Bekleidung und Schuhen, um 27 bzw. 28 Prozent bei Pharma und Kosmetik sowie bei Möbeln und anderen Einrichtungsgegenständen und andererseits Stagnation bei Elektrowaren sowie Rückgänge bei Kraftstoff und vielen anderen Waren. Die Entwicklung der Beschäftigten schwankte zwischen plus 30 und minus 60 Prozent.

Tabelle 10: Umsatz und Beschäftigte im Einzelhandel 1992 in Brandenburg (1991 = 100)

	Umsatz	Beschäftigte
Insgesamt	100,3	67,1
Nahrungsmittel, Getränke, Tabakwaren	143,2	84,4
Textilien, Bekleidung, Schuhe, Lederwaren	146,8	130,5
Einrichtungsgegenstände	127,5	88,7
Elektrotechnische Erzeugnisse, Musikinstrumente	103,2	87,4
Papierwaren, Druckerzeugnisse, Büromaschinen	115,8	98,1
Pharmazeut., kosmet. und medizin. Erzeugnisse	127,2	103,6
Kraft- und Schmierstoffe	84,0	89,2
Fahrzeuge, Fahrzeugteile	117,3	90,6
Waren verschiedener Art	54,5	40,6

Quelle: Landesamt für Datenverarbeitung und Statistik des Landes Brandenburg

Anpassungsbedarf besteht noch bei den inneren Strukturen des brandenburgischen Einzelhandels. Zwar sind die Entflechtungen der großen staatlichen Handelsorganisationen nahezu abgeschlossen. Eine Analyse des Anpassungsprozesses zeigt jedoch, daß die Versorgung der Bevölkerung durch den Einzelhandel sowie das Erscheinungsbild der Betriebe noch hinter modernen Anforderungen zurückbleiben.

Bei der Zahl der Betriebe, ihrer Größe und Branchenbesetzung sind noch deutliche Änderungen zu erwarten. Die Verkaufsfläche war im Landesdurchschnitt mit ca. 0,3 m^2 pro Einwohner um zwei Drittel kleiner als in den alten Bundesländern. Viele kleinflächige Verkaufsstätten mußten wegen mangelnder Rentabilität geschlossen werden. Weitergeführte Läden müssen mit erheblichem finanziellem Aufwand modernisiert werden, um langfristig wettbewerbsfähig bleiben zu können. Ein anderes Ergebnis des Anpassungsprozesses ist der Abbau von Personal. Bei den Konsumgenossenschaften erfolgte seit 1990 eine Reduzierung der Mitarbeiter um etwa 70 Prozent. Ebenso haben sich die westdeutschen Ladenketten in den neuen Bundesländern im Rahmen der Netzkonsolidierung von Personal getrennt.

Unzureichend ist das Einzelhandelsnetz auch unter regionalen Gesichtspunkten: Generell ist ein Rückgang des Lebensmitteleinzelhandels aus den dünn besiedelten Regionen festzustellen. In der ehemaligen DDR lag die Versorgung der Landbevölkerung vorwiegend in den Händen der Konsumgenossenschaften. Der Betrieb von Landläden ist aufgrund der Marktsituation vielfach unrentabel geworden. Der Verlust eines Dorfladens beträgt pro Jahr im Durchschnitt 15 000 DM. Am 01.01.1993 verfügten von 1 669 Gemeinden nur noch 915 über eine stationäre Verkaufseinrichtung. Von etwa 754 Gemeinden, die zum größten Teil ambulant versorgt werden, haben 677 weniger als 350 Einwohner.

Damit sich ein Lebensmittelgeschäft als Haupterwerbsquelle rentiert, sollte nach den Empfehlungen des Hauptverbandes des Deutschen Einzelhandels in seinem Einzugsgebiet eine Bevölkerungszahl von 500 Einwohnern nicht unterschritten werden; im Nebenerwerbsbetrieb würden 200 Einwohner ausreichen.

Brandenburg hat das Problem Einzelhandelsversorgung aufgegriffen und begleitet darüber hinaus die Entwicklung des mittelständischen Sektors im Handel mit spezifischen Fördermaßnahmen.

Dienstleistungen

Der Dienstleistungssektor setzt sich aus ganz verschiedenen Bereichen zusammen; entsprechend uneinheitlich ist die wirtschaftliche Situation.

In den konsumnahen Bereichen hält sich die Nachfrage wegen der Arbeitslosigkeit und der angespannten finanziellen Situation eines Teils der Privaten Haushalte in Grenzen.

Die produktionsorientierten Dienstleistungsbranchen leiden unter der schlechten konjunkturellen Lage vieler Industriebetriebe. Das heben die Industrie- und Handelskammern sowohl in Potsdam als auch in Cottbus hervor.

Zufriedenstellend ist die Entwicklung nur in wenigen Bereichen, so zum Beispiel im Kreditgewerbe und in Teilen des Beherbergungsgewerbes, wenn auch der Wettbewerb noch wenig ausgeprägt ist. Insgesamt hat der Dienstleistungssektor bisher die erhoffte Schrittmacherfunktion für die Schaffung neuer Arbeitsplätze noch nicht ausfüllen können. Nur im geringen Umfang wurden bisher Arbeitskräfte übernommen. Verlagerung von Beschäftigung innerhalb des Sektors hatte Vorrang.

Freie Berufe

Mit Riesenschritten verringert sich der große Nachholbedarf bei den Freien Berufen. Von März 1991 bis Anfang 1993 hat sich die Zahl der Freiberufler fast vervierfacht – von 3 000 auf über 11 000.

Ärzte und Zahnärzte stellen inzwischen die größte Gruppe unter den freiberuflich Tätigen. Bei ihnen ist die Auflösung von Polikliniken und Ambulatorien als wesentlicher Grund für die schnelle Bildung neuer Strukturen anzusehen. Auch die im Vergleich zu anderen Freien Berufen günstige Einkommenssituation hat diese Entwicklung sicher begünstigt.

Mit insgesamt 700 Rechtsanwälten sind im Land Brandenburg bereits mehr Anwälte tätig als früher in der gesamten DDR. Großer Nachholbedarf und eine extrem hohe Nachfrage schufen auch günstige Voraussetzungen für Nur-Notare.

Bei den Architekten und Ingenieuren ist eine erhebliche Steigerung trotz unzureichender Auftragslage festzustellen, was wohl primär aus einem Mangel an alternativen Beschäftigungsmöglichkeiten zu erklären ist. Auch die Konkurrenz durch Anbieter aus den alten Bundesländern macht sich hier entwicklungshemmend bemerkbar. Speziell Ingenieure im Bauwesen haben aber mittel- und langfristig günstige Perspektiven.

Eine Befragung der Kammern und Verbände der Freien Berufe in Brandenburg ergab per 01.01.1993 für ausgewählte Berufsgruppen das aus der nachfolgenden Tabelle ersichtliche Bild.

Tabelle 11: Anzahl der in Freien Berufen Tätigen in Brandenburg (Stand: 01.01.1993)

Berufsgruppen	Anzahl
Apotheker	324
Ärzte	2 700
Zahnärzte	1 515
Tierärzte	525
Rechtsanwälte	701
Notare	94
Architekten	385
Ingenieure	1 100
Steuerberater	304
Steuerberatungsgesellschaften	23
Wirtschaftsprüfer	15
Wirtschaftsprüfungsgesellschaften	3
Vereidigte Buchprüfer	9
Vermessungsingenieure	92
davon mit Vermessungsbefugnis	87
Öffentlich bestellte Sachverständige	65
Physiotherapeuten	520
Bildende Künstler	550

Quelle: Befragung der Kammern und Verbände der Freien Berufe

Weiterhin erheblicher Nachholbedarf besteht bei Steuerberatern, Wirtschaftsprüfern und vereidigten Buchprüfern. Hier ist ein deutlicher Mangel an qualifizierten Berufszugängen zu beobachten.

Fremdenverkehr

In Brandenburg kommt dem Fremdenverkehr als Wirtschaftsfaktor eine besonders große Bedeutung zu. Dies ist ein Bereich, der schon kurzfristig gute Entwicklungschancen bieten und am Arbeitsmarkt wichtige Impulse auslösen kann. Mit 30 000 Beschäftigten bietet er bereits halb so vielen Menschen Arbeit wie die verbliebenen Treuhandbetriebe. In zehn Jahren wird der Tourismus voraussichtlich statt der bisher immerhin 2 rund 5 Prozent zum Bruttoinlandsprodukt beitragen und etwa 100 000 Menschen in überwiegend mittelständischen Strukturen beschäftigen. In manchen Regionen des Landes kann dieser Bereich 20 bis 30 Prozent der Erwerbstätigen aufnehmen.

Die Entwicklung des brandenburgischen Fremdenverkehrs hat 1992 weiter deutliche Fortschritte gemacht.

Laut amtlicher Fremdenverkehrsstatistik, die nur die Beherbergungsstätten mit 9 und mehr Betten erfaßt, waren 1992 im Land insgesamt rund 1,2 Mill. Gästeankünfte und rund 3,7 Mill. Übernachtungen zu verzeichnen. Gegenüber der Hauptreisesaison 1991 stieg 1992 (jeweils Mai bis Oktober) die Zahl der Gästeankünfte um 0,11 Mill. (17 Prozent) auf 0,76 Mill. und die Zahl der Übernachtungen um 0,36 Mill. (12 Prozent) auf 2,4 Mill. Das Interesse am Tourismusland Brandenburg ist spürbar gewachsen.

Der Gästezuwachs stieg bei den Campingplätzen 1992 gegenüber 1991 um 21 Prozent (52 000) auf 271 000. Die Zahl der Übernachtungen auf Campingplätzen stieg 1992 auf fast 1 Million. Westdeutsche Erfahrungswerte sprechen dafür, daß die Zahl der tatsächlichen Übernachtungen etwa doppelt so hoch wie die registrierten 4,7 Mill., also etwa bei 10 Mill. liegen dürfte.

Tabelle 12: Beherbergungskapazitäten am 31.12.1992 nach Betriebsarten in Brandenburg

Betriebsart	Beherbergungsstätten		Betten		Durchschnittliche Auslastung 1992
	insgesamt	darunter geöffnete	insgesamt	darunter angebotene	
	Anzahl				Prozent
Land insgesamt	645	408	38 416	24 573	35,3
Hotels	164	150	12 386	11 230	38,3
Gasthöfe	34	28	756	528	27,9
Pensionen	79	63	3 324	2 171	31,1
Hotel garnis	20	18	986	843	37,1
Erholungs-, Ferien- und Schulungsheime	111	71	5 618	3 014	30,2
Ferienzentren	12	4	1 405	405	27,9
Ferienhäuser und -wohnungen	153	25	7 106	2 131	19,1
Hütten, Jugendherbergen und jugendherbergsähnliche Einrichtungen	56	36	5 725	3 305	41,8
Heilstätten, Sanatorien, Kur- und Rehabilitationseinrichtungen	16	13	1 110	946	75,9

Quelle: Landesamt für Datenverarbeitung und Statistik des Landes Brandenburg

Der Anteil ausländischer Gäste betrug 1992 rund 7 Prozent, wobei Besucher aus Polen, den Niederlanden und der Schweiz dominierten. Bezogen auf die einzelnen Reisegebiete verlief die Entwicklung sehr unterschiedlich. Während das Reisegebiet Potsdam-Havelland sowohl bei Gästeankünften als auch bei Übernachtungen im Sommerhalbjahr 1992 den Spitzenplatz einnahm, stand der Spreewald bei Gästeankünften an zweiter, bei Übernachtungen an vierter Stelle.

Das Schwergewicht liegt nach wie vor auf dem Tagestourismus und auf kürzeren Urlaubsreisen. Trotz großen Interesses am Land ist die Verweildauer kurz. Ursachen dafür sind neben Unzulänglichkeiten in der Infrastruktur der Fremdenverkehrsorte nach wie vor auch der Mangel an marktgängigen Beherbergungskapazitäten der verschiedenen Qualitäts- und Preisstufen in Hotels und Pensionen sowie Engpässe bei gastronomischen Einrichtungen.

Tabelle 13: Fremdenverkehr im Sommerhalbjahr 1992 (Mai bis Oktober) nach Reisegebieten in Brandenburg

Reisegebiet	Ankünfte	Übernachtungen	Auslastung aller Betten in Prozent
Gesamt	763 900	2 366 304	32,7
Prignitz	22 810	93 355	31,1
Uckermark	79 087	251 382	40,3
Havelland	163 741	465 446	40,1
Fläming	23 471	54 892	31,5
Ruppiner Schweiz	72 792	222 806	29,3
Barnim-Oderbruch-Märkische Schweiz-Schorfheide	104 507	390 742	38,1
Südliche Märkische Seenlandschaft	49 594	206 467	30,9
Beeskow-Storkower Land, Scharmützelsee	107 068	343 105	23,5
Spreewald, Niederlausitz	140 830	338 109	31,5

Quelle: Landesamt für Datenverarbeitung und Statistik des Landes Brandenburg

Insgesamt konnte auch 1992 die Nachfrage nach Urlaubsangeboten bei weitem nicht befriedigt werden. Die Neuerrichtung gastgewerblicher Einrichtungen wird noch immer durch zu langwierige Genehmigungsverfahren erschwert. Fehlende, falsche oder lückenhafte Bebauungspläne in den Kommunen oder auch eine zu enge Auslegung vorhandener Gesetze führen zu diesen Hemmnissen. Notwendige Existenzgründungen werden nicht nur durch Planungsdefizite, sondern auch durch Verzögerungen bei der Klärung von Eigentumsfragen und der damit zusammenhängenden Kreditvergabe behindert.

Ein großes Problem ist nach wie vor die Nutzung bestehender touristischer Kapazitäten. Die Treuhandinitiative "Mittelstandsexpreß 2000" hat mit der Verpachtung bzw. Übereignung von Gaststätten und Hotels an mittelständische Unternehmen durchaus zu beachtlichen, aber angesichts des großen Bedarfs nicht ausreichenden Ergebnissen geführt. Hier muß sich die Wirtschaftspolitik ähnlich einsetzen, wie sie es bei der Nutzbarmachung von Privatzimmern bereits getan hat.

Forciert werden muß auch der Neubau von Hotels, zum Beispiel für den Geschäfts- und Tagungsverkehr sowie die Errichtung von Gemeinschaftseinrichtungen für Unterhaltung, für Sport und Spiel und Gesundheit. Eine dauernde Aufgabe wird die Verbesserung der Qualitätsstandards von Tourismusangeboten nicht nur im Gastgewerbe sein, sondern auch bei der touristischen Infrastruktur.

Ende des Jahres 1992 waren bei den drei Industrie- und Handelskammern Potsdam, Cottbus und Frankfurt/Oder insgesamt 8 421 gastgewerbliche Betriebe registriert, davon 750 Hotels. Die überwiegende Mehrzahl der Betriebe sind Pensionen mit 10 bis 12 Zimmern und Gaststätten. Der größte Zuwachs an Neugründungen war im Kammerbezirk Potsdam zu verzeichnen, gefolgt von den Bezirken Cottbus und Frankfurt/Oder.

Verkehrswirtschaft

Brandenburg befindet sich in einer einzigartigen verkehrsgeographischen Lage. In der Mitte Brandenburgs liegt mit Berlin die größte deutsche Stadt, die gleichzeitig auch der größte deutsche Industriestandort ist. Der weitere Ausbau Berlins läßt diese Stadt zur größten Baustelle Europas werden. Dazu kommt, daß bereits jetzt täglich 200 000 Pendler zwischen Berlin und Brandenburg verkehren. Rund 60 Prozent der EG-Außengrenzen zu Polen entfallen auf Brandenburg. Für einen funktionierenden Ost-West-Verkehr, der eine der wichtigsten Voraussetzungen für den wirtschaftlichen Aufbau Osteuropas darstellt, sind die Verkehrswege in Brandenburg von ausschlaggebender Bedeutung.

Bei dieser Lage und Struktur des Landes besitzt die Verkehrsinfrastruktur eine zentrale wirtschaftspolitische Bedeutung. Die Quantität der Verkehrsträger ist durchaus als ausreichend zu betrachten. Brandenburg besitzt ein Eisenbahnnetz von 3 359 km, davon sind 1 100 km elektrifiziert. 1 500 km Wasserstraßen, davon 900 km Bundeswasserstraßen, gewährleisten die Anbindung an das überregionale Wasserstraßennetz. Das Straßennetz umfaßt ca. 9 700 km klassifizierte Bundesfern- und Landesstraßen, davon 766 km Autobahnen. Ergänzt wird dies durch ein Netz von 15 297 km Kreis- und Kommunalstraßen.

Eine Besonderheit Brandenburgs bilden darüber hinaus die 12 000 km Alleen, die nicht nur das Gesicht des Landes prägen, sondern gleichzeitig eine bedeutende ökologische Funktion erfüllen. Ihr Schutz wird auch in Zukunft ein besonderes Anliegen des Landes sein.

Das Land verfügt über eine beachtliche Luftverkehrsinfrastruktur. Ein internationaler Verkehrsflughafen, 23 Landeplätze und 20 teilweise zivil mitgenutzte militärische Flugplätze sind vorhanden.

Wenn Brandenburg bereits jetzt quantitativ über eine gute Verkehrsinfrastruktur verfügt, so gilt dies nur sehr begrenzt für die Qualität. Eisenbahnanlagen und Schienennetze bedürfen der Erneuerung, Wasserstraßen müssen für die größeren Schiffe vertieft und erweitert werden, Straßen, Brücken und Autobahnen müssen instandgesetzt und an den neuesten Standard auch im Hinblick auf die Verkehrssicherheit herangeführt werden. Busse und Bahnen müssen komfortabler werden.

Drei Jahre nach der Wende sind in allen Bereichen bereits deutliche Qualitätsverbesserungen zu verzeichnen. Kurzfristig durchführbare Maßnahmen zur Stabilisierung der vorhandenen Verkehrssysteme sowie deren Konsolidierung sind weitgehend abgeschlossen. Die planerischen Weichenstellungen für den zukünftigen Ausbau der Verkehrsinfrastruktur sind bereits gestellt. Ergänzend wird auch durch Beschleunigung der Verwaltungsverfahren eine deutliche Verkürzung der Realisierungszeiträume angestrebt.

Wie in den anderen Bundesländern ist auch in Brandenburg ein Umbruch des Verkehrssystems zu verzeichnen. Der Trend zur Motorisierung ist auch hier äußerst stark. Kamen 1990 auf 1 000 Einwohner noch 340 PKW, so werden 1995 bereits 490, im Jahr 2000 550 und 2010 rund 600 PKW pro Tausend Einwohner erwartet. Die Straßenverkehrsdichte wird sich also rasch an die der alten Bundesländer angleichen. Besaß vor der Wende der öffentliche Verkehr noch einen Anteil von 40 Prozent gegenüber 60 Prozent für den motorisierten Individualverkehr, so liegt das Verhältnis heute bei 20 zu 80 Prozent. PKW werden häufiger und über längere Entfernungen benutzt.

Die Mobilitätsrate (Ortsveränderung pro Person und Tag) liegt derzeit in Brandenburg etwas höher als im Bundesdurchschnitt.

Der Verkehr in Brandenburg soll wirtschaftlich, sozialverträglich und umweltfreundlich sein. Dies sind kurz zusammengefaßt die verkehrspolitischen Eckpunkte der Landesregierung. Erreicht werden sollen diese Ziele durch die Verkehrsvermeidung, die Verkehrsverlagerung und die Verkehrsbündelung und -integration. Unterstützt werden diese Ziele durch die von Brandenburg angestrebte neue Regional-, Siedlungs- und Stadtentwicklungspolitik. Die Bündelung von Wohnen, Arbeiten, Einkaufen und Erholen soll möglichst an einem Ort, in einer Region erfolgen.

Schienenverkehr

Das Konzept der dezentralen Konzentration korrespondiert mit der Verkehrsentwicklungsplanung des Landes Brandenburg. Da die Landesregierung der Schiene den Vorrang einräumt, hat sie als eines der ersten neuen Bundesländer die Erarbeitung einer Eisenbahnkonzeption in Auftrag gegeben, die bereits im Oktober 1992 fertiggestellt wurde. Das auf der Grundlage von Vorschlägen der Landkreise und Gemeinden entwickelte Linienkonzept des Gestaltungsszenarios stellt eine optimale Ausgangslage zur verkehrlichen und wirtschaftlichen Entwicklung des Landes dar. Besonders hervorzu-heben ist das Brandenburger Regionalbahnkonzept. Ziel ist es, im Zeittakt verkehrende, schnelle und komfortable Verbindungen der wichtigsten Städte Brandenburgs unter-einander und mit der Metropole Berlin zu schaffen. Vom Vorstand der Bundes- und Reichsbahn wird diese gemeinschaftlich erarbeitete Konzeption als Modellfall für die Neuorganisation des Regionalverkehrs auf der Schiene angesehen.

Ergänzt wird diese regionale Eisenbahnkonzeption durch den (Aus)-Bau der bekannten Fernstrecken Berlin–Hamburg, Berlin–Stendal–Hannover, Berlin–Magdeburg–Helm-stedt, Berlin–Leipzig–Nürnberg und Berlin–Dresden.

Güterverkehrszentren

Gleichzeitig wird mit der Eisenbahnkonzeption eine stärkere Verlagerung des Güter-verkehrs auf die Schiene angestrebt. Der Aufbau von Güterverkehrszentren soll eine Konzentration des Güterverkehrs bewirken, Güterströme bündeln und die Schnittstel-len zwischen den verschiedenen Verkehrsträgern und Transportkunden optimieren. Die Güterverkehrszentren erhalten eine Anbindung an leistungsfähige Eisenbahnen, Straßen und Wasserstraßen. Mit der Einrichtung dieser Zentren wird eine deutliche Verbesserung der Transportlogistik erreicht, eine Verlagerung des Güterfernverkehrs auf die Schiene wird attraktiver, und für den umweltbelastenden LKW-Verkehr bleibt bei Nutzung der Güterverkehrszentren nur noch die Aufgabe der Verteilung der Güter in der Fläche im Nahbereich, in Ballungs- und Stadtgebieten.

Zunächst werden in Brandenburg drei Güterverkehrszentren in Wustermark, Großbee-ren und Freienbrink errichtet. Bei der Realisierung wird vom Land Brandenburg das "public-private-partnership" praktiziert. Eine enge Zusammenarbeit zwischen öffentli-cher Hand und Wirtschaft wird zum Erfolg dieser Zentren beitragen. Die Güterver-kehrszentren-Entwicklungsgesellschaft wird von den Ländern Berlin und Brandenburg, der Deutschen Reichsbahn und Verbänden und Organisationen des Verkehrsgewerbes getragen. Ein Netz von rund 20 Güterverteilzentren wird die Güterverkehrszentren ergänzen.

Binnenschiffahrt

Durch die Öffnung zu den Osteuropäischen Staaten, das Zusammenwachsen des EG-Binnenmarktes und den Warenaustausch zwischen den alten und den neuen Bundes-ländern wird auch die Binnenschiffahrt einen deutlichen Leistungszuwachs erhalten. Bis zum Jahr 2010 wird mit einer Zunahme um 84 Prozent gerechnet. Um diese Leistungen erbringen zu können, müssen die Wasserstraßen an die Anforderungen der Euroschiffe bezüglich Breite und Tiefgang angepaßt werden. Der Bundesverkehrswe-geplan 1992 sieht hierfür eine ganze Reihe von Maßnahmen vor. Der Ausbau der Wasserstraßen muß durch einen entsprechenden Ausbau der Häfen und Umschlagstel-len ergänzt werden. Verbesserungen an Infrastruktur und Ausrüstung sind dringend erforderlich. Jährlich stehen 15 Mill. DM an Landesmitteln für diese Aufgabe zur

Verfügung. Ziel ist es, gemeinsam mit den Städten die Binnenhäfen zu Güterverteil-zentren mit umfassenden logistischen Dienstleistungsangeboten zu entwickeln.

Öffentlicher Personen-Nahverkehr

Ziel der Brandenburgischen Verkehrspolitik im Personen-Nahverkehr ist der Vorrang des Öffentlichen Personen-Nahverkehrs (ÖPNV). Dies ist in einem Flächenland wie Brandenburg schwieriger umzusetzen als in einem Gebiet mit hoher Bevölkerungsdich-te. Unter den gegenwärtigen Rahmenbedingungen ist das relativ dichte und zunehmend komfortable ÖPNV-System nicht kostendeckend zu betreiben. Kreise und Kommunen werden daher vom Land Brandenburg zur Wahrnehmung dieser Aufgabe finanziell unterstützt. Brandenburg fördert darüber hinaus die Bildung von Verkehrs- und Tarif-gemeinschaften. Sie erleichtern den Zugang zum ÖPNV und machen ihn durchsichtiger und planbarer.

Luftverkehr

Der geplante neue Großflughafen Berlin-Brandenburg wird zukünftig die innerstädti-schen Flugplätze in Berlin ablösen und damit die Gefährdung und Umweltbelastung für die Stadtbewohner verringern. Gegenwärtig bestehende Einschränkungen des Luft-verkehrs (z. B. Nachtflugverbote) lassen sich dann abbauen. Verbunden mit schnellen und komfortablen Zubringern ermöglicht dies eine noch bessere luftverkehrliche An-bindung des Raumes Berlin-Brandenburg.

Straßenverkehr

Nach wie vor ein bedeutender Faktor der verkehrlichen Erschließung des Landes bleibt die Straße. Die Verbesserung der Straßeninfrastruktur ist eine der wesentlichen Auf-gaben im Verkehrswegebau. Dabei geht Ausbau vor Neubau. Die Kapazitäten der Straßen sollen erweitert werden, Ortsumgehungen die Lebensqualität der Menschen in den Städten verbessern und die Verkehrsabläufe reibungsloser gestalten. Straßenneu-bauten werden zum Teil dort erforderlich, wo die schützenswerten Alleen erhalten und durch Parallelbauten ergänzt werden.

Eine aktive Verkehrspolitik, die Schaffung attraktiver Verkehrsverbindungen zwischen den Städten des Landes, nach Berlin und zu den Nachbarräumen ist fundamentale Voraussetzung für den wirtschaftlichen Aufschwung des Landes. Neue Konzepte wer-den helfen, die auch in Zukunft wachsenden Anforderungen des Verkehrs zu bewälti-gen. Brandenburg ist bereits jetzt mit seinem Verkehrsnetz für den wirtschaftlichen Aufschwung gerüstet. Die eingeleiteten Maßnahmen der Brandenburger Verkehrspo-litik werden die besondere Attraktivität des Wirtschaftsstandorts Brandenburg als Schnittstelle des Verkehrs zwischen Ost und West und zum wirtschaftlichen und poli-tischen Zentrum Berlin deutlich verstärken.

3. Mittelstand

Der Weg zu modernen Zweig- und Branchenstrukturen führt über das Entstehen einer ausgewogenen Struktur verschiedener Unternehmensgrößen. Erheblicher Nachholbedarf besteht weiterhin im mittelständischen Bereich, der in westlichen Industrieländern das Rückgrat der Wirtschaft bildet. Die Unternehmen Brandenburgs sind im Durchschnitt zu groß, um effizient und flexibel operieren zu können. Im Grundstoff- und Produktionsgütergewerbe hatte Anfang 1991 ein brandenburgisches Unternehmen die 3,6fache Beschäftigtenzahl eines westdeutschen Unternehmens, im Investitionsgüter produzierenden Gewerbe die knapp 5fache, im Verbrauchsgüter produzierenden Gewerbe die 1,7fache, im Nahrungs- und Genußmittelgewerbe die gut 1,5fache Beschäftigtenzahl.

Inzwischen sind die Größenstrukturen der Unternehmen in Bewegung geraten. Bei einer fast unveränderten Zahl von rund 800 Unternehmen im Verarbeitenden Gewerbe hat sich das Schwergewicht weiter auf Unternehmen mit weniger als 100 Beschäftigten verschoben; in dieser Größenklasse befanden sich Ende 1992 516 Firmen gegenüber 427 Firmen Ende 1991. Umgekehrt ist am deutlichsten die Zahl der Unternehmen in den Größenklassen mit mehr als 500 Beschäftigten gesunken. Diese Konzentration auf untere Größenklassen ist das Resultat von Entlassungen, die in kleineren Betrieben relativ schwächer ausfallen als in Großunternehmen.

Tabelle 14: Unternehmen des Verarbeitenden Gewerbes nach Beschäftigtengrößenklassen in Brandenburg (Stand Dezember 1992, in Klammern Dezember 1991)

Wirtschaftszweig	Unternehmen insgesamt	davon mit Beschäftigten				
		unter 100	100 – 199	200 – 499	500 – 999	über 999
Bergbau	5 (5)	1 (1)	0 (0)	1 (1)	0 (0)	3 (3)
Grundstoff- u. Produktionsgütergewerbe	146 (143)	87 (71)	22 (20)	20 (31)	6 (8)	11 (13)
Investitionsgüter produzierendes Gewerbe	347 (330)	236 (187)	45 (49)	40 (53)	12 (19)	14 (22)
Verbrauchsgüter produzierendes Gewerbe	173 (185)	121 (106)	22 (26)	22 (35)	7 (13)	1 (5)
Nahrungs- u. Genußmittelgewerbe	122 (139)	71 (62)	31 (38)	14 (29)	4 (9)	2 (1)
Verarbeitendes Gewerbe insgesamt	793 (802)	516 (427)	120 (133)	97 (149)	29 (49)	31 (44)

Quelle: Landesamt für Datenverarbeitung und Statistik des Landes Brandenburg

Ein wichtiges Merkmal für das Heranwachsen des Mittelstandes in Brandenburg ist die weitere Zunahme gewerblicher Gründungen. Von Anfang 1991 bis August 1993 wurden netto, das heißt nach Abzug der Abmeldungen, fast 54 500 Gewerbe angemeldet. Auf das Jahr 1992 entfallen davon 14 800. Das Gründungsgeschehen Brandenburgs ist, wie das der neuen Länder insgesamt, bereits seit dem 2. Halbjahr 1991 über eine erste stürmische Phase hinaus in ruhigeres Fahrwasser gelangt. Dies zeigt sich in sichtbar weniger Anmeldungen (brutto) und einer Zunahme von Abmeldungen. Seit dem II. Quartal 1992 blieb der Saldo aus Gewerbean- und -abmeldungen nahezu konstant bei einer Zahl von knapp 3 200.

Tabelle 15: Anmeldungen gewerblicher Arbeitsstätten in Brandenburg 1991 und 1992

	1991 Zahl	1992 Zahl	1991 Prozent	1992 Prozent
Anmeldungen brutto	49 367	35 538	155,6	240,2
Abmeldungen	17 646	20 742	55,6	140,2
Anmeldungen netto	31 721	14 796	100,0	100,0
Industrie	1 178	774	3,7	5,2
Baugewerbe	797	352	2,5	2,4
Handwerk	1 795	1 972	5,7	13,3
Handel	13 724	4 917	43,3	33,2
Gaststätten	1 655	570	5,2	3,9
Verkehr	1 146	582	3,6	3,9
Dienstleistungen	11 426	5 629	36,0	38,0

Quelle: Landesamt für Datenverarbeitung und Statistik des Landes Brandenburg

Daraus zu schließen, die Gründerwelle wäre vorbei, ist sicher falsch. Es setzte allerdings eine Bereinigung des Marktes mit zum Teil bitteren Folgen für den einzelnen ein. Ursachen sind zu geringe Kapitaldecke, Unkenntnis bei Steuerfragen, ungeklärte Eigentumsverhältnisse und steigende Gewerberaum-Mieten. Zahlreiche Gewerbeanmeldungen sind zunächst nur vorsorglich erfolgt – ohne feste Absicht zur selbständigen Tätigkeit. Auch längerfristig wird es Liquidationen junger Firmen in größerem Maße geben. Nach westdeutschen Erfahrungen stellt jede dritte Neugründung ihren Betrieb während der ersten drei Jahre wieder ein. Abmeldungen eines gewerblichen Unternehmens bedeutet dabei keineswegs immer, daß der betreffende Jungunternehmer bis zur Pleite gewirtschaftet hat. Die Industrie- und Handelskammer Potsdam verweist auf viele Beispiele, bei denen selbständige Gewerbetreibende auf der Suche nach ihrem stabilen Platz am Markt mehrfach frühzeitig umgesattelt haben.

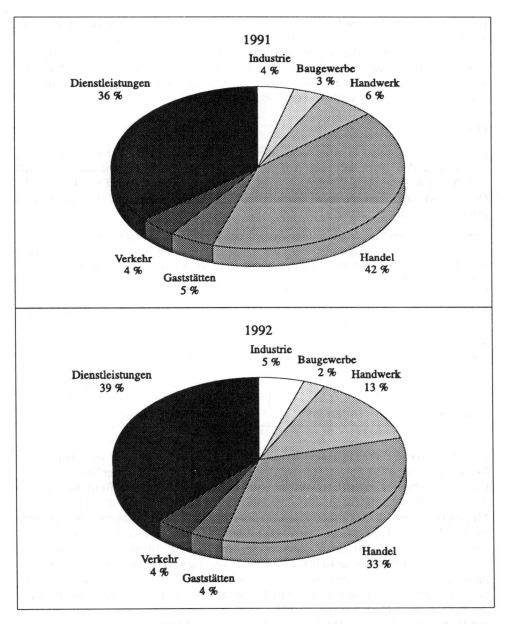

1991

Industrie
4 %

Baugewerbe
3 %

Handwerk
6 %

Dienstleistungen
36 %

Verkehr
4 %

Gaststätten
5 %

Handel
42 %

1992

Industrie
5 %

Baugewerbe
2 %

Handwerk
13 %

Dienstleistungen
39 %

Verkehr
4 %

Gaststätten
4 %

Handel
33 %

Abbildung 6: Struktur der Gewerbeanmeldungen (netto) im Land Brandenburg 1991 und 1992

Quellen: Landesamt für Datenverarbeitung und Statistik Land Brandenburg, eigene Berechnungen

Drastisch war der Einbruch der Nettogewerbeanmeldungen beim Handel, dessen Gewicht dadurch 1992 gegenüber 1991 von 43 auf 33 Prozent gesunken ist. Handwerk, Industrie und Baugewerbe konnten demgegenüber ihren Anteil an allen Anmeldungen von zusammen 12 auf 21 Prozent steigern. Beim Handwerk wurden 1992 auch absolut mehr Betriebe angemeldet als 1991. Bemerkenswert ist ebenfalls die Zunahme bei den Dienstleistungen, darin sind die Freien Berufe enthalten.

Handwerk

Ein wichtiger mittelständischer Bereich ist das Handwerk. Es gehört in Brandenburg zugleich zu den Vorreitern des Aufschwungs. Seine wirtschaftliche Lage hat sich 1992/93 in wesentlichen Bereichen weiter stabilisiert. Die für diesen Sektor typische Orientierung auf den regionalen Markt erweist sich als Vorteil im Vergleich etwa zu großen Teilen der Industrie.

Der positive Trend ist schon an der Anzahl der Handwerksbetriebe abzulesen. Sie ist vom 01.01.1992 bis zum 01.01.1993 um 1 494 (7,3 Prozent) auf 21 943 angestiegen. Auf die Kammerbezirke verteilen sich diese Betriebe wie aus der nachfolgenden Tabelle ersichtlich.

Tabelle 16: Anzahl der Handwerksbetriebe nach Kammerbezirken in Brandenburg 1992 und 1993

Kammerbezirk	01.01.1992	01.01.1993	Zunahme
Cottbus	5 278	5 522	+ 244 / 4,6 Prozent
Frankfurt	4 916	5 514	+ 598 / 12,2 Prozent
Potsdam	10 255	10 907	+ 652 / 6,4 Prozent

Im Kammerbezirk Potsdam sind es mit 53 Prozent nunmehr über die Hälfte aller Betriebe, die nach 1989 in der Handwerksrolle oder im Verzeichnis der handwerksähnlichen Betriebe neu registriert wurden. Noch deutlicher als bei den Betrieben fiel der Anstieg der Beschäftigtenzahl aus. Zum Jahreswechsel 1991/92 arbeiteten rund 73 000 Mitarbeiter in brandenburgischen Handwerksbetrieben, ein Jahr später waren es bereits rund 110 000. Hinzu kommen fast 14 000 Auszubildende. Das sind jetzt 5,0 Beschäftigte je Betrieb; im Jahr zuvor waren es 3,6 Beschäftigte. Hinsichtlich der Betriebsdichte (Zahl der Betriebe je 10 000 Einwohner) sind inzwischen westdeutsche Verhältnisse erreicht, bei der Handwerkerdichte dagegen noch nicht. Die Handwerksbetriebe der alten Länder haben im Durchschnitt 9 Beschäftigte, das heißt, selbst wenn die Zahl der Betriebe unverändert bleibt, verkörpert das Handwerk Brandenburgs ein Potential, das längerfristig fast 200 000 Beschäftigte aufnehmen kann.

Die gegenwärtige Lage im brandenburgischen Handwerk ist nach wie vor sektoral und regional differenziert. Hauptträger des weiteren Aufschwungs ist das Bau- und Ausbauhandwerk, das von den öffentlichen Sanierungs- und Strukturprogrammen besonders profitiert; teilweise herrscht dort schon Fachkräftemangel. Im Vergleich zum Hoch- und Tiefbau erhöht sich beim Wohnungsbau der Auftragsbestand wesentlich schneller, vor allem durch kleinere Aufträge für Altbausanierung und -modernisierung, gefolgt vom gewerblichen Bau.

Zu den Gewerken, in denen die Entwicklung ebenfalls überwiegend positiv verläuft, gehören neben den Sanitär-, Heizungs- und Klimahandwerkern sowie den Elektroinstallateuren auch das Kraftfahrzeughandwerk und die meisten Dienstleistungshandwerke, insbesondere Augenoptiker und Zahntechniker.

Ganz anders ist die wirtschaftliche Lage einiger anderer Gewerke, zum Beispiel die des Bekleidungs- und Lederhandwerks. Das drückt sich deutlich in der negativen Entwicklung der Anzahl der Betriebe aus. Auftragsbestände sind kaum noch vorhanden. Gleiche Tendenzen zeigen auch die Handwerksbetriebe für den gehobenen Bedarf, wie Goldschmiede oder Uhrmacher. Die Umsatzentwicklung aus handwerklichen Leistungen ist hier nach wie vor rückläufig, ein Ausgleich durch vermehrte Handelstätigkeit ist angesichts der großen Konkurrenz durch reine Einzelhändler und Kaufhäuser nur in begrenztem Umfang möglich.

Regionale Unterschiede zeigen sich speziell zwischen dem Berliner Umland und den ländlichen Gebieten. Betriebe in der Nähe Berlins haben, um ihre Fachkräfte zu halten, höhere Löhne zu verkraften und kalkulieren mit Preisen, die über dem Niveau der Prignitz oder Uckermark liegen. Auch die Einstellung von Schulabgängern für eine Lehre gestaltet sich nach Angaben der Handwerkskammer Potsdam in den Regionen um Berlin schwieriger als in den Randlagen.

Die Investitionsbereitschaft ist in den einzelnen Branchen ebenfalls unterschiedlich groß. Deutlich an der Spitze liegt das Kraftfahrzeughandwerk, gefolgt vom Bauhandwerk. Nach Angaben des Statistischen Bundesamtes Wiesbaden investieren Betriebe der alten Bundesländer allerdings nach wie vor wesentlich mehr als vergleichbare Betriebe in den neuen Ländern. Es entsteht die Gefahr, daß sich der technologische Abstand zum Westen nicht verringert und die Wettbewerbsnachteile der Betriebe im Osten erhalten bleiben.

Die Ursachen für die zurückhaltende Investitionsbereitschaft liegen vor allem in ungeklärten Eigentumsverhältnissen, die letztlich auch jede Kreditanfrage mangels Sicherheitsstellung scheitern lassen. Sie liegen bei einigen Gewerken auch in der noch stark schwankenden Auftragslage und der oft zu geringen Eigenkapitalbasis. Der gravierende Gewerberaummangel, der zu überhöhten Mietpreisen sowohl in den Städten als auch auf dem Land führt, ist ein weiteres Hemmnis.

Ziel der Politik der Landesregierung ist es, die grundsätzlich positive Entwicklung im Handwerk durch weitere Verbesserung der Rahmenbedingungen auf möglichst viele Gewerke und Regionen auszuweiten.

4. Außenwirtschaft

Im Außenhandel des Landes Brandenburg zeichnen sich viele ermutigende Entwicklungen ab. Sie sind aber vor dem Hintergrund eines sehr niedrigen Ausgangsniveaus zu beurteilen.

Die hochgradig in die internationale Arbeitsteilung einbezogenen westdeutschen Industrieunternehmen setzten in den letzten Jahren ein Drittel ihrer inländischen Produktion außerhalb der Bundesrepublik ab. Dagegen betrug dieser Anteil für die ostdeutsche Industrie 1992 lediglich 13,8 Prozent und in Brandenburg sogar nur 8,7 Prozent. Der niedrige Anteil Brandenburgs und damit die geringe Abhängigkeit von den osteuropäischen Märkten hat sich in den Jahren nach der Wende eher als Vorteil erwiesen. Insgesamt ist jedoch die niedrigere Exportquote der Industrie Brandenburgs nachteilig, denn so können positive außenwirtschaftliche Veränderungen weniger auf Industrieproduktion, Bruttoinlandsprodukt bzw. Anzahl der Arbeitsplätze durchschlagen.

Wertmäßig lag die Warenausfuhr Brandenburgs 1992 in allen vier Quartalen über dem Niveau des Vorjahres. Es erreichte im Gesamtjahr 2,6 Mrd. DM. Das waren 9,5 Prozent mehr als 1991. Hohe Steigerungsraten erzielten Kraftfahrzeuge, Papierwaren, synthetische Fäden, Stab- und Formeisen, Milch und andere Erzeugnisse.

Die Importe, die in der offiziellen Statistik auch Güter umfassen, für die Brandenburg nur Transitstation ist, nahmen im Jahresvergleich um 9,4 Prozent ab. Sie werden stark von zwei Erzeugnissen – Rohöl und Kraftfahrzeuge – dominiert, deren Anteil 1992 rund 62 Prozent betrug.

Die regionale Umorientierung der brandenburgischen Exportwirtschaft in Richtung Westeuropa ist 1992 weiter vorangeschritten. Unter den sieben größten Empfängerländern, die zusammen fast 55 Prozent aller Ausfuhren Brandenburgs aufnehmen, finden sich weiterhin zwei Länder des ehemaligen RGW: die Russische Föderation (Anteil 13,3 Prozent) und Polen (6,6 Prozent). Die anderen fünf Staaten sind die Niederlande (11,2 Prozent), Italien (6,2 Prozent), Frankreich (6,0 Prozent), Belgien/Luxemburg (5,9 Prozent) und Großbritannien (5,6 Prozent).

Diese Einbettung zwischen Ost und West spiegelt sich auch in den Formen der Arbeitsteilung wider, die Brandenburger Firmen mit diesen beiden Ländergruppen eingeleitet haben. So vergaben erste Betriebe arbeitsintensive Lohnaufträge nach Polen bzw. in die GUS. Ein Finsterwalder Unternehmer verlagerte seinen Holzverarbeitungsbetrieb komplett in die Sonderwirtschaftszone "Jantar"/Kaliningrad und beliefert von dort aus Brandenburger Möbel- und Fensterhersteller. Südbrandenburgische Textilbetriebe liefern Tuche über die Neiße, die dort nach modernen Schnitten verarbeitet und von Brandenburg aus vermarktet werden.

Umgekehrt befindet sich Brandenburg noch in der Situation, kapitalintensive Fertigungen nach Westeuropa vergeben zu müssen. So gehen Halbfertigprodukte der Ernährungswirtschaft nach Holland, weil in Brandenburg die Veredlungstechnik fehlt.

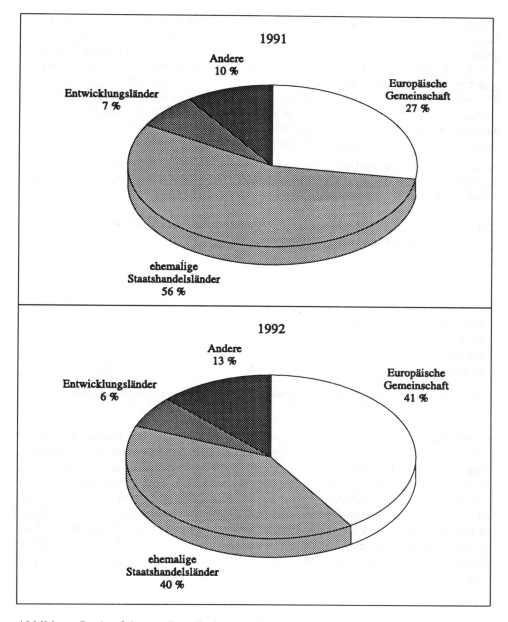

Abbildung 7: Ausfuhr aus Brandenburg nach Ländergruppen 1991 und 1992

Quellen: Landesamt für Datenverarbeitung und Statistik Land Brandenburg, eigene Berechnungen

Gegenüber den anderen neuen Bundesländern stellen sich für Brandenburg Entwicklung und Struktur der Ausfuhren vergleichsweise günstig dar. Hauptursache sind das größere Gewicht der Osteuropaverkäufe in den anderen Bundesländern und der Umstand, daß sich der Export Brandenburgs in westliche Industrieländer vergleichsweise günstig entwickelte. Gegenüber einer Zunahme aller Ausfuhren um die genannten 9,5 Prozent 1992 gegenüber 1991 konnte in bezug auf westliche Industrieländer eine Steigerung um 58,2 Prozent erreicht werden. Trotz der dortigen Konjunkturschwäche konstatiert die Industrie- und Handelskammer Potsdam für ihre Unternehmen eine tendenzielle Umorientierung auf westliche Märkte.

Aufgrund dieser Entwicklungen veränderten sich die Anteile Brandenburgs an der Ausfuhr der neuen Bundesländer (einschließlich Berlin-Ost) wie aus der nachfolgenden Tabelle ersichtlich.

Tabelle 17: Anteil Brandenburgs an der Ausfuhr Ostdeutschlands 1991 und 1992 in Prozent (neue Bundesländer = 100)

	I. Quartal 1991	IV. Quartal 1992
Insgesamt	11,3	22,7
Westliche Industrieländer	17,0	32,3
EG-Länder	18,1	31,5
Entwicklungsländer	8,7	11,2
Osteuropäische Länder	9,7	18,4

Quellen: Landesamt für Datenverarbeitung und Statistik des Landes Brandenburg, eigene Berechnungen

Brandenburg, dessen Exportanteile inzwischen weit über dem Bevölkerungsanteil liegen, hat in allen Abnehmerregionen zugelegt. Fast jede dritte D-Mark, die ostdeutsche Unternehmen im EG-Bereich bzw. in westlichen Industrieländern überhaupt erlösen, fließt nach Brandenburg. Die Umorientierung nach Westen ist inzwischen so weit gediehen, daß 54 Prozent aller brandenburgischen Ausfuhren dorthin gehen. Im Durchschnitt aller neuen Bundesländer einschließlich Berlin-Ost beträgt dieser Anteil erst 38 Prozent. Bei Fortsetzung dieser Entwicklung, die durchaus einen bedeutenden Platz für osteuropäische Partner einschließt, kann sich der Außenhandel mit wachsendem Gewicht zu einem spürbaren Wachstumsfaktor der Wirtschaft Brandenburgs entwickeln.

5. Arbeitsmarkt

Im Gegensatz zum Wirtschaftswachstum verlief die Entwicklung am Arbeitsmarkt, die Schaffung und Sicherung von Arbeitsplätzen weniger befriedigend. Ursache ist vor allem, daß die wirtschaftlichen Belebungstendenzen nur zeitlich verzögert auf dem Arbeitsmarkt greifen.

Beschäftigung und Prognose

Die Talfahrt in der Beschäftigung ist noch nicht beendet. In Brandenburg waren nach einer vorliegenden groben Schätzung von den ursprünglich (1989) 1,5 Mill. Berufstätigen (einschließlich X-Bereich) im Jahresdurchschnitt 1992 noch etwa 1 Mill. Personen verblieben. Vom Statistischen Bundesamt liegen Stichproben-Erhebungen vor. Danach wurde die Zahl der Erwerbstätigen für April 1991 mit 1,27 Mill., für Januar 1992 mit 1,16 und für April 1992 mit 1,13 Mill. (einschließlich ca. 127 000 Kurzarbeiter und ABM-Beschäftigte) angegeben. Die Zahl der sozialversicherungspflichtig Beschäftigten wurde zum 30. Juni 1992 mit 919 600 angegeben (alle mehr als 18 Wochenstunden Tätigen; ohne Pendler).

Die Stichprobenerhebung des Statistischen Bundesamtes läßt für den Zeitraum April 1991 bis Januar 1992 Entwicklungstendenzen ganz unterschiedlicher Richtung erkennen.

Tabelle 18: Entwicklung der Zahl der Erwerbstätigen in Brandenburg und Ostdeutschland Januar 1992 (April 1991 = 100)

	Brandenburg	Ostdeutschland
Insgesamt	91,7	89,3
Land- und Forstwirtschaft, Fischerei	76,9	62,8
Energie-, Wasserversorgung, Bergbau	82,0	83,7
Verarbeitendes Gewerbe	78,6	72,9
Baugewerbe	98,9	110,4
Handel	90,4	93,7
Verkehr, Nachrichtenübermittlung	89,1	87,3
Kreditinstitute, Versicherungsgewerbe	131,3	111,1
Sonstige Dienstleistungen	98,6	99,8
Organisationen ohne Erwerbszwecke, Privathaushalte	104,3	107,6
Gebietskörperschaft, Sozialversicherung	114,8	111,5
Quellen: Statistisches Bundesamt, eigene Berechnungen		

In diesem Zeitraum sank die Zahl der Erwerbstätigen Brandenburgs auf 91,7 Prozent und damit geringfügig langsamer als in den neuen Ländern insgesamt. Gewichtet nach ihrer Bedeutung ging in folgenden Bereichen die Zahl der Beschäftigten Brandenburgs deutlich zurück: Verarbeitendes Gewerbe, Handel, Verkehr und Nachrichtenübermittlung, Land- und Forstwirtschaft/Fischerei, Energie- und Wasserversorgung/Bergbau.

Nur noch geringfügige Abnahmen von reichlich 1 Prozent verzeichneten die gewichtigen Bereiche Sonstige Dienstleistungen und das Baugewerbe.

Deutliche Beschäftigungszuwächse zeigten sich im Bereich der staatlichen und kommunalen Verwaltungen (Gebietskörperschaften, Sozialversicherung) sowie in den – allerdings nur kleinen – Zweigen Kreditinstitute/Versicherungsgewerbe bzw. Organisationen ohne Erwerbscharakter/Private Haushalte.

Für den Zeitraum nach April 1992 liegen bisher nur Daten über die Beschäftigung in wichtigen Teilbereichen vor. Danach hat sich offenbar bis Anfang 1993 die bisherige Situation nicht wesentlich geändert. Durch Daten belegbar ist dies für den Bergbau, das Verarbeitende Gewerbe sowie für große Teile des Baugewerbes und den Einzelhandel. In der Industrie ging die Zahl der Beschäftigten zwischen Januar 1992 und Januar 1993 nochmals um 30,8 Prozent auf die besorgniserregende Zahl von 128 000 Personen zurück. Davon waren im Bergbau per Januar 1993 noch 31 200 Personen tätig (– 28,1 Prozent) und im Verarbeitenden Gewerbe 96 800 Personen (– 31,6 Prozent).

Im Verarbeitenden Gewerbe Brandenburgs hat sich das Tempo des Arbeitsplatzabbaus im Vorjahresvergleich kontinuierlich verlangsamt:

II. Quartal 1992   – 48,3 Prozent,
III. Quartal 1992   – 43,2 Prozent,
IV. Quartal 1992   – 40,2 Prozent,
I. Quartal 1993   – 30,5 Prozent,
II. Quartal 1993   – 24,9 Prozent,
Juli 1993   – 22,1 Prozent.

Mit Blick auf das I. Quartal 1993 hat die Zahl der Berufstätigen im Verarbeitenden Gewerbe im II. Quartal 1993 indes nur noch geringfügig abgenommen, und zwar um 1,8 Prozent. Einige Branchen haben den Tiefpunkt erreicht. Für 1993 rechnete Anfang des Jahres einer Umfrage des Instituts für Wirtschaftsforschung Halle zufolge noch jedes zweite Unternehmen des ostdeutschen Verarbeitenden Gewerbes mit einem weiteren Personalabbau, während 1992 noch fast 90 Prozent der Unternehmen ihre Mitarbeiterzahl reduziert haben.

Im Bauhauptgewerbe war der Beschäftigungsabbau auch 1992 noch nicht zur Ruhe gekommen. Im Januar 1993 waren hier 46 600 Personen (– 6,2 Prozent) tätig. Dagegen kam es im Ausbaugewerbe zu einer Zunahme um 19,6 Prozent auf 9 500 Personen. Seit Mitte 1993 dürfte die Untergrenze mit rund 55 000 Beschäftigten erreicht sein. Über das in diesen beiden Bereichen nur teilweise enthaltene Bauhandwerk mit seiner deutlich steigenden Beschäftigung liegen keine vergleichbaren Zahlen vor. Fortgesetzt hat sich der Schrumpfungsprozeß in der Landwirtschaft und beim Verkehr. Im Einzelhandel sank der Beschäftigtenindex (1991 = 100) auf 67,1 Prozent, im Gastgewerbe auf 86,1 Prozent. Bei den Sonstigen Dienstleistungen könnte die Entwicklung von leichter Abnahme auf schwache Zunahme gewechselt haben.

Sehr viel langsamer dürfte im letzten Jahr der Anstieg der Beschäftigung bei den Gebietskörperschaften ausgefallen sein – auch als Ausdruck eines beginnenden internen Strukturwandels. Er verläuft vor allem auf der kommunalen Ebene und geht zu Lasten der Bereiche Bildung, Kultur, Soziale Sicherung, Gesundheit, Sport, Erholung und zugunsten der Allgemeinen Verwaltung. Die insgesamt schwache Besetzung in letzteren Bereichen dürfte die Erklärung für manche Investitionsverzögerung sein.

Auf der Grundlage der Statistik der Arbeitsämter läßt sich das relative Defizit an "normaler", das heißt nicht im Rahmen des Arbeitsförderungsgesetzes gestützter Beschäftigung, hinreichend genau ermitteln. Die Zahl der Arbeitslosen, der Teilnehmer an Vollzeitmaßnahmen der Fortbildung und Umschulung, der Kurzarbeiter im Vollzeitäquivalent, der Empfänger von Vorruhestands- bzw. Altersübergangsgeld sowie der Beschäftigten in ABM im Verhältnis zur Zahl der abhängigen Erwerbspersonen ergibt Ende 1992 ein Defizit an "normaler" Beschäftigung von 36,8 Prozent bzw. 40,2 Prozent unter Einbeziehung der Ost-West-Pendler.

Eine Prognose der Beschäftigungsentwicklung ist mit vielen Unsicherheiten behaftet. Sicher ist, daß sich der Beschäftigungsabbau verlangsamt. Das Institut für Arbeitsmarkt- und Berufsforschung sagt für das Jahr 1993 in den neuen Bundesländern einen Rückgang der Erwerbstätigenzahl zwischen 100 000 und 200 000 voraus. Rechnet man diese Zahl auf Brandenburg nach seinem Anteil an der Wohnbevölkerung um, so ergibt sich ein Rückgang der Beschäftigten zwischen 16 000 und 32 000.

Arbeitslosigkeit – Struktur und Entwicklung

Im Land Brandenburg waren 1992 im Jahresdurchschnitt 182 342 Frauen und Männer arbeitslos, das sind 41 170 oder 29,2 Prozent mehr als 1991. Die durchschnittliche Arbeitslosenquote lag bei 14,8 Prozent. Die Arbeitslosenquote der Männer betrug 10,7 Prozent (im Vergleich dazu 1991 8,8 Prozent), die der Frauen 19,3 Prozent (1991 11,9 Prozent). Der größte Zuwachs an Arbeitslosen war im Januar 1992 zu verzeichnen. Das war vor allem bedingt durch das Auslaufen des besonderen Kündigungsschutzes in der Metall- und Elektroindustrie, die veränderte Regelung beim Kurzarbeitergeld und die Kündigungsfrist zum Jahresende. Die Arbeitslosenzahlen waren im Verlaufe des Jahres 1992 leicht rückläufig mit zwei Ausnahmen im Juli (bedingt wiederum durch Kündigungen zum Halbjahr) und im Dezember. Den 240 654 Zugängen in Arbeitslosigkeit standen 227 641 Abgänge gegenüber. Diese Zahlen verdeutlichen, daß immer noch mehr Arbeitsplätze abgebaut werden als neue entstehen, trotz bedeutender Arbeitsplatzgewinne zum Beispiel im Handwerk und trotz des bedeutenden Rückgangs der Zahl der Kurzarbeiter (von 296 000 im Mai 1991 über 65 000 im Mai 1992 auf 31 000 im Mai und 19 000 im September 1993). Positiv ist zu werten, daß das Gesamtvolumen an Unterbeschäftigung (Arbeitslose, Kurzarbeiter, Beschäftigte in ABM, Empfänger von Vorruhe- bzw. Altersübergangsgeld, Teilnehmer an Fortbildung oder Umschulung und an Maßnahmen nach § 249 h Arbeitsförderungsgesetz) kontinuierlich zurückgeht – von 550 000 über 472 000 auf 407 000 jeweils im September 1991, 1992 und 1993.

Von den 1992 neu arbeitslos Gemeldeten waren 46,9 Prozent Männer, 53,1 Prozent Frauen. Diese Zahlen bestätigen die relativ gleiche Betroffenheit von Frauen und Männern bei Kündigungen. Nach wie vor ist allerdings für Frauen das Verbleiberisiko in Arbeitslosigkeit höher als für Männer. Der Anteil der Frauen an den Vermittlungen durch die Arbeitsämter betrug 42,3 Prozent, ihr Anteil an Vermittlungen in ABM 44,9 Prozent.

Nach Wirtschaftszweigen kamen die meisten Arbeitslosen aus dem Dienstleistungssektor einschließlich Handel (97 431), gefolgt vom Verarbeitenden Gewerbe (65 180) und der Land- und Forstwirtschaft (33 671). Der Frauenanteil an der Arbeitslosigkeit beträgt im Jahresdurchschnitt 62,4 Prozent. Er hat im Verlaufe des Jahres 1992 von 60,2 Prozent im Januar auf 64 Prozent am Jahresende zugenommen.

Die Situation auf dem Arbeitsmarkt ist regional stark differenziert. Bezogen auf die Arbeitslosenquote sind die Arbeitsamtsbezirke Eberswalde (17,4 Prozent), Neuruppin (17,7 Prozent) und Frankfurt/Oder (15,4 Prozent) am stärksten betroffen. Unterhalb der durchschnittlichen Arbeitslosenquote liegen Potsdam (13,3 Prozent) und Cottbus (12,4 Prozent). Dies steht vor allem im Zusammenhang mit der Branchenstruktur, dem unterschiedlichen spezifischen Stellenabbau und der geographischen Lage der Region.

Betrachtet man die Struktur der Arbeitslosigkeit nach Altersgruppen, so wird die besondere Betroffenheit der Älteren deutlich. Im Jahre 1992 waren 1 188 Männer zwischen 60 und 65 Jahren arbeitslos gemeldet, sowie 4 553 Frauen zwischen 55 und 60 Jahren. Das sind in erster Linie Frauen und Männer, die die Altersübergangsregelung nicht in Anspruch nehmen konnten, weil sie entweder vor Vollendung des 55. Lebensjahres arbeitslos geworden waren oder keinen Höchstanspruch auf Arbeitslosengeld erworben hatten. Bezieht man die 129 721 Empfänger von Vorruhestands- und Altersübergangsgeld im Jahresdurchschnitt 1992 ein, so sind insgesamt 135 463 Frauen und Männer über 55 Jahre vom Arbeitsmarkt ausgegrenzt. Der Anteil der Jugendlichen an den Arbeitslosen betrug 13,2 Prozent. Bezogen auf die Wohnbevölkerung der Altersgruppe liegt der Anteil der arbeitslosen Jugendlichen bei 8,7 Prozent. Damit sind Jugendliche unterdurchschnittlich von Arbeitslosigkeit betroffen. Trotzdem gilt ihnen die Aufmerksamkeit der Arbeitsmarktpolitik in besonderem Maße, da die Sicherung des Ersteinstiegs ins Erwerbsleben von herausragender Bedeutung für den weiteren Lebensweg ist. Im Jahresdurchschnitt 1992 waren 24 104 junge Frauen und Männer im Alter bis zu 25 Jahren arbeitslos gemeldet. Der Anteil der arbeitslosen Frauen in dieser Altersgruppe betrug dabei 56,9 Prozent. Damit sind Mädchen und junge Frauen überproportional von Arbeitslosigkeit betroffen. Dieser Eindruck verstärkt sich noch, wenn man in Rechnung stellt, daß ihr Anteil an der Wohnbevölkerung der Altersgruppe nur bei 48,5 Prozent liegt.

Arbeitslosigkeit wird zum besonderen Problem, wenn sie länger andauert. Die durchschnittliche Dauer der Arbeitslosigkeit betrug in Brandenburg 1992 40,5 Wochen. In den alten Bundesländern beträgt die durchschnittliche Verweildauer in Arbeitslosigkeit 26 Wochen. Diese Differenz läßt auf einen sich herausbildenden hohen Sockel an Langzeitarbeitslosigkeit in den neuen Bundesländern schließen. Nach den Prognosen der führenden Wirtschaftsforschungsinstitute wird die Arbeitslosigkeit auch 1993 zunehmen, wenn auch in deutlich langsamerem Tempo.

Arbeitsmarktpolitik

Dem Einsatz solcher arbeitsmarktpolitischer Instrumente wie zum Beispiel Arbeitsbeschaffungsmaßnahmen, Fortbildung und Umschulung, Kurzarbeitergeld, aber auch Vorruhestandsregelungen ist es zu verdanken, daß sich im Land Brandenburg wie in allen neuen Bundesländern der Arbeitsplatzabbau nicht im vollen Umfang in registrierter Arbeitslosigkeit niederschlägt.

In Brandenburg kamen im Jahresdurchschnitt 1992 auf 100 Arbeitslose 159 Frauen und Männer, die die genannten Instrumente in Anspruch nahmen. Der Arbeitsmarkt wurde damit um 290 525 Personen entlastet. Ohne den Einsatz der genannten Instrumente läge die Arbeitslosenquote bei etwa 36 Prozent.

Arbeitsmarktpolitische Instrumente der Bundesanstalt für Arbeit

Fortbildung, Umschulung und betriebliche Einarbeitung
1992 gab es im Land Brandenburg 120 090 Eintritte in von den Arbeitsämtern geförderte Maßnahmen der Fortbildung, Umschulung und betrieblichen Einarbeitung. Der Frauenanteil dabei lag mit 75 440 bei 62,8 Prozent. Die Zahl der Eintritte war im Jahresverlauf rückläufig. Lag sie zu Jahresbeginn monatlich noch zwischen 12 000 und 13 000, so sank sie zum Jahresende auf 7 000 bis 8 000. Im Jahresdurchschnitt 1992 befanden sich 72 000 Frauen und Männer in vom Arbeitsamt geförderten Maßnahmen der beruflichen Bildung.

Arbeitsbeschaffungsmaßnahmen
Die Zahl der in Maßnahmen der Arbeitsbeschaffung (ABM) beschäftigten Arbeitnehmer lag im Jahresdurchschnitt 1992 bei 58 365 und war damit wesentlich höher als im Vorjahr (28 735). 26 206 Beschäftigte in ABM waren Frauen, im Vorjahr waren es lediglich 11 180. Der Frauenanteil an ABM stieg damit auf 44,9 Prozent. Damit sind Frauen im Vergleich zu ihrem Anteil an den Arbeitslosen immer noch unterrepräsentiert. Im Jahresverlauf nahm die Zahl der ABM-Beschäftigten von 62 546 im März bis auf 50 088 im Dezember ab. Das ist vor allem auf die veränderten Förderkonditionen für ABM, wie sie mit der 10. Novelle des AFG umgesetzt wurden, zurückzuführen. ABM können nach den bisher gewonnenen Erfahrungen einen wesentlichen Beitrag zur Beförderung der Wirtschaftsentwicklung in den neuen Bundesländern leisten. Etwa 50 Prozent der bewilligten Arbeitsbeschaffungsmaßnahmen haben einen investiven Charakter. Das gilt für die Einsatzfelder wirtschaftsnahe Infrastruktur, bauliche In-

standsetzung und Planung sowie Umweltverbesserung. In den sogenannten Mega-ABM, wie sie in der Braunkohlenwirtschaft und nahezu allen bedeutenden industriellen Standorten in Brandenburg realisiert werden, liegt die investive Komponente bei 90 Prozent.

Kurzarbeit

Die Anzahl der Kurzarbeiter geht bereits seit 1991 zurück, ein sprunghaftes Absinken erfolgte zum Jahreswechsel 1991/92. Während des gesamten Jahres 1992 war die Anzahl der Kurzarbeiter im Land Brandenburg rückläufig. Sie sank von 83 272 auf 37 925. Im Jahresdurchschnitt nahmen 1 670 Betriebe für 55 454 Arbeitnehmer Kurzarbeitergeld in Anspruch. Der durchschnittliche Arbeitszeitausfall betrug 47 Prozent. Den größten Anteil an Kurzarbeit weisen die Wirtschaftszweige Landwirtschaft, Forstwirtschaft und Fischerei mit 16,5 Prozent, Bau mit 8,4 Prozent, Maschinenbau mit 8,3 Prozent auf.

Vorruhestand bzw. Altersübergang

Im Jahresdurchschnitt bezogen im Land Brandenburg 45 331 Frauen und Männer Vorruhestandsgeld. Altersübergangsgeld erhielten 84 390 Frauen und Männer. Damit nahmen 129 721 Frauen und Männer die beiden Vorruhestandsregelungen in Anspruch. Diese haben damit bis zu ihrem Auslaufen Ende 1992 den größten Entlastungseffekt für den Arbeitsmarkt gebracht. Ihr Einsatz ist nicht unproblematisch. Neben dem Verlust an Wissen und Fähigkeiten für die Volkswirtschaft ist vor allem auch nicht zu übersehen, daß die meisten Bezieher dieser Leistung entgegen ihren eigentlichen Wünschen auf diese Form der finanziellen Absicherung eingegangen sind. Sie bildete allerdings eine Alternative zu offener Arbeitslosigkeit und der damit mittelfristig verbundenen sozialen Unsicherheit unter den über 55jährigen. Mit dem Auslaufen dieses Instrumentes Ende 1992 ist ein sprunghafter Anstieg der Arbeitslosigkeit in der entsprechenden Altersgruppe verbunden.

Arbeitsmarktpolitik des Landes

Wenn Arbeitsmarktpolitik auch vorrangig Bundessache ist und finanziell insbesondere durch die Beitragszahler zur Arbeitslosenversicherung abgesichert wird, so kann sie durch das Land doch flankiert und regionalisiert werden. Die gegenwärtigen ökonomischen Rahmenbedingungen erfordern eine Arbeitsmarktpolitik, die neben einer Abfederung der Beschäftigungseinbrüche den wirtschaftlichen und beruflichen Strukturwandel aktiv begleitet und durch strukturverbessernde Maßnahmen am Aufbau regionaler Ökonomien mitwirkt. Die Arbeitsmarktpolitik des Landes Brandenburg ist dementsprechend ausgesprochen wirtschaftsnah konzipiert, das heißt auf die Förderung einer bedarfsgerechten Qualifizierung sowie die Schaffung erwerbswirtschaftlicher Arbeitsplätze und die dauerhafte Integration Arbeitsloser in das Beschäftigungssystem ausgerichtet. Eine Reihe von Förderprogrammen des Landes sind ferner speziell an der Förderung von Zielgruppen orientiert, um einer Verfestigung der Arbeitslosigkeit frühzeitig entgegenzuwirken. 1992 hat das Arbeitsministerium des Landes Brandenburg rund 303,5 Mill. DM verausgabt. Für arbeitsmarktpolitische Förderprogramme gemäß dem Landesprogramm 1992 "Qualifizierung und Arbeit für Brandenburg" wurden 142,6 Mill. DM gebunden. Mit diesen Mitteln hat das Land Brandenburg rund 43 600 Beschäftigungs- und Ausbildungsverhältnisse direkt oder indirekt gefördert. Hinzu kommen weitere regulär oder in Arbeitsbeschaffungsmaßnahmen Beschäftigte sowie Teilnehmer und Teilnehmerinnen an Fortbildung und Umschulung in den Arbeitsförderungsgesellschaften. Mit einem Anteil von 39 Prozent (55 Mill. DM) am gesamten Fördervolumen wurde der weitaus größte Einzelposten für die Förderung der betrieblichen Erstausbildung und der beruflichen Qualifizierung eingesetzt. Für 5 295 Jugendliche konnten zusätzliche Ausbildungsplätze mit Hilfe der Landesförderung geschaffen werden. Dabei wurden vorwiegend kleinere Betriebe mit bis zu 20 Beschäftigten unterstützt. Andere Maßnahmen der beruflichen Aus- und Weiterbildung wurden vom Arbeits- und Wirtschaftsministerium bzw. nur von letzterem getragen. Für den Ausbau und den Bereich überbetrieblicher Ausbildungsstätten setzte das Wirtschaftsministerium 1992 9,2 Mill. DM ein. Weitere Anstrengungen galten der Ausbildung der Ausbilder.

Die ausgesprochen wirtschaftsnahe Arbeitsmarktpolitik des Landes widerspiegelt sich auch in der speziell auf die Beschäftigten in kleineren und mittleren Betrieben gerichtete Förderung der Qualifizierung – insbesondere der betrieblichen Fachkräfte und des mittleren Managements. 27 Prozent der Mittel (38,7 Mill. DM) entfielen auf die Aufstockung der ABM-Sachkosten gemäß § 96 Arbeitsförderungsgesetz (AFG), gefolgt von der zielgruppenorientierten Förderung mit einem Anteil von 19 Prozent (27,4 Mill. DM). Im Rahmen der zielgruppenorientierten Förderung wurden 2 390 Arbeitsplätze geschaffen. Mit 12 Prozent des Mittelvolumens (17,7 Mill. DM) wurden 1 839 Existenzgründungen aus der Arbeitslosigkeit gefördert. Schließlich entfielen 3 Prozent (3,8 Mill. DM) der Fördersumme auf die Arbeitsförderungsgesellschaften. Damit hat das Land wie schon 1991 einen Schwerpunkt bei der Förderung der Qualifizierung gesetzt, mit einem besonderen Akzent bei der Förderung der berufsbegleitenden Qualifizierung. Hierzu wurden auch Mittel aus dem Europäischen Sozialfonds (ESF) bereitgestellt. Angesichts der sich bereits abzeichnenden Verfestigung der Arbeitslosigkeit hat im Vergleich zu 1991 auch die zielgruppenorientierte Förderung an Bedeutung gewonnen. Dies gilt zum einen für das verausgabte Mittelvolumen, zum anderen für die Weiterentwicklung der arbeitsmarktpolitischen Instrumente. Das Landesprogramm 1992 wurde beispielsweise um die verstärkte Förderung zur dauerhaften Integration älterer Frauen mittels Lohnkostenzuschüssen und um die Richtlinie "Arbeit statt Sozialhilfe" erweitert.

6. Wirtschaftspolitik

Grundsätze

Aufgabe der Wirtschaftspolitik in der sozialen Marktwirtschaft ist es, vor allem verläßliche Rahmenbedingungen für die Akteure des Wirtschaftsgeschehens zu setzen. Dabei hat sich der Staat von seinem Selbstverständnis her auf unbedingt notwendiges Handeln zu beschränken. In Ausnahmesituationen, wie dem derzeitigen Umbruchprozeß in den neuen Ländern, ist indes ein stärkeres staatliches Engagement unumgänglich. Für den erhöhten Regelungsbedarf gilt es aber, klare Leitlinien vorzugeben. Die außergewöhnlichen Umstände des enormen Anpassungsdrucks auf die Unternehmen in den neuen Bundesländern rechtfertigen in einer richtig verstandenen und vom Land praktizierten sozialen Marktwirtschaft außergewöhnliche Maßnahmen, jedoch nicht die Außerkraftsetzung grundlegender Prinzipien der Marktwirtschaft.

Der seit Bildung des Landes Brandenburg laufende Umstrukturierungsprozeß der Wirtschaft hat sehr schnell die Notwendigkeit gezeigt, neben generellen und branchenorientierten auch regionalbezogene Sichten für die zu lösenden Aufgaben zu entwickeln. Da die Wirtschaftsstruktur auch räumlich sehr differenziert ist, sind neben branchenabhängigen insbesondere die regionalen Aspekte, also das bisherige Standortgefüge, die Bevölkerungsverteilung, das Arbeitskräftepotential und nicht zuletzt die Siedlungsstruktur und die an sie gebundene Infrastruktur entscheidend für die festzulegenden Lösungsansätze.

Das raumordnerische Leitbild ist die dezentrale Konzentration mit dem Ziel einer polyzentristischen Landesentwicklung. Sein Hauptinhalt ist sowohl ein Kranz zu stärkender einzelner regionaler Entwicklungszentren in ausreichender räumlicher Distanz, aber besonderer Lagegunst zu Berlin als auch die Förderung einzelner regionaler Entwicklungszentren in peripheren strukturschwachen ländlichen und Industrieregionen. Mit der betonten Entwicklung solcher Siedlungszentren, wie Brandenburg, Cottbus, Frankfurt/Oder, Neuruppin, Eberswalde-Finow, Luckenwalde/Jüterbog, Wittenberge, Prenzlau, Schwedt, Senftenberg und anderer, sollen durch schnelle Attraktivitätssteigerung aller wesentlichen Standortfaktoren Anreize für ansiedlungs- und investitionswillige Unternehmen geschaffen werden. So kann der überhöhte Siedlungsdruck aus dem engeren Verflechtungsraum Berlin genommen und zu einem Ausgleich zwischen dem Ballungskern Berlin, dem engeren Verflechtungsraum sowie den übrigen Teilen des Landes beigetragen werden. Ein solches Konzept verlangt eine starke Konzentration von Mitteln der Landesregierung, insbesondere auch der verschiedensten Formen von Förderung, auf diese Zentren.

Investitionen für die Regionen Brandenburgs

Durch gezielte Ansiedlungspolitik sowie durch rasche Ausschöpfung und differenzierten Einsatz der für die Regionalförderung verfügbaren Mittel werden Investitionen ins

Land geholt und Orientierungsimpulse für deren regionale Verteilung bzw. für gesunde Proportionen zwischen großen und mittelständischen Projekten ausgelöst.

Die Bilanz der Ansiedlungspolitik zeugt von dem hohen Vertrauen, das Investoren in den Standort Brandenburg setzen. Bis Ende Januar 1993 konnten Investitionszusagen mit einem Volumen von 31,3 Mrd. DM ins Land geholt werden. Die Investoren wollen so 230 000 Arbeitsplätze erhalten (151 000) bzw. neu schaffen (79 000). Zehn Monate zuvor, Ende März 1992, hatten die Investitions- und Arbeitsplatzzusagen bei 21,9 Mrd. DM bzw. 157 000 Stellen gelegen. Der beachtliche Zuwachs kam zustande, obwohl die Verschlechterung der westdeutschen und westeuropäischen Konjunktursituation im Einzelfall Investoren zum Stornieren bzw. zeitlichen Strecken ihrer Vorhaben veranlaßte. Unter den ansiedlungswilligen Unternehmen finden sich Firmen aller Größen, darunter eine beachtliche Zahl bekannter Großinvestoren. Besonders zu verweisen ist auf das breite Feld mittelständischer Unternehmen, die 17,2 Mrd. DM investieren und über 116 000 Arbeitsplätze erhalten oder schaffen wollen.

Mit großem Erfolg werden die regionalen Förderprogramme der EG, des Bundes und des Landes, darunter die Gemeinschaftsaufgabe (GA) "Verbesserung der regionalen Wirtschaftsstruktur", das "Gemeinschaftswerk Aufschwung-Ost" und das EFRE-Programm (Europäischer Fonds für regionale Entwicklung) eingesetzt. Die 1,14 Mrd. DM Fördermittel für 1992 sind längst abgeflossen. Für 1993 stehen voraussichtlich insgesamt 1,4 Mrd. DM zur Verfügung; davon waren bis April lediglich 300 Mill. DM noch nicht gebunden.

Im Land Brandenburg wurden vom 01.10.1990 bis zum 01.01.1993 insgesamt 1 295 Förderanträge mit einem Investitionsvolumen in Höhe von 14,15 Mrd. DM bewilligt, davon 1 194 Anträge für die gewerbliche Wirtschaft mit einem Investitionsvolumen in Höhe von 12,98 Mrd. DM und 101 Anträge für die wirtschaftsnahe Infrastruktur mit einem Investitionsvolumen in Höhe von 1,17 Mrd. DM. Die zugesagten Fördermittel betragen insgesamt 3,6 Mrd. DM, davon 2,8 Mrd. DM für die gewerbliche Wirtschaft und 0,8 Mrd. DM für die wirtschaftsnahe Infrastruktur. In der gewerblichen Wirtschaft konzentriert sich die Förderung auf 1 064 Unternehmen (89 Prozent), die bis zu 100 Arbeitsplätze, 110 Unternehmen (9,0 Prozent), die zwischen 100 und 500 Arbeitsplätze und 20 Unternehmen (2 Prozent), die über 500 Arbeitsplätze erhalten bzw. neu schaffen wollen. Die Dominanz kleinerer und mittlerer Unternehmen in der Zahl der bewilligten Vorhaben ist eindeutig. Im Bereich der wirtschaftsnahen Infrastruktur wurden insgesamt 101 Projekte gefördert, die sich vorrangig auf die Erschließung von Industrie- und Gewerbegebieten konzentrieren. Nach zwei Jahren Förderpraxis mit der Gemeinschaftsaufgabe geht das Wirtschaftsministerium 1993/94 erstmals den Weg, die Förderkulisse nach Ämtern, amtsfreien Gemeinden und nach Schwerpunktorten landesweit zu ordnen.

Brandenburgischer Weg zur Entwicklung der Industriestandorte

Industriestandorte müssen durch Umstrukturieren und Modernisieren erhalten werden. Alles andere wäre eine unverantwortliche Vergeudung von geistigem und Sachkapital, von den sozialen und psychologischen Folgen für die Menschen ganz zu schweigen. Das Wirtschaftsministerium hat ein eigenes Konzept zur Umstrukturierung der alten Industriestandorte und besitzt die institutionellen Voraussetzungen dafür, dieses Konzept vor Ort umzusetzen.

Das Land begreift industrielle Kerne als Standorte oder Regionen, in denen Menschen überwiegend in der Industrie Arbeit fanden oder finden. Die traditionellen Industriestandorte zeichnen sich nicht nur durch ein noch vorhandenes Einzelunternehmen aus, sondern verfügen über vielfältige Potentiale von Sachkapital, über das technische Know-how, die qualifizierten Arbeitskräfte bis hin zu der vergleichsweise guten Infrastrukturausstattung. Alle diese Ansatzpunkte gilt es zu entwickeln.

Der Ansatz ist übergreifend und damit weiterführend als die einzelbetriebliche Betrachtungsweise. Neben dem Erhalt und der Umstrukturierung der Treuhandbetriebe gilt die Aufmerksamkeit in gleicher Weise bereits privatisierten Betrieben und Neuansiedlungen. Es geht somit um Bestandspflege, Bestandsentwicklung und Neuentwicklung. Erst das Zusammenwirken dieser Elemente wird die wirtschaftliche Basis für eine diversifizierte, durch einen Branchen- und Größenmix gekennzeichnete tragfähige Entwicklung sein. Deshalb richten sich die Entwicklungsbemühungen der Landesregierung auf Standorte und deren integrierte Entwicklung. Die Problematik darf keineswegs auf die Erhaltung einzelner sogenannter strukturbestimmender Unternehmen verkürzt werden.

Den umfassenden Entwicklungsansatz, den die Landesregierung verfolgt, hat sich die Treuhandanstalt nur in Einzelfällen zu eigen gemacht. Damit nutzt sie ihre Möglichkeiten zur Privatisierung von Betrieben, aber auch zur Verwertung von nicht betriebsnotwendigen Liegenschaften nur unvollkommen und erschwert strukturpolitische Aktivitäten der Landesregierung. Das Wirtschaftsministerium erwartet von der Treuhandanstalt, daß sie sich ihrer unternehmerischen und politischen Verantwortung stellt. Aus dem gleichen Grund lehnt es das Wirtschaftsministerium ab, strukturbestimmende Betriebe auszuwählen. Neben den Betrieben mit über 200 Beschäftigten haben auch kleinere Unternehmen regionalwirtschaftlich zum Teil eine erhebliche Bedeutung. Das Land ist daher am Erhalt und der Umstrukturierung aller Betriebe interessiert. Das strukturpolitische Engagement des Landes entläßt die Treuhandanstalt jedoch nicht aus ihrer Verantwortung. Die Landesregierung bindet die Treuhandanstalt in die Industriearbeitskreise ein und nutzt das Treuhandkabinett zur Lösung offener Fragen.

Eine gesellschaftsrechtliche Beteiligung des Landes an zu privatisierenden Treuhandbetrieben wird grundsätzlich abgelehnt. Dringend benötigt werden marktwirtschaftliche statt planwirtschaftliche Lösungen.

Die Landesregierung hat in der Regierungserklärung vom 03. März 1993 betont, daß sie sich den umfassenden Entwicklungsauftrag für die Industriestandorte und -regionen stellt. Integrierte Standortentwicklung findet nun generell Anwendung bei der Entwicklung von Industriestandorten. Maßnahmen zur Qualifizierung, zur Technologie- und Innovationsentwicklung, zur Modernisierung und zum Ausbau der Infrastruktur, zur Ansiedlung und Bestandspflege von Unternehmen, zur Wohnumfeldverbesserung sowie Bildungs- und Kulturaspekte werden zusammengeführt und so verzahnt, daß die verschiedenen Politiken einander ergänzen und verstärken. Grundlage für diesen integrierten Ansatz sind Standortentwicklungskonzeptionen, die im Einvernehmen mit den Regionen ausgehend von vorhandenen Potentialen erarbeitet, in Projekte gefaßt und gemeinsam umgesetzt werden. Auch hier findet die schwerpunktmäßige Förderung ihren Einsatz.

Unter Federführung des Ministeriums für Wirtschaft, Mittelstand und Technologie wurde der Gesprächskreis "Industrielle Entwicklung" ins Leben gerufen. Neben der Landesregierung sind die regionalen Akteure, Gewerkschaften und Arbeitgeberorganisationen, Betriebsräte und Geschäftsführer der Unternehmen sowie die Treuhandanstalt an dem Gesprächskreis beteiligt. Der Gesprächskreis dient dazu, Informationen auszutauschen, Standortentwicklungskonzepte zu beraten und Handlungsempfehlungen zur Entwicklung der Standorte zu geben und umzusetzen. Die Empfehlungen fließen dann in die Arbeit der Ansiedlungsgruppe und die regelmäßigen Besprechungen der Landesregierung mit der Treuhandanstalt ein. Der Industriepolitische Gesprächskreis wird durch standortbezogene Arbeitskreise entsprechend den industriellen Schwerpunktregionen Brandenburgs unterstützt.

Wesentliche Ergebnisse des vertieften Dialogs sind die schnellere Umsetzung von strukturbedeutsamen Projekten und der koordinierte Einsatz der Förderprogramme für die Industriestandorte. Das landesplanerische Leitbild der dezentralen Konzentration bildet dafür eine gute Grundlage. Mit seiner Fördergebietsneuabgrenzung der Gemeinschaftsaufgabe "Verbesserung der regionalen Wirtschaftsstruktur" hat das Wirtschaftsministerium den ersten entscheidenden Schritt getan. Darüber hinaus ist im Nachtragshaushalt 1993 eine eigene Titelgruppe zur Entwicklung der industriellen Standorte eingestellt worden. Die Finanzmittel werden in erster Linie für die vordringlichen Probleme der Flächensanierung sowie für Maßnahmen der Investorenakquisition, der Qualifizierung und für technologische Ziele eingesetzt.

Mittelstandspolitik

Der Mittelstand ist das Rückgrat einer modernen Volkswirtschaft. Nur durch die Schaffung und Stärkung der mittelständischen Strukturen in Industrie, Gewerbe und Dienstleistungen kann der Umbau und die Modernisierung der Wirtschaft gelingen, können wettbewerbsfähige Arbeitsplätze in großer Zahl entstehen. Alle Maßnahmen, die der Gründung, dem Aufbau und der Stabilisierung von kleinen und mittleren Unternehmen sowie Freien Berufen dienen, haben in der Wirtschaftspolitik deshalb höchste Priorität. In seiner Mittelstandspolitik läßt sich das Land von folgenden Prinzipien leiten:

Unter den komplizierten ostdeutschen Bedingungen haben es die Unternehmen aller Größen schwer, sich im Wettbewerb zu behaupten. Hauptproblem der Großbetriebe ist, daß ihr Leistungsangebot den Anforderungen der – im allgemeinen überregionalen – Märkte noch nicht entspricht. Mittelständische Unternehmen sind hier oft im Vorteil. Sie können flexibel auf Märkten operieren. Damit tragen sie zur Schaffung einer modernen wettbewerbsfähigen Wirtschaftsstruktur und zum Entstehen vieler neuer zukunftssicherer Arbeitsplätze bei. Die Wirtschaftspolitik begleitet und unterstützt diesen Prozeß offensiv in den verschiedenen Bereichen. Hilfen erhalten neue Betriebe, die durch Neu- oder Ausgründung, Abspaltung oder Neuansiedlung entstehen. Bei bestehenden Betrieben wird insbesondere mit der Treuhandanstalt darauf hingewirkt, daß durch Sanierung neue wettbewerbsfähige Einheiten entstehen.

Die Hemmnisse für die Entwicklung kleiner und mittlerer Unternehmen, wie zum Beispiel beim Zugang zum Kapitalmarkt oder zu neuen Technologien und Marketing-verfahren, durch Informationsdefizite auf neuen Märkten oder veränderte gesetzliche Richtlinien baut das Land durch seine Initiativen in der Mittelstandspolitik gezielt ab. Die Maßnahmen des Landes, des Bundes wie der EG verstehen sich dabei als Hilfe zur Selbsthilfe. Mittelstandspolitik will hauptsächlich die Rahmenbedingungen für einen funktionierenden Wettbewerb schaffen und dabei gezielte Anpassungshilfen leisten. Mittelstandspolitik wird dabei in den verschiedenen Feldern der Wirtschaftspolitik geleistet, so in der Technologie-, Außenwirtschafts-, Regional- oder Ansiedlungspoli-tik.

Die besonders schwierige Lage einheimischer Unternehmen erfordert die spezielle Aufmerksamkeit der Politik. Neue Investoren sind in Brandenburg hochwillkommen. Sie haben das nötige Kapital, das den einheimischen Firmen in der Regel fehlt. Hei-mische Unternehmen verfügen inzwischen zwar über erste Erfahrungen mit der Markt-wirtschaft; die Beherrschung der ganzen Klaviatur des Wettbewerbsverhaltens ist bei ihnen für einige Zeit indes noch nicht gegeben. Kleine und mittlere Unternehmen, vor allem die alten und neuen einheimischen, brauchen eine besondere investive Nachhilfe, damit sie ihre Chance zur Herstellung der Wettbewerbsfähigkeit auf den Westmärkten auch nutzen können.

Der Mittelstand muß in seiner Breite und Tiefe noch entwickelt werden. Dabei sind die regionalen und sektoralen Schwachstellen unterschiedlich groß. Mittelstandspolitik muß deshalb ansetzen bei Segmenten mit besonderen sozialen Problemen, hartnäckigen Entwicklungshemmnissen oder aber auch großen Arbeitsplatzpotentialen. Solche Seg-mente sind der ländliche Einzelhandel, das Fremdenverkehrsgewerbe, der industriege-werbliche und technologieorientierte Mittelstand sowie Teilbereiche des Handwerks. Große Aufmerksamkeit gilt jenen Mittel- und Kleinunternehmen, die mit ihren Zulie-ferungen oder ihren produktionsorientierten Diensten die Qualität und Stabilität indu-striell-gewerblicher Standorte mitbestimmen. Die regionale Entwicklung hängt wesent-lich davon ab, wie intensiv und elastisch die arbeitsteiligen Beziehungen zwischen den Unternehmen aller Größen sind. Eine gesunde Unternehmens- und Branchenstruktur entsteht derzeit im Land und wird durch geeignete Maßnahmen mitgestaltet.

Fortgeführt wurde die Unterstützung für das Handwerk. Im Anschluß an das bis 1991 gültige Zinszuschußprogramm für ERP-Darlehen wurden im Herbst 1992 die Voraus-setzungen für die Vergabe eines Zuschusses an Existenzgründer aus den Bereichen Handwerk, Handel, Dienstleistungsgewerbe und Freie Berufe geschaffen. Gefördert

wird auch die technische und betriebswirtschaftliche Beratung durch die Handwerkskammern. Dem Mittelstand insgesamt und damit auch dem Handwerk kommen weitere
Förderungen zugute. Dazu gehören das Mittelstandskreditprogramm, die Gemeinschaftsaufgabe "Verbesserung der regionalen Wirtschaftsstruktur", Investitionszula-
gen, aber auch neue Maßnahmen wie Kapitalbeteiligungen – zu diesem Zweck ist die
Kapitalbeteiligungsgesellschaft Brandenburg-Berlin GmbH gegründet worden.

Einzelhandels- und Fremdenverkehrspolitik

Orientierungs- und finanzielle Hilfen wurden auch dem Einzelhandel zuteil. Zur Sicherung der Versorgung der Landbevölkerung ist unter Mitwirkung des Bundesministe-
riums für Raumordnung, Bauwesen und Städtebau das Modell des "Nachbarschafts-
ladens 2000" entwickelt worden.

Die Konzeption zur Tourismusförderung sieht vor, die öffentlichen Hilfen vor allem
auf diejenigen Gebiete zu richten, in denen sie kurzfristig am stärksten und am wir-
kungsvollsten zu Einnahmen und zur Schaffung von Arbeitsplätzen beitragen. Das
Wirtschaftsministerium bietet dem Gastgewerbe gezielte Förderhilfen an. Darunter
befindet sich das sogenannte Sanitärprogramm, das, bereits im Mai 1991 als Sofort-
programm aufgelegt, 1992 aufgrund der hohen Nachfrage von 1,5 Mill. DM auf 3,5
Mill. DM aufgestockt und 1993 weitergeführt wurde. Im Rahmen der Gemeinschaftsaufgabe wurden Fremdenverkehrsprojekte in vielfältiger Form gefördert. Insgesamt
konnten mit einem Mitteleinsatz von 140 Mill. DM 111 Projekte (überwiegend Ho-
telbauten) unterstützt werden. Dadurch wurden Investitionen in Höhe von 708 Mill.
DM ausgelöst und 2 100 Arbeitsplätze neu geschaffen bzw. gesichert. Zur Konkreti-
sierung der vom Wirtschaftsminister formulierten Leitlinien zur touristischen Entwicklung wurde die Fremdenverkehrskonzeption des Landes Brandenburg erarbeitet. Sie
dient als Orientierungshilfe für die künftige Gestaltung aller touristischen Maßnahmen
im Land.

Aus- und Weiterbildung

Die Berufliche Aus- und Weiterbildung betrachtet das Ministerium als Basisinnova-
tion. Deshalb besteht ein wesentliches Ziel der Landespolitik darin, das duale System
der Berufsausbildung weiter auf- und auszubauen. Dabei geht es nach wie vor darum,
ein flächendeckendes System für die betriebliche, überbetriebliche und außerbetriebliche Berufsausbildung zu schaffen. Dieses Ziel wurde 1992 im Land Brandenburg
realisiert. Allen Jugendlichen, die sich darum beworben haben, konnte ein Ausbildungsplatz zur Verfügung gestellt werden. Das Ergebnis ist um so bemerkenswerter,
als sich die Wirtschaft in der bekannten kritischen Situation befindet.

Im neuen Ausbildungsjahr 1993/94 waren zusätzliche Anstrengungen nötig. Einerseits
waren hauptsächlich wegen der kritischen Situation der Industrie fast 1 500 betriebliche
Ausbildungsplätze weniger verfügbar. Auf der anderen Seite rücken geburtenstarke
Jahrgänge nach, so daß zusätzlich mit 6 000 Schulabgängern der 10. und 12. Klasse zu

rechnen war. Außerbetriebliche Plätze waren verfügbar, aber aus Landesmitteln nicht zu finanzieren. Arbeitslosigkeit oder drohende Abwanderung von Auszubildenden konnten durch ein Sonderprogramm abgewendet werden.

Forschungs- und Technologiepolitik

Mit seiner komplexen Technologiepolitik, die Bundes- und EG-Aktivitäten wirkungsvoll ergänzt, wirkt das Ministerium einer weiteren Verödung der technologischen Landschaft entgegen und regt im mittelständischen Sektor erfolgreich das innovative Klima an. Es wurde die "Technologieinitiative Brandenburg" verabschiedet und 1992 insgesamt 117 Vorhaben mit einem Gesamtfördervolumen von rund 22 Mill. DM neu bewilligt.

Im Vordergrund stand die Förderung von Forschungs- und Entwicklungs-Projekten (FuE-Projekten) mit fast 18 Mill. DM bei 83 Vorhaben aus Neubewilligungen. Insgesamt werden zur Zeit 148 FuE-Projekte gefördert. Inhaltliche Schwerpunkte sind dabei die Mikroelektronik, die Umwelttechnik und die physikalischen Technologien (Lasertechnik, Meßtechnik, Ingenieurtechnik). Aber auch Bereiche wie Biotechnologie, Materialforschung oder Sensortechnik/Robotik sind vertreten. Für den Aufbau eines Netzwerkes technologisch orientierter Unternehmensberatung zum Wissenstransfer von der Wissenschaft zur Wirtschaft wurden 1992 drei Technologieberatungsstellen mit insgesamt 260 000 DM gefördert. Auch die Unterstützung von Technologie- und Gründerzentren wurde fortgesetzt und insgesamt im Jahre 1992 staatlicherseits für Technologiezentren rund 3 Mill. DM eingesetzt. Damit konnten ca. 80 junge Unternehmen in ihrer Existenzgründung unterstützt werden. Fortgeführt wurde auch das Programm zur Förderung von Innovationsassistenten. Im Land Brandenburg gibt es derzeit zwei Forschungs-GmbH der industrienahen Forschung, um deren Erhalt sich das Wirtschaftsministerium seit 1991 bemüht. Sie sollen im Rahmen des Technologieprogramms weiter über Projektförderungen unterstützt werden.

Neben finanziellen Schwächen sind es bei dem entstehenden technologieorientierten Mittelstand Informationsdefizite, die ein schnelleres Wachstum hemmen. Um hier zu helfen, hat das Land Brandenburg mit Unterstützung des Bundeswirtschaftsministeriums die Technologie- und Innovationsagentur Brandenburg GmbH (T.IN.A.) gegründet. Ihre Aufgaben sind insbesondere: Unterstützung kleiner und mittlerer Unternehmen bei ihren Innovationsaktivitäten, Information und Hilfestellung im Hinblick auf Fördermöglichkeiten, Mitwirkung bei regionalen Innovationsprojekten, Übernahme der Projektträgerschaft für die Technologieinitiative Brandenburg.

Beim Neuaufbau der Wirtschaft im Land Brandenburg, insbesondere einer innovativen Industrie- und Forschungslandschaft, aber auch bei der Erhöhung der Produktivität der einzelnen Unternehmen kommt dem Einsatz moderner Informations- und Kommunikationstechnologien (IuK) eine entscheidende Bedeutung zu. Deshalb hat auch die Wirtschaftsministerkonferenz der Bundesländer 1992 den Bereich der IuK-Technik – insbesondere die Einführung von Expertensystemen und die Entwicklung von neuen

Telekommunikationsdiensten – für die Förderung des Mittelstandes ausgewählt. Kleine und mittlere Unternehmen sollen bis hin zur Durchführung von Pilotprojekten im Bereich der Informationstechnik, aber auch bei der Produktion von informationstechnischen Gütern durch die gezielte Vergabe von Fördermitteln unterstützt werden.

Die künftige wirtschaftliche Entwicklung in der Region Berlin-Brandenburg hängt im erheblichen Maße auch von der Kommunikationsinfrastruktur ab. Die Wirtschaftsressorts der beiden Länder Brandenburg und Berlin haben daher die Initiative ergriffen und eine Studie "Länderinitiative Telekommunikation 2001 Berlin-Brandenburg" in Auftrag gegeben.

Große Tradition hat Brandenburg-Berlin in der Filmwirtschaft. Nach dem Verkauf der DEFA Babelsberg durch die Treuhandanstalt 1992 sind die Voraussetzungen für rasche Investitionen gegeben. Nunmehr ist die Ausrichtung des Standortes auf die zukünftige Medienentwicklung erforderlich. Das Wirtschaftsministerium hat dazu die Untersuchungen durchführen lassen, in denen die Rahmenbedingungen für die Entwicklungen des Mediensektors abgesteckt, die Situation in Brandenburg bewertet und Vorschläge für Maßnahmen der Landesregierung unterbreitet werden.

Die Zusammenarbeit mit Berlin im technologischen und im medienwirtschaftlichen Bereich ist 1992 weiter ausgebaut worden. Eine zentrale Funktion nahm dabei der auf Minister- bzw. Staatssekretärebene regelmäßig tagende Strategiekreis Forschung, Innovation, Technologie (SK FIT) Berlin-Brandenburg ein. Die operationale Arbeit fand dabei in den zugeordneten Arbeitskreisen statt, die sich unter anderem so wichtigen Themen wie "Technologie- und Gründerzentren", "Forschungs-GmbH" oder "Telekommunikation 2001" annahmen.

Bergbau und Energiewirtschaft

Der Umbau der Wirtschaft und der Aufbau moderner leistungsfähiger Unternehmensstrukturen verlangen günstige Rahmenbedingungen auch bei der Energieversorgung. Die Planwirtschaft hat hier verheerende Disproportionen hinterlassen, die mit marktwirtschaftlichen Mitteln gemildert werden müssen. Die Energiepolitik besitzt für das Land einen hohen Stellenwert. Im Frühjahr des Jahres 1992 sind die "Leitentscheidungen zur brandenburgischen Energiepolitik" veröffentlicht worden. Sie stellen eine völlige Abkehr vom Gestern dar. Mit privatwirtschaftlichem Engagement sowie Einsatz von privatem Kapital und Know-how sollen möglichst rasch die Sanierung und der Ausbau der Energieversorgung erfolgen. Individuelle Entscheidungsfreiheit von Unternehmern und Verbrauchern, Eigeninitiative und Wettbewerb der Ideen sollen zu einem Höchstmaß an Effizienz und Umweltfreundlichkeit führen. Die neue Energiepolitik umfaßt folgende Ziele:

Die Gewinnung und Nutzung von Energie soll die Umwelt so wenig wie möglich beeinträchtigen. Konsequente Energieeinsparung, rationelle Energieverwendung sowie die Erschließung erneuerbarer Energiequellen sind besonders geeignet, dieses Ziel zu erreichen und im Interesse künftiger Generationen sparsam mit den endlichen Ressourcen umzugehen.

Die neuen Bundesländer sind gegenwärtig dabei, durch Schaffung geeigneter Rahmenbedingungen das gewaltige Potential für einen rationellen und effizienten Energiegebrauch nutzbar zu machen. Dabei gilt folgender Ordnungsrahmen: Abschaffung aller Energiesubventionen; Unterstützung von Vorhaben, die Energieeinsparung und Umweltentlastung miteinander verknüpfen; Überprüfung gesetzlicher Vorschriften, wie zum Beispiel des Energiewirtschaftsgesetzes, und Anpassung an heutige Erfordernisse und Zielstellungen; Entwicklung der Energieberatung als wesentliches Instrument zur Förderung der sparsamen und rationellen Energienutzung.

Der Neuaufbau einer wettbewerbsfähigen Wirtschaft und ein Aufschwung in den neuen Bundesländern bedingen, daß Energie zuverlässig, mit einem diversifizierten Angebot und kostengünstig zur Verfügung steht. Versorgungssicherheit wird vor allem durch Diversifizierung nach Energieträgern und Bezugsquellen sowie durch Nutzung einheimischer Ressourcen gewährleistet. Die fast völlig auf Braunkohle basierende Energiewirtschaft ist zu optimieren und durch einen vernünftigen Mix von verschiedenen Energieträgern zu ersetzen.

Die Wirtschaftsstruktur des Landes Brandenburg ist durch einen hohen Anteil des Bergbaus und der Energiewirtschaft gekennzeichnet. Obwohl die Braunkohlenförderung und damit die Beschäftigtenzahl noch weiter zurückgehen werden, ist und bleibt die Braunkohle ein bedeutender Wirtschaftsfaktor für Brandenburg und zugleich eine Entwicklungschance für das Land. Für Brandenburg geht es unter anderem darum, der bereits erheblich dezimierten Braunkohlenindustrie durch Schaffung günstiger Rahmenbedingungen eine langfristig gesicherte Zukunft zu ermöglichen.

Als Ansätze zur Umstrukturierung des Braunkohlenbergbaus sind zu nutzen: die Sicherung der Braunkohlenverstromung als eine Voraussetzung für die regionale und soziale Beherrschbarkeit des Anpassungsprozesses in den Braunkohlerevieren; die Sanierung der Altlasten und die Rekultivierung der devastierten Tagebaue; die Privatisierung der Braunkohlenindustrie.

Die notwendigen Umgestaltungen auf dem Energiesektor führen zu harten Belastungen für die Menschen. Insbesondere bei den Veränderungen in den Braunkohlerevieren sind flankierende Maßnahmen zu ergreifen und die Umstrukturierungszeiträume mit Bedacht festzulegen. Die Verringerung der Beschäftigtenzahlen im Tagebaubereich muß einhergehen mit der Schaffung vieler neuer Arbeitsplätze in der Rekultivierung der Altlasten und bei neuen industriell-gewerblichen Aktivitäten. In der Lausitz befinden sich wichtige industrielle Standorte. Für die wirtschaftliche Umgestaltung dieser Region sind die teilweise bereits erarbeiteten Konzeptionen zu vertiefen und umzusetzen; sie bilden die Grundlage zur Herausbildung einer möglichst vielfältigen regionalen Wirtschaftsstruktur.

Das Wirtschaftsministerium konzentriert seine Ressourcen insbesondere auf die Verbesserung der wirtschaftsnahen Infrastruktur in der Lausitz sowie auf die Umstrukturierung und Modernisierung der Unternehmen im Rahmen eines Gesamtkonzeptes. Durch eine dynamische und offensive Ansiedlungspolitik sowie gezielte Betreuung bedeutender Vorhaben über Projektmanagement sind entscheidende Beiträge zur integrierten Standortentwicklung zu leisten. Die vorhandene technische Infrastruktur sowie die gute Ausbildung der Menschen ist von der einseitigen Braunkohleorientierung auf zukunftssichere Wirtschaftsstrukturen in Industrie, Gewerbe, Handwerk und Dienstleistungen auszurichten.

Wirtschaftsregion Berlin-Brandenburg

Die Entwicklung in der Region Brandenburg-Berlin hat im Jahre 1992 trotz aller Fortschritte deutlich gemacht, daß die Überwindung der gegenwärtig bestehenden Schwierigkeiten sowie ein wirtschaftlicher Aufschwung nur im Miteinander beider Länder und nicht in kleinlicher Konkurrenz zueinander bewältigt werden können. Aus der Sicht der Wirtschaft können optimale wirtschaftspolitische Rahmenbedingungen in der Region erst durch ein gemeinsames Land geschaffen werden. Die Ziele der Wirtschaftspolitik sind weitgehend identisch. Auch die Wirtschaft sieht Brandenburg-Berlin längst als einen einheitlichen Raum. Beide Länder wollen nicht nur industrielle Substanz erhalten, sondern auch eine großräumige Neuansiedlungspolitik betreiben. Dabei ist Berlin vor allem daran interessiert, die Entwicklung der Stadt zu einem Zentrum produktionsorientierter Dienstleistungen durch den Erhalt des Industriestandorts Berlin zu sichern. Brandenburg will den wirtschaftlichen Aufschwung auch in die peripheren Bereiche des Landes lenken und dort Arbeitsplätze schaffen. Das von beiden Ländern getragene raumordnerische Leitbild der dezentralen Konzentration muß hierbei eine besondere Rolle spielen. Wichtig ist, daß Ungleichzeitigkeiten in den Entscheidungen beider Länder vermieden und dadurch die notwendigen Regelungen von Sachfragen vorangebracht werden.

Im Interesse von Rechts- und Planungssicherheit sind staatsvertragliche Abmachungen zu Einzelthemen ein gangbarer Weg. Die Wirtschaftsressorts der Landesregierungen von Brandenburg und Berlin haben deshalb grundsätzliche Vorstellungen über ihr weiteres gemeinsames Vorgehen zu wirtschaftspolitischen Aufgaben mit besonderer Relevanz festgelegt. Diese Aktionsfelder ermöglichen die Intensivierung der Zusammenarbeit sowohl bei Fortbestand getrennter Länder als auch im Zuge einer Fusionsvorbereitungsphase für ein zukünftig gemeinsames neues Land. Sie erstrecken sich vor allem auf den Luftverkehr, die Wirtschafts- und Ansiedlungspolitik, die Energiepolitik, die Außenwirtschaftspolitik sowie die Messe- und Tourismuspolitik.

Brandenburg als Wirtschaftspartner in Ost und West

Wichtigstes Ziel der brandenburgischen Außenwirtschaftspolitik ist es, den grenzüberschreitenden Wirtschaftsverkehr mit Waren und Dienstleistungen aller Art aus und nach Brandenburg zu beleben und auszubauen. Hierfür sind Rahmenbedingungen erforderlich, die der brandenburgischen Wirtschaft gute Entwicklungsmöglichkeiten und damit auf Dauer weltweite Wettbewerbsfähigkeit verschaffen.

Maßnahmen zur Wiederbelebung des Osthandels nehmen eine besondere Stellung ein. Deutliche Fortschritte gibt es bei der Belebung der Wirtschaftsbeziehungen mit dem benachbarten Polen. Sichtbarer Ausdruck dafür ist der Aufbau einer deutsch-polnischen Wirtschaftsfördergesellschaft, die Bestellung eines Polen-Beauftragten, die Beteiligung an den Aktivitäten der Europaregion POMERANIA, die grenzüberschreitende Zusammenarbeit in der Region Oder-Neiße-Bóbr oder das Landesbürgschaftsprogramm für Investitionen in Polen. Zwischen dem Land Brandenburg und der Russischen Föderativen Sowjetrepublik sowie der Ukraine bestehen ebenfalls vielfältige wirtschaftliche Beziehungen. Stichworte sind hier die Arbeitsgruppe Rußland-Brandenburg, die Freie Wirtschaftszone Kaliningrad oder das Symposium in Dnepropetrowsk zur Förderung der wirtschaftlichen Zusammenarbeit.

Mit ausschließlicher oder vornehmlicher Orientierung auf die ehemaligen RGW-Länder ist über folgende ausgewählte Aktivitäten der Außenwirtschaftsförderung zu berichten: Außenwirtschaftsberatungsprogramm, Veröffentlichung von Unternehmensprofilen, Förderung der Beteiligung an Messen, Brandenburgische Außenhandelsagentur (BRAHA) und World-Trade-Center (WTC) Frankfurt/Oder.

Gleichzeitig orientiert sich die Politik zunehmend auf die Europäische Gemeinschaft. Die brandenburgischen Unternehmen und Unternehmensverbände haben die Möglichkeit, sich zum Thema Binnenmarkt auf den zahlreichen vom Wirtschaftsministerium mit organisierten Veranstaltungen zu informieren. Außerdem informiert und berät das Wirtschaftsministerium zahlreiche brandenburgische Unternehmen direkt zu Binnenmarktfragen. Es bereitet ein Förderprogramm zur Beratung kleiner und mittlerer Unternehmen in bezug auf den Binnenmarkt vor. Im Rahmen der EG-Förderung erhält Brandenburg Mittel, die dem Wirtschaftsministerium für die Regionalförderung und zum Abbau von Militäranlagen zur Verfügung stehen.

Die entwicklungspolitischen Aktivitäten des Landes Brandenburg sind gegenwärtig noch schwach ausgeprägt, weil bisher andere politische Felder vordringlich zu bearbeiten waren. Das Wirtschaftsministerium beteiligt sich an Veranstaltungen zur Wirtschaftskooperation mit Entwicklungsländern und gibt Anregungen an Unternehmen für die Zusammenarbeit. Brandenburgische Unternehmen sind in dem besonders wachstumsträchtigen asiatisch-pazifischen Raum aktiv; allerdings ist ihr Engagement noch zu gering. Das Wirtschaftsministerium hat deshalb folgende Aktivitäten in dieser Region vorgesehen: Aufbau einer Repräsentanz Brandenburgs in Japan, Einstellung eines Landesbeauftragten für Japan bei der Wirtschaftsförderung Brandenburg, Erarbeitung eines BRAHA-Leitfadens "Praktischer Leitfaden für Wirtschaftbeziehungen mit der VR China", Organisation von Informationsveranstaltungen zu den Wirtschafts- und Handelsbedingungen im asiatisch-pazifischen Raum, Präsentationen in China.

Mecklenburg-Vorpommern

Größe, Einwohner, Hauptstadt

Mecklenburg-Vorpommern ist ein vielfältig strukturiertes Flächenland im Nordosten Deutschlands mit einer Größe von 23 391 Quadratkilometern. Es bildet eine Brücke nach Skandinavien und dient zugleich als Drehscheibe wirtschaftlicher Aktivitäten zwischen West und Ost. Hier leben 1,871 Mill. Menschen, etwa ein Drittel von ihnen in den sechs größten Städten des Landes: rund 130 000 in der Landeshauptstadt Schwerin, 245 000 in der Hansestadt Rostock, 88 000 in Neubrandenburg, 71 000 in der Hansestadt Stralsund, 65 000 in der Hansestadt Greifswald und 54 000 in der Hansestadt Wismar.

Mecklenburg-Vorpommern ist mit 80 Einwohnern je Quadratkilometer vergleichsweise dünn besiedelt. Es präsentiert sich mit hügeligem Flachland, weiten Flächen, idyllischen Seen und einer attraktiven Küste als intakter Naturraum. Zahlreiche traditionelle Seebäder entlang der 1 470 Kilometer langen Küste und etwa 260 Natur- und Landschaftsschutzgebiete bieten einen abwechslungsreichen Erholungsraum.

1. Gesamtwirtschaftliche Lage

Die wirtschaftliche Umstrukturierung in der Landwirtschaft, im Produzierenden Gewerbe, im Handel und Dienstleistungsbereich geht einher mit dem Ausbau einer Vielzahl von Industrie- und Gewerbestandorten, die potentiellen Investoren derzeit zu günstigen Grundstückspreisen angeboten werden.

Ein Netz von Autobahnen, Bundesstraßen, Flugplätzen, Bahn- und Fährverbindungen wird ausgebaut, um die Verbindungen innerhalb der Europäischen Gemeinschaft sowie zu Osteuropa und Skandinavien zu verbessern. Investitionen in Milliardenhöhe werden getätigt, um das Kommunikationsnetz des Landes zukunftssicher auszubauen.

Ein wesentliches Ziel im Rahmen des wirtschaftlichen Strukturwandels in Mecklenburg-Vorpommern ist der Ausbau einer starken Basis aus kleinen und mittleren Technologieunternehmen, die in den fünf Technologiezentren in Schwerin/Wismar, Warnemünde, Rostock, Neubrandenburg und Greifswald einen starken Partner für Beratungsleistungen, Technologietransfer, Messeorganisation, Projektbetreuung und Koordination finden.

Die Umweltbelastung in Mecklenburg-Vorpommern ist relativ gering. Dies betrifft sowohl den Bereich der Luftschadstoff-Emissionen als auch die Belastung der Böden. Die Bodenaltlasten konzentrieren sich im wesentlichen auf ehemals militärisch genutzte Grundstücke. Daraus resultierende Sanierungspflichten führen nicht zu einer Belastung potentieller Investoren. Neu entstandene Industrie- und Gewerbegebiete sind in aller Regel altlastenfrei.

Wirtschaftsregionen

Schwerin und Wismar ziehen bisher dank der gut ausgebauten Infrastruktur und der Nähe zum internationalen Umschlagplatz Hamburg die meisten Investoren an. Wismar bietet zudem als alte Hansestadt einen eigenen Hafen. Vor allem Unternehmen aus der Nahrungsmittelindustrie, der Elektrotechnik, der Möbelfertigung sowie dem Schiff- und Maschinenbau sind hier besonders stark vertreten.

Rostock und das Umland haben sich zu einem attraktiven Ansiedlungsschwerpunkt entwickelt. Der Seehafen verfügt über eine Kapazität von 20 Mill. Tonnen Güter jährlich und hat direkten Anschluß an die Autobahn nach Berlin. Industrieller Schwerpunkt ist der Schiffbau und die maritime Industrie, aber auch die Elektrotechnik.

Vom Nordosten bis zum Südosten des Landes zieht sich ein Bogen weitgehend strukturschwacher Kreise, in denen die gewerbliche Wirtschaft mit speziellen Förderprogrammen besonders unterstützt wird. Bis zu 35 Prozent der Investitionssumme erhält ein Investor für die Errichtung eines Unternehmens; bei Betriebserweiterungen oder Rationalisierungen sind es bis zu 32 bzw. 27 Prozent.

Privatisierung

Von den 1 439 zu privatisierenden Treuhand-Unternehmen sind bis Ende März 1993 rund 85 Prozent privatisiert worden. Durch die Privatisierung, etwa zu einem Drittel durch Management-Buy-Out, wurden vertraglich 125 232 Arbeitsplätze und Investitionen in Höhe von 11,2 Mrd. DM zugesagt. In den noch nicht privatisierten Betrieben sind etwa 20 000 Arbeitsplätze von Stillegung betroffen, wobei rund ein Drittel voraussichtlich erhalten werden kann.

Beschäftigung

Die Zahl der Erwerbstätigen lag 1991 in Mecklenburg-Vorpommern, einer jüngst veröffentlichten Erhebung zufolge, bei 829 459. Darunter waren rund 83 000 Personen in der Land- und Forstwirtschaft und Fischerei, rund 153 000 im Verarbeitenden Gewerbe, 72 000 im Baugewerbe und rund 280 000 im Bereich Handel, Verkehr und Dienstleistungen beschäftigt.

Die hohe Arbeitslosigkeit in Mecklenburg-Vorpommern ist im Jahresverlauf vor allem durch saisonale Impulse weiter zurückgegangen. Neben sinkenden Kurzarbeiterzahlen deuten das gestiegene Angebot an offenen Stellen und die Zunahme der Arbeitsvermittlungen auf eine verbesserte konjunkturelle Entwicklung des Landes hin. Die arbeitsmarktpolitischen Instrumente der Arbeitsämter und der Landesregierung entlasten den Arbeitsmarkt noch erheblich. Die Arbeitslosigkeit verringerte sich im Vergleich zum Vorjahr um durchschnittlich zehn Prozent.

Konjunkturelle Entwicklung

Mecklenburg-Vorpommern erwirtschaftete 1992 ein Bruttoinlandsprodukt von 27,4 Mrd. DM. Dies sind real 7,7 Prozent mehr als im Jahr zuvor. Es weist damit einen Anteil von 11,6 Prozent am Bruttoinlandsprodukt Ostdeutschlands auf. Gemessen an der Dynamik Ostdeutschlands verlief die Entwicklung in Mecklenburg-Vorpommern überdurchschnittlich, denn das Bruttoinlandsprodukt Ostdeutschlands stieg 1992 um real 6,8 Prozent. Es ist also eine Belebung der Wirtschaftstätigkeit zu verzeichnen, und es ist festzustellen, daß der Tiefpunkt der gesamtwirtschaftlichen Entwicklung im Jahr 1991 vorerst überwunden wurde.

Als besonderer Motor für das Wirtschaftswachstum im Jahr 1992 hat sich das Produzierende Gewerbe, hier besonders das Baugewerbe, erwiesen. Die Baubranche profitiert vor allem von den Leistungen zur Erneuerung der öffentlichen Infrastruktur, zur Modernisierung von Unternehmenskapazitäten sowie zur Wohnungsaltbausanierung. Bauträger waren bisher überwiegend öffentliche Auftraggeber. Die Nachfrage nach Bauleistungen hat sich im Verlauf des letzten Jahres zunehmend in Richtung gewerblicher Aufträge verlagert. Der baugewerbliche Umsatz aller Betriebe im Bauhauptgewerbe erhöhte sich 1992 gegenüber dem Vorjahr um nominal 61,3 Prozent und erreichte einen Wert von über 5 Mrd. DM.

Die staatlichen Aktivitäten berühren auch weiterhin den Entwicklungslauf im Bauge-werbe entscheidend. Sie schlagen sich nicht nur im Öffentlichen und Verkehrsbau nieder, sondern über die Bereitstellung von staatlichen Fördermitteln auch im gewerb-lichen und industriellen Bau sowie im Wohnungsbau.

Zum Wachstum der Bruttowertschöpfung im Produzierenden Gewerbe trug auch das Verarbeitende Gewerbe bei. Die Umsatzentwicklung wies 1992 eine nominale Steige-rung um 8,2 Prozent gegenüber dem Vorjahr auf. Auch wenn sich das Umsatzwachstum im IV. Quartal 1992 erheblich abgeschwächt hat, so ist die Entwicklung des Verarbei-tenden Gewerbes – gemessen am Umsatz – nicht mehr rückläufig.

Die Arbeitsproduktivität – gemessen als Bruttoinlandsprodukt je Erwerbstätigen – be-trug 1992 in Ostdeutschland 37 100 DM, das sind knapp 40 Prozent des Westniveaus. Die Arbeitsproduktivität ist gegenüber 1991 um real 21,2 Prozent gestiegen; bezogen auf Vollzeitarbeitskräfte um 7,6 Prozent. Diesbezügliche Länderangaben liegen derzeit nur für 1991 vor. Mecklenburg-Vorpommern erreichte 25 679 DM je Erwerbstätigen und lag damit im Durchschnitt Ostdeutschlands. Eine Verbesserung der qualitativen Wachstumsdaten für 1992 ist vor allem auch an folgenden Indikatoren im Verarbeiten-den Gewerbe ablesbar:

- Der Umsatz je Arbeiterstunde erhöhte sich um fast 50 Prozent auf 121 DM; in Ostdeutschland insgesamt um 38,5 Prozent auf 94 DM.
- Der Umsatz je tätige Person nahm um fast 90 Prozent auf rund 122 000 DM zu; in Ostdeutschland insgesamt zum Vergleich: + 77,4 Prozent auf rund 100 000 DM.
- Die geleisteten Arbeitsstunden je Arbeiter stiegen in unserem Land um 24 Prozent auf 1 468 Stunden; in Ostdeutschland insgesamt um 27,2 Prozent auf 1 534 Stunden.
- Der Anteil von Lohn und Gehalt am Gesamtumsatz sank von 27 Prozent auf 21,3 Prozent bei gleichzeitiger Steigerung der Löhne und Gehälter je tätige Person um 49,6 Prozent. In Ostdeutschland insgesamt sank der Anteil von 30,6 Prozent auf 27,9 Prozent. Die Löhne und Gehälter je tätige Person stiegen um 61,5 Prozent.

Der Vergleich dieser Indikatoren, die für die Charakterisierung der Wettbewerbsfähig-keit unserer Betriebe und Unternehmen wichtig sind, zeigt, daß Mecklenburg-Vorpom-mern einen Vergleich mit den anderen Bundesländern im Osten Deutschlands nicht zu scheuen braucht.

Im Gründungsgeschehen hat sich die positive Entwicklung des Jahres 1991 nicht fortgesetzt. Während noch 1991 auf drei Anmeldungen eine Abmeldung entfiel, waren es 1992 auf zwei Anmeldungen eine Abmeldung. Die Zahl der Nettozugänge an Ge-werbemeldungen sank um die Hälfte auf rund 11 000.

Unter den neuen Bundesländern weist Mecklenburg-Vorpommern damit zwar eine geringe Zahl von Nettozugängen bei der Neuansiedlung von Gewerbe auf. Dieser Eindruck relativiert sich aber, wenn man die Nettozugänge mit der Einwohnerzahl ins Verhältnis setzt. Hier weisen alle neuen Bundesländer – außer Berlin – mit 5,7 bis 5,9 Nettoanmeldungen je 1 000 Einwohner eine etwa gleiche Relation auf.

Haushalts- und Finanzlage

Die Forderung, über die öffentlichen Haushalte die Initialzündung und die Stabilisierung der wirtschaftlichen Entwicklung zu sichern, gilt in Mecklenburg-Vorpommern weit mehr als in anderen neuen Ländern, weil hier die ökonomische Basis vergleichsweise schwach entwickelt ist. Die öffentliche Hand erzeugt durch Aufträge an die heimischen Betriebe eine Anschubwirkung, die den Unternehmen Zuversicht vermittelt und Investitionen in den Aufbau von Produktionskapazitäten als überschaubare und vertretbare Risiken erkennen läßt. Allein die Landesausgaben für Investitionen betrugen 1991 und 1992 jeweils 12,8 Prozent des Bruttoinlandsproduktes Mecklenburg-Vorpommerns und erreichen 1993 eine Größenordnung von rund 2 300 DM pro Einwohner. Zum Vergleich: Die Flächenländer im Westen der Bundesrepublik haben 1993 in ihren Haushalten durchschnittlich 718 DM pro Einwohner für Investitionen vorgesehen.

Im Landeshaushalt von Mecklenburg-Vorpommern sind 1993 fast ein Drittel (32,1 Prozent) der Gesamtausgaben für Investitionen vorgesehen. In den westlichen Flächenländern erreicht der Investitionsanteil in den Haushalten zwischen 10 Prozent (Saarland) und 21 Prozent (Bayern).

In dem von jeher landwirtschaftlich geprägten Mecklenburg-Vorpommern wurde die Umstrukturierung und Modernisierung der Landwirtschaft in den Jahren 1991 bis 1993 mit rund 1 Mrd. DM oder 9 Prozent der bisherigen Gesamtinvestionen des Landes unterstützt. Neben den direkten Investitionshilfen aus dem Landeshaushalt wird seit Anfang 1993 aus dem Verkauf von Grundstücken ehemaliger Landesdomänen und sonstiger landwirtschaftlicher Liegenschaften ein Fonds von bis zu 135 Mill. DM angesammelt. Mit diesem sollen Kredite für die Wieder- und Neueinrichtung, für die Stabilisierung von landwirtschaftlichen Familienbetrieben, Kooperationen und Gruppenbetrieben sowie für umweltverträgliche Anbaumethoden, für den Anbau nachwachsender Rohstoffe und für Maßnahmen auf den Gebieten der Tierzucht und Tierhaltung finanziert werden.

Die Sanierung und Instandsetzung der kulturellen Bausubstanz Mecklenburg-Vorpommerns, unter anderem geprägt durch historische Stadtbilder, nordische Backsteinkirchen und über das ganze Land verteilte Herrenhäuser und Schlösser, erfordert einen noch über viele Jahre andauernden umfangreichen Mitteleinsatz. Bisher wurden schon 53 Mill. DM aus dem Landeshaushalt bereitgestellt. Allein für die Substanzsicherung und Restaurierung der drei herausragenden Schlösser Schwerin, Güstrow und Ludwigslust wird für die nächsten fünf Jahre mit einem Mittelbedarf von etwa 250 Mill. DM gerechnet.

Der Schulbau erfordert nach überschlägigen Schätzungen vier bis fünf Mrd. DM. Für die Reorganisation des Schulwesens und für die zeitgemäße Ausstattung der Schulen wurden unabhängig von der eigentlich auf der kommunalen Ebene angesiedelten Finanzierungsverantwortung in den Jahren 1991 bis 1993 etwa 200 Mill. DM aus dem Landeshaushalt bereitgestellt.

Die Modernisierung des Gesundheitswesens ist bereits ein gutes Stück vorangekommen. In den Jahren 1991 und 1992 sind 308 Mill. DM für Gerätebeschaffungen, die Instandhaltung und kleinere Baumaßnahmen aus dem Landeshaushalt in die Krankenhäuser geflossen. Für größere Neu-, Um-, und Erweiterungsbauten wurden 163 Mill. DM eingesetzt. Der Haushalt des Jahres 1993 sieht für die Krankenhausförderung 243 Mill. DM vor. Die Modernisierung der Alten- und Pflegeheime erfordert schätzungsweise einen Finanzbedarf von über 1 Mrd. DM. Das Land unterstützte die Kirchen, Wohlfahrtsorganisationen und Gemeinden als Träger der Alten- und Pflegeheime bisher mit insgesamt 95 Mill. DM.

An der Vorbereitung und Realisierung des Neuaufbaues arbeiten viele engagierte Menschen in Mecklenburg-Vorpommern. Das Land stellt erhebliche Sachmittel für die Planung und rechtliche Absicherung, für die Prüfung der regionalplanerischen und städtebaulichen Einordnung, der Umweltverträglichkeit usw. bereit. Der Arbeitsumfang übersteigt während der Aufbausituation die Anforderungen in vergleichbaren westlichen Ländern bei weitem: Beispiele für zusätzliche Aufgaben sind die Regelung der offenen Vermögensfragen, die Restaurierung und Aktualisierung der Grundbücher, die Entschädigung für erlittenes Unrecht durch die SED-Herrschaft, das gegenüber den Westländern weit höhere Förder- sowie Hochbauvolumen. Das Land hat innerhalb kürzester Zeit rechtsstaatlich einwandfreie Verfahren (zum Beispiel Plan- und Beteiligungsverfahren) für die Schaffung einer zukunftsweisenden öffentlichen Infrastruktur, ausreichender und akzeptabler Wohnungen, von Kindertagesstätten, modernisierten Krankenhäusern und Altenheimen sowie Schulen und Hochschulen sicherzustellen. Dies alles erfordert in erheblichem Umfang Personal, das mit 3,2 Mrd. DM für Löhne und Gehälter knapp ein Viertel des Haushalts von Mecklenburg-Vorpommern bindet. Zur Zeit erreichen die Löhne und Gehälter im Öffentlichen Dienst der neuen Länder im Durchschnitt des Jahres 1993 erst 78 Prozent des vergleichbaren westlichen Tarifniveaus.

Durch die zügige Klärung der offenen Vermögensfragen werden ebenso wie durch die Wiederherstellung und Aktualisierung der Grundbücher einschneidende Investitionshemmnisse beseitigt. Das Personal in der Hochbauverwaltung realisiert nicht nur die Hochbauprojekte des Landes selbst, sondern baut im Wege der Auftragsverwaltung auch für den Bund.

Den größten Ausgabenblock des Landeshaushaltes bilden die Sach- und Fachausgaben mit 5 781 Mill. DM (1993). Dazu zählen:

- Zuweisungen im Rahmen des Kommunalen Finanzausgleiches (2 168 Mill. DM),
- gesetzliche Sozialleistungen (1 127 Mill. DM) wie überörtliche Sozialhilfe, Wohngeld, Kindergeld und Landesblindengeld,
- sächliche Verwaltungsausgaben (500 Mill. DM) wie Raummieten, Bewirtschaftung usw. sowie
- sonstige Sach- und Fachausgaben (1 986 Mill. DM), insbesondere die Ausgaben für das Programm "Arbeit für Mecklenburg-Vorpommern", die Zuschüsse zum Betrieb

von Kindertagesstätten, für die Werfthilfe, die Stützung des Öffentlichen Personen-Nahverkehrs, für die Ausbildungsförderung, Heizgassubventionierung und für Agrarsubventionen.

Anders als in den alten Bundesländern, die etwa 70 Prozent ihres Haushaltes aus Steuereinnahmen finanzieren, decken die Steuereinnahmen Mecklenburg-Vorpommerns nur 22,7 Prozent der Ausgaben. Darin zeigt sich ein grundlegender Strukturunterschied der Länderhaushalte im Westen und im Osten. Notwendigerweise überhöhten Ausgaben stehen vergleichsweise sehr geringe eigene Einnahmen gegenüber.

Als eigene Einnahmen verfügt Mecklenburg-Vorpommern neben den Steuereinnahmen von 3 053 Mill. DM im Jahr 1993 über Verwaltungseinnahmen, insbesondere aus Gebühren, in Höhe von lediglich 279 Mill. DM. 4 223 Mill. DM werden aus dem Fonds "Deutsche Einheit" zur Verfügung gestellt, der auch noch 1994 die finanzielle Grundausstattung sichern wird.

Tabelle 1: Zuweisungen aus dem Fonds "Deutsche Einheit" 1991 bis 1994 (in Mill. DM)

	1991	1992	1993	1994
Neue Länder insgesamt	35 000	33 900	35 205	34 600
Mecklenburg-Vorpommern	4 190	4 066	4 223	4 144

Zusätzlich erhält Mecklenburg-Vorpommern 1993 aus dem Bundeshaushalt und von der EG für genau bestimmte Zwecke etwa 2 636 Mill. DM, darunter 1 370 Mill. DM für Investitionen.

Die danach immer noch bestehende Deckungslücke in Höhe von 3 326 Mill. DM oder 24,7 Prozent der gesamten Ausgaben wird mit Krediten geschlossen. Im Folgejahr 1994 und in den Jahren danach wird diese Schuldensumme jährliche Zinsausgaben von bis 250 Mill. DM zusätzlich erfordern.

Die Zinsausgaben Mecklenburg-Vorpommerns haben innerhalb von nur zwei Jahren etwa 27 Prozent der Zinsausgaben vergleichbarer westlicher Flächenländer erreicht, die ihren Schuldenberg allerdings in über 40 Jahren aufgebaut haben.

Das Land Mecklenburg-Vorpommern steht vor der Aufgabe, trotz sehr hoher Kreditaufnahme zur Finanzierung des Anpassungsprozesses einerseits und der explodierenden Zinslasten andererseits die finanzpolitische Gestaltbarkeit des Haushaltes nicht verlorengehen zu lassen. Die hohen Haushaltsvolumina werden mit dem Inkrafttreten der einheitlichen Finanzverfassung in ganz Deutschland nicht mehr beibehalten werden können. Die Landesregierung hat im Rahmen der Finanzplanung 1993 bis 1997 erklärt, ihr oberster Grundsatz für den mittelfristigen Zeitraum sei es, das Ausgabenniveau an die Finanzausstattung des Landes anzupassen.

Wohnungsbau und Stadtsanierung

Der Wohnungs- und Städtebau ist schon jetzt ein ganz entscheidender Träger des wirtschaftlichen Aufschwungs. 1991 und 1992 wurden die Modernisierung von gut 70 000 Wohnungen und der Neubau von über 3 000 Wohneinheiten mit 900 Mill. DM gefördert. Im Jahre 1993 wird die Modernisierung und der Neubau von über 58 000 Wohneinheiten sowie die Energieträgerumstellung von ca. 66 000 Wohnungen mit einem Fördervolumen von 545 Mill. DM angestrebt. Dieser Mitteleinsatz bewirkt erhebliche Multiplikatoreffekte. Es ist davon auszugehen, daß dadurch allein in der Bauwirtschaft ein Auftragsvolumen von annähernd 5 Mrd. DM ausgelöst wird.

Nach überschlägigen Ermittlungen wird der Investitionsbedarf für den Wohnungs- und den Städtebau in Mecklenburg-Vorpommern auf etwa 600 Mrd. DM brutto geschätzt. Auf diesem Felde wird also noch über viele Jahre eine intensive Bautätigkeit zu erwarten sein, die sich nachhaltig auch auf die Beschäftigung im Land auswirken wird.

2. Wirtschaftsbereiche

Land- und Forstwirtschaft

In der Wirtschaft des Landes Mecklenburg-Vorpommern hat die Land- und Forstwirtschaft sowie die Ernährungswirtschaft eine besondere Bedeutung.

Bei der Umgestaltung der Land- und Ernährungswirtschaft und des ländlichen Raums stehen dabei folgende Aktivitäten im Vordergrund:

Schaffung der Voraussetzungen für eine wettbewerbsfähige und umweltverträgliche Land- und Ernährungswirtschaft, Absicherung der unternehmerischen Freiräume, damit in Landwirtschaft und Fischerei hinreichende und mit anderen Bevölkerungsgruppen vergleichbare Einkommen erzielbar sind, Verbesserung der Lebensverhältnisse in den ländlichen Räumen, Erhaltung der ländlichen Siedlungsstrukturen mit den typischen mecklenburgisch-vorpommerschen Dörfern, Bewahrung der in Jahrhunderten gewachsenen Kulturlandschaft.

Landwirtschaft

Die landwirtschaftlich genutzte Fläche betrug im Jahr 1992 rund 1,3 Mill. ha, das ist gut die Hälfte der Gesamtfläche des Landes. Rund 65 Prozent der landwirtschaftlichen Nutzfläche gelten als ertragsschwache Standorte mit erheblichen natürlichen Nachteilen.

Tabelle 2: Flächennutzung nach Kulturarten in Mecklenburg-Vorpommern 1991 und 1992

Nutzungsart	1991		1992	
	1 000 ha	Prozent	1 000 ha	Prozent
Ackerland	1 011,8	77,9	1 008,9	79,1
Dauergrünland	280,8	21,6	261,4	20,5
Obstanlagen	4,3	0,3	3,3	0,3
sonst. Flächen	2,2	0,2	1,6	0,1
Landwirtschaftlich genutzte Flächen (LF)	1 299,1	100,0	1 275,2	100,0

Im Ergebnis des Umstrukturierungsprozesses entstanden bisher 3 562 landwirtschaftliche Betriebe unterschiedlicher Rechtsformen mit rund 36 400 Beschäftigten.

Tabelle 3: Betriebe in der Landwirtschaft in Mecklenburg-Vorpommern 1992

Rechtsformen	Anzahl der Betriebe	durchschnittliche Betriebsgrößen in ha	Anteil in Prozent
Betriebe gesamt	3 562	358	100,0
darunter:			
Einzelunternehmen im Haupt- und Nebenerwerb	2 535	78	15,5
BGB Gesellschaften	219	410	7,0
KG (einschl. GmbH & CoKG)	85	1 537	10,2
e. G.	285	1 475	33,0
GmbH, AG	383	1 103	33,1

Quelle: Statistisches Landesamt Mecklenburg-Vorpommern; Stand: April 1992

Tabelle 4: Beschäftigte in der Landwirtschaft in Mecklenburg-Vorpommern 1989 bis 1992

Beschäftigte	1989	1990	1991	1992	Prozent
Insgesamt	183 884	126 801	71 396	36 400	100
darunter:					
natürliche Personen				10 200	28
in Genossenschaften/					
Kapitalgesellschaften etc.				26 200	72
Arbeitskräfte je 100 ha LF	12,2	8,4	5,5	2,8	–

Anfang 1993 bewirtschafteten rund 430 bäuerliche Unternehmen ca. 90 000 ha Acker- und Grünland nach den Regeln des ökologischen Landbaus. Im Vergleich aller Bundesländer ist dies mit 7 Prozent der höchste Anteil derartig bewirtschafteter Flächen.

Im Zuge der Anpassung an die Erfordernisse des EG-Agrarmarktes änderte sich der Fruchtanbau grundlegend. Während im Anbau von Getreide, Kartoffeln, Zuckerrüben sowie im Futterpflanzenanbau ein spürbarer Rückgang zu verzeichnen war, hat sich die Ölfruchtanbaufläche mehr als verdoppelt. Stillgelegt werden jährlich rund 127 000 ha Ackerfläche.

Tabelle 5: Anbaufläche nach Fruchtarten in Mecklenburg-Vorpommern 1985, 1990 bis 1992

Fruchtart	1985/90		1991		1992	
	1 000 ha	Prozent	1 000 ha	Prozent	1 000 ha	Prozent
Getreide	615,7	54,3	505,9	50,0	532,2	52,2
Hülsenfrüchte	14,9	1,3	2,7	0,3	3,8	0,4
Ölfrüchte gesamt	80,9	7,1	135,0	13,3	189,3	18,6
Kartoffeln gesamt	94,8	8,4	27,7	2,7	30,6	3,0
Zuckerrüben	49,6	4,4	37,0	3,7	34,6	3,4
Futterhackfrüchte	14,4	1,3	1,8	0,2	1,3	0,1
Feldfutter gesamt	211,2	18,6	174,4	17,2	127,6	13,5
andere Früchte			12,8	1,3	11,0	1,1
Brache	·		114,1	11,3	78,5	7,7
Ackerland gesamt	1 134,7	100,0	1 011,8	100,0	1 008,9	100,0

In der Tierhaltung sind zwischen 1989 und 1992 erhebliche Veränderungen zu verzeichnen. Besonders gravierend ist der Bestandsrückgang bei Schweinen und Schafen, der jedoch 1993 zum Stillstand gekommen ist. Die Leistungen je Tiereinheit konnten deutlich angehoben werden.

Tabelle 6: Tierbestände nach Tierarten in Mecklenburg-Vorpommern 1989 bis 1992

Tierart[1]	1989	1991 Dez.	1992 Juni	1992 Dez.	92:89 Prozent	92:91 Prozent
Rinder	1 277,6	730,8	649,7	592,3	46,4	81,0
darunter: Milchkühe	430,8	248,4	232,7	221,8	51,5	89,3
Schweine	2 748,6	1 152,5	931,8[2]	969,6	35,3	84,1
darunter: Sauen	249,2	152,1	129,3[2]	132,8	53,3	87,3
Schafe	382,6	77,4	68,8	734,0	19,2	94,8
Pferde	21,9	[3]		15,5	70,8	
darunter: Stuten			3,3			

1) Angaben in 1 000 Stück.
2) Angaben vom August 1992.
3) Keine Zählung.

Forstwirtschaft

Wald- und Forstwirtschaft sind für Mecklenburg-Vorpommern von erheblicher wirtschaftlicher und landeskultureller Bedeutung.

Der Wald ist mit rund 519 000 ha Lebensgrundlage der Menschen und Lebensraum für Tiere.

Tabelle 7: Waldeigentum nach Besitzart in Mecklenburg-Vorpommern (Stand: März 1993)

Waldbesitzart	1 000 ha	Prozent
Landeswald	219,5	42,4
Kommunalwald	38,1	7,3
andere Körperschaften	2,7	0,5
Privatwald	ca. 70,0	13,5
Treuhandwald	133,2	25,7
Bundesforsten	55,1	10,6
Wald gesamt	ca. 518,6	100,0

Mit einem Bewaldungsanteil von 21 Prozent der Landesfläche ist Mecklenburg-Vorpommern nach Schleswig-Holstein (9,9 Prozent) das am geringsten bewaldete Flächenland Deutschlands. Die Waldverteilung im Land ist sehr unterschiedlich. 61,5 Prozent der Waldgebiete bestehen aus Nadelbäumen, 38,5 Prozent sind Laubbäume. Auf jeden Einwohner entfallen 0,26 ha Wald. Wegen der geringen Bevölkerungsdichte des Landes ist dieser Anteil im Vergleich zum Durchschnitt der Bundesrepublik (0,13 ha Wald je Einwohner) doppelt so hoch.

Ernährungswirtschaft

Die Landwirtschaft kann wirtschaftlich nur gut vorankommen, wenn sich auch ein wettbewerbsfähiger vor- und nachgelagerter Sektor entwickelt. Dazu ist es notwendig, daß leistungsfähige mittelständische Unternehmen für die Verarbeitung und Vermarktung landwirtschaftlicher Produkte entstehen. Sie sind entscheidende Voraussetzung dafür, daß die Landwirtschaft kostengünstig produziert und für ihre Produkte vernünftige Preise erhält.

Die zukünftigen Strukturen der Ernährungswirtschaft in Mecklenburg-Vorpommern zeichnen sich schon deutlich ab. Nach der Fertigstellung weiterer geplanter Investitionen wird die Ernährungswirtschaft über Betriebe verfügen, die nach Ausstattung, Größe und Produktivität zu den modernsten Europas gehören.

Tabelle 8: Unternehmen des Ernährungsgewerbes in Mecklenburg-Vorpommern
(Stand: Februar 1993)

Art der Unternehmen	Anzahl	darunter: mit EG-Zulassung
Mahl- und Schälmühlen	10	
Herstellung von Teigwaren	1	
Herstellung von Nährmitteln	2	
Herstellung von Stärke, Stärkeerzeugnissen	1	
Herstellung von Kartoffelerzeugnissen	2	
Herstellung von Backwaren (Bäckereien ges.)	433	
Herstellung von Dauerbackwaren	1	
Zuckerindustrie	4	
Obst- und Gemüseverarbeitung	4	
Molkerei, Käserei, Dauermilch	22	
Schmelzkäse	3	
Talgschmelzen, Schmalzsiedereien	2	
Schlachtbetriebe (Rind, Schwein, Pferd)	33	3
Schlachtbetriebe (Geflügel)	7	4
Fleischverarbeitungsbetriebe	23	3
Geflügelverarbeitungsbetriebe	1	1
Wildbe- und -verarbeitung	6	
Private Fleischereien	242	
Fischbe- und -verarbeitung	83	15
Brauereien	6	
Herstellung von Spirituosen	5	
Herstellung und Verarbeitung von Wein	2	
Mineralbrunnen, Herstellung von Mineralwasser, Limonaden	11	
übriges Ernährungsgewerbe (Kinderkost, Süßwaren, Kaffee, Schälbetriebe)	21	1
Kühlbetriebe	7	6
Herstellung von Futtermitteln	22	
Unternehmen insgesamt	954	33

Bergbau und Energiewirtschaft

In Mecklenburg-Vorpommern ist ein umfangreiches Potential an oberflächennahen Bodenschätzen, den sogenannten Steine-Erden-Rohstoffen, bekannt. 113 dieser Lagerstätten von Kies, Kiessand, Ton, Torf, Kreide, Kalkstein und Spezialsanden sind der Treuhandanstalt als Bergwerkseigentum übertragen worden. 41 Prozent dieser Lagerstätten wurden privatisiert, 3 Prozent sind an Rohstoffgewinnungsunternehmen verpachtet worden. Die restlichen 56 Prozent sind noch nicht in Nutzung. Die Privatisierung der Lagerstätten erfolgt in Abstimmung mit der Landesregierung.

Bislang wurden durch das Bergamt Stralsund 63 Bewilligungen für die Gewinnung von Bodenschätzen zu gewerblichen Zwecken und 179 Erlaubnisse für die Aufsuchung erteilt. Die Bergbauberechtigungen wurden in vielfältigen Verfahrensschritten mit allen Trägern öffentlicher Belange (zum Beispiel Umwelt- und Raumordnungsbehörden, Kreis- und Gemeindeverwaltungen) abgestimmt. Insgesamt stehen derzeit ca. 300 Unternehmen unter Aufsicht des Bergamtes Stralsund.

1992 wurden 19 466 Tonnen Erdöl und 6,2 Mill. Kubikmeter Erdgas gefördert. Die Gesamtförderungen von Steine- und Erdenrohstoffen ist für 1992 in Tabelle 9 dargestellt.

Tabelle 9: Gewinnung von Steine- und Erdenrohstoffen in Mecklenburg-Vorpommern 1992

	Kies/Kiessand Kilotonnen	Torf Kubikmeter	Ton Kilotonnen	Kreide Kilotonnen
Bergwerkseigen	6 914	25 900 000	6 775	45
Bergfrei	4 170	–	–	–
Grundeigen	3 890	–	–	–

Der Bohrlochbergbau umfaßt die Erkundung, Gewinnung und Nutzung von Kohlenwasserstoff in flüssigem und gasförmigem Zustand, von Erdwärme und von geologischen Formationen und Gesteinen der Erdkruste, die sich zur unterirdischen behälterlosen Speicherung eignen. In Mecklenburg-Vorpommern gibt es sieben Erdöl/Erdgaslagerstätten, die sich derzeit in Treuhandbesitz befinden, sieben Konzessionsgebiete (Erlaubnisfelder) zur Erdöl/Erdgassuche und 28 geothermische Bohrungen, von denen sechs in zwei Geothermieheizanlagen genutzt werden.

1992 erfolgte im Raum Heringsdorf/Bansin die Dekontaminierung von mit Kohlenwasserstoffen belasteten Standorten ehemaliger Erdölbohrungen. Und zwar mit einem Verfahren, das erstmals in den neuen Bundesländern zur Anwendung gelangte. Dieses Aufbereitungsverfahren ist ein Ergebnis guter Zusammenarbeit Deutschlands, Österreichs, der Tschechischen Republik und der Slowakischen Republik.

Im Bereich der Energie- und Wasserversorgung waren Ende 1992 rund 10 000 Personen tätig, darunter jeder sechste in der Elektrizitätsversorgung. Elektroenergie wird in Mecklenburg-Vorpommern nach dem Abschalten des Kernkraftwerkes Greifswald nur noch in geringem Umfang erzeugt. Das vorhandene Elektroenergienetz, das zum Osteuropäischen Verbund gehört, ist grundsätzlich in der Lage, alle Landesteile mit Energie zu versorgen.

Der Verbrauch an Elektroenergie ist seit dem zweiten Halbjahr 1990 aufgrund der geringen Nachfrage seitens der Industrie deutlich zurückgegangen. Allerdings ist im Zuge der wirtschaftlichen Wiederbelebung mit einem steigenden Bedarf zu rechnen, so daß in Zukunft neue Kraftwerks- und Netzkapazitäten erforderlich werden.

Der Stromverbrauch der vergangenen Jahre in Mecklenburg-Vorpommern ist in Tabelle 10 dargestellt.

Tabelle 10: Stromverbrauch in Mecklenburg-Vorpommern 1989 bis 1992 (in MWh)

Jahr	Stromverbrauch
1989	7 467 300
1990	7 175 498
1991	6 008 059
1992[1]	5 922 336

1) Vorläufig.

Die von der Gaswirtschaft eingeleitete Umstellung von Stadtgas auf Erdgas wird bis Ende 1994 abgeschlossen. 1992 wurde die Versorgung von ca. 64 000 Tarifkunden, das sind rund ein Drittel aller Abnehmer, auf Erdgas umgestellt.

Ein Teil des Hauptversorgungsnetzes, vorwiegend im westlichen Teil des Landes, ist bereits vollständig an Erdgas angeschlossen. In erster Linie betrifft dies Leitungen der Verbundnetz Gas AG und des Regionalversorgers HANSEGAS GmbH. Hinzu kommen neu errichtete Leitungen, wie zum Beispiel von Lübeck nach Wismar, von Lauenburg nach Boizenburg, von Ratzeburg über Gadebusch nach Rehna, auf dem Fischland/Darß, auf der Insel Rügen sowie von Polen nach Ahlbeck. Im Jahre 1992 wurde die Versorgung in folgenden Städten und Gemeinden von Stadtgas auf Erdgas umgestellt: Crivitz, Parchim, Lenzen, Neukloster, Neustadt-Glewe, Sternberg, Brüel, Bad Doberan, Warin, Bützow, Kühlungsborn, Schwaan, Lübtheen, Wittenburg, Lübz, Kröpelin, Warnemünde, Tessin, Groß Lüsewitz, Gützkow, Grevesmühlen, Schönberg, Klütz und Insel Usedom.

Zur Gewährleistung eines Stadtgaspreises, der dem Preis anderer Energieträger mit vergleichbarem Energiegehalt entspricht, gewährt das Land entsprechend dem Landtagsbeschluß vom 21. März 1991 und der Richtlinie vom 6. August 1991 einen Zuschuß von 0,22 DM pro Kubikmeter Stadtgas.

Tabelle 11: Ausgleichszahlungen für Stadtgas in Mecklenburg-Vorpommern 1992 und 1993

	Betrag in Mill. DM
Ausgleichszahlungen für Stadtgas zu Heizzwecken 1992 im Landeshaushalt eingestellt	45,610
davon ausgereichte Mittel (Endabrechnung noch nicht abgeschlossen)	30,868
Ausgleichszahlungen für Stadtgas zu Heizzwecken 1993 im Landeshaushalt eingestellt	39,610

Der Gasverbrauch für Mecklenburg-Vorpommern ist in Tabelle 12 dargestellt.

Tabelle 12: Gasverbrauch in Mecklenburg-Vorpommern 1989 bis 1995 und 2000 (in MWh)

Jahr	Gesamtverbrauch	darunter: Erdgas
1989	5 907 000	2 587 010
1990	5 325 027	1 795 818
1991	3 831 313	1 131 405
1992[1]	3 396 995	1 454 779
1993[2]	–	2 956 000
1994[2]	–	4 232 000
1995[2]	–	5 416 000
2000[2]	–	8 400 000

1) Vorläufig.
2) Prognose.

Der Anteil der Fernwärmeversorgung an der Energieversorgung des Landes ist im Vergleich zur Bundesrepublik relativ hoch. Die Landesregierung sieht in einer wirtschaftlichen und umweltfreundlichen Fernwärme einen deutlichen Beitrag zur CO_2-Verminderung. Seit 1992 fördern das Land und der Bund die Sanierung von Fernwärmeanlagen mit 34,6 Mill. DM. Durch die Förderung wurden Investitionen in Höhe von 170 Mill. DM ausgelöst. In den Jahren 1993 bis 1995 stehen Mittel in Höhe von 103,8 Mill. DM zur Verfügung.

Für die Nutzung erneuerbarer Energieträger bietet das Land mit seinen großen Potentialen an Wind, Sonne, Erdwärme und Biomasse gute Voraussetzungen. Die Nutzung dieser Energieträger wird im Rahmen des Technologieförderprogramms des Landes 1993 mit rund 9,2 Mill. DM gefördert.

Vorhandene Potentiale der Geothermie werden an den Standorten Neubrandenburg, Waren-Papenberg und Neustadt-Glewe dazu genutzt, die Fernwärmeversorgung einzelner Wohn- und Industriegebiete dort zu sichern. 1992 wurden für die Sanierung der Geothermischen Heizzentrale (GHZ) in Neubrandenburg 3,2 Mill. DM zur Verfügung gestellt. Im Jahr 1993 fördert das Land gemeinsam mit der EG im Rahmen des Thermie-Programms die Rekonstruktion der GHZ in Waren-Papenberg. Aus Landesmitteln wird ein Zuschuß in Höhe von 345 000 DM gewährt. Darüber hinaus wird seit 1992 in Neustadt-Glewe mit Unterstützung durch das Bundesministerium für Forschung und Technologie eine GHZ nach dem neuesten Stand der Technik errichtet. Die GHZ soll 1996 fertiggestellt sein. Die Gesamtkosten in Höhe von 10 Mill. DM werden mit Landesförderung in Höhe von 4 Mill. DM bezuschußt.

Mecklenburg-Vorpommern ist neben Schleswig-Holstein und Niedersachsen das Land mit dem größten Potential an Windenergie. Bis Ende 1992 wurden ca. 50 Windkraftanlagen, deren erzeugte Elektroenergie in die Energieversorgungsnetze eingespeist wird, auch mit Landesförderungen in Höhe von nahezu 2 Mill. DM errichtet. Im Jahr 1993 entstehen neben zahlreichen Einzelanlagen weitere vier Windparks mit 30 Anlagen der Leistungsklasse 270 bis 500 Kilowatt.

Mit dem Bundesprogramm "1000-Dächer-Photovoltaik" werden in Mecklenburg-Vorpommern 100 Sonnenenergie-Anlagen errichtet. Derzeit sind 27 Anlagen in Betrieb. Diese erzeugen Elektroenergie für den Eigenbedarf und speisen Überschüsse in die Netze der Energieversorgungsunternehmen ein. Weitere Anlagen nehmen 1993 ihren Betrieb auf.

Erfolgreich ist die Kooperation mit dem Bundesministerium für Forschung und Technologie bei der Realisierung eines Demonstrationsvorhabens zur objektorientierten hybriden Stromversorgung des Klärwerkes Körkwitz (Landkreis Ribnitz-Damgarten). Das Land beteiligt sich an den Projektkosten mit 20 Prozent, das heißt mit 1,8 Mill. DM. Im ersten Abschnitt wurde dort ein 250 kWh-Photovoltaikfeld errichtet. Zu diesem Projekt gehört auch eine 300-Kilowatt-Wind-Energie-Anlage, die Ende 1992 fertiggestellt wurde.

Verarbeitendes Gewerbe

Zum Wachstum der Wertschöpfung im Jahr 1992 hat auch das Verarbeitende Gewerbe beigetragen. Die Umsatzentwicklung weist ein nominales Wachstum von 8,2 Prozent gegenüber dem Vorjahr auf. Der Umsatz stieg von 6 921,7 Mill. DM auf 7 489,8 Mill. DM. Zwar hat sich das Umsatzwachstum zum Jahresende 1992 hin abgeschwächt, doch ist – am Umsatz gemessen – die Entwicklung des Verarbeitenden Gewerbes in Mecklenburg-Vorpommern nicht mehr rückläufig. In Ostdeutschland sank der Umsatz im Vergleich dazu um 4,9 Prozent.

Getragen wird das Wachstum im Verarbeitenden Gewerbe 1992 vor allem durch die Inlandsnachfrage. Rund 83 Prozent der Gesamtumsätze wurden im Inland realisiert.

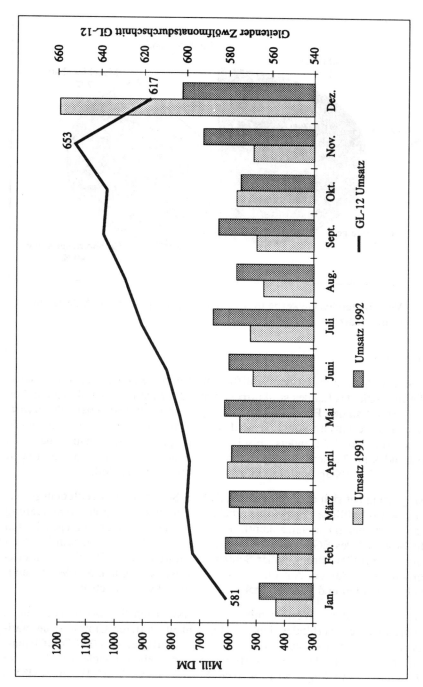

Abbildung 1: Umsätze im Verarbeitenden Gewerbe in Mecklenburg-Vorpommern 1991/1992

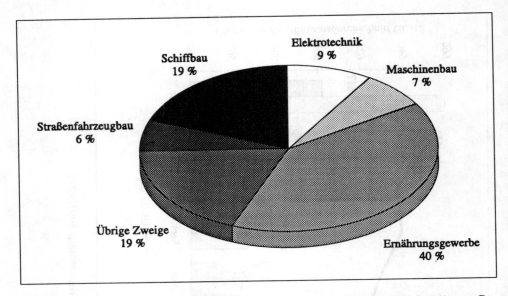

Abbildung 2: Verarbeitendes Gewerbe in Mecklenburg-Vorpommern: Anteile am Gesamtumsatz im Jahr 1992

Schiffbauindustrie

In Mecklenburg-Vorpommern ist der Schiffbau als Kernbereich der maritimen Wirtschaft für die Industrie des Landes strukturbestimmend. Er hat mit 14 874 einen hohen Anteil (24,2 Prozent) an den Beschäftigten in der gewerblichen Wirtschaft. Sie erwirtschafteten einen Jahresumsatz von 1,51 Mrd. DM (+ 16,2 Prozent gegenüber 1991). Mit der Auslieferung von 27 Handels-, Fischerei- und Spezialschiffen haben die sechs Werften des Landes 1992 einen Auftragswert realisiert, der einen Anteil von 23 Prozent der gesamten Schiffsneubauproduktion in der Bundesrepublik darstellt.

Die Landesregierung hat sich dafür eingesetzt, daß der Schiffbau in Mecklenburg-Vorpommern eine wirtschaftliche Perspektive erhält. Nur durch eine zügige Privatisierung der Schiffbauunternehmen konnten zukunftssichernde Rahmenbedingungen geschaffen werden. Mit Beschluß des EG-Industrieministerrates vom 17. Juni 1992 wurden Ausnahmeregelungen zur Gewährung hoher Schiffbaubeihilfen für die Werften in Mecklenburg-Vorpommern erlassen. Auf dieser Grundlage ist es möglich, alle Werftstandorte im Land zu erhalten und international wettbewerbsfähig zu machen.

Mit der Aussicht, daß diese Werften mit zu den modernsten Schiffbauunternehmen Europas gehören werden, verbindet sich die Möglichkeit, in deren Umfeld neue maritime mittelständische Unternehmen anzusiedeln. Bei künftig etwa 8 000 Schiffbauarbeitsplätzen werden im Umfeld der Werften annähernd ebenso viele Arbeitsplätze entstehen. Im Jahre 1992 erfolgte der Erwerb der Meerestechnik-Werft Wismar (MTW) und des Dieselmotorenwerkes Rostock durch die Vulkan Verbund AG Bremen, der Warnowwerft Warnemünde durch die norwegische Kvaerner-Gruppe und der Peene-Werft Wolgast durch die Hegemann-Gruppe. 1992 zeichnete sich eine zunehmende Stabilisierung des Schiffneubaus durch neue Aufträge, besonders für die Elbewerft Boizenburg und die Volkswerft Stralsund ab. Dieses ging einher mit einer deutlichen Verbesserung der Produktivität. 1993 sollen 35 Schiffe vom Stapel laufen.

Im Zuge der Privatisierung wurden neue Unternehmenskonzepte erarbeitet, die sich bereits dieses Jahr positiv auf die Situation in den Schiffbauunternehmen auswirken. Wesentlich sind auch die von Bund und Land bereitgestellten Schiffbaubeihilfen.

Ernährungsgewerbe

Das Ernährungsgewerbe ist neben dem Schiffbau der zweite strukturbestimmende Wirtschaftszweig des Landes. Ende 1992 waren hier mit 13 600 rund 22 Prozent der Gesamtbeschäftigten im Verarbeitenden Gewerbe tätig. Dieser Zweig erwirtschaftete knapp drei Mill. DM Umsatz, das sind rund 40 Prozent der Gesamtumsätze im Verarbeitenden Gewerbe. Er hatte auch entscheidenden Anteil an der guten Entwicklung im Verarbeitenden Gewerbe insgesamt. Seit Mitte des Jahres 1992 ist der Umsatz kontinuierlich angestiegen und hat sich inzwischen stabilisiert. Wachstumsträger des Ernährungsgewerbes waren insbesondere die Branchen Mineralwasserherstellung, Backwarenherstellung und Brauereien, aber auch die Zuckerindustrie sowie die Molkereien und Käsereien. Voraussetzung für den Fortgang des eingeschlagenen Wachstumskurses im Ernährungsgewerbe sind die getätigten Investitionen. Auf diesen Zweig entfielen bereits 1991 rund 40 Prozent der Bruttoanlageinvestitionen im Verarbeitenden Gewerbe; dieser Trend setzte sich auch 1992 mit 44 Prozent fort.

Straßenfahrzeugbau

Der Straßenfahrzeugbau erweist sich für das Land als derzeit stabiles Konjunkturelement. Gegenüber 1991 stieg der Umsatz um 35,5 Prozent. Ende Dezember 1992 waren hier rund 5 Prozent aller Beschäftigten tätig. Sie erwirtschafteten 500 Mill. DM Umsatz. Die Auftragseingänge lagen 1992 um 80 Prozent über dem Vorjahreswert.

Elektroindustrie

Die Elektrotechnische Industrie vermochte als drittstärkster Zweig ihr hohes Wachstum gegenüber den ersten neun Monaten des Jahres 1992 nicht zu halten, erreichte aber im Jahresdurchschnitt noch eine Steigerung im Umsatz um 5,7 Prozent. Die Auftragseingänge erhöhten sich gegenüber 1991 um gut 80 Prozent. Gegenwärtig sind rund 6 400 Personen (10,4 Prozent) in diesem Wirtschaftszweig beschäftigt.

Maschinenbau

Im Maschinenbau hat sich die rezessive Wirtschaftsentwicklung im Laufe des Jahres 1992 etwas verlangsamt. Ende Dezember 1992 waren in diesem Wirtschaftszweig rund

8 000 Personen (– 56 Prozent gegenüber 1991) beschäftigt. Der Jahresumsatz betrug 543,4 Mill. DM (– 25,2 Prozent). Dieser Zweig ist mit einem Umsatzanteil von 7,3 Prozent der viertwichtigste im Verarbeitenden Gewerbe. In der Maschinenbauindustrie war bis zum Sommer 1992 noch eine geringe Zuwachsrate in den Auftragseingängen (+ 3 Prozent) zu verzeichnen. In den letzten Monaten des Jahres 1992 schwächte sich jedoch die Branchenkonjunktur deutlich ab, so daß die Auftragseingänge im Jahresdurchschnitt um rund ein Drittel zurückgegangen sind. Die Inlandsnachfrage nach Maschinenbauerzeugnissen dürfte im Laufe des Jahres 1993 weiter schwach bleiben, da viele Industriebetriebe ihre geplanten Anlageinvestitionen infolge der konjunkturellen Schwäche verschieben.

Chemische Industrie, Lederverarbeitung, Textil- und Bekleidungsindustrie

Die Chemische Industrie, Lederverarbeitung, Textil- und Bekleidungsindustrie sind in Mecklenburg-Vorpommern mit einem Beschäftigungsanteil von zusammen 3 Prozent und einem Umsatzanteil von zusammen 2,6 Prozent relativ schwach vertreten. Diese Zweige weisen zudem gegenüber dem Vorjahr eine rückläufige Entwicklung auf.

Steine- und Erdenindustrie, Stahl- und Leichtmetallbau

Ein hohes Umsatzwachstum weisen hingegen vor allem die mit dem Baugewerbe verbunden Zulieferbereiche, wie Steine- und Erdenindustrie (+ 101,7 Prozent gegenüber 1991) und der Stahl- und Leichtmetallbau (+ 97,3 Prozent), auf. Sie haben mit 3,6 Prozent bzw. 1,9 Prozent der Gesamtumsätze im Verarbeitenden Gewerbe noch einen recht geringen Anteil, werden diesen allerdings in den Folgejahren voraussichtlich vergrößern. Gegenwärtig haben diese Bereiche jeweils rund 2 000 Beschäftigte.

Baugewerbe

Vom Baugewerbe in Mecklenburg-Vorpommern gingen 1992 die entscheidenden Impulse für das Wirtschaftswachstum insgesamt aus. Der baugewerbliche Umsatz aller Betriebe im Bauhauptgewerbe erhöhte sich 1992 gegenüber dem Vorjahr um nominal 61,3 Prozent auf 5 025,1 Mill. DM. Zu den Wachstumsträgern zählen der gewerbliche und industrielle Bau mit 71,3 Prozent und der Öffentliche und Verkehrsbau mit 60,5 Prozent Umsatzzuwachs. Der gewerbliche und industrielle Bau weist zudem mit 38,5 Prozent des baugewerblichen Umsatzes den größten Umsatzanteil aus. Im Ausbaugewerbe stieg der baugewerbliche Umsatz um 37,7 Prozent auf 585 Mill. DM.

Die Auftragseingänge im Bauhauptgewerbe erhöhten sich auf 3 606,3 Mill. DM (+ 49,9 Prozent gegenüber dem Vorjahr). Ende März 1993 waren im Bauhauptgewerbe rund 41 000 und im Ausbaugewerbe rund 7 000 Personen tätig.

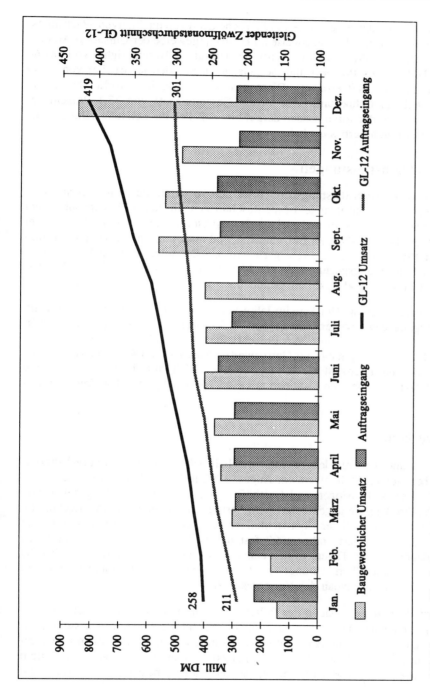

Abbildung 3: Umsätze und Auftragseingänge im Bauhauptgewerbe Mecklenburg-Vorpommerns 1992

Das Wachstum im Baugewerbe wurde 1992 entscheidend von qualitativen Wachstumsprozessen geprägt. So stieg beispielsweise im Bauhauptgewerbe der Umsatz je Arbeitsstunde von 60 auf 80 DM (+ 33,3 Prozent), der Umsatz je Beschäftigten von 68 465 auf 119 081 DM (+ 73,9 Prozent) und die geleisteten Stunden je Arbeiter von 1 399 auf 1 663 Stunden (+ 18,9 Prozent). Diese positive Entwicklung verlief bei einem sinkenden Anteil der Löhne und Gehälter am Gesamtumsatz von 33,1 Prozent auf 26,3 Prozent. Diese Indikatoren weisen darauf hin, daß sich die Leistungsfähigkeit der Baubetriebe wesentlich verbessert hat.

Handel und Dienstleistungen

Der Handel und der Dienstleistungsbereich werden vor allem durch mittelständische Strukturen geprägt. Im Einzelhandel ist die Beschäftigung im Juni 1993 gegenüber dem gleichen Vorjahresmonat zum Beispiel im Nahrungsmittelbereich um 36,5 Prozent zurückgegangen. Die Umsätze im Einzelhandel sind insgesamt im Vergleich von Juni 1992 zu Juni 1993 um rund 8 Prozent gesunken. Umsatzsteigerungen gab es im Einzelhandel mit Einrichtungsgegenständen (+ 24,5 Prozent), mit elektronischen Erzeugnissen (+ 16,1 Prozent) und Textilien, Schuhen, Lederwaren (+ 10,7 Prozent).

Im Gastgewerbe stiegen die Umsätze im Jahresvergleich 1992 zu 1991 um 37 Prozent. Das Beherbergungsgewerbe verzeichnete mit 40,5 Prozent Steigerung eine leicht bessere, das Gaststättengewerbe mit 34,6 Prozent eine leicht schlechtere als der Durchschnitt. Die Beschäftigung nahm im Gastgewerbe insgesamt um 4 Prozent gegenüber 1991 ab. Die Beschäftigtenzahl hat sich im Jahresvergleich im Beherbergungsgewerbe mit + 21,3 Prozent und bei den Kantinen mit + 43,3 Prozent gegen den Trend verbessert.

Fremdenverkehr

Der Tourismus und die Fremdenverkehrswirtschaft haben für Mecklenburg-Vorpommern einen besonderen Stellenwert. Im August 1992 haben im Lande 1 015 Betriebe, darunter 520 Hotels, Pensionen und Gasthöfe sowie über 400 Erholungsheime und Ferienzentren ihre Dienste angeboten. Damit verfügte das Land über ein Angebot von ca. 68 000 Betten. Die Zahl der Übernachtungen in Mecklenburg-Vorpommern betrug im Zeitraum Januar bis Dezember 1992 fast 6,5 Mill. mit einer durchschnittlichen Aufenthaltsdauer von 3,4 Tagen. In den ersten drei Monaten des Jahres 1993 lag die Zahl der Ankünfte und Übernachtungen in Beherbergungsstätten des Landes um bis zu einem Drittel über dem Niveau des Vorjahreszeitraums.

Mecklenburg-Vorpommern hat in der Beliebtheitsskala innerhalb der neuen Bundesländer inzwischen den ersten Platz eingenommen. Nach Untersuchungen wissenschaftlicher Institute dürfte die Zahl der nicht von der amtlichen Statistik erfaßten Beherbergungsstätten und Übernachtungen (Beherbergungsstätten mit weniger als neun Betten) bei etwa 80 Prozent der erfaßten liegen, so daß die realistische Zahl der Übernachtungen bei bis zu 10 Mill. liegt. Etwa fünf Prozent der Gäste kommen aus dem Ausland, vor allem aus Schweden und Dänemark.

Die meisten Betten werden in den touristischen Schwerpunktgebieten des Landes angeboten: an der Mecklenburgischen Ostseeküste (20 520 Betten) mit den Ostseebädern Boltenhagen, Rerik, Kühlungsborn, Nienhagen und Graal-Müritz; in der Vorpommerschen Küsten- und Boddenlandschaft (35 300 Betten) mit den Ostseebädern Wustrow, Arenshoop, Prerow und Zingst sowie den Seebädern Bansin, Heringsdorf und Ahlbeck; in der Mecklenburger Schweiz bei Teterow und Malchin (2 000 Betten); an der Mecklenburgischen Seenplatte zwischen Goldberg, Waren an der Müritz und Neustrelitz (6 800 Betten) sowie in der Westmecklenburgischen Niederungs- und Seenlandschaft vom Schweriner See bis nach Dömitz an der Elbe (3 700 Betten). Die jahresdurchschnittliche Auslastung der Beherbergungsstätten betrug 1992 44,6 Prozent, in den Sommermonaten Juli und August bis zu 70 Prozent.

Darüber hinaus stehen 151 Campingplätze mit fast 30 000 Stellplätzen für Urlaubscamping zur Verfügung. 1992 waren dort weitere 2,7 Mill. Übernachtungen zu verzeichnen.

Gegenwärtig sichert der Fremdenverkehr in Mecklenburg-Vorpommern direkt und indirekt ca. 57 000 Arbeitsplätze; nicht inbegriffen Reisebüros, Verwaltung, Verbände etc.

Verkehrswirtschaft

Hafenwirtschaft

Haupthandelshäfen in Mecklenburg-Vorpommern sind Rostock, Wismar, Stralsund, Greifswald/Ladebow, Wolgast und künftig auch Ueckermünde sowie die Fährhäfen Saßnitz/Mukran und Warnemünde. Nach der deutschen Vereinigung ging der Umschlag in den Häfen Mecklenburg-Vorpommerns beträchtlich zurück. Die See- und Fährhäfen befinden sich nach wie vor in einer schwierigen Phase der Konsolidierung.

In den genannten Häfen wurden 1992 annähernd 19,3 Mill. Tonnen Güter umgeschlagen. Das entspricht einer Steigerung gegenüber 1991 um 14,7 Prozent. Im Fährverkehr mit Schweden und Dänemark wurden nahezu drei Mill. Passagiere befördert. Das sind 13,2 Prozent mehr als 1991. Die Talsohle des wirtschaftlichen Abschwungs der Häfen ist damit offensichtlich durchschritten.

Durch die Gewährung von Fördermitteln für den Ausbau der Hafeninfrastruktur in Höhe von 62,2 Mill. DM trägt das Land zur Verbesserung der Wettbewerbschancen der Häfen sowie zu deren Anpassung an das Niveau internationaler Hafenstandorte bei. Von besonderer Bedeutung für den Hafenstandort Rostock ist die Errichtung des ersten Güterverkehrszentrums des Landes in der Nähe des Seehafens, mit dessen Bau im Oktober 1992 begonnen wurde. In Hinsicht auf die Entwicklung Mecklenburg-Vorpommerns zur Drehscheibe im Verkehr mit Skandinavien, Polen, den baltischen Staaten sowie Rußland sind die Hinterlandanbindungen und wasserseitigen Hafenzufahrten auszubauen. Dazu gehören

– der Bau der West-Ost-Autobahn A 20 zwischen der A 1 bei Lübeck und der A 11 Berlin–Stettin,
– die Weiterführung der A 241 von Schwerin zur A 20 bei Wismar sowie eine künftige Weiterführung der A 21 in den Raum von Hannover (A 39),
– die vierspurige Straßenanbindung von der geplanten A 20 bis Bergen/Rügen, einschließlich einer zweiten Querung des Strelasundes, damit verbesserte Anbindung der Fährhäfen Saßnitz und Mukran,
– der Ausbau der Eisenbahnstrecke Lübeck bzw. Hagenow-Land/Bad Kleinen/Rostock/Stralsund,
– der Ausbau des Peenestromes bei Wolgast im Zusammenhang mit der Privatisierung der Peenewerft,
– der Ausbau des Seekanals Rostock auf 14,5 Meter Wassertiefe, verbunden mit einer Option für einen späteren Ausbau auf 16,5 Meter Wassertiefe sowie die Ermöglichung eines Schiffsbegegnungsverkehrs vor dem Hintergrund zunehmender Massenguttransporte und zahlenmäßig gestiegener Fährschiffspassagen.

Schiffahrt

Die Handelsschiffahrt in Mecklenburg-Vorpommern ist hauptsächlich durch die Deutsche Seereederei Rostock GmbH (DSR) geprägt. Im Jahr 1992 hat sich der Schiffsbestand auf 78 Einheiten und der Personalbestand auf 4 380 Beschäftigte verringert. Die deutsche Handelsflotte ist gegenüber den konkurrierenden Billigflaggen durch hohe Personalkosten und steuerliche Belastungen geprägt. Aus diesem Grund leistet der Bund Finanzbeiträge an die Handelsflotte. Im Jahr 1993 wurden die Beträge auf 115 Mill. DM für 1993 aufgestockt mit Verpflichtungsermächtigungen für 1994 in Höhe von 100 Mill. DM.

Schienenverkehr

In den neuen Bundesländern war die Schiene das Rückgrat insbesondere im Güterverkehr, wobei die Verkehrsströme größtenteils auf die Nord-Süd-Richtung fixiert waren. Für das Schienennetz der neuen Länder gibt es einen großen Nachholbedarf. Insbesondere betrifft dies die Wiederherstellung bzw. den Ausbau der Strecken in Ost-West-Richtung sowie die Sanierung der Strecken in Nord-Süd-Richtung.

Das Schienennetz der Deutschen Reichsbahn in Mecklenburg-Vorpommern umfaßt 1 993 Kilometer. Davon werden 1 041 Kilometer als Hauptbahn und 952 Kilometer als Nebenbahn betrieben. Zu den Nebenbahnen gehören auch die für den Tourismus attraktiven Schmalspurbahnen Bad Doberan–Kühlungsborn (West) und Putbus–Göhren (Rügen). Bezogen auf das Gesamtnetz in Mecklenburg-Vorpommern sind gegenwärtig 22 Prozent der Eisenbahnstrecken zweigleisig ausgebaut und 30 Prozent elektrifiziert. Bei den Hauptbahnstrecken sind es 41 Prozent bzw. 58 Prozent. Das Netz der bundeseigenen Eisenbahn in Mecklenburg-Vorpommern wird durch über 400 Anschlußbahnen bzw. Anschlußgleise für Wirtschaftsunternehmen und Häfen in einer Ausdehnung von 500 Kilometern ergänzt. Infolge des Rückgangs im Schienengüterverkehr sind gegenwärtig zahlreiche Gleisanschlüsse ungenutzt.

Der Fremden- und Geschäftsreiseverkehr in Mecklenburg-Vorpommern ist zweifels-ohne durch die verstärkte Einbindung in den Schienenfernverkehr attraktiver gewor-den. Auf der Strecke Schwerin–Berlin besteht bereits ein Taktfahrplan mit modernen Interregio-Zügen.

Der Fahrplanwechsel im Frühjahr 1993 hat weitere Verbesserungen gebracht. Die Städte Wismar und Neubrandenburg werden erstmalig mit einzelnen Interregio-Zügen bedient. Der Fernzugverkehr Schwerin–Berlin und Stralsund–Rostock–Hamburg wird weiter verstärkt. Die vorhandene Intercity-Verbindung Stralsund–Rostock–Schwerin–Hamburg–Köln wird beibehalten. Diese Verbindung stellt gegenwärtig die einzige Einbindung des Landes in den Intercity-Verkehr der Deutschen Bahnen dar. Allerdings ist durch ein weiteres IC-Paar Stralsund–Köln in Tagesrandlage eine Verbesserung bereits zum Fahrplanwechsel 1994 anzustreben. Der weiterhin gültigen Forderung des Landes nach Einrichtung eines IC-Haltes in Ludwigslust im Rahmen der Linie Ham-burg–Berlin–Dresden wurde seitens der Deutschen Bahnen bisher nicht entsprochen. Für den Reiseverkehr insbesondere zwischen der Landeshauptstadt und den alten Bun-desländern ist auch die Eilzugverbindung Schwerin–Hamburg bedeutsam; hier verkehrt seit kurzem ein weiteres Eilzugpaar in Spätlage. Ferner werden im grenzüberschreiten-den Verkehr mit Polen Nahverkehrszüge von Pasewalk nach Stettin eingesetzt.

Straßenverkehr

Wegen der Siedlungsstruktur und der geographischen Verteilung von Gewerbe und Industrie kommt der Straße in Mecklenburg-Vorpommern die Aufgabe der flächen-deckenden verkehrlichen Erschließung zu. Das Straßennetz in Mecklenburg-Vorpom-mern umfaßt rund 20 000 Kilometer. Darunter sind 237 Kilometer Autobahnen, 2 072 Kilometer Bundesstraßen, 7 681 Kilometer Landes- und Kreisstraßen, das heißt 9 900 km überörtliche Straßen und rund 10 000 km kommunale Straßen (werden mit der Neueinstufung dieser Straßen in Mecklenburg-Vorpommern zum 1.1.1995 neu bestimmt). Im Ausbau der Straßen besteht noch ein beträchtlicher Nachholbedarf.

Zu den ersten straßenbaulichen Maßnahmen zählte die Ausstattung mit neuen Fahr-bahndecken, mit Markierungen und Beschilderungen. Im Jahr 1992 wurden hierfür 434 Mill. DM für die Bundesfernstraßen und 85 Mill. DM für die Landesstraßen investiert. Im Rahmen des Gemeindeverkehrsfinanzierungsgesetzes (GVFG) flossen den Gemeinden insgesamt 247 Mill. DM Fördermittel zu. Hinzu kommen jene Mittel, die von den Kommunen selbst aufgewendet wurden. Das größte straßenbauliche Neu-bauvorhaben ist die zu den "Verkehrsprojekten Deutsche Einheit" zählende West-Ost-Autobahn A 20. Sie soll die küstennahen Verkehrsströme einschließlich des Hafenver-kehrs aufnehmen und das Land mit den großen Wirtschaftszentren, insbesondere Ham-burg, Hannover und Berlin, verbinden. Die Autobahn wird günstige Voraussetzungen für die Ansiedlung von Industrie und Gewerbe in bisher verkehrsfernen Räumen schaf-

147

fen. Für den Autobahnabschnitt von der B 104 bei Rehna bis Neukloster wurden die Entwürfe fertiggestellt. Durch ein Investitionsmaßnahmegesetz soll bereits 1993 für einen ersten Abschnitt das Baurecht geschaffen werden. Zwischen Neukloster und der A 19 südlich von Rostock wird gegenwärtig der Variantenvergleich durchgeführt. Für den Abschnitt zwischen der A 19 und der A 11 werden detaillierte Untersuchungen zu ökologischen und verkehrlichen Fragen durchgeführt.

Mit dem Projekt B 96n, dem Zubringer Stralsund–Rügen, soll die gegenwärtig äußerst prekäre Verkehrssituation am Rügendamm entschärft werden und eine leistungsfähige Verkehrsachse nach Skandinavien und Osteuropa geschaffen werden. Die Linienführung zwischen der A 20 und dem Strelasund wird im Zusammenhang mit den Untersuchungen zum Trassenverlauf der A 20 bestimmt.

Ein ebenso wichtiges Autobahnprojekt ist die Verlängerung der A 241 von Schwerin nach Wismar. Sie soll eine Verbindungsfunktion zwischen der A 20 (Lübeck–Stettin) und der A 24 (Hamburg–Berlin) übernehmen.

Der Bundesverkehrswegeplan 1992 weist 45 Ortsumgehungen in Mecklenburg-Vorpommern als "vordringlich" aus. Die Ortsumgehungen in Neustrelitz/Altstrelitz, in Boizenburg und in Schwerin (Westtangente) sind bereits im Bau. Die Ortsumgehung Gadebusch ist inzwischen dem Verkehr übergeben worden.

Luftverkehr

Der zivile Luftverkehr in Mecklenburg-Vorpommern verfügt über gute infrastrukturelle Voraussetzungen in Form eines Netzes kleiner und größerer Flugplätze, von denen einige inzwischen ausgebaut und modernisiert wurden.

Der Flugplatz Heringsdorf wird von der Allgemeinen Luftfahrt und während der Sommermonate im Linienverkehr von Berlin aus angeflogen. Der Regionalflugplatz Barth wird bereits seit längerem von der Allgemeinen Luftfahrt angeflogen. Die militärischen Flugplätze Rostock/Laage und Neubrandenburg werden zivil mitbenutzt, wobei in Rostock/Laage der Flugbetrieb nach Abschluß der Bauarbeiten im Herbst 1993 begonnen hat. Der Flugplatz Parchim, der früher militärisch genutzt wurde, ist inzwischen an die Stadt und den Landkreis Parchim übergeben und die Genehmigung zur Nutzung als Zivilflugplatz bereits erteilt worden. Derzeit müssen die Flüge und Landungen in Mecklenburg-Vorpommern noch weitgehend nach Sichtflugregeln durchgeführt werden. Nach dem vollständigen Abzug der Gus-Truppen Ende 1994 kann auch über Mecklenburg-Vorpommern ein kontrollierter Luftraum geschaffen werden.

Telekommunikation

Die Deutsche Bundespost Telekom hat bisher in Mecklenburg-Vorpommern rund 2,3 Mrd. DM (darunter 1992 1,3 Mrd. DM) zur Schaffung einer leistungsfähigen Telekommunikations-Infrastruktur investiert und dabei Aufträge mit einem Gesamtvolumen von

445 Mill. DM (darunter 1992 265 Mill. DM) an ansässige Firmen vergeben. Für 1993 sind weitere 1,3 Mrd. DM als Investitionen vorgesehen.

Von insgesamt 24 in Mecklenburg-Vorpommern bestehenden analogen Knotenvermittlungsstellen mit 288 Ortsnetzen und 349 Anschlußbereichen konnten bis Ende 1992 zehn Knotenvermittlungsstellen mit 91 Ortsnetzen digitalisiert und damit eine Reihe von Orten in Mecklenburg-Vorpommern an das bundeseinheitliche Vorwahlnummernsystem angeschlossen werden. Der Umstellungsprozeß der Vorwahlnummern soll bis Ende 1993 seinen Abschluß finden.

Der Bestand von Telefonanschlüssen hat sich von 184 000 Ende 1990 auf zur Zeit ca. 440 000 verändert. Bis Ende 1997 soll ein Versorgungsgrad von ca. 50 Hauptanschlüssen je 100 Einwohner erreicht werden.

Das digitale D2-Mannesmann-Mobilfunknetz deckt gegenwärtig eine Fläche von 45 Prozent des Landes Mecklenburg-Vorpommern ab, das D1-Mobilfunknetz und das C-Mobilfunknetz werden Ende 1993 flächendeckend zur Verfügung stehen bzw. deren Ausbau ist abgeschlossen. Im Aufbau befindet sich das E1-Mobilfunknetz der Thyssen AG und der Veba AG. Das Kabelfernsehnetz der Telekom nutzen von rund 259 000 anschließbaren Wohnungen bisher rund 172 000 Kunden. Dieses entspricht einer Anschlußdichte von 66,4 Prozent. Bis 1994 soll annähernd die Hälfte aller Haushalte in Mecklenburg-Vorpommern an das Kabelfernsehnetz der Telekom angeschlossen sein. Der Endausbau des Bündelfunkdienstes "Chekker" sowie des City-Rufes ist abgeschlossen.

Tabelle 13: Telekommunikations-Infrastruktur in Mecklenburg-Vorpommern 1991, 1992 und 1993

	Bestand per 31.12.1991	Zugang 1992	Bestand per 31.12.1992	Ziel 1993
Beschaltungseinheiten	364 362	168 952	533 314	151 278
Fernsprechanschlüsse	262 506	98 771	361 277	95 900
Anträge auf Einrichtung	223 817	−6 316	217 501	−
Öffentliche Münztelefone und Kartentelefone	2 761	2 068	4 829	1 000
Öffentliche Faxgeräte	0	85	85	−
Datenanschlüsse	1 170	2 315	3 485	2 900
Glasfaserkabel in km	−	−	2 100	−
Faserkilometer	2 000	20 000	22 000	−

3. Mittelstand

Etwa die Hälfte des Bruttosozialprodukts der Bundesrepublik wird in mittelständischen Unternehmen erarbeitet. Dem Mittelstand wird auch in Mecklenburg-Vorpommern für die Wirtschaftsentwicklung eine große Bedeutung zugemessen.

Das Gesetz zur wirtschaftlichen Flankierung des Mittelstandes in Mecklenburg-Vorpommern – Mittelstandsförderungsgesetz (MFG) – verpflichtet die öffentliche Hand, sich für die Entwicklung der kleinen und mittleren Unternehmen im Lande einzusetzen. Neben dem wichtigsten Förderprogramm "Gemeinschaftsaufgabe Verbesserung der regionalen Wirtschaftsstruktur" hat der Wirtschaftsminister für den Mittelstand landesspezifische Förderprogramme mit dem Ziel der Gründung und Sicherung mittelständischer Existenzen aufgelegt.

Traditionell gehören zum Mittelstand das Handwerk, der Handel, die Freien Berufe und die Dienstleistungen einschließlich des Hotel- und Gaststättengewerbes sowie sonstiger touristisch orientierter Dienstleister. Beim Produzierenden Gewerbe bietet sich die Zuordnung nach der Zahl der Beschäftigten an. Danach ist mittelständischer Unternehmer, wer nicht mehr als 499 Mitarbeiter beschäftigt. Zum Mittelstand gehören daher "Kleinstbetriebe" (0 bis 9 Beschäftigte), "Kleinbetriebe" (10 bis 99 Beschäftigte) und "Mittelbetriebe" (100 bis 499 Beschäftigte).

In Mecklenburg-Vorpommern sind von 1990 bis Ende 1992 86 051 Gewerbebetriebe angemeldet worden. Unter Abzug der Abmeldungen ergibt sich saldiert ein Wert von 59 760 Anmeldungen. Etwa ein Drittel der Firmengründungen entstand unter Beteiligung westdeutscher Partner.

Die Gewerbeanmeldungen sind regional nicht gleich verteilt (vgl. Tabelle 14). Schwerpunkte bilden Rostock, Schwerin, Neubrandenburg und Greifswald.

Die Relation von Gewerbean- und -abmeldungen hat sich von 11:1 im Jahre 1990 auf 2:1 im Jahre 1992 verschoben.

Tabelle 15: Gewerbeanzeigen nach Branchen in Mecklenburg-Vorpommern 1990 bis 1992 (in Prozent)

Branche	1990	1991	1992
Produzierendes Gewerbe	–	1,54	2,28
Handwerk	15,34	10,06	11,88
Handel/Gaststätten	43,68	44,90	44,33
Sonstige[1]	40,98	43,50	41,51

1) Verkehr und Nachrichtenübermittlung; Kreditinstitute und Versicherungsgewerbe; Dienstleistungen, soweit von Unternehmen und Freien Berufen erbracht; Organisationen ohne Erwerbszweck; Gebietskörperschaften und Sozialversicherung.

Tabelle 14: Gewerbean- und -abmeldungen in Mecklenburg-Vorpommern 1990 bis 1992 nach Kreisen

Kreis	Gewerbe	
	Anmeldungen	Abmeldungen
Stadtkreise		
Greifswald	2 229	602
Neubrandenburg	3 489	1 172
Rostock	11 173	3 082
Schwerin	6 332	2 071
Stralsund	3 018	919
Wismar	2 190	554
Landkreise		
Altentreptow	918	253
Anklam	1 245	373
Bad Doberan	2 842	754
Bützow	1 260	593
Demmin	1 669	655
Gadebusch	892	380
Greifswald	1 260	447
Grevesmühlen	1 824	551
Grimmen	1 263	431
Güstrow	2 891	1 011
Hagenow	2 488	658
Ludwigslust	2 161	780
Lübz	1 668	716
Malchin	1 475	580
Neubrandenburg	1 233	442
Neustrelitz	2 344	710
Parchim	1 210	302
Pasewalk	1 311	478
Ribnitz-Damgarten	3 717	929
Röbel/Müritz	925	320
Rostock	1 989	416
Rügen	5 374	1 143
Schwerin	1 973	675
Sternberg	1 065	477
Stralsund	815	243
Strasburg	1 055	266
Teterow	950	283
Ückermünde	2 288	663
Waren	2 583	773
Wismar	1 704	570
Wolgast	3 228	1 019
Mecklenburg-Vorpommern gesamt	86 051	26 291

Wichtiges Förderinstrument für die Ansiedlung mittelständischer Unternehmen ist die Gemeinschaftsaufgabe "Verbesserung der regionalen Wirtschaftstruktur", deren Mittel von Bund und Land sowie von der EG finanziert werden. Für die Umsetzung des Programms steht dem Land Mecklenburg-Vorpommern für das Jahr 1993 ein Baransatz von rund einer Mrd. DM zur Verfügung.

Bisher konnten mit der Gemeinschaftsaufgabe insgesamt etwa 60 000 Arbeitsplätze gesichert und neu geschaffen werden. Knapp 50 Prozent der Förderfälle sind kleinere Unternehmen, die weniger als eine Mill. DM investieren.

Handwerk

Per 31.12.1992 waren in Mecklenburg-Vorpommern 13 736 Vollhandwerksbetriebe in den Handwerksrollen eingetragen oder bei den Handwerkskammern als handwerksähnliche Gewerbebetriebe registriert (vgl. Tabelle 16). Die meisten Handwerksbetriebe liegen in den Stadtkreisen Rostock und Schwerin.

Das Handwerk hat in den letzten beiden Jahren insgesamt eine gute Entwicklung vollzogen. Allerdings bestehen zwischen den einzelnen Handwerksgruppen deutliche Unterschiede. Neueintragungen konzentrieren sich auf das Metall- und Baugewerbe sowie auf die Bereiche Gesundheits- und Körperpflege sowie Holzbearbeitung.

Tabelle 17: Handwerksbetriebe nach Branchen in Mecklenburg-Vorpommern (Stand: 31.12.1992)

Branche	Anteil in Prozent
Handwerk für den gewerblichen Bedarf	16,4
Bauhauptgewerbe	12,3
Ausbauhandwerk	35,9
Kfz-Handwerk	8,9
Nahrungsmittelhandwerk	5,7
Bekleidungshandwerk	4,5
Dienstleistungshandwerk	8,3
Handwerk für den gehobenen Bedarf	5,2
Gesundheitshandwerk	2,8

Tabelle 16: Handwerks- und handwerksähnliche Betriebe nach Kreisen in Mecklenburg-Vorpommern 1992 und 1993

Kreis	31.12.1992	31.03.1993
Stadtkreise		
Greifswald	321	322
Neubrandenburg	472	481
Rostock	1 203	1 230
Schwerin	819	819
Stralsund	374	389
Wismar	301	302
Landkreise		
Altentreptow	166	166
Anklam	258	264
Bad Doberan	458	468
Bützow	248	253
Demmin	324	323
Gadebusch	188	194
Greifswald	173	175
Grevesmühlen	309	313
Grimmen	202	214
Güstrow	495	509
Hagenow	620	630
Ludwigslust	551	514
Lübz	326	334
Malchin	305	309
Neubrandenburg	212	213
Neustrelitz	420	430
Parchim	347	361
Pasewalk	253	259
Ribnitz-Damgarten	537	565
Röbel/Müritz	152	155
Rostock	362	381
Rügen	575	590
Schwerin	400	415
Sternberg	215	211
Stralsund	127	135
Strasburg	165	170
Teterow	240	244
Ückermünde	354	368
Waren	457	468
Wismar	337	337
Wolgast	466	472
nicht zuordenbar	4	2
Mecklenburg-Vorpommern gesamt	13 736	13 985

Handel

Etwa die Hälfte der Gewerbeanmeldungen entfallen auf die Bereiche Handel und Gaststätten. Der Anteil an den Gewerbeabmeldungen entspricht etwa dem der Anmeldungen.

Es wird darauf hingewirkt, daß in allen Landesteilen eine bedarfsorientierte Warenversorgung der Bevölkerung durch eine räumlich ausgewogene und breit gefächerte Einzelhandelsstruktur erfolgt.

Im ländlichen Raum sollen ausreichend Einrichtungen der Grundversorgung in angemessener Erreichbarkeit erhalten bzw. durch mobile Dienste ergänzt werden.

Großflächige Einzelhandlungseinrichtungen sind bedarfsorientiert und in Abhängigkeit von der regionalen Kaufkraft anzusiedeln. In der Regel wird das in zentralen Orten oder diesen so zu geordnet geschehen, daß der Einzugsbereich des jeweiligen Vorhabens den zentralörtlichen Verflechtungsbereich nicht wesentlich überschreitet.

Sie sollen sich funktional in die angestrebte regionale Versorgungsstruktur einfügen und nach Größe und Sortiment in einem angemessenen Verhältnis zu der zentralörtlichen Bedeutung des jeweiligen Standortes stehen.

In den zentralen Orten soll auf der Grundlage von Einzelhandelskonzepten eine vielfältige und ausgewogene Einzelhandelsstruktur entwickelt werden.

Tabelle 18: Freie Berufe in Mecklenburg-Vorpommern nach Branchen (Stand: 30.06.1992)

Beruf	Anzahl
Ärzte	2 000
Zahnärzte	1 155
Tierärzte	420
Apotheker	247
Rechtsanwälte	400
Nur-Notare	54
Steuerberater/Steuerbevollmächtigte	121
Wirtschaftsprüfer/vereidigte Buchprüfer	12
Architekten	410
Ingenieure	400

Quelle: Institut für Freie Berufe Nürnberg nach Angaben der Berufsorganisationen, z. T. geschätzt; Stand: 30.06.1992

Im Rahmen von Landesprogrammen wird der Einzelhandel in Mecklenburg-Vorpommern durch den Wirtschaftsminister gefördert; von 1991 bis März 1993 durch den Existenzgründerzuschuß (mit insgesamt 4,1 Mill. DM Fördervolumen für den Handel) und seit Juli 1993 durch das Landesinvestitionsprogramm.

Im Herbst 1993 lagen bereits 911 Anträge aus dem Handel vor. Bewilligt werden konnten bisher 55 Anträge mit einer durchschnittlichen Förderhöhe von 43 300 DM. In Verbindung mit den Investitionen werden laut Antragsteller 305 zusätzliche Arbeitsplätze geschaffen, davon 169 für Frauen.

Freie Berufe

Ein wichtiger Bestandteil marktwirtschaftlicher Strukturen und eines gesunden Mittelstandes sind die Freien Berufe (vgl. Tabelle 18). Mit dem Existenzgründerzuschuß fördert der Wirtschaftsminister auch das Entstehen neuer selbständiger freiberuflicher Existenzen. Allein im Jahr 1992 wurden mehr als 100 Freiberufler gefördert.

4. Außenwirtschaft

Exporte und Importe Mecklenburg-Vorpommerns haben im Jahr 1992 die Zweimilliardenmarke überschritten. Es wurden Waren im Werte von 2 322,5 Mill. DM ausgeführt und von 2 151,7 Mill. DM eingeführt. Das Plus bei den Ausfuhren betrug nominal 45 Prozent gegenüber dem Vorjahr und nominal 36,2 Prozent bei den Einfuhren. Der Außenhandelsüberschuß vergrößerte sich somit auf 170,8 Mill. DM. Im Jahr 1991 betrug er lediglich 22 Mill. DM. Der Anteil des Landes an den Gesamtausfuhren des Bundes (670,6 Mrd. DM) betrug demnach 0,346 Prozent. Bei den Einfuhren entfallen auf Mecklenburg-Vorpommern 0,337 Prozent der Einfuhren in das gesamte Bundesgebiet.

Export

Die Steigerung der Ausfuhr von mecklenburgisch-vorpommerschen Waren wurde zu einem wesentlichen Teil vom Export ernährungswirtschaftlicher Produkte (+ 74,1 Prozent) und hier vor allem durch Nahrungsmittel pflanzlichen Ursprungs (+ 152,5 Prozent) getragen. Kräftig zugelegt hat auch die Ausfuhr von gewerblichen Endprodukten (+ 43,7 Prozent). In der Warenstruktur der Ausfuhren haben die Nahrungsmittel pflanzlichen Ursprungs (19,5 Prozent) und die gewerblichen Fertigwaren (55,1 Prozent), hier vor allem Wasserfahrzeuge, einen bedeutenden Anteil. Die Ausfuhr von elektrotechnischen Erzeugnissen und von Maschinen ist um durchschnittlich zwölf Prozent zurückgegangen. Nach Ländern betrachtet gehen die Exporte vor allem in die Staaten der GUS (Anteil rund 21 Prozent der Gesamtexporte) und Zypern (14,2 Prozent). Alles in allem beträgt der Anteil der Exporte in Länder der Europäischen Gemeinschaft 26,9 Prozent. An vorderer Stelle stehen dabei die Ausfuhren nach Dänemark und nach den Niederlanden (jeweils rund 19 Prozent der EG-Ausfuhren). Der Export nach Ländern Mittel- und Osteuropas hat 1992 gegenüber dem Vorjahr um rund die Hälfte zugenommen. Nach Ländergruppen betrachtet, nehmen auch die Entwicklungsländer mit 32,5 Prozent einen bedeutenden Platz ein.

Bezogen auf den Gesamtumsatz im Verarbeitenden Gewerbe betrug die Exportquote im Jahr 1992 durchschnittlich 17 Prozent.

Import

Bei der Einfuhr von Waren, die zum Gebrauch, zum Verbrauch, zur Bearbeitung oder Verarbeitung in Mecklenburg-Vorpommern bestimmt sind, aber auch über Mecklenburg-Vorpommern in andere Länder des Bundesgebietes oder wieder ins Ausland weitergeleitet werden, sind Rohstoffe und Halbwaren (rund 30 Prozent aller Einfuhren), aber auch Kraftfahrzeuge (rund 23 Prozent) in großem Maße vertreten.

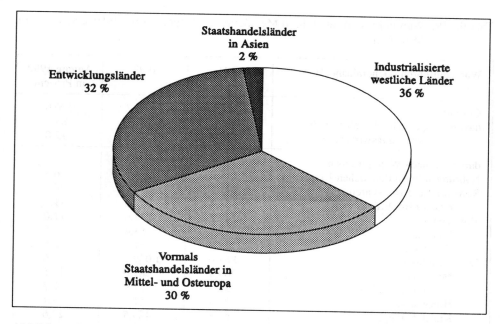

Abbildung 4: Ausfuhr Mecklenburg-Vorpommerns 1992 nach Ländergruppen

Tabelle 20: Exportquote der Betriebe in ausgewählten Wirtschaftsgruppen des Verarbeitenden Gewerbes in Mecklenburg-Vorpommern im 2. Halbjahr 1992 nach Monaten

Wirtschaftsgruppe	Exportquote 1992 im Monat[1]					
	Juli	Aug.	Sept.	Okt.	Nov.	Dez.
Gewinnung und Verarbeitung von Steinen und Erden	0,3	0,5	0,7	0,6	0,4	0,8
Maschinenbau	4,2	7,3	6,0	25,7	9,9	27,0
Straßenfahrzeugbau	3,3	3,4	2,3	2,5	2,6	3,2
Schiffbau	57,1	52,1	60,8	1,5	1,5	13,4
Holzbearbeitung	3,8	6,4	4,8	8,1	6,6	3,9
Holzverarbeitung	2,5	2,7	2,2	2,7	2,4	2,4
Ernährungsgewerbe	6,9	6,3	7,3	13,6	18,9	11,3
Zuckerindustrie	48,5	28,6	39,4	73,7	75,6	73,4

1) Angaben in Prozent vom Gesamtumsatz des jeweiligen Monats.

Tabelle 19: Warenein- und -ausfuhren Mecklenburg-Vorpommerns 1991 und 1992 (in Mill. DM)

Wareneinfuhren (Generalhandel)	1991	1992	Anteile 1992 in Prozent
Gesamt	1 580,1	2 151,7	100,0
davon: Gewerbliche Wirtschaft	1 401,4	1 893,7	88,0
Ernährungswirtschaft	178,7	258,3	12,0
darunter: nach Warengruppen			
Nahrungsmittel pflanzlichen Ursprungs	111,0	138,9	6,5
Rohstoffe und Halbwaren	391,2	566,7	26,3
Kraftstoffe, Erdgas etc.	121,4	237,8	11,1
Vorerzeugnisse	149,2	237,6	11,0
Blech aus Eisen	30,5	53,4	2,5
Kunststoffe	27,8	54,5	2,5
Enderzeugnisse	861,0	1 089,1	50,6
Maschinen	269,9	281,6	13,1
Landmaschinen	59,9	57,9	2,7
Holzwaren	22,3	51,9	2,4
Kraftfahrzeuge	266,8	485,5	22,6
darunter: nach Erdteilen			
Europa	1 413,2	1 869,5	86,9
Asien	113,6	237,3	11,0
Amerika	31,8	29,3	1,4
Afrika	10,3	10,9	0,5
darunter: nach Ländern			
Dänemark	150,6	320,3	14,9
Niederlande	191,7	212,6	9,9
Polen	114,8	158,8	7,4
Japan	76,4	199,3	9,3
GUS	176,9	95,7	4,4
darunter: nach Ländergruppen			
Industrialisierte westliche Länder	1 151,5	1 757,5	81,7
EG	721,9	1 068,9	49,7
EFTA	279,7	450,2	20,9
vormals Staatshandelsländer in Mittel- und Osteuropa	366,6	340,0	15,8
Entwicklungsländer	50,4	50,1	2,3
in Asien	25,6	33,9	1,6

Tabelle 19: Warenein- und -ausfuhren Mecklenburg-Vorpommerns 1991 und 1992 –
Fortsetzung

Warenausfuhren (Spezialhandel)	1991	1992	Anteile 1992 in Prozent
Gesamt	1 602,1	2 322,5	100,0
davon: Gewerbliche Wirtschaft	1 178,1	1 584,7	68,2
Ernährungswirtschaft	423,9	737,8	31,8
darunter: nach Warengruppen			
Nahrungsmittel pflanzlichen Ursprungs	179,7	453,7	19,5
Rohstoffe und Halbwaren	204,3	230,0	9,9
Vorerzeugnisse	83,8	75,7	3,3
Enderzeugnisse	890,1	1 279,0	55,1
Elektrotechnische Erzeugnisse	60,3	50,9	2,2
Maschinen	145,9	130,5	5,6
Schiffe	449,5	779,0	33,5
darunter: nach Erdteilen			
Europa	1 006,1	1 470,1	63,3
Asien	369,1	543,6	23,4
Amerika	69,7	58,5	2,5
Afrika	156,3	248,9	10,7
darunter: nach Ländern			
Dänemark	50,9	121,9	5,2
Niederlande	134,5	118,9	5,1
Zypern	190,3	330,4	14,2
Liberia	96,9	223,7	9,6
GUS	306,0	493,9	21,3
darunter: nach Ländergruppen			
Industrialisierte westliche Länder	581,6	819,0	35,3
EG	437,7	625,7	26,9
EFTA	81,9	121,3	5,2
vormals Staatshandelsländer in Mittel- und Osteuropa	460,5	695,7	30,0
Entwicklungsländer	521,6	754,4	32,5
in Asien	321,0	478,4	20,6
Staatshandelsländer in Asien	38,3	53,3	2,3

Die Importerhöhungen betrafen zu einem wesentlichen Teil Kraft- und Brennstoffe (+ 95,9 Prozent gegenüber 1991) und Bleche aus Eisen (+ 75,1 Prozent). Nach Ländergruppen betrachtet, kommen die Importe vor allem aus den Europäischen Gemeinschaften (49,7 Prozent der Gesamteinfuhr 1992) sowie den anderen industrialisierten westlichen Ländern (weitere 32 Prozent). Vor allem aus Dänemark (Anteil 14,9 Prozent), den Niederlanden (9,9 Prozent) und Japan (9,3 Prozent) werden Produkte bezogen. Der Anteil von Einfuhren aus Mittel- und Osteuropa hat sich von 23,2 Prozent im Jahr 1991 auf 15,8 Prozent im Jahr 1992 verringert.

5. Arbeitsmarkt

Zur Erwerbstätigkeit in Mecklenburg-Vorpommern sind derzeit nur sehr lückenhafte Informationen vorhanden. Zur Darstellung der Ausgangslage wird auf die Daten der Berufstätigenerhebung vom 30. November 1990 zurückgegriffen. Danach gab es insgesamt 940 100 Erwerbstätige, darunter 916 500 abhängig Beschäftigte (einschließlich Auszubildende). Von den Erwerbstätigen waren 15,0 Prozent (140 900) in Land- und Forstwirtschaft sowie in der Fischerei tätig, 30,4 Prozent (285 900) im Produzierenden Gewerbe, 10,5 Prozent (98 600) im Handel, 9,2 Prozent (86 700) in Verkehr und Nachrichtenübermittlung, 26,1 Prozent (245 600) bei den Gebietskörperschaften und den Sozialversicherungen und 8,8 Prozent (82 300) in anderen Dienstleistungsbereichen (z. B. Kreditinstitute, Versicherungsgewerbe).

Die Verteilung der Erwerbstätigen auf die einzelnen Wirtschaftsbereiche unterschied sich deutlich von den entsprechenden Strukturen in anderen Bundesländern: Vor allem der Anteil der Erwerbstätigen in Land- und Forstwirtschaft sowie in der Fischerei lag wesentlich über dem allgemeinen Durchschnitt in den neuen Bundesländern (8,9 Prozent) und im früheren Bundesgebiet (3,6 Prozent). Das Produzierende Gewerbe hatte dagegen in Mecklenburg-Vorpommern ein deutlich geringeres Gewicht als im früheren Bundesgebiet (40,5 Prozent) und im Durchschnitt der neuen Bundesländer (45,9 Prozent). Die Erwerbstätigkeit in Dienstleistungsunternehmen, Kreditinstituten und im Versicherungsgewerbe war wie in allen neuen Bundesländern (8,2 Prozent) erst sehr schwach ausgeprägt im Vergleich zum hohen Anteil von Erwerbstätigen dieser Wirtschaftszweige im früheren Bundesgebiet (28,3 Prozent). Bei den Gebietskörperschaften waren im Vergleich zum früheren Bundesgebiet (9,7 Prozent) erheblich mehr Erwerbstätige beschäftigt. Bei einem solchen Vergleich ist allerdings zu berücksichtigen, daß bisher eine Reihe von Aufgaben durch die Gebietskörperschaften und Sozialversicherungen geleistet wurden, die üblicherweise von Dienstleistungsunternehmen erfüllt werden.

Seit November 1990 hat sich die Verteilung der Erwerbstätigen nach Wirtschaftszweigen erheblich verschoben: Die Anzahl der Erwerbstätigen in Land- und Forstwirtschaft und in der Fischerei hatte sich im Jahresdurchschnitt 1991 nach neuesten, noch vorläufigen Angaben des Statistischen Landesamtes Mecklenburg-Vorpommern mit 82 927 gegenüber dem November 1990 fast halbiert, ihr Anteil an den Erwerbstätigen ging von 15 Prozent auf 10 Prozent zurück. Wegen der massiven Absatzprobleme vieler Unternehmen des Verarbeitenden Gewerbes nahm die Erwerbstätigkeit im Produzierenden Gewerbe insgesamt um ca. 45 500 Personen ab, vor allem aufgrund eines Rückgangs im Verarbeitenden Gewerbe um 38 600 Personen. Das Baugewerbe erwies sich dagegen als relativ robust: Die Erwerbstätigkeit in diesem Wirtschaftszweig ging lediglich um 3 600 Personen zurück. Dies galt auch für den Handel, in dem lediglich ein Rückgang um 4 600 Erwerbstätige stattfand. Zuwächse sowohl in absoluten Zahlen als auch bezogen auf die Gesamtzahl aller Erwerbstätigen konnten die Wirtschaftszweige Verkehr, Nachrichtenübermittlung, Kreditinstitute, Versicherungsgewerbe, Dienstleistungsunternehmen sowie Organisationen ohne Erwerbszweck verzeichnen. Bei ihnen gab es einen Zuwachs um rund 26 900 Erwerbstätige. Die Erwerbstätigkeit bei den Gebietskörperschaften und Sozialversicherungen verringerte sich um 29 400 Personen.

Die Anzahl der Arbeitsplätze für abhängig Beschäftigte in den Betrieben und Verwaltungen Mecklenburg-Vorpommerns ging in den vergangenen beiden Jahren erst sehr drastisch, seit dem Frühjahr 1992 wesentlich langsamer zurück. Gegenüber dem Stand vom November 1990 gab es bis Ende Juni 1992 nach ersten vorläufigen Ergebnissen der Bundesanstalt für Arbeit einen Rückgang der arbeitsortbezogenen abhängigen Beschäftigung um gut ein Viertel von 916 500 auf noch 661 900 Personen. Der Arbeitsmarkt in Mecklenburg-Vorpommern war also von den Strukturveränderungen in der Wirtschaft und deren Folgen sehr hart betroffen.

Etwa 37 200 Mecklenburger und Vorpommern waren in der Jahresmitte 1992 als Berufspendler in den westlichen Bundesländern beschäftigt. Unter Berücksichtigung von 6 800 Einpendlern aus diesen westlichen Bundesländern, 8 500 geringfügig Beschäftigten, 2 000 Beamten, 158 500 Arbeitslosen sowie den Pendlerströmen mit den übrigen neuen Bundesländern gab es im Juni 1992 etwa 867 200 abhängige zivile Erwerbspersonen.

Die Arbeitslosigkeit in Mecklenburg-Vorpommern stieg von 84 100 Arbeitslosen Ende November 1990 auf den bisherigen Höchststand von 185 900 Arbeitslosen zum Ende Januar 1992 an. Zu diesem sehr drastischen Anstieg trug vor allem das Auslaufen der Sonderregelungen zur Kurzarbeit bei, wodurch bisherige innerbetriebliche Unterbeschäftigung in offene, beim Arbeitsamt registrierte Arbeitslosigkeit umgewandelt wurde. Seit diesem Höchststand im Januar 1992 ist die Arbeitslosigkeit leicht zurückgegangen, allerdings mit erneuten Spitzen nach den Kündigungsterminen in der Jahresmitte und zum Jahresende 1992 mit jeweils fast 165 000 Arbeitslosen im Juli 1992 und Januar 1993. Bis zum Ende September 1993 ist die Arbeitslosigkeit auf 145 886 Arbeitslose zurückgegangen, was einem Rückgang um 4 510 Arbeitslose gegenüber dem Vorjahreswert entspricht. Die Arbeitslosenquote auf Basis der abhängigen zivilen Erwerbspersonen betrug damit im Landesdurchschnitt 16,8 Prozent. Überdurchschnittlich von Arbeitslosigkeit betroffen waren die Arbeitsamtsbezirke Neubrandenburg (20,2 Prozent) und Stralsund (17,1 Prozent), im Arbeitsamtsbezirk Schwerin lag die Arbeitslosigkeit dagegen mit 14,5 Prozent unter dem Landesdurchschnitt.

Im gesamten Jahresverlauf 1992 meldeten sich in Mecklenburg-Vorpommern 209 200 Personen arbeitslos; sie waren vorher überwiegend – nämlich zu 94,1 Prozent – erwerbstätig gewesen. 198 100 Arbeitslose beendeten ihre Arbeitslosigkeit wieder, beispielsweise nach der Vermittlung eines Arbeitsplatzes. 81 600 Arbeitslose fanden so wieder Arbeit, fast jeder Zweite von ihnen (39 300) wurde einer Arbeitsbeschaffungsmaßnahme zugewiesen. Etwa 95 000 Personen gingen aus Arbeitslosigkeit in eine Maßnahme der beruflichen Weiterbildung ab. Aus diesen Daten wird deutlich, daß Arbeitsbeschaffungsmaßnahmen und Maßnahmen der beruflichen Weiterbildung einen wichtigen arbeitsmarktentlastenden Effekt haben.

Unter den Arbeitslosen befanden sich Ende September 1993 61,3 Prozent Frauen, im Vergleich zu den entsprechenden bundesweiten Anteilswerten waren Frauen also in Mecklenburg-Vorpommern sehr viel stärker von Arbeitslosigkeit betroffen. Unter den Arbeitslosen gab es Ende September 1993 etwa 11,7 Prozent Jugendliche und Jungerwachsene bis 25 Jahren.

Der Bestand an arbeitslosen Frauen konzentriert sich (Stand: Juni 1993) auf folgende Berufsgruppen:

- Verwaltungs- und Büroberufe mit 16 167,
- Warenkaufleute mit 12 055,
- landwirtschaftliche Berufe mit 11 315,
- Ernährungsberufe mit 9 908 und
- Reinigungsberufe mit 9 335.

Der Bestand an arbeitslosen Männern konzentriert sich auf folgende Berufsgruppen:

- Metall- und Elektroberufe mit 11 297,
- landwirtschaftliche Berufe mit 10 083,
- Bauberufe mit 5 647,
- Verkehrsberufe mit 5 669 und
- Lager- und Transportarbeiter mit 4 994.

Die Arbeitsvermittlungen von Frauen und Männern in den ersten drei Monaten des Jahres 1993 konzentrierten sich vor allem auf die folgenden Berufsgruppen:

- landwirtschaftliche Berufe mit 8 664,
- Bauberufe mit 6 271,
- Metall- und Elektroberufe mit 4 169,
- Verwaltungs- und Büroberufe mit 3 915 und
- Sozial- und Erziehungsberufe mit 3 274 Vermittlungen.

Relativ geringe Vermittlungschancen hatten vor allem die Warenkaufleute, Arbeitslose aus den Ernährungs-, Reinigungs- und Verkehrsberufen sowie Lager- und Transportarbeiter. Allerdings werden gerade in diesen Berufsgruppen besonders viele Arbeitsverhältnisse ohne Vermittlung der Arbeitsämter geschlossen.

Arbeitsmarktpolitische Maßnahmen nach dem AFG haben bis in die Gegenwart hinein eine erhebliche Bedeutung für die Funktionsfähigkeit der Arbeitsmärkte in Mecklenburg-Vorpommern. So stieg etwa die Anzahl der in Arbeitsbeschaffungsmaßnahmen beschäftigten Arbeitnehmer zwischen November 1990 und Februar 1992 von anfänglich 2 939 auf 55 735 Personen. Seit dem Höchststand im Februar 1992 ist die ABM-Beschäftigung allerdings schrittweise auf zuletzt 27 843 Personen im September 1993 zurückgegangen. Ebenfalls von erheblicher Bedeutung waren die vielfältigen Maßnahmen der Fortbildung und Umschulung, in die 1992 119 043 Arbeitnehmer eintraten.

Den Arbeitsmarkt in Mecklenburg-Vorpommern erheblich entlastet hat auch die Einführung der Vorruhestandsregelung und die Gewährung von Altersübergangsgeld:

163

Während es im Januar 1991 22 651 Vorruheständler und Empfänger von Altersübergangsgeld gab, ist ihre Zahl bis August 1993 auf 98 705 Personen angewachsen. Obgleich die Wiedereingliederung älterer Arbeitsloser in das Erwerbsleben von der Bundesanstalt für Arbeit und vom Land gefördert wird, sind die entsprechenden Chancen für die Betroffenen in der Regel doch äußerst gering.

Seit April 1991 unterstützt das Land Mecklenburg-Vorpommern die arbeitsmarktpolitischen Maßnahmen der Bundesregierung und der Bundesanstalt für Arbeit durch ergänzende Fördermittel und setzt im Rahmen des Programms "Arbeit für Mecklenburg-Vorpommern" auch eigene arbeitsmarktpolitische Akzente. Dieses Programm wurde im April 1992 fortgeschrieben und um einige Fördermöglichkeiten erweitert: So wird durch Zuschüsse zu den Sachkosten bei ABM und die Finanzierung von ABM-Stammkräften für die Träger von ABM die Durchführung von Arbeitsbeschaffungsmaßnahmen gefördert. Für Arbeitsbeschaffungsmaßnahmen mit besonderen arbeitsmarktpolitischen Zielgruppen, beispielsweise älteren Arbeitslosen, Langzeitarbeitslosen, Schwerbehinderten, arbeitslosen Jugendlichen und Frauen, werden die Lohnkosten besonders hoch bezuschußt. Fortbildung und Umschulung werden unter anderem durch Zuschüsse an Weiterbildungsberatungsstellen und die Zahlung von Kinderbetreuungsgeld für die Teilnehmer und Teilnehmerinnen von Weiterbildungsmaßnahmen gefördert. Mit den verschiedenen Punkten des Programms "Arbeit für Mecklenburg-Vorpommern" wurden bis September 1993 insgesamt etwa 73 156 Personen unterstützt, darunter 23 853 Teilnehmer und Teilnehmerinnen von Weiterbildungsmaßnahmen durch Zahlungen von Kinderbetreuungsgeld und rund 46 868 ABM-Beschäftigte durch Landeszuschüsse für ABM-Sachkosten.

Ziel des Landes bei diesen Maßnahmen ist es, die sozialen Folgen der hohen und andauernden Arbeitslosigkeit für die davon betroffenen Arbeitnehmer zu mildern und die Herstellung eines hohen Beschäftigungsniveaus auf wettbewerbsfähigen Arbeitsplätzen zu unterstützen.

6. Wirtschaftspolitik

Den Namen Mecklenburg-Vorpommern verbinden viele Menschen mit unberührter Natur. Insbesondere die schöne Küstenlandschaft oder die Mecklenburgische Seenplatte haben etwas Träumerisches, nach dem sich viele Menschen heute sehnen.

Fremdenverkehrspolitik

Wesentliche Voraussetzungen dafür, daß vom Tourismus die notwendigen Wachstumsimpulse ausgehen und Dauerarbeitsplätze geschaffen werden, sind Investitionen, insbesondere für saisonverlängernde Maßnahmen. Im Rahmen der regionalen Strukturpolitik ist die Förderung des Tourismus ein wesentliches Element. Das zur Zeit wirksamste Instrument für die Gewerbliche Wirtschaft, Tourismus und wirtschaftsnahe Infrastruktur ist die Gemeinschaftsaufgabe "Verbesserung der regionalen Wirtschaftsstruktur". Im Jahre 1992 sind rund 180 Mill. DM zur Förderung gewerblicher Investitionen im Beherbergungsgewerbe (Hotels, Pensionen, Reiterhöfe, Campingplätze) sowie zur Errichtung von Basiseinrichtungen der kommunalen Infrastruktur eingesetzt worden.

Seit 1991 sind in Ergänzung zur Gemeinschaftsaufgabe spezifische landeseigene Tourismusprogramme aufgelegt worden, für die 1992 rund 17 Mill. DM zur Verfügung standen.

So wichtig die Attraktivität des Landes als Fremdenverkehrsregion ist, genauso wichtig ist es, unser Land nicht einfach in das Klischee eines Agrar- und Reiselandes einzuordnen. Der Tourismus allein reicht für die Einkommenssicherung der Menschen in Mecklenburg-Vorpommern nicht aus. Das Land hat auch für die Ansiedlung von Industrie gute Standortbedingungen. Die wichtigsten sind Großflächigkeit sowie günstige Grundstückspreise für Gewerbeflächen, insbesondere für expandierende Unternehmen aus den Ballungszentren Hamburg, Hannover und Berlin; die räumliche Nähe zu Skandinavien; traditionelle Handelskontakte im Ostseeraum; wirtschaftliches Wachstumspotential durch die Nähe zu Polen und zu den baltischen Staaten.

Wirtschaftsförderung

Der Schiffbau wird die Wirtschaft in Mecklenburg-Vorpommern auch in Zukunft nachhaltig prägen. Durch die mit den Privatisierungen verbundenen Investitionen der MTW Meerestechnik-Werft in Wismar, der Kvaerner-Warnow-Werft in Warnemünde, der Peene-Werft in Wolgast, der Volkswerft Stralsund und der Elbewerft in Boizenburg/Elbe wurden günstige Voraussetzungen für einen wettbewerbsfähigen Schiffbau in Mecklenburg-Vorpommern geschaffen. Insgesamt sollen in den Werften mindestens 8 000 Arbeitsplätze gesichert und neu geschaffen werden. Jeder Arbeitsplatz im Schiffbau schafft zugleich Arbeitsplätze im mittelständischen Zuliefer- und Dienstleistungsbereich. Mit finanziellen Beiträgen des Landes, der privaten Wirtschaft und der Treuhandanstalt werden alle Werften in die Lage versetzt, den tiefgreifenden Strukturwandel zu bewältigen und die internationale Wettbewerbsfähigkeit zu erlangen.

Durch eine gezielte regional- und strukturpolitisch orientierte Industrie- und Mittelstandspolitik stärkt die Landesregierung die innovativen Kräfte und die wirtschaftlichen Potentiale der einzelnen Regionen. In diesen Bereich gehört auch die Erhaltung strukturbestimmender Betriebe als Kristallisationskerne für eine wirtschaftliche Entwicklung. In einem dünnbesiedelten Land wie Mecklenburg-Vorpommern kann auch ein Betrieb mit 50 Beschäftigten strukturbestimmend sein. Die Erhaltung von sogenannten industriellen Kernen bzw. Industriestandorten ist für eine wirtschaftliche Erholung unverzichtbar. Allerdings muß es sich um grundsätzlich sanierungsfähige Unternehmen handeln, das heißt, eine Bestandsgarantie oder eine Dauersubventionierung von nicht sanierungsfähigen Treuhandunternehmen und Industriearbeitsplätzen kommt nicht in Betracht. Die Privatisierung bleibt oberstes Ziel. Durch die zügige Sanierung der industriellen Kerne soll die Privatisierung rascher erreicht werden. Bei regional bedeutsamen Treuhandunternehmen unterstützt der Wirtschaftsminister im Rahmen des Anker-Projektes die Sanierung und Privatisierung mit Investitionszuschüssen und stellt eine Beratergruppe, die den Unternehmen bei der Gestaltung von Unternehmenskonzepten und beim Zugang zu Absatzmärkten helfen soll. Damit wird die Sanierung und Privatisierung der noch verbliebenen strukturbestimmenden Treuhandunternehmen im Land begleitet, um die Bereitschaft der Treuhandanstalt in Richtung Sanierung zu unterstützen.

Die Entlastung des Arbeitsmarktes muß kurz- und mittelfristig durch sozialpolitische Maßnahmen erfolgen. Langfristig kann diese nur durch die Schaffung von dauerhaften Arbeitsplätzen und über Investitionen in wettbewerbsfähige Unternehmen erreicht werden. Die Tätigkeit von ABM-Gesellschaften darf in keinem Fall ertragswirtschaftlich geführte Unternehmen gefährden oder zu freiwilligen Abwanderungen von regulären Arbeitsverhältnissen in Richtung ABM führen.

Durch die GA "Verbesserung der regionalen Wirtschaftsstruktur" werden im Bereich der Gewerblichen Wirtschaft Neugründungen, Erweiterungen, Modernisierungen und Erwerb von gewerblichen Betriebsstätten gefördert. In den letzten zwei Jahren konnten damit über 60 000 Arbeitsplätze erhalten bzw. neu geschaffen werden, wobei 70 Prozent der Förderfälle auf das Verarbeitende Gewerbe entfallen.

Die Förderpraxis 1993 ist geprägt durch eine stärkere Schwerpunktsetzung und Konzentration der vorhandenen Mittel, um dem wirtschaftlichen Wachstum Impulse zu verleihen, aber auch ausgleichend zwischen den unterschiedlichen Landesteilen zu wirken. Dazu wird die Ausrichtung der Förderung nach räumlichen und sachlichen Gesichtspunkten strukturiert. Die räumlich strukturelle Förderung berücksichtigt die Unterbeschäftigung in den einzelnen Landesteilen sowie die verkehrliche Anbindung (Erreichbarkeit) der einzelnen Regionen. Davon ausgehend wurden für die Förderung der gewerblichen Wirtschaft drei Fördergebiete mit unterschiedlichen Förderhöchstsätzen gebildet, die die Förderbedürftigkeit der Kreise widerspiegeln.

In Kombination mit anderen Fördermaßnahmen können in relativ benachteiligten Regionen, vorwiegend in den östlichen Landesteilen, bis zu 35 Prozent der jeweiligen

Investitionssumme mit öffentlichen Mitteln unterstützt werden. Neben dem regionalen Gesichtspunkt sind auch sektorale Aspekte zu beachten. Hierzu zählen: Multiplikatoreffekte des Vorhabens für andere Wirtschaftszweige, insbesondere im Bereich der Landwirtschaft; Arbeitsplatzeffekte des Vorhabens, insbesondere die Zahl der Arbeitsplätze und die pro Arbeitsplatz aufzuwendende Fördersumme; der Realisierungszeitraum des Vorhabens, seine Umsetzungsgeschwindigkeit sowie die funktionale Vollständigkeit des Unternehmens. Das Instrumentarium der Gemeinschaftsaufgabe wird auch für die aktive Sanierung und Modernisierung der verbliebenen regional bedeutsamen Treuhandbetriebe eingesetzt.

Wegen der großen Bedeutung mittelständischer Unternehmen für die Wirtschaftsentwicklung Mecklenburg-Vorpommerns hat der Wirtschaftsminister in Ergänzung der Gemeinschaftsaufgabe weitere landesspezifische Mittelstandsprogramme mit dem Ziel der Gründung und Sicherung von Existenzen aufgelegt.

Mit dem Existenzgründerzuschußprogramm fördert der Wirtschaftsminister Existenzgründungen sowie damit verbundene Betriebserweiterungen im Handel, Handwerk, Dienstleistungsbereich, in den Freien Berufen und in der Gewerblichen Wirtschaft durch Investitionszuschüsse bis zu 60 000 DM. Im Jahr 1992 standen für das Existenzgründerzuschußprogramm 7,6 Mill. DM zur Verfügung. Dadurch konnten etwa 1 800 Dauerarbeitsplätze in mittelständischen Unternehmen gesichert und geschaffen werden.

Im Frühjahr 1993 hat der Wirtschaftsminister das Landesinvestitionsprogramm (LIP) initiiert, das primär auf die Förderung von Investitionen im mittelständischen Bereich abzielt, die zugleich an die Schaffung von Ausbildungs- und Frauenarbeitsplätzen gekoppelt sind.

Mit dem Programm "Beratung zum Anfassen" wird die Beratung vor Ort durch Experten gefördert. Die Beratung kann zum Teil sogar den Charakter eines Managements auf Zeit haben. Im Rahmen dieses Programms stehen erfahrene Praktiker aus den alten Bundesländern interessierten Unternehmern in Mecklenburg-Vorpommern mit Rat und Tat zur Seite. Insgesamt haben die zahlreichen Experteneinsätze bei mehr als 600 Kleinst- und Kleinbetrieben rund 13 000 Arbeitsplätze geschaffen beziehungsweise gesichert.

Darüber hinaus wurde die Mittelständische Beteiligungsgesellschaft Mecklenburg-Vorpommern mbH (MBMV) als Kapitalbeteiligungsgesellschaft des Landes gegründet. Sie ist als Selbsthilfeeinrichtung der Wirtschaft gedacht, um eigenkapitalschwache Unternehmen mit Eigenkapital auszurüsten.

Mit Hilfe von Bürgschaften des Landes, der Bürgschaftsbank Mecklenburg-Vorpommern und der Deutschen Ausgleichsbank werden Privatisierungen und Existenzgründungen des einheimischen Mittelstands unterstützt. Neben den genannten Ausfallbürgschaften gibt es Landesbürgschaften für Privatisierung und Sanierung von strukturbestimmenden Betrieben.

In einem gering strukturierten Land wie Mecklenburg-Vorpommern hat die Überwachung der öffentlichen Auftragsvergabe einen in hohem Maße wirtschaftsfördernden Stellenwert. Über 25 Prozent aller gewerblichen Umsätze werden in unserem Land über öffentliche Aufträge erzielt. Der Wirtschaftsminister sieht seine Aufgabe darin, die Einhaltung der Bestimmungen zum Öffentlichen Auftragswesen zu überwachen, um insbesondere für kleinere Mittelstandsbetriebe angemessene Auftragschancen zu gewährleisten. Darüber hinaus führt er Informationsveranstaltungen durch, um die Kenntnisse über öffentliche Auftragsvergaben zu verbessern.

Neben der Förderung der Gewerblichen Wirtschaft werden im Rahmen der regionalen Strukturpolitik auch Vorhaben der wirtschaftsnahen Infrastruktur gefördert.

Ökologische Altlasten, ungünstige Lage in bebauten Gebieten, veraltete Infrastruktur, ungünstige Flächenzuschnitte, ungeklärte Eigentumsverhältnisse, aber auch die überzogenen Verkehrswerte für Altflächen führten vor allem zur Ansiedlung in neuerschlossenen Gewerbegebieten. Exponierte, gut erschlossene, verkehrsgünstige und vor allem Rechtssicherheit gewährende Gewerbegebiete sind wichtige Standortkriterien für die Ansiedlung von Unternehmen.

Im Rahmen der Gemeinschaftsaufgabe entfielen bisher 117 Förderanträge auf die Neuerschließung von Gewerbegebieten. Der durchschnittliche Fördersatz bei der Erschließung von Gewerbeflächen liegt bei etwa 70 Prozent. Die restlichen 30 Prozent müssen von der Kommune selbst aufgebracht werden.

Voraussetzung für die Förderung ist die Nutzung der erschlossenen Fläche zu mehr als 50 Prozent durch Betriebe, die nach den Kriterien der Gemeinschaftsaufgabe förderfähig sind, also Betriebe des Produzierenden Gewerbes bzw. überregionale Dienstleistungsunternehmen. Die durchschnittliche Größe der geförderten Gewerbegebiete liegt bei rund 18 ha. Neben den geförderten Gewerbeflächen entstehen weitere durch die Kommunen vollfinanzierte Gewerbegebiete, die in stärkerem Maße dem Transport- und Lagergewerbe sowie dem Groß- und Einzelhandel offenstehen.

Wichtiger Indikator für die Attraktivität unseres Industriestandortes ist die Ansiedlung ausländischer Investoren. Die Außenwirtschaftsarbeit Mecklenburg-Vorpommerns umfaßt zwei Bereiche: Es muß sowohl die Exportfähigkeit der Produkte einheimischer Unternehmen für neue Märkte gestärkt als auch um ausländische Investoren, besonders aus Westeuropa, den USA und Südostasien, geworben werden. In Abstimmung mit den Kammern und Verbänden der Wirtschaft organisiert der Wirtschaftsminister Auslandsdelegationsreisen, die es den beteiligten einheimischen Unternehmen ermöglichen sollen, ausländische Kooperationspartner zu finden.

Zwei Repräsentanten, jeweils in Dänemark und Norwegen, vertreten unsere wirtschaftlichen Interessen in Skandinavien, um gemeinsam mit skandinavischen Partnern im europäischen Wirtschaftsraum Fuß zu fassen sowie grenzüberschreitende Technologiekooperationen zu fördern.

Einen wichtigen Schwerpunkt im Außenwirtschaftsbereich sieht der Wirtschaftsminister in dem Kontakt zu den Ländern Osteuropas. Durch die Schaffung einer deutschpolnischen Wirtschaftsfördergesellschaft und den Aufbau der Euroregion Pomerania sollen vor allem den Firmen im grenznahen Raum die Möglichkeiten zu intensiven wirtschaftlichen Beziehungen zu den polnischen Nachbarn erweitert werden.

Ein neues Förderprogramm unterstützt Firmen bei der Einrichtung von Gemeinschaftsbüros im Ausland. Voraussetzung für eine Förderung ist, daß sich mindestens drei Unternehmen an einem solchen Gemeinschaftsbüro beteiligen. Mit der Präsenz soll den Firmen der Zugang zum ausländischen Markt erleichtert werden. Von über 50 Firmen liegen dem Wirtschaftsministerium derartige Anträge vor.

Um die Außenwirkung der Unternehmen weiter zu stärken, wurden im Frühjahr 1992 vom Land in Ergänzung der bereits bestehenden Auslandsmesseförderung des Bundes Fördermaßnahmen zur Beteiligung von Unternehmen aus Mecklenburg-Vorpommern an Messen im In- und Ausland beschlossen. Das Landesförderprogramm wurde überwiegend zur Unterstützung von exportorientierten klein- und mittelständischen Unternehmen konzipiert.

Ein wichtiger Standortfaktor für dauerhafte Investitionen sind auch qualifizierte Fachkräfte. Deshalb werden im Rahmen der Gemeinschaftsaufgabe auch die Errichtung oder der Ausbau von Ausbildungs-, Fortbildungs- und Umschulungseinrichtungen gefördert, soweit ein unmittelbarer Zusammenhang mit dem Bedarf der regionalen Wirtschaft an geschulten Fachkräften besteht. Zusätzlich gibt es Landesprogramme für betriebliche Ausbildungsplätze, insbesondere für Ausbildungsplätze für Mädchen in frauenuntypischen Berufen. Im Jahr 1992 wurden für betriebliche Ausbildungsplätze rund zehn Mill. DM und für die Berufsausbildungsstätten für die außer- und überbetriebliche Ausbildung rund neun Mill. DM ausgegeben.

Forschungs- und Technologiepolitik

Die Technologie- und Innovationspolitik ist ein wesentlicher Bestandteil der Wirtschaftspolitik des Landes Mecklenburg-Vorpommern. Durch landeseigene Technologie- und Innovationsförderprogramme soll insbesondere für klein- und mittelständische Unternehmen das wirtschaftliche und technische Risiko bei der Entwicklung neuer Produkte und der Einführung neuer Technologien gemindert werden. Die Förderung erfolgt im Rahmen der Anteilsfinanzierung und kann ab 1994 bis zu 75 Prozent der förderfähigen Projektkosten betragen.

Mit dem Innovationsförderprogramm wird unter anderem der Einsatz von sogenannten Innovationsassistenten in Unternehmen des Landes mit bis zu 40 Prozent des Brutto-Gehaltes für ein Jahr gefördert. Ziel dieser Förderung ist es, durch die Einstellung von Absolventen der Hochschulen die Unternehmen bei der Durchführung von Entwicklungsprojekten zu unterstützen und gleichzeitig Arbeitsplätze für junge Menschen nach Beendigung ihrer Ausbildung zu schaffen.

Im Rahmen der Forschungskooperation fördert der Wirtschaftsminister bei Vorhaben zur Entwicklung und Einführung neuer Produkte, Technologien und Produktionsverfahren auch wirtschaftsnahe Forschungseinrichtungen. Für die Unterstützung von Unternehmen wurden im Rahmen dieser Programme 1992 insgesamt 7,88 Mill. DM für 55 Vorhaben bewilligt. Dabei konnten 202 Arbeitsplätze zusätzlich geschaffen und 825 Arbeitsplätze erhalten werden. Für 1993 stehen im Landeshaushalt für diesen Förderzweck ca. 12 Mill. DM zur Verfügung.

Ein wichtiges Element in der Technologieförderung sind auch die fünf Technologiezentren in Rostock, Warnemünde, Greifswald, Neubrandenburg und Schwerin/Wismar mit ihren Außenstellen in Nienhagen und Pasewalk. Bei dem Objekt in Nienhagen handelt es sich um ein Projekt, mit dem im Rahmen der Konversion ein militärisches Gelände in einen Technologiepark umgewandelt wird. Die Außenstelle Pasewalk des Technologiezentrums Vorpommern ist schwerpunktmäßig auf die Gründung und wissenschaftliche Begleitung von Unternehmen ausgerichtet, deren Unternehmensinhalt auf dem Gebiet der nachwachsenden Rohstoffe liegt.

Angesichts des großen Interesses der Unternehmen erweitern gegenwärtig alle fünf Technologiezentren ihre vermietbare Fläche sowie ihr Dienstleistungsangebot. Bisher siedelten sich in den Technologiezentren 159 Unternehmen mit insgesamt 850 Arbeitsplätzen an. Zu den wesentlichen Aufgaben der Technologiezentren gehören die Förderung technologieorientierter Unternehmensgründungen sowie deren Unterstützung in der Gründungs- und Anlaufphase, die Unterstützung der regionalen Wirtschaftsförderung sowie die Entwicklung und Förderung spezieller Technologiefelder unter Beachtung des wissenschaftlichen und wirtschaftlichen Potentials der Region.

Neben den oben genannten Technologiezentren wird die Gründung technologiespezialisierter Zentren vorbereitet bzw. diskutiert. So wird in Greifswald das Projekt "Biotechnikum", ein Zentrum für Ausgründungen auf biomedizinischem und biotechnologischem Gebiet, durch die Kommune und auch durch das Wirtschaftsministerium vorangetrieben. Im Rahmen der Privatisierung der Forschungs-GmbH Ingenieurzentrum Schiffbau wird die Bildung eines maritimen Innovationszentrums zur Lösung von Forschungs-, Entwicklungs- und Konstruktionsaufgaben auf dem Gebiet der maritimen Technik angestrebt.

Als Anreiz auf dem Gebiet der Produkt- und Technologieentwicklung dient der im Abstand von zwei Jahren zu verleihende Technologiepreis (20 000 DM). Zur Tradition werden die jährlich durchgeführten Technologietage, die im Wechsel in den jeweiligen Technologiezentren stattfinden. Inhalt dieser Tage sind die Darstellung und Diskussion spezieller Technologiefelder oder technologische Entwicklungspotentiale der jeweiligen Region.

Eine weitere Säule des Technologietransfers in Mecklenburg-Vorpommern sind die Agenturen für Technologietransfer und Innovationsförderung (ATI) in den Technologiezentren Schwerin, Neubrandenburg, Rostock und Greifswald. Dieses Projekt soll mit seiner personellen und materiellen Ausstattung den Unternehmen in der jeweiligen

Region Unterstützung bei der Entwicklung neuer Produkte und Technologien, aber auch bei betriebswirtschaftlichen Problemen geben.

Verkehrspolitik

Der Verkehrsbereich ist als wirtschaftlicher Standortfaktor von zentraler Bedeutung. Trotz beträchtlicher Ausbaumaßnahmen der letzten Jahre genügen wesentliche Teile der Verkehrsinfrastruktur noch nicht den Erfordernissen der heutigen Zeit. Wichtig sind der Ausbau des Schienennetzes, der Häfen mit ihren Hinterlandverbindungen und den seewärtigen Zufahrten, der Bau von Ortsumgehungen und der West-Ost-Autobahn, im Bereich des Tourismus aber auch der Ausbau von Radwegen. Um einer weiteren Verlagerung von Leistungen von der Schiene auf die Straße entgegenzuwirken, muß die Attraktivität des Personen- und Güterverkehrs auf der Schiene erhöht werden.

Maßnahmen, um die Attraktivität des Schienenweges zu erhöhen, sind:

- Stabilisierung der Strecken durch Beseitigung von Oberbaumängeln,
- Weiterführung der Elektrifizierung,
- zweigleisiger Ausbau von stark frequentierten Strecken,
- Maßnahmen zur Erhöhung der Streckengeschwindigkeiten,
- sicherungstechnische Modernisierung.

Projekte für den Ausbau des Schienennetzes sind:

- Zweigleisiger Ausbau und Elektrifizierung der Strecke Hamburg–Büchen–Ludwigslust–Berlin sowie Anhebung der Streckengeschwindigkeit auf 160 km/h mit Option für 200 km/h;
- Ausbau der Strecke Lübeck bzw. Hagenow/Land–Bad Kleinen–Rostock–Stralsund. Das Land setzt sich für eine durchgehende Zweigleisigkeit und Elektrifizierung ein und fordert den Bau einer Verbindungskurve bei Bad Kleinen.
- Elektrifizierung der Strecke Neustrelitz–Neubrandenburg–Stralsund. Zum Fahrplanwechsel im Mai 1993 wurde der Abschnitt zwischen Neustrelitz und Neubrandenburg für den elektrischen Betrieb freigegeben. Die Elektrifizierung der Gesamtstrecke soll bis 1995 abgeschlossen werden.

Wichtig ist weiterhin die Verbesserung der Anbindung der Insel Rügen einschließlich der Fährhäfen Saßnitz und Mukran an das Schienennetz. Aber auch die Wiedererrichtung der Eisenbahnbrücke über die Elbe bei Dömitz im Zuge der ehemaligen Strecke Ludwigslust–Uelzen sowie die schienenmäßige Anbindung der Insel Usedom sind dringend erforderlich.

Besondere Bedeutung hat die Erhöhung der Sicherheit an Bahnübergängen, die durch Errichtung von Brücken oder Tunneln bzw. mit dem Einsatz moderner Sicherungstechnik erreicht werden kann.

Das Ziel der Verkehrspolitik des Landes besteht auch in der Förderung eines engen Zusammenwirkens der Verkehrsträger. Ein Beispiel für die sinnvolle Verknüpfung von

Straße und Schiene im kombinierten Verkehr ist das Güterverkehrszentrum Rostock in der Nähe des Seehafens mit einer günstigen Straßen- und Schienenanbindung.

Energie- und Umweltpolitik

Im Bereich Energie hat der Wirtschaftsminister ein Konzept mit dem Ziel erarbeiten lassen, eine sichere, kostengünstige, umwelt- und klimaverträgliche, ressourcenschonende Energieversorgung und Energieanwendung in allen Teilen des Landes zu gewährleisten.

Für die Nutzung erneuerbarer Energien bietet das Land mit seinen großen Potentialen an Wind, Sonne, Erdwärme und Biomasse gute Voraussetzungen. Die Nutzung dieser Energieträger wird im Rahmen des Technologieförderprogramms des Landes mit rund 9,2 Mill. DM gefördert.

Aufbau Ost kann nicht Wachstum um jeden Preis bedeuten. Das Umweltbewußtsein der Behörden und der Öffentlichkeit darf nicht allein von dem Erhalt von Arbeitsplätzen abhängig sein.

Der Umweltschutz ist für das dünn besiedelte und auf sanften Tourismus setzende Mecklenburg-Vorpommern nicht nur ein Gebot ökologischer Vernunft, sondern auch eines wohlverstandenen langfristigen ökonomischen Interesses. In Mecklenburg-Vorpommern läßt sich exemplarisch belegen, daß Ökologie und Ökonomie keine einander ausschließenden Gegensätze, sondern zwei einander bedingende Seiten einer Medaille sind. Die Neuerrichtung und die Sanierung der wasserwirtschaftlichen Infrastruktur, eine auf Wiederverwendung gerichtete Abfallwirtschaft und ein konsequenter Naturschutz, wie er sich beispielhaft durch die Schaffung von Nationalparks dokumentiert, erfordern ebenso öffentliche Investitionen wie die Sanierung ökologischer Altlasten. Seit 1991 wurden für Wasserver- und Abwasserentsorgung, für den Aufbau einer modernen Abfallwirtschaft, für die Altlastenbeseitigung und für den Naturschutz insgesamt 800 Mill. DM eingesetzt.

Allein die Abwasserbehandlung in modernen Kläranlagen entsprechend den Vorschriften des Wasserhaushaltsgesetzes erfordert in Mecklenburg-Vorpommern schätzungsweise Investitionen in Höhe von 10 Mrd. DM, deren Finanzierung das Land Mecklenburg-Vorpommern allein weit überfordert.

In seinem Verantwortungsbereich für die Raumordnung in Mecklenburg-Vorpommern gestaltet der Wirtschaftsminister den räumlichen Rahmen für den wirtschaftlichen Aufschwung des Landes maßgeblich mit. Das Erste Landesraumordnungsprogramm enthält die Ziele der Raumordnung und Landesplanung, die das ganze Land betreffen oder für die Beziehung der Landesteile untereinander wesentlich sind.

Mecklenburg-Vorpommern ist ein Land im Aufbruch. In den vergangenen drei Jahren wurden wichtige Grundlagen für die Zukunft geschaffen, der Anpassungsprozeß läßt sich jedoch nicht über Nacht vollziehen.

Sachsen

Größe, Einwohner, Hauptstadt

Sachsen erstreckt sich von der Leipziger Tieflandebene und der Niederlausitz im Norden über die Vorhöhen des mittelsächsischen und Lausitzer Berglandes bis zum südlichen Grenzwall des Erzgebirges, Elbsandsteingebirges und Lausitzer Gebirges.

Der Freistaat Sachsen ist mit 4,64 Mill. Einwohnern (31.12.1992) auf einer Fläche von nur 18 407 Quadratkilometern das bevölkerungsreichste und zugleich am dichtesten besiedelte neue Bundesland; mit rund 252 Einwohnern je km^2 wird auch der Durchschnitt Deutschlands (223) noch überschritten. Nach der Neugründung des Landes am 14.10.90 wurde die alte Hauptstadt Dresden erneut Sitz der Landesregierung und des Landtages. Neben Dresden (481 700 Einwohner) liegen mit Leipzig (496 600 Einwohner), Chemnitz (283 600 Einwohner) und Zwickau (110 600 Einwohner) weitere Großstädte im Freistaat Sachsen.

1. Gesamtwirtschaftliche Lage

Bevölkerung

Die sächsische Bevölkerungszahl hat in den letzten Jahrzehnten kontinuierlich und in den letzten Jahren drastisch abgenommen. Gründe liegen sowohl in einem Wanderungsverlust als auch zunehmend in der ungünstigen natürlichen Bevölkerungsentwicklung. In Sachsen leben heute in gut 2 Mill. Privathaushalten 29,6 Prozent aller Einwohner der neuen Bundesländer und 5,8 Prozent der Bevölkerung Deutschlands.

Tabelle 1: Bevölkerungsdichte in Sachsen 1957 bis 1992

Jahr	Bevölkerung		Bevölkerungszu- bzw. abnahme	
	Anzahl	Einw./km^2	Anzahl	je 1 000 Einw.
1957	5 539 862[1)	302,1	− 68 262	−12,3
1989	4 979 385	271,5	−116 675	−23,4
1990	4 795 720	261,5	−136 403	−28,4
1991	4 721 628	257,5	− 85 424	−18,1
1992	4 640 997[1)	252,1	− 49 104	−10,6

1) Bevölkerungsstand am 31.12.

Quelle: Statistisches Landesamt Sachsen

Tabelle 2: Bevölkerungsentwicklung und -wanderung in Sachsen 1957 bis 1992

Jahr	Geborenen- (+) bzw. Gestorbenenüberschuß (−)		Überschuß der Zu- (+) bzw. Fortzüge (−)	
	Anzahl	je 1 000 Einw.	Anzahl	je 1 000 Einw.
1957	+ 6 143	+1,1	− 74 405	−13,4
1989	−12 067	−2,4	−104 608	−21,0
1990	−18 101	−3,8	−118 302	−24,7
1991	−34 573	−7,3	− 50 851	−10,8
1992	−36 267	−7,8	− 12 837	− 2,8

Quelle: Statistisches Landesamt Sachsen

Besonders in der Zeit unmittelbar nach der "Wende" verließen eine große Anzahl Sachsen ihre Heimat. Zumeist war das Ziel Westdeutschland. Der monatliche Wanderungsverlust ist jedoch von durchschnittlich 24 198 Personen im 1. Halbjahr 1991 auf 4 155 im 2. Halbjahr 1992 deutlich gesunken. Die intensivsten Wanderungsverflechtungen bestehen mit den Bundesländern Baden-Württemberg und Bayern.

Wirtschaftskraft

Die Wirtschaftskraft Sachsens lag unmittelbar vor der Währungsunion – gemessen an gesamtdeutschen Maßstäben – deutlich zurück: Nach einer Schätzung des Instituts für angewandte Wirtschaftsforschung wurde 1989 ein Bruttoinlandsprodukt in Höhe von rund 88 Mrd. DM erwirtschaftet; das waren 3,5 Prozent der wirtschaftlichen Leistung in Deutschland insgesamt. Sachsen lag hier deutlich vor Sachsen-Anhalt (58 Mrd. DM) und Brandenburg (50 Mrd. DM). Das ist Ausdruck des großen Gewichts, mit dem Sachsen am gesamten Wirtschaftspotential der neuen Bundesländer beteiligt war. Mit rund 17 900 DM je Einwohner erreichte das Bruttoinlandsprodukt rund 50 Prozent des westdeutschen Durchschnitts.

Durch den mit der Währungsunion offengelegten Verlust der Wettbewerbsfähigkeit vor allem im industriellen Bereich kam es anschließend zu einem Einbruch der wirtschaftlichen Tätigkeit und der gesamtwirtschaftlichen Leistung. Die wirtschaftliche Entwicklung hatte in den neuen Bundesländern (länderspezifische Angaben liegen nicht vor) im 1. Halbjahr 1991 ihren Tiefpunkt erreicht; seit diesem Zeitpunkt wächst die ostdeutsche Wirtschaft wieder.

Tabelle 3: Bruttoinlandsprodukt Sachsens im Vergleich zu den neuen Bundesländern insgesamt 1991 und 1992

	Sachsen	neue Bundesländer
Bruttoinlandsprodukt (Mrd. DM)		
1991	52,8	186,2
1992[1]	65,8	235,3
Veränderungen real 1992/91 (Prozent)	5,3	6,8
Anteil (Prozent)	28,0	100,0
je Einwohner (DM)	14 063	14 902
Gesamtdeutschland = 100	37,6	39,8

1) Vorläufig.

Quelle: Statistisches Landesamt Sachsen

Nach vorläufigen Berechnungen des Statistischen Landesamtes Sachsen betrug das Bruttoinlandsprodukt im Jahr 1992 im Freistaat Sachsen 65,8 Mrd. DM. Das ist gegen- über dem Vorjahr eine reale Steigerung von 5,3 Prozent. Pro Einwohner wurden somit in Sachsen 14 063 DM erwirtschaftet. Damit waren knapp 40 Prozent der Wirtschafts- kraft Deutschlands erreicht. Für das wirtschaftliche Wachstum Sachsens gingen kräf- tige Impulse vor allem von den Bereichen aus, die im Umstrukturierungsprozeß am weitesten fortgeschritten waren. Dazu zählten insbesondere Teile des Dienstleistungs- gewerbes, das Baugewerbe sowie der Handel. Das Verarbeitende Gewerbe hat hinge- gen bisher nur unterdurchschnittlich zum Zuwachs der volkswirtschaftlichen Leistung beigetragen.

Vor allem aufgrund der Transferzahlungen aus Westdeutschland, der zusätzlichen Einkommen der Ost-West-Pendler sowie einer durchschnittlich höheren Erwerbsquote liegt das Einkommen der ostdeutschen Haushalte höher als die Wirtschaftskraft: 1992 verfügte ein ostdeutscher 4-Personen-Haushalt (länderspezifische Werte liegen nicht vor) über ein Bruttoeinkommen von DM 4 277,– und lag damit um 31 Prozent unter dem Wert für Westdeutschland (DM 6 173,–). Beim Nettoeinkommen verringerte sich der Abstand (aufgrund der geringeren Steuerbelastung der ostdeutschen Haushalte) auf 30 Prozent.

Regionalstruktur

Der Freistaat Sachsen weist regional eine besonders differenzierte Struktur auf. Die sächsischen Großstädte Leipzig, Dresden und Chemnitz prägen die Siedlungsstruktur. Sie stellen mit ihren Umlandkreisen Ballungsgebiete mit einer hohen Bevölkerungs- dichte (280 Einwohner pro km^2 und höher) dar. Schwächer besiedelt sind dagegen die peripherer gelegenen Gebiete, einschließlich der gesamten Planungsregion Oberlau- sitz/Niederschlesien (159 Einwohner pro km^2).

Die geographische Zusammensetzung sowie die Größe der Planungsregionen ist Ta- belle 4 zu entnehmen.

In den die drei großen Ballungszentren umfassenden Regionen "Oberes Elbtal", "West- sachsen" und "Chemnitz" arbeiten bei 61,5 Prozent Gesamtfläche und 68,6 Prozent der Einwohner rund 71 Prozent aller Erwerbstätigen.

Die Lage auf dem Arbeitsmarkt weist gegenwärtig große regionale Unterschiede auf. Bei einem Landesdurchschnitt von 15,4 Prozent (September1993) reicht die Spann- breite der Arbeitslosenquote von 11,6 Prozent im Arbeitsamtsbezirk Dresden bis zu 19,2 Prozent im Arbeitsamtsbezirk Oschatz.

Traditionelle sächsische Industriegebiete waren nicht nur die Verdichtungsgebiete Leipzig, Dresden, Chemnitz und Zwickau. Kennzeichnend für Sachsen waren auch die räumliche Breite der Industrie und eine hohe Industriedichte in fast allen ländlichen Regionen. Die Messestadt Leipzig war ein wichtiger Standort für den Schwermaschi- nenbau und die Chemie. Die Kunst-, Kultur- und Verwaltungsstadt Dresden bildete

177

Tabelle 4:   Planungsregionen in Sachsen 1992

Planungsregion	Einwohner/30.09.1992	EW/km^2	Anteil an EW Sachsens insgesamt in Prozent
Dresden-Stadt	482 309	2 136	10,4
Dresden-Land	99 971	280	2,1
Riesa	90 083	244	1,9
Großenhain	39 994	88	0,9
Meißen	107 216	212	2,3
Freital	74 642	238	1,6
Dippoldiswalde	42 439	93	0,9
Pirna	103 105	198	2,2
Sebnitz	47 298	135	1,0
Oberes Elbtal/Osterzgebirge	1 087 057	306	23,4
Görlitz-Stadt	69 239	2 678	1,5
Kamenz	58 609	95	1,3
Bischofswerda	61 162	193	1,3
Hoyerswerda	101 369	152	2,2
Bautzen	117 752	171	2,5
Löbau	88 954	222	1,9
Zittau	79 891	312	1,7
Görlitz-Land	26 577	74	0,6
Niesky	36 976	71	0,8
Weißwasser	56 234	107	1,2
Oberlausitz/Niederschlesien	696 763	159	15,0
Leipzig-Stadt	498 647	3 406	10,7
Leipzig-Land	125 115	284	2,7
Delitzsch	52 011	135	1,1
Borna	80 899	222	1,7
Geithain	34 002	125	0,7
Grimma	61 079	134	1,3
Wurzen	48 050	136	1,0
Eilenburg	48 914	100	1,1
Torgau	52 910	86	1,1
Oschatz	48 819	107	1,0
Döbeln	84 125	200	1,8
Westsachsen	1 134 571	258	24,4

Tabelle 4: Planungsregionen in Sachsen 1992 – Fortsetzung

Planungsregion	Einwohner/30.09.1992	EW/km^2	Anteil an EW Sachsens insgesamt in Prozent
Chemnitz-Stadt	284 731	2 195	6,1
Rochlitz	46 324	149	1,0
Annaberg	76 452	200	1,6
Hohenstein-Ernstthal	56 111	417	1,2
Chemnitz-Land	93 663	322	2,0
Stollberg	74 182	379	1,6
Zschopau	53 462	250	1,1
Marienberg	60 286	139	1,3
Flöha	49 236	187	1,1
Brand-Erbisdorf	34 595	112	0,7
Freiberg	75 651	214	1,6
Hainichen	61 109	192	1,3
Chemnitz/Oberes Erzgebirge	**965 802**	**289**	**20,8**
Zwickau-Stadt	111 006	1 948	2,4
Plauen-Stadt	70 492	1 209	1,5
Werdau	65 287	314	1,4
Zwickau-Land	77 540	234	1,7
Reichenbach	51 386	329	1,1
Plauen-Land	33 343	108	0,7
Auerbach	66 191	284	1,4
Aue	110 125	299	2,4
Glauchau	60 870	352	1,3
Schwarzenberg	54 836	277	1,2
Klingenthal	32 355	137	0,7
Oelsnitz	35 490	102	0,8
Westerzgebirge/Vogtland	**768 921**	**287**	**16,5**

Quelle: Statistisches Landesamt Sachsen

außer für Dienstleistungen den Schwerpunkt für die Elektronik und Elektrotechnik, während im Raum Zwickau/Chemnitz die Kfz-Industrie und das Metallverarbeitende Gewerbe dominierten. Vor allem in den letzten Jahrzehnten hatte sich in einzelnen sächsischen Regionen eine ausgeprägte industrielle Monostruktur herausgebildet. Traditionelle Textilgebiete waren das Erzgebirge, das Vogtland sowie die Oberlausitz mit den Zentren Bautzen, Görlitz und Zittau. Das Erzgebirge, das Elbsandsteingebirge und das Zittauer Gebirge sowie die Kurorte Bad Elster und Bad Brambach waren und sind außerdem auch beliebte touristische Zentren.

Ein Teil der nördlichen Kreise (Oschatz–Torgau–Delitzsch, Großenhain–Kamenz) waren und sind geringer industrialisiert; bei gegenwärtig insgesamt deutlich niedrigerer Industriedichte ist diese vor allem in den östlichen Randregionen (Kreise Weißwasser,

179

Löbau, Görlitz) stark gesunken. Dagegen findet im westlichen Sachsen (Chemnitz, Zwickau, Borna, Landkreis Leipzig) noch immer ein überdurchschnittlicher Anteil der Erwerbstätigen Beschäftigung in der Industrie.

Tabelle 5: Einwohner und Erwerbstätige in den verschiedenen Regionen Sachsens 1991 bzw. 1992

Planungsregion	Einwohner Stand 30.09.1992			Erwerbstätige am Arbeitsort[1] 1991	
	Anzahl	je km^2	Prozent	Anzahl	Prozent
Oberes Elbtal/ Osterzgebirge	1 087 057	306	23,4	530 631	25,4
Oberlausitz/ Niederschlesien	696 763	159	15,0	285 579	13,7
Westsachsen	1 134 571	258	24,4	516 574	24,8
Chemnitz/ Oberes Erzgebirge	965 802	289	20,8	434 257	20,8
Westerzgebirge/ Vogtland	768 921	287	16,5	319 444	15,3
Sachsen	4 653 114	254	100,0	2 086 485	100,0

1) Vorläufige Jahresdurchschnittsangaben.

Quelle: Statistisches Landesamt Sachsen

Erwerbstätigkeit

Der durch die Währungsunion ausgelöste Anpassungsschock führte gleichermaßen zu einer Verringerung des Erwerbspotentials wie auch zu einer schnellen Verschiebung der Erwerbsstruktur.

Die Zahl der Erwerbspersonen sank von 1989 bis Januar 1992 um rund 16 Prozent. Damit verbunden war eine Reduzierung der Erwerbsquote von 57,8 Prozent im Jahre 1989 auf 50,9 Prozent. Teilweise ist der Rückgang des Erwerbspotentials durch die auch nach der Währungsunion zu verzeichnenden Bevölkerungsverluste durch einkommens- und arbeitsmarktbedingte Abwanderungen hervorgerufen. Stärker ins Gewicht fällt hier allerdings der "interne" Rückgang der Erwerbsbeteiligung. Die Erwerbsbeteiligung der Bevölkerung war in der früheren DDR-Gesellschaft deutlich höher als in Westdeutschland. 1989 lag die Erwerbsquote in Sachsen mit 57,8 Prozent deutlich über dem Vergleichswert der alten Bundesländer (48,0 Prozent), der Unterschied bei den Erwerbsquoten der Bevölkerung im erwerbsfähigen Alter (15 bis 65 Jahre) war noch sehr viel größer, in Sachsen betrug sie 83,4 Prozent gegenüber 66,4 Prozent in Westdeutschland.

Tabelle 6: Erwerbspersonen in Sachsen 1989 bis 1992

	1989[1)]	April 1991	Okt. 1991	Jan. 1992
Erwerbspersonen (1 000)	2 834,0	2 536,2	2 440,9	2 374,6
Erwerbsquote (Prozent)				
insgesamt	57,8	53,6	52,0	50,9
weiblich	54,9	48,6	47,3	47,0

1) Werte mit späteren Angaben nicht voll vergleichbar.

Quelle: Statistisches Landesamt Sachsen

Aufgrund des Beschäftigungseinbruchs sank die Zahl der Erwerbstätigen (Erwerbspersonen abzüglich Erwerbslose) zwischen September 1989 und Januar 1992 sehr viel stärker als das Erwerbspotential: von 2,83 Mill. um 862 700 auf 1,97 Mill., das heißt um 30,4 Prozent. Der Anteil der Erwerbstätigen an der Wohnbevölkerung nahm in Sachsen entsprechend von 56,9 Prozent auf 42,2 Prozent ab (zu den Verschiebungen in der sektoralen Zusammensetzung der Erwerbstätigkeit siehe 2. Kapitel).

Ende März 1993 gab es in Sachsen rund 1 685 700 sozialversicherungspflichtig Beschäftigte; das waren 30,4 Prozent dieser Beschäftigten in den neuen Bundesländern.

Investitionstätigkeit

Eine Schlüsselrolle kommt beim wirtschaftlichen Aufbau in den neuen Bundesländern den Investitionen zu. Die Bruttoanlageinvestitionen sind in Ostdeutschland insgesamt von 83 Mrd. DM (1991) über 110 Mrd. DM (1992) auf 135 Mrd. DM (1993) beachtlich gestiegen. Für 1994 wird nochmals mit einer weiteren Zunahme der Investitionen (auf 150 Mrd. DM) gerechnet. Genaue Angaben für den Freistaat Sachsen gibt es nicht, doch zeigen überschlägige wissenschaftliche Schätzungen, daß der Anteil Sachsens 28 bis 30 Prozent aller Investitionen ausmacht. Darüber hinaus zeigen folgende Angaben für Teilbereiche der Investitionstätigkeit in Sachsen bereits wieder eine beachtliche Investitionsdynamik:

– Bis zum 30.09.1993 wurden im Rahmen der regionalen Wirtschaftsförderung gut 5 300 gewerbliche Investitionsvorhaben mit einem Investitionsvolumen von rund 28,9 Mrd. DM gefördert; für Investitionen in Höhe von rund 4,9 Mrd. DM liegen weitere Anträge vor.

– Im Rahmen der Privatisierung durch die Treuhandanstalt wurden bis Ende August 1993 für sächsische Betriebe Investitionen in Höhe von rund 45,1 Mrd. DM zugesagt.

– Bei der Förderung von ERP-Krediten zur Existenzgründung wurden bis Ende September 1993 bereits knapp 64 000 Anträge mit einem Zusagebetrag von 9,1 Mrd. DM bewilligt.

Auch im Infrastrukturbereich wurden in den vergangenen Jahren umfangreiche Investitionen getätigt:

– Im Bereich der wirtschaftsnahen Infrastruktur wurden bis zum gleichen Zeitpunkt 1 171 Anträge mit einem Investitionsvolumen von rund 2,8 Mrd. DM bewilligt; weiterhin liegen 607 Förderanträge mit einem Investitionsvolumen von rund 2,2 Mrd. DM vor.

– Zur Modernisierung des Energiesektors wurden in Sachsen 1992 insgesamt 334,3 Mill. DM investiert. Darunter fallen unter anderem Sanierungen im Fernwärmebereich und Heizungsmodernisierungen.

– Für den Autobahn- und Straßenbau hat Sachsen in den Jahren 1991 und 1992 rund 3,6 Mrd. DM investiert.

– In den Jahren 1991 und 1992 hat die DPD TELEKOM in Sachsen insgesamt 4,35 Mrd. DM investiert. Die TELEKOM stellt damit den größten Einzelinvestor im Freistaat Sachsen dar. Außerhalb des Unternehmens wurden in Sachsen vorwiegend im mittelständischen Bereich durch Auftragsvergabe ca. 10 000 Arbeitsplätze geschaffen.

Haushalts- und Finanzlage

Volumen und Struktur des Haushaltes des Freistaates Sachsen sind geprägt von der die neuen Bundesländer insgesamt kennzeichnenden geringen Wirtschaftskraft.

Die Steuerdeckungsquote von 29,3 Prozent (neue Bundesländer rund 25 Prozent, alte Bundesländer 73 Prozent) zeigt deutlich die bisher geringe Finanzkraft und das Ausmaß, in dem der Staatshaushalt auf Transferzahlungen angewiesen ist. Die Kreditfinanzierungsquote von 18,2 Prozent ist Ausdruck des Bemühens, eine sparsame Haushaltsführung und die Durchführung der für den wirtschaftlichen Aufbau unbedingt notwendigen Aufgaben in Einklang zu bringen.

Die Struktur der Ausgaben wird sowohl durch das Gewicht der Personalausgaben als auch die "investive Quote" besonders gekennzeichnet. Die Personalausgabenquote stieg (vorrangig als Folge der Lohn- und Gehaltssteigerung zum 01.07.1993 auf 80 Prozent des Westniveaus) von 24,5 Prozent (1992) auf nunmehr 26,3 Prozent (Westdeutschland: rund 40 Prozent). Die investiven Ausgaben machen mit rund 8,1 Mrd. DM rund 30 Prozent der gesamten Ausgaben aus. In diesem deutlich überdurchschnittlichen Anteil (zum Beispiel Baden-Württemberg: 12,4 Prozent, Niedersachsen: 12,2 Prozent) kommen die Prioritäten, die die Staatsregierung setzt, zum Ausdruck: Es sind dies die als langfristige Strategie angelegten nachhaltigen Bemühungen, trotz knapper Finanzmittel einen überzeugenden Beitrag zur Beseitigung der bestehenden Infrastrukturdefizite wie auch zur Förderung der Kapitalbildung in der sächsischen Wirtschaft zu leisten.

Tabelle 7: Haushalt des Freistaates Sachsen 1993

	Mill. DM	Prozent
Ausgaben		
1. Personalausgaben	7 071,7	26,2
2. Sächliche Verwaltungsausgaben	1 289,5	4,8
3. Schuldendienst	265,0	1,0
4. Zuweisungen und Zuschüsse für laufende Zwecke	10 189,6	37,8
5. Baumaßnahmen	880,9	3,3
6. Sonstige Sachinvestitionen	7 244,6	26,9
davon:		
Eigeninvestitionen	462,9	
Investitionsförderungsmaßnahmen	6 781,7	
7. Besondere Finanzierungsausgaben	3,4	
Ausgaben insgesamt	26 944,7	100,0
Einnahmen		
1. Steuern und steuerähnliche Abgaben	7 904,3	29,3
2. Verwaltungseinnahmen, Einnahmen aus Schuldendienst u. dgl.	682,6	2,5
3. Zuweisungen und Zuschüsse für laufende Zwecke (ohne Fonds Deutsche Einheit)	1 401,0	5,2
4. Fonds Deutsche Einheit	9 652,8	35,8
5. Zuweisungen und Zuschüsse für Investitionen, besondere Finanzierungseinnahmen	2 404,1	8,9
6. Kreditaufnahmen am Kreditmarkt (netto)	4 900,0	18,2
Einnahmen insgesamt	26 944,7	100,0

Privatisierung

Die Treuhandanstalt betreute bisher insgesamt 4 321 sächsische Unternehmen. Bis Ende August 1993 konnten davon in Sachsen 3 797 Unternehmen (rund 88 Prozent) in privates Eigentum überführt werden.

Tabelle 8:   Stand der Privatisierung in Sachsen (am 31.08.1993)

	Sachsen	Anteil Sachsens an den neuen Bundesländern in Prozent
Privatisierungen davon:	3 797	29,2
Unternehmen	1 667	30,7
Betriebsteile	1 998	28,3
Bergwerksrechte	132	33,2
Zusagen für		
Investitionen (Mrd. DM)	45,1	30,6
Beschäftigte	426 661	28,9

Quelle: Treuhandanstalt

Mit diesen Privatisierungen sind Zusagen für Investitionen in Höhe von rund 44,0 Mrd. DM und Beschäftigungszusagen für 415 700 Mitarbeiter verbunden. Entsprechend seinem Wirtschaftspotential sind in Sachsen der größte Anteil der Privatisierungsaktivitäten in den neuen Bundesländern durchzuführen. Von den insgesamt erfolgten Privatisierungen entfallen 28,9 Prozent, bei den damit verbundenen Investitionen 30,4 Prozent und bei den Arbeitsplatzzusagen 28,7 Prozent auf Sachsen.

Auch ausländische Investoren haben durch ihre Unternehmenskäufe einen wichtigen Beitrag zur Privatisierung geleistet. In Sachsen wurden bis zum Berichtszeitpunkt insgesamt 202 Unternehmen bzw. Betriebsteile durch ausländische Investoren erworben. Ihr Anteil an allen privatisierten Unternehmen in Sachsen beträgt rund 5 Prozent, bei den Beschäftigungszusagen stammen ca. 5 Prozent, bei den Investitionszusagen rund 6 Prozent aus dem Ausland.

Von den Privatisierungen erfolgten 634 als Übernahmen der Unternehmen oder der auszugliedernden Unternehmensteile durch das Management (Management-Buy-Out), in der Regel durch Leitende Angestellte oder die Geschäftsführung.

Insgesamt waren am 01.04.1993 in Sachsen noch 3,7 Prozent aller Erwerbstätigen in Treuhandunternehmen tätig (Ostdeutschland insgesamt ca. 4,7 Prozent).

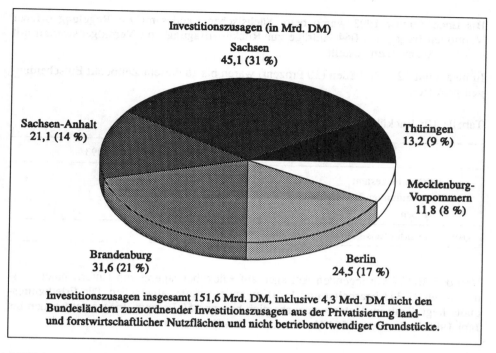

Abbildung 1: Investitionszusagen nach Bundesländern THA - Gesamt (Stand August 1993)

Quelle: Treuhandanstalt Berlin

Die größten Privatisierungsaufgaben bestehen noch im industriellen Bereich. Gemessen an der Beschäftigtenzahl besitzen Betriebe des Maschinenbaus, der Textil- und Bekleidungsindustrie und der Elektrotechnik das größte Gewicht an den noch vorhandenen sächsischen Treuhandunternehmen.

Tabelle 9: Rückübertragung von Vermögenswerten in Sachsen 1993

	Stand 31.08.1993
Anträge insgesamt	221 064
Ansprüche insgesamt	419 174
Entscheidungen zu Ansprüchen	127 736

Quelle: Sächsiches Landesamt zur Regelung offener Vermögensfragen

185

Bis Ende August 1993 waren beim Sächsischen Landesamt zur Regelung offener Vermögensfragen 221 064 Anträge zur Rückübertragung von Vermögenswerten mit 419 174 Ansprüchen gestellt.

In insgesamt 127 736 Fällen (30 Prozent) waren bis zu diesem Zeitpunkt Entscheidungen getroffen.

Tabelle 10: Rückübertragung von Unternehmen in Sachsen 1993

	Stand 31.08.1993
Anträge insgesamt	36 574
Entscheidungen/Erledigungen	17 341
Abgaben	1 791
Quelle: Sächsiches Landesamt zur Regelung offener Vermögensfragen	

Von den 36 574 vorliegenden Anträgen auf Rückübertragung von Unternehmen wurden bisher 17 341 bearbeitet und 1 791 an andere Ämter abgegeben. Die Erledigungsquote liegt damit im Unternehmensbereich bei rund 50 Prozent. Insgesamt wurden bis Juni 1993 in Sachsen 2 564 Unternehmen rückübertragen.

2. Wirtschaftsbereiche

Sektorale Grundstruktur

Die sektorale Erwerbsstruktur 1989 für Sachsen läßt die Dominanz des Produzierenden Sektors deutlich erkennen.

Tabelle 11: Erwerbstätigenstruktur in Sachsen 1989 und 1992 (in Prozent)

	Sachsen		neue Bundesländer	
	1989	1992	1989	1992
Land- und Forstwirtschaft	7,0	2,8	10,4	4,8
Produzierendes Gewerbe	54,4	44,1	47,4	38,7
Dienstleistungen	38,6	53,0	42,2	56,5
Quelle: Statistisches Landesamt Sachsen				

Sachsen hatte unter den neuen Bundesländern in der Industrie den höchsten und in der Landwirtschaft den niedrigsten Erwerbstätigenanteil. Im Vergleich zu September 1989 hat sich bis Anfang 1992 die sektorale Grobstruktur schon deutlich zugunsten des tertiären Sektors (+ 14,4 Prozent-Punkte) und zu Lasten des Agrarsektors (– 4,2 Prozentpunkte) und des Produzierenden Gewerbes (– 10,3 Prozent-Punkte) verschoben. Dieser Prozeß ist zwischenzeitlich noch weiter fortgeschritten.

Bei der gesamtwirtschaftlichen Produktion hat diese Gewichtsverlagerung noch stärker durchgeschlagen: Im Jahre 1991 trug der primäre Sektor mit nur noch 1 Prozent und das Produzierende Gewerbe mit 35 Prozent, der Dienstleistungssektor dagegen mit 64 Prozent zur Bruttowertschöpfung im Freistaat Sachsen bei.

Die langfristigen Entwicklungstendenzen lassen erwarten, daß gegenüber 1989 der Anteil der Land- und Forstwirtschaft zurückgehen wird, der Anteil der Industrie erkennbar sinkt und der Anteil des Dienstleistungssektors deutlich wächst.

Land- und Forstwirtschaft

Innerhalb der Gesamtwirtschaft des Freistaates Sachsen besitzt die Land- und Forstwirtschaft nur eine unterdurchschnittliche Bedeutung. Mit einer Bruttowertschöpfung von 0,5 Mrd. DM und rund 56 000 Erwerbstätigen wurden nur 0,8 Prozent (1991) an der gesamten Bruttowertschöpfung und 2,8 Prozent (Januar 1992) am gesamten Erwerbstätigenpotential erreicht. Dabei ist der Anteil des Agrarsektors am gesamten Erwerbspotential seit September 1989 (7,0 Prozent) deutlich gesunken.

Bedeutsam ist die Rolle der Land- und Forstwirtschaft vor allem in ökologischer Hinsicht: Von den rund 18 407 km^2 des Freistaates Sachsen werden immerhin rund 1,0 Mill. ha (54,5 Prozent) landwirtschaftlich und gut 496 000 ha (27,0 Prozent) als Wald genutzt. Entsprechend den natürlichen Standortbedingungen ist die wirtschaftliche Bedeutung der Landwirtschaft regional sehr unterschiedlich: Lößböden mit hoher Ertragsfähigkeit im mittleren Sachsen stehen weniger ertragsfähigen Sandböden im Norden und ertragsschwachen Böden im Erzgebirge gegenüber. In Sachsen wurden 674 Gemeinden mit 353 016 ha landwirtschaftlicher Nutzfläche als "Berggebiete und Benachteiligte Agrarzonen" eingestuft. Das entspricht einem Drittel der landwirtschaftlichen Nutzfläche.

Im Jahre 1992 waren in den landwirtschaftlichen Unternehmen (einschließlich Spezialbetriebe) ca. 40 000 Voll-Arbeitskräfte beschäftigt. Bezogen auf die gesamte landwirtschaftlich genutzte Fläche betrug der Arbeitskräftebesatz 4 AK/100 ha (1989 = 15,7 AK/100 ha); der Arbeitskräftebesatz ist damit unter den Durchschnitt der westdeutschen Landwirtschaft gesunken.

Im Rahmen der Privatisierung durch die Treuhandanstalt wurden bis Ende 1992 von den 65 ehemals volkseigenen Gütern in Sachsen bereits 36 verwertet, für 12 stand die Treuhandanstalt in Verhandlung mit Bewerbern.

Die Gesamtzahl der landwirtschaftlichen Betriebe hat sich 1992 um 1 355 auf 6 030 erhöht. Der Anteil der Betriebe von natürlichen Personen ist dabei auf fast 90 Prozent aller Betriebe angestiegen. Die Gruppe der juristischen Personen, die 10 Prozent aller Betriebe umfaßt, bewirtschaftet rund 73 Prozent der gesamten landwirtschaftlichen Nutzfläche in Sachsen (mit sinkender Tendenz). Die Durchschnittsgröße der Betriebe juristischer Personen hat sich von 1991 zu 1992 um knapp 20 Prozent auf nunmehr rund 1 040 ha verringert. Bei den Einzelunternehmen findet eine entgegengesetzte Entwicklung statt. Die landwirtschaftlichen Vollerwerbsbetriebe haben ihre durchschnittliche Größe auf nahezu 100 ha erweitert und liegen damit weit über der Größe vergleichbarer Betriebe in den alten Bundesländern.

Tabelle 12: Landwirtschaftliche Betriebe in Sachsen 1989 und 1992

Rechtsform	1989		August 1992	
	Zahl der Betriebe	Prozent	Zahl der Betriebe	Prozent
Juristische Personen	815	46,0	611	10,1
Natürliche Personen	955	54,0	5 383	89,3
Gesamtsumme	1 770	100,0	6 030	100,0
Quelle: Sächsischer Agrarbericht 1992				

Rund 51 Prozent der als Einzelunternehmen bewirtschafteten Betriebe werden im Haupterwerb geführt, rund 49 Prozent im Nebenerwerb.

Energiewirtschaft

Die radikale Umgestaltung des Wirtschaftssystems in den neuen Bundesländern stellt auch die Energiewirtschaft vor große Herausforderungen. Sie ist traditionell einer der bedeutendsten Sektoren der sächsischen Wirtschaft.

Der Primärenergieverbrauch im Gebiet des heutigen Freistaates Sachsen betrug 1989 rund 29 Prozent des Energieverbrauchs der damaligen DDR. Der Pro-Kopf-Verbrauch an Primärenergie betrug 219 GJ/Einwohner. Er lag damit nur wenig unter dem Durchschnitt der DDR (227 GJ/EW), die europaweit den höchsten und in der Welt den dritthöchsten Pro-Kopf-Verbrauch aufwies.

Tabelle 13: Primärenergieverbrauch nach Energiegruppen in Sachsen 1989 bis 1991 (in Prozent)

	1989	1990	1991
Braunkohle	83,4	82,0	76,7
Steinkohle	2,3	2,3	2,2
Flüssige Energieträger	10,0	11,2	16,1
Gasförmige Energieträger	4,2	4,4	4,9
Sonstige	0,1	0,1	0,1

Quelle: Statistisches Landesamt Sachsen

Der Pro-Kopf-Verbrauch an Primärenergie sank bis 1991 auf 75 Prozent gegenüber 1989. Der Rückgang resultiert primär aus der allgemeinen Verminderung der Wirtschaftstätigkeit, Maßnahmen zum rationelleren Energieeinsatz dagegen machen sich erst allmählich bemerkbar.

Beim Energieverbrauch des Jahres 1989 fielen 40,9 Prozent auf die Industrie (alte Bundesländer 31,6 Prozent) und 10,5 Prozent auf den Verkehr (alte Bundesländer 27,6 Prozent). Die Privaten Haushalte verbrauchten 22,5 Prozent der Endenergie und die sonstigen Kleinverbraucher 26,1 Prozent (zusammen 48,6 Prozent, alte Bundesländer 40,8 Prozent). Der Rückgang des Endenergieverbrauchs 1991 auf 77 Prozent gegenüber 1989 ist überwiegend auf den Rückgang des Verbrauchs der Industrie und der Kleinverbraucher zurückzuführen. Der Endenergieverbrauch nach Verbrauchssektoren (in PJ/a) setzte sich im einzelnen in Sachsen wie aus der nachfolgenden Tabelle ersichtlich zusammen:

Tabelle 14: Endenergieverbrauch nach Verbrauchssektoren in Sachsen 1989 bis 1991 (in PJ/a)

	1989	1990	1991
Industrie	251,8	188,0	131,0
Verkehr	64,7	78,5	94,4
Haushalte	138,6	141,6	136,2
Kleinverbraucher	160,3	136,0	109,2

Quelle: Statistisches Landesamt Sachsen

Analog zum Produktionsrückgang sind alle Industriezweige von der Abnahme des Endenergieverbrauchs betroffen. Der gleichzeitige starke Anstieg des Energiever-brauchs im Verkehrssektor (+ 46 Prozent, das heißt ein Anteil am Endenergieverbrauch 1991 von 20 Prozent) ist sowohl auf die möglich gewordene größere Mobilität im Individualverkehr als auch auf die Verlagerung größerer Teile des Gütertransports von der Schiene auf die Straße zurückzuführen. Der Anteil der Haushalte am gesunkenen Endenergieverbrauch ist 1991 auf 28,9 Prozent gestiegen (1989 22,5 Prozent). Die Stromerzeugung ist im Freistaat seit 1989 wegen des allgemeinen Produktionsrück-gangs (trotz des gestiegenen Bedarfs der Haushalte aufgrund einer komfortableren Ausstattung mit Elektrogeräten) auf rund 73 Prozent gesunken. Auch die mit der Freigabe der Energiepreise verbundenen Tariferhöhungen haben zu einer sparsameren Verwendung geführt.

Von 1989 bis 1991 hat sich der Anteil der Braunkohle am stark gesunkenen Primär-energieverbrauch verringert (von 83,4 auf 76,7 Prozent). Der Anteil an flüssigen Ener-gieträgern stieg dagegen gleichzeitig um 10,0 Prozent auf 16,1 Prozent. Dabei handelt es sich ausschließlich um den Anstieg des Treibstoffimports, zurückzuführen auf den rasch gestiegenen Individualverkehr.

Bergbau und Verarbeitendes Gewerbe

Der Strukturbruch in der sächsischen Wirtschaft hat die Wirtschaftszweige des Verar-beitenden Gewerbes zweifellos am stärksten getroffen.

Im Juli 1993 gab es im Freistaat Sachsen 2 115 Industriebetriebe (20 Beschäftigte und mehr) mit insgesamt rund 229 000 Beschäftigten. Sie erwirtschafteten in diesem Monat einen Gesamtumsatz von rund 2,4 Mrd. DM. Der Exportanteil im 1. Halbjahr 1993 betrug 13 Prozent. Darüber hinaus gab es in der sächsischen Industrie im September 1992 insgesamt 629 Kleinstbetriebe mit 6 018 Beschäftigten.

Der Umsatz des Verarbeitenden Gewerbes hat sich in den vergangenen zwei Jahren unterschiedlich entwickelt. Vom I. Quartal 1991 bis zum II. Quartal 1992 ist der ge-samte Umsatz im Verarbeitenden Gewerbe Sachsens um 6,2 Prozent gefallen. Im

Verlaufe des folgenden Jahres stieg der Umsatz dagegen wieder um 4,7 Prozent. In der tieferen Gliederung nach Wirtschaftsgruppen werden jedoch größere Unterschiede der Umsatzentwicklung sichtbar: Die Spanne der Veränderungen reicht von einem kontinuierlichen Umsatzminus von 38,8 Prozent bzw. 42,0 Prozent bei der Eisenschaffenden Industrie bis zu starken Umsatzzuwächsen beim Straßenfahrzeugbau von zunächst + 2,4 Prozent und einem deutlichen Anstieg (+ 133,9 Prozent) im Vergleich der I. Quartale 1992 und 1993 sowie bei Druckereien (+ 67,2 Prozent und + 14,9 Prozent).

Die Beschäftigung im Bergbau und im Verarbeitenden Gewerbe Sachsens hat sich von Juli 1991 bis Juli 1993 mehr als halbiert (– 57,8 Prozent). Bei den Wirtschaftshauptgruppen kam lediglich das Nahrungs- und Genußmittelgewerbe mit einer geringeren Schrumpfungsrate davon (– 40,9 Prozent). In der tieferen Gliederung nach Wirtschaftsgruppen werden hier größere Unterschiede in der Beschäftigungsentwicklung sichtbar, wenngleich in keiner Wirtschaftsgruppe ein Zuwachs an Beschäftigung zu verzeichnen war. Die Spanne der Rückgänge reicht von 84,0 Prozent bei der Lederverarbeitung bis zu 13,6 Prozent beim Stahl- und Leichtmetallbau und beim Schienenfahrzeugbau. Im Verarbeitenden Gewerbe wurden zwischen Juli 1991 und Juli 1993 insgesamt 262 000 Arbeitsplätze abgebaut. Absolut war der Rückgang der Beschäftigten im gleichen Zeitraum im Maschinenbau (– 72 737), in der Elektrotechnik (– 38 661) und im Textilgewerbe (– 44 679) am größten. Trotzdem bleiben die beiden erstgenannten Branchen in Sachsen weiterhin die nach Beschäftigung und Umsatz größten Wirtschaftszweige (vgl. Tabellen 15 und 16, Abbildung 2).

In den letzten zwei Jahren ist im sächsischen Verarbeitenden Gewerbe auch die Anzahl der Betriebe gesunken (– 13,7 Prozent), das Verbrauchsgüter produzierende Gewerbe (– 27,3 Prozent) und Nahrungs- und Genußmittel (– 24,6 Prozent) verzeichneten dabei einen überdurchschnittlichen Rückgang. In verschiedenen Branchen nahm die Zahl der Betriebe im Juli 1993 gegenüber dem Vorjahresmonat aber bereits wieder zu (z. B. Steine und Erden + 43,0 Prozent, Eisenwaren + 33,5 Prozent, Stahl- und Leichtmetallbau + 24,7 Prozent).

Verursacht durch Investitionen, aber auch durch einen starken Beschäftigungsabbau stieg die Produktivität des sächsischen Verarbeitenden Gewerbes in den letzten zwei Jahren stark an. Im I. Quartal 1992 konnte gegenüber dem Vorjahresquartal der Umsatz je Beschäftigten mit 91,6 Prozent Zunahme fast verdoppelt werden. Die starken Produktivitätssteigerungen betrafen alle vier Wirtschaftshauptgruppen. Das Verbrauchsgüter produzierende Gewerbe erhöhte von April 1991 binnen zweier Jahren den Umsatz je Beschäftigten um 258,9 Prozent. Allerdings ist das auch die Hauptgruppe mit den größten Beschäftigungseinbußen (– 69,9 Prozent).

Die strukturelle Anpassung der Industrie zeigt ein sehr differenziertes und noch wenig stabiles Bild. In den Branchen, die überwiegend für lokale Märkte produzieren, die von der anziehenden Baukonjunktur profitieren oder in denen nach frühzeitiger Privatisierung sofort eine rege Investitionstätigkeit einsetzte, haben sich die Probleme am ehesten entschärft.

Tabelle 15: Betriebe und Beschäftigte im Verarbeitenden Gewerbe Sachsens 1991 bis 1993

Wirtschaftshauptgruppe	Zeitpunkt	Betriebe		Beschäftigte	
	Jahr[1)	absolut	Veränderung zum Vorjahr in Prozent	absolut	Veränderung zum Vorjahr in Prozent
Verarbeitendes Gewerbe	1991	2 450	*	542 000	*
	1992	2 046	−16,4	280 063	−48,3
	1993	2 115	3,2	228 810	−18,3
davon:					
Grundstoff- und Produktionsgütergewerbe	1991	414	*	89 000	*
	1992	351	−15,0	48 281	−45,9
	1993	367	4,6	37 716	−21,9
Steine und Erden	1991	131	*	15 700	*
	1992	114	−13,0	9 935	−36,7
	1993	163	40,5	12 034	20,5
Eisenschaffende Industrie	1991	14	*	18 041	*
	1992	11	−21,4	9 159	−49,2
	1993	7	−36,4	3 594	−60,8
Gießerei	1991	49	*	13 467	*
	1992	41	−16,3	5 898	−56,2
	1993	41	0,0	4 759	−19,3
Chemische Industrie	1991	98	*	15 508	*
	1992	87	−10,3	9 960	−35,8
	1993	77	− 9,4	10 282	3,5
Investitionsgüter produzierendes Gewerbe	1991	847	*	275 000	*
	1992	802	− 5,3	147 919	−46,2
	1993	876	9,1	122 504	−17,3
Stahl- und Leichtmetallbau/Schienenfahrzeugbau	1991	82	*	30 141	*
	1992	93	13,4	24 499	−18,7
	1993	111	24,7	26 050	6,3
Maschinenbau	1991	388	*	118 007	*
	1992	352	− 9,0	63 871	−45,9
	1993	329	− 7,1	45 270	−29,3
Straßenfahrzeugbau/ Reparatur von Kfz	1991	96	*	32 083	*
	1992	96	0,0	14 230	−55,9
	1993	95	− 1,0	13 643	− 4,4
Elektrotechnik/Reparatur von Haushaltsgeräten	1991	152	*	64 660	*
	1992	130	−14,5	30 985	−52,1
	1993	174	−33,8	25 999	−16,2
Feinmechanik, Optik Herstellung von Uhren	1991	25	*	6 801	*
	1992	30	20,0	3 612	−46,9
	1993	33	10,0	2 062	−43,5

1) Jeweils Juli des angegebenen Jahres.

Tabelle 15: Betriebe und Beschäftigte im Verarbeitenden Gewerbe Sachsens 1991 bis 1993 – Fortsetzung

Wirtschaftshauptgruppe	Zeitpunkt	Betriebe		Beschäftigte	
	Jahr[1]	absolut	Veränderung zum Vorjahr in Prozent	absolut	Veränderung zum Vorjahr in Prozent
Herstellung von Eisen-, Blech- und Metallwaren	1991	65	*	7 509	*
	1992	66	1,5	4 106	–45,3
	1993	88	35,4	5 760	41,1
Verbrauchsgüter produzierendes Gewerbe	1991	913	*	147 000	*
	1992	679	–25,4	62 842	–57,1
	1993	664	– 2,6	50 227	–19,7
Herstellung von Musikinstrumenten, Spielwaren, Schmuck	1991	51	*	6 397	*
	1992	34	–32,0	2 593	–59,5
	1993	35	2,9	2 126	–18,0
Holzverarbeitung	1991	160	*	12 615	*
	1992	144	– 9,4	7 564	–40,0
	1993	139	– 4,1	6 711	–11,7
Papier- und Pappeverarbeitung	1991	69	*	5 517	*
	1992	53	–23,2	2 217	–59,8
	1993	47	–13,0	1 958	–12,5
Druckerei und Vervielfältigung	1991	58	*	8 970	*
	1992	41	–29,3	7 045	–21,5
	1993	40	– 2,4	6 307	–10,5
Lederverarbeitung	1991	58	*	9 638	*
	1992	33	–43,1	2 672	–72,3
	1993	37	12,1	1 542	–41,9
Textilgewerbe	1991	266	*	59 822	*
	1992	172	–35,3	19 051	–68,0
	1993	157	– 9,8	15 143	–20,8
Bekleidungsgewerbe	1991	153	*	25 213	*
	1992	103	–32,2	10 072	–60,1
	1993	93	– 8,8	6 118	–37,1
Nahrungs- und Genußmittelgewerbe	1991	276	*	30 534	*
	1992	214	–22,5	21 021	–33,0
	1993	208	– 2,8	18 363	–13,1

1) Jeweils Juli des angegebenen Jahres.

Quelle: Statistisches Landesamt Sachsen

Tabelle 16: Umsatzentwicklung im Verarbeitenden Gewerbe Sachsens 1991 bis 1993

Wirtschaftshauptgruppe	Zeitraum	Umsatz		Umsatz je Beschäftigten	
		absolut in 1 000 DM	Veränderung zum Vorjahr in Prozent	absolut in DM	Veränderung zum Vorjahr in Prozent
Verarbeitendes Gewerbe	I. Qu. 91	6 391 400	*	9 637	*
	I. Qu. 92	5 993 273	− 6,2	18 460	+ 91,6
	I. Qu. 93	6 276 477	+ 4,7	26 452	+ 43,3
davon:					
Grundstoff- und Produk-tionsgütergewerbe	I. Qu. 91	1 307 685	*	11 479	*
	I. Qu. 92	1 129 322	− 13,6	20 339	+ 77,2
	I. Qu. 93	1 027 863	− 9,0	26 379	+ 29,7
Gewinnung und Ver-arbeitung von Steinen und Erden	I. Qu. 91	158 726	*	7 296	*
	I. Qu. 92	191 876	+ 20,9	18 765	+157,2
	I. Qu. 93	299 232	+ 56,0	28 797	+ 53,5
Eisenschaffende Industrie	I. Qu. 91	198 322	*	9 456	*
	I. Qu. 92	121 372	− 38,8	10 892	+ 15,2
	I. Qu. 93	70 441	− 42,0	16 160	+ 48,4
Gießerei	I. Qu. 91	121 537	*	7 016	*
	I. Qu. 92	77 450	− 63,7	10 358	+ 47,6
	I. Qu. 93	74 499	− 3,8	14 706	+ 42,0
Chemische Industrie	I. Qu. 91	315 151	*	17 007	*
	I. Qu. 92	343 185	+ 8,9	30 319	+ 78,3
	I. Qu. 93	395 152	+ 15,1	34 227	+ 12,9
Investitionsgüter produ-zierendes Gewerbe	I. Qu. 91	2 683 823	*	8 074	*
	I. Qu. 92	2 510 074	− 6,5	14 839	+ 83,8
	I. Qu. 93	2 955 358	+ 17,7	23 136	+ 55,9
Stahl- und Leichtmetall-bau/Schienenfahrzeugbau	I. Qu. 91	351 980	*	13 911	*
	I. Qu. 92	382 943	+ 8,8	14 831	+ 6,6
	I. Qu. 93	525 930	+ 37,3	19 522	+ 31,6
Maschinenbau	I. Qu. 91	1 152 583	*	7 714	*
	I. Qu. 92	1 014 874	− 12,0	13 601	+ 76,3
	I. Qu. 93	872 028	− 14,1	17 790	+ 30,8
Straßenfahrzeugbau/ Reparatur von Kfz	I. Qu. 91	283 042	*	7 942	*
	I. Qu. 92	289 746	+ 2,4	21 863	+175,3
	I. Qu. 93	677 588	+133,9	50 203	+129,6
Elektrotechnik/Reparatur von Haushaltsgeräten	I. Qu. 91	689 522	*	8 419	*
	I. Qu. 92	624 873	− 9,4	16 068	+ 90,9
	I. Qu. 93	646 680	+ 3,5	25 443	+ 58,3
Feinmechanik, Optik Herstellung von Uhren	I. Qu. 91	27 368	*	3 359	*
	I. Qu. 92	43 001	+ 57,1	10 503	+212,7
	I. Qu. 93	23 475	− 45,4	10 709	+ 2,0

Tabelle 16: Umsatzentwicklung im Verarbeitenden Gewerbe Sachsens 1991 bis 1993
– Fortsetzung

Wirtschaftshauptgruppe	Zeitraum	Umsatz		Umsatz je Beschäftigten	
		absolut in 1 000 DM	Veränderung zum Vorjahr in Prozent	absolut in DM	Veränderung zum Vorjahr in Prozent
Herstellung von Eisen-,	I. Qu. 91	98 879	*	7 197	*
Blech- und Metallwaren	I. Qu. 92	76 243	– 22,9	18 909	+162,7
	I. Qu. 93	149 061	+ 95,5	27 216	+ 43,9
Verbrauchsgüter produ-	I. Qu. 91	1 055 479	*	5 859	*
zierendes Gewerbe	I. Qu. 92	1 101 174	+ 4,3	14 634	+149,8
	I. Qu. 93	1 058 764	– 3,9	20 244	+ 38,3
Herstellung von Musik-	I. Qu. 91	29 410	*	3 857	*
instrumenten, Spielwaren,	I. Qu. 92	23 196	– 21,1	8 046	+108,6
Schmuck	I. Qu. 93	24 023	+ 3,6	11 988	+ 49,0
Holzverarbeitung	I. Qu. 91	136 116	*	8 958	*
	I. Qu. 92	150 776	+ 10,8	16 747	+ 87,0
	I. Qu. 93	139 137	– 7,7	20 730	+ 23,8
Papier- und Pappever-	I. Qu. 91	47 710	*	6 387	*
arbeitung	I. Qu. 92	40 905	– 14,3	14 661	+129,5
	I. Qu. 93	51 317	+ 25,5	24 183	+ 64,9
Druckerei und Verviel-	I. Qu. 91	119 557	*	14 837	*
fältigung	I. Qu. 92	199 921	+ 67,2	28 091	+ 89,3
	I. Qu. 93	229 657	+ 14,9	37 979	+ 35,2
Lederverarbeitung	I. Qu. 91	29 072	*	2 519	*
	I. Qu. 92	40 693	+ 40,0	10 323	+309,8
	I. Qu. 93	27 146	– 33,3	14 626	+ 41,7
Textilgewerbe	I. Qu. 91	384 389	*	4 905	*
	I. Qu. 92	319 051	– 17,0	13 899	+183,4
	I. Qu. 93	263 480	– 17,4	16 045	+ 15,4
Bekleidungsgewerbe	I. Qu. 91	126 212	*	4 237	*
	I. Qu. 92	116 209	– 7,9	8 438	+ 99,2
	I. Qu. 93	83 558	– 28,1	12 443	+ 47,5
Nahrungs- und Genuß-	I. Qu. 91	1 344 413	*	36 549	*
mittelgewerbe	I. Qu. 92	1 252 703	– 6,8	50 614	+ 38,5
	I. Qu. 93	1 234 492	– 1,5	67 536	+ 33,4

Quellen: Statistisches Landesamt Sachsen; eigene Berechnungen

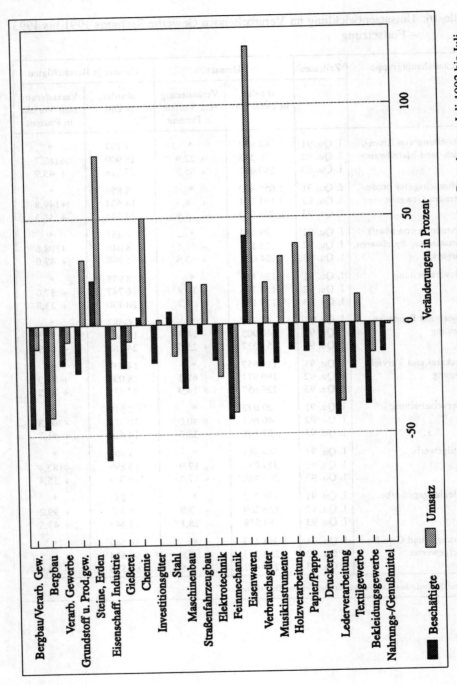

Abbildung 2: Umsatz- und Beschäftigungsentwicklung im Bergbau und im Verarbeitenden Gewerbe von Juli 1992 bis Juli 1993

Quelle: Statistisches Landesamt Sachsen

Gemessen am bisher erreichten Produktivitätsniveau im Vergleich zum westdeutschen Durchschnitt verzeichnete in Sachsen zweifellos die Druckindustrie sowie die Automobilbranche den größten Entwicklungssprung. Die Automobilindustrie konnte bei einem durchschnittlichen Beschäftigungsrückgang weit überdurchschnittliche Produktions- und Produktivitätssteigerungen realisieren. Bis zum Zeitraum März/Mai 1993 erreichte die Automobilindustrie 67 Prozent des westdeutschen Durchschnittswertes. Das Druckereigewerbe erreichte mit 70 Prozent das relativ höchste Produktivitätsniveau. Daß es im Straßenfahrzeugbau in den letzten zwei Jahren zugleich zu mehr als einer Halbierung der Beschäftigung (rund – 57,0 Prozent) kam, zeigt die großen Rationalisierungs- und Reorganisierungsmöglichkeiten in den Unternehmen, die zu nutzen sind, sollen sich die sächsischen Unternehmen im Wettbewerb mit westlichen Firmen messen können. Weiter fortgeschritten sind danach auch die Anpassungsprozesse in den Branchen Steine und Erden, Glasindustrie sowie Nahrungs- und Genußmittelgewerbe. Diese Branchen konnten zum gleichen Zeitraum jeweils mehr als die Hälfte des westdeutschen Produktivitätsniveaus erreichen (vgl. Abbildung 3).

Besonders schwierigen Aufgaben sehen sich dagegen vor allem noch die Eisenschaffende Industrie (33 Prozent des westdeutschen Niveaus) und die Papiererzeugung (22 Prozent) gegenüber, aber auch die NE-Metallerzeugung (27 Prozent) und das Textilgewerbe (33 Prozent) stehen noch vor großen Anpassungsproblemen.

Der Bergbau im Freistaat Sachsen beschränkt sich weitestgehend auf den Abbau von Braunkohle und ist ähnlich wie das Verarbeitende Gewerbe von intensivem Strukturwandel betroffen. Die beiden sächsischen Braunkohlenreviere befinden sich im Raum Leipzig (MIBRAG) sowie in der Lausitz (LAUBAG).

Tabelle 17: Anzahl der Betriebe und der Beschäftigten im Braunkohlenbergbau in Sachsen 1991 bis 1993

	1991[1]	1992[1]		1993[1]	
	Anzahl	Anzahl	Prozent des Vorj.	Anzahl	Prozent des Vorj.
Betriebe	25	15	–46,4	12[2]	–20,0
Beschäftigte	114 488	59 598	–52,1	36 465[3]	–38,8
	1 000 DM	1 000 DM	Prozent des Vorj.	1 000 DM	Prozent des Vorj.
Umsatz	869 560	436 685	–49,8	416 737	– 4,6
Umsatz je Beschäftigten	22 785	21 982	– 3,5	34 285	+56,0

1) Jeweils I. Quartal.
2) Nur Tagebaue.
3) Tagebaue und Veredelungsbetriebe sowie Verwaltung usw.

Quellen: Statistisches Landesamt Sachsen; eigene Berechnungen

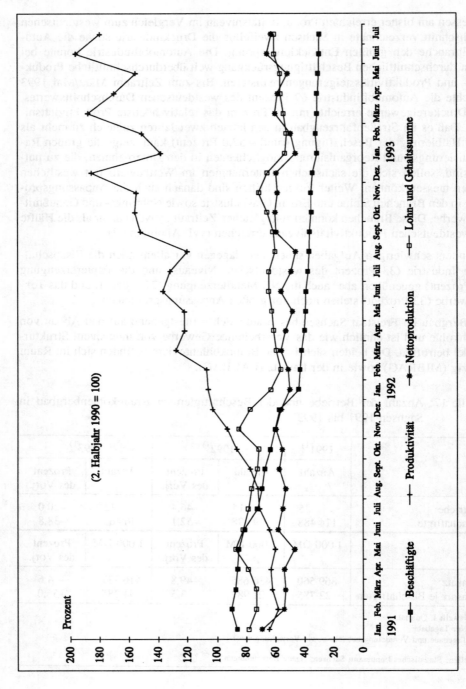

Abbildung 3: Entwicklung im Bergbau und Verarbeitenden Gewerbe Sachsens 1991 bis 1993

Die Anzahl der Betriebe verringerte sich seit dem I. Quartal 1991 innerhalb von zwei Jahren von 25 auf 12. Damit verbunden war ein dramatischer Beschäftigungsabbau. Von den Anfang 1991 noch im Bergbau Beschäftigten sind nur noch 32 Prozent übriggeblieben. Nach zunächst starken Einbußen von 49,8 Prozent im I. Quartal 1992 gegenüber dem Vorjahreszeitraum hat sich die Umsatzlage zuletzt stabilisiert. Insgesamt konnte in den ersten vier Monaten des Jahres 1993 eine Zunahme der Produktivität um 56 Prozent auf 34 285 DM je Beschäftigten erreicht werden.

Im Jahre 1991 wurden in Sachsen 76 Mill. t Rohbraunkohle (1989: 145 Mill.t) gefördert. Langfristig wird im Freistaat Sachsen ein möglichst subventionsfreier und mit Steinkohle chancengleicher Braunkohlenabbau angestrebt. Der Abbau wird dazu noch reduziert werden müssen und ist sozial- und umweltverträglich zu gestalten. Die Braunkohle wird weiterhin ihren Platz im Energiemix des Landes haben, wird aber zukünftig gegenüber dem heutigen Stand an Gewicht verlieren (Leitlinien der vom Kabinett am 02.06.1992 beschlossenen Braunkohlenpolitik).

Weit verbreitet ist in Sachsen auch umfangreicher Steine- und Erdenbergbau. 1992 wurden in mehr als 100 Betrieben rund 18 Mill. t Festgestein und rund 180 Betrieben mehr als 11,8 Mill. t Lockergestein (Tone, Sande, Kiese usw.) gewonnen.

Baugewerbe

Im Zuge des Neuaufbaus einer modernen Wirtschaftsstruktur in Sachsen kommt dem Baugewerbe verstärkt die Aufgabe eines Wachstumsmotors und angesichts des riesigen Baubedarfs die Vorreiterrolle zu.

Tabelle 18: Betriebe und Beschäftigte in der Bauwirtschaft (Bauhauptgewerbe und Ausbaugewerbe) in Sachsen 1991 bis 1993

	insgesamt		Monatsdurchschnitt		Juli 1993
	1991	1992	1991	1992	
Zahl der Betriebe	x	x	830	1 020	1 276
Zahl der Beschäftigten	x	x	92 314	92 891	99 513
gel. Arbeitsstunden	111 970	122 076	9 330	10 173	11 763
Bruttolohn- und Gehaltssumme (1 000 DM)	2 370 341	3 056 741	197 529	254 728	310 601
Gesamtumsatz (1 000 DM)	7 671 655	9 025 611	529 852	752 174	1 143 918

Quelle: Statistisches Landesamt Sachsen

Im Juli 1993 gab es in der sächsischen Bauwirtschaft bereits wieder 1 276 Betriebe mit insgesamt 99 585 Beschäftigten; davon entfielen auf das Bauhauptgewerbe 837 Betriebe mit 74 594 Beschäftigten und auf das Ausbaugewerbe 439 Betriebe mit 24 991 Beschäftigten. Damit lag der Anteil der Bauwirtschaft an den gesamten Beschäftigten des Produzierenden Gewerbes (Bergbau, Verarbeitendes Gewerbe, Bauwirtschaft) bei rund 29 Prozent.

Tatsächlich ist das Baugewerbe einer der Hauptträger der gesamtwirtschaftlichen Erholung in Sachsen. Die Privatisierung der ehemals volkseigenen Baukombinate ist fast abgeschlossen. Es gibt viele Neugründungen von Unternehmen, die auf den regionalen Märkten produzieren. Die Bauinvestitionen sind 1992 kräftig gestiegen. Sie waren real um reichlich ein Drittel höher als im Vorjahr. Die konjunkturelle Flaute im Westen wirkt sich bisher nicht spürbar auf die Produktion des ostdeutschen Baugewerbes aus. Die Auftragseingänge sowie die Nettoproduktion nahmen im Jahresverlauf 1992 deutlich zu, und diese Entwicklung hat sich – bei Ausschluß saisonbedingter Einflüsse – zu Beginn des Jahres 1993 fortgesetzt.

Der Gesamtumsatz lag im Jahre 1992 im Bauhauptgewerbe bereits um rund 32 Prozent höher als im Vorjahr, im Ausbaugewerbe sogar um rund 45 Prozent.

Die Zahl der in der Bauwirtschaft Beschäftigten stagnierte lange: Einem leichten Rückgang im Bauhauptgewerbe stand 1991/1992 ein leichter Zuwachs im Ausbaugewerbe gegenüber. Dies zeigt, daß insbesondere im Bauhauptgewerbe noch immer Anpassungsprobleme bestehen. Neuerdings zeigt sich auch im Bauhauptgewerbe eine Ausweitung der Beschäftigung: In den ersten sieben Monaten 1993 lag die Zahl der Beschäftigten um 3,0 Prozent über dem gleichen Vorjahreszeitraum, im Ausbaugewerbe sogar um 13,0 Prozent.

Verändert hat sich ebenfalls die Struktur der Leistungen im Bauhauptgewerbe. Zwischen 1991 und 1993 (jeweils 1. Halbjahr) zeigte sich vor allem der gewerbliche Bau als konstant stabiler und noch an Bedeutung gewinnender Träger des baugewerblichen Umsatzwachstums. Im 1. Halbjahr 1993 entfiel fast die Hälfte des gesamten Umsatzes auf diesen Bereich. An zweiter Stelle rangiert der Öffentliche Bau (einschließlich Verkehrsbau), dessen Bedeutung nach einem Höhepunkt 1992 inzwischen allerdings wieder etwas gesunken ist. Als problematischer Bereich zeigte sich zunächst der Wohnungsbau. Sein Gewicht am Gesamtumsatz war 1992 auf rund 12 Prozent gesunken. Inzwischen mehren sich allerdings die Anzeichen, daß der Wohnungsbau zunehmend an Fahrt gewinnt und die Expansion der Bauwirtschaft mehr und mehr auch aus diesem Bereich Impulse erhält. Von Januar bis Juli 1993 stieg der baugewerbliche Umsatz im Wohnungsbau gegenüber dem vergleichbaren Vorjahreszeitraum um 46,8 Prozent. Mit diesem Wert liegt der Freistaat deutlich über dem durchschnittlichen Wachstum des Wohnungsbaus der neuen Länder insgesamt (+ 29,7 Prozent). Bei den Bauinvestitionen rechnet das ifo-Institut für 1993 im ostdeutschen Wohnungsbau mit im Vergleich zu den beiden übrigen Baubereichen (+ 15 Prozent) weit überdurchschnittlichen Zuwachsraten (+ 25 Prozent).

Die sächsischen Baubetriebe mit 20 Beschäftigten und mehr erzielten 1992 je Beschäftigten einen Umsatz von rund 113 800 DM. Damit sind rund 70 Prozent des westdeutschen Brutto-Produktivitätsniveaus erreicht. Unterstellt man – wofür es gewisse Anzeichen gibt –, daß die Vorleistungsquote in den sächsischen Betrieben geringer ist als bei westdeutschen, so liegt das relative Produktivitätsniveau tatsächlich sogar noch etwas höher.

Entsprechend diesem Produktivitätsniveau liegt auch das erreichte Lohnniveau vergleichsweise hoch. Pro geleisteter Arbeitsstunde zahlten die sächsischen Baubetriebe im Jahr 1992 im Durchschnitt 25,84 DM an Löhnen, die westdeutschen Baubetriebe 31,66 DM. Die Effektivlöhne in Sachsen lagen also bei 81 Prozent des Westniveaus.

Mit je Betrieb knapp 90 Beschäftigten im Bauhauptgewerbe und rund 57 im Ausbaugewerbe zeigt sich die ausgeprägte mittelständische Struktur. Der Anteil der Handwerksbetriebe ist, insbesondere im Ausbaugewerbe, sehr hoch.

Kennzeichnend für die Struktur der Bauwirtschaft ist auch ihre relativ breite räumliche Verteilung. In allen sächsischen Kreisen haben Betriebe der Bauwirtschaft ihren Standort und bieten Beschäftigungsmöglichkeiten an. Die Verteilung auf die drei Regierungsbezirke ist aus der nachfolgenden Tabelle ersichtlich.

Tabelle 19: Standortverteilung der Bauwirtschaftsbetriebe in Sachsen 1993

	Stand Juli 1993			
	Anzahl der Betriebe		Anzahl der Beschäftigten	
	Bauhaupt-gewerbe	Ausbau-gewerbe	Bauhaupt-gewerbe	Ausbau-gewerbe
RB Chemnitz	312	184	25 932	10 016
RB Dresden	336	158	31 882	9 578
RB Leipzig	189	97	16 780	5 325
Sachsen insgesamt	837	439	74 594	24 919

Quelle: Statistisches Landesamt Sachsen

Der auf den Regierungsbezirk Chemnitz entfallende Anteil der Beschäftigten im Ausbaugewerbe (40,2 Prozent) liegt über seinem Bevölkerungsanteil.

Handel und Dienstleistungen

Der Anteil des tertiären Sektors an der Gesamtbeschäftigung der sächsischen Wirtschaft ist seit der Währungsunion bis Mai 1992 deutlich um 11,2 Prozent-Punkte gestiegen. Im November 1990 lag der Anteil in Sachsen bei 43,1 Prozent und stieg bis Januar 1992 bereits auf 53 Prozent. Damit liegt der Anteil zwar noch niedriger als in Westdeutschland, jedoch läßt die Schnelligkeit des Strukturwandels zukünftig einen weiteren Beschäftigungszuwachs im Dienstleistungsbereich erwarten.

Bei der Bruttowertschöpfung hat der Strukturbruch sogar dazu geführt, daß 1991 der Anteil des Dienstleistungsbereichs in Ostdeutschland (64,2 Prozent), aber auch in Sachsen (63,8 Prozent) deutlich höher als in den alten Ländern (58,7 Prozent) war. Zum einen liegt dies an dem starken Einbruch der Wertschöpfung im Industriebereich, zum anderen haben die umfangreichen Transferzahlungen sowohl den Handelsbereich gestützt, als auch den Anteil des staatlichen Sektors (im weiteren Sinn) ausgedehnt.

In Sachsen trug im Jahre 1991 der Bereich "Handel und Verkehr" knapp 16 Prozent zur gesamten Wertschöpfung bei (neue Bundesländer: 16,7 Prozent, Westdeutschland: 14,4 Prozent) und der Bereich "Private Dienstleistungsunternehmen" 25 Prozent (Ostdeutschland: 23,8 Prozent, Westdeutschland: 30,9 Prozent). Berücksichtigt man gleichzeitig den mit 22,9 Prozent überdurchschnittlichen Beitrag des staatlichen Bereichs (Ostdeutschland: 23,7 Prozent, Westdeutschland: 13,4 Prozent), so wird deutlich, daß auch innerhalb des tertiären Sektors noch ein erheblicher Anpassungsbedarf besteht.

Eine große wirtschaftspolitische Bedeutung des Dienstleistungssektors liegt in seiner mittelständischen Struktur. Im Januar 1992 gab es in Sachsen bereits wieder 82 200 Selbständige in Dienstleistungsunternehmen und in Freien Berufen.

Über den Dienstleistungssektor liegt statistisches Material nur unzureichend vor. Deshalb kann im folgenden nur auf die Bereiche Einzelhandel und Fremdenverkehr etwas näher eingegangen werden.

Einzelhandel

Für den Einzelhandel liegen aus der amtlichen Statistik keine absoluten Zahlen über Umsatz und Beschäftigte vor. Es lassen sich lediglich Angaben über Veränderungen beider Größen im Zeitraum 1991 bis 1992 (jeweils Oktober) machen.

Der Einzelhandel in seiner Gesamtheit hatte im betrachteten Zeitraum bei geringem Umsatzrückgang (– 3,9 Prozent) deutliche Beschäftigungseinbußen (– 24,3 Prozent) zu verzeichnen. Die Bereiche Textilien, Einrichtungsgegenstände, Pharmazeutische Erzeugnisse sowie Fahrzeuge konnten Umsatz- und Beschäftigtenzahlen erhöhen. Starke Umsatzrückgänge gab es dagegen beim Verkauf von Papierwaren sowie Kraft- und Schmierstoffen.

Die Zahl der Betriebsstätten im sächsischen Einzelhandel hat sich in den Jahren 1988 bis 1992 kontinuierlich erhöht. Während es 1988 rund 26 500 Einzelhandelsgeschäfte gab, konnte dieser Bestand bis 1991 um etwa 8 Prozent und von 1991 bis 1992 noch einmal um rund 5 Prozent auf 30 000 Geschäfte gesteigert werden. Nach Schätzungen hat sich die Anzahl der Betriebe im 1. Halbjahr 1993 nochmals um 2 000 erhöht.

Tabelle 20: Verkaufsflächenbestand in Sachsen 1988 und 1992

Regierungsbezirk	Flächenbestand in 1 000 m²			
	absolut		je 10 000 Einwohner	
	1988	1992	1988	1992
Chemnitz	632	1 180	3,6	6,8
Dresden	481	1 250	2,7	7,0
Leipzig	374	850	3,3	7,5
Sachsen	1 487	3 280	3,1	7,0
Quelle: Institut für Marktforschung GmbH				

Der Verkaufsflächenbestand hat sich im Freistaat Sachsen 1992 gegenüber 1988 weit mehr als verdoppelt.

Innerhalb Sachsens gibt es große regionale Unterschiede in der Ausstattung mit Verkaufseinrichtungen. Es zeigt sich dabei, daß insbesondere kleinere Orte (unter 5 000 Einwohner) sowie Großstädte (über 100 000 Einwohner) im Vergleich zu mittelgroßen Städten eine verhältnismäßig ungünstige Anzahl an Ladengeschäften pro Einwohner haben.

Tabelle 21: Betriebliche Strukturen im Handel in Sachsen 1992 und 1993

	1992[1]	1993[1]
SB-Warenhäuser	12	18
große Verbrauchermärkte (1 500 – 5 000 m²)	68	76
kleine Verbrauchermärkte (800 – 1 500 m²)	169	195
Discounter	172	240
Supermärkte (400 – 800 m²)	392	390
Läden unter 400 m²	7 387	6 581
Sachsen insgesamt	8 200	7 500

1) Stand jeweils 1. Januar; 1993 Schätzungen.

Quelle: Institut für Marktforschung GmbH

Im vergangenen Jahr gab es einen Rückgang von Läden unter 400 m^2. Dies betraf insbesondere Geschäfte mit weniger als 100 m^2 Ladenfläche. Der leichte Rückgang bei Supermärkten betrifft einerseits die kleinen, aus baulichen Gründen nicht erneuerbaren Betriebe und resultiert andererseits aus dem teilweisen Übergang zum Discounter-Prinzip.

Die betrieblichen Strukturen im Handel unterliegen massiven Veränderungen. Sachsen hatte Anfang 1992 zwar mit 44 m^2 Verkaufsfläche pro 1 000 Einwohner in Verbrauchermärkten und SB-Warenhäusern den höchsten Wert Ostdeutschlands, lag damit aber noch immer um mehr als 100 Prozent unter dem kleinsten Wert eines westdeutschen Flächenstaates (Schleswig-Holstein = 106 m^2). Die Entwicklung ist in Sachsen inzwischen weiter fortgeschritten. Es wird eine Daueraufgabe sein, die zukünftige Entwicklung der Einzelhandelsstruktur unter wettbewerbs- und raumordnungspolitischen Gesichtspunkten zu verfolgen, um bei eventuellen Fehlentwicklungen steuernd eingreifen zu können.

Fremdenverkehr

Im Jahre 1992 sind im Freistaat Sachsen in 869 Beherbergungsstätten 48 563 Betten angeboten worden. Im Jahresverlauf wurden insgesamt knapp 2,2 Mill. Gästeankünfte registriert; die Gesamtzahl der Übernachtungen lag bei 6,75 Mill. Die durchschnittliche Aufenthaltsdauer betrug allerdings nur 3,1 Tage. Rund 91 Prozent der Gäste kamen aus Deutschland. Hauptziele der Reisenden waren das Erzgebirge (542 000 Gäste), die Oberlausitz (238 000), die Sächsische Schweiz (168 000) sowie die Großstädte Dresden (453 000) und Leipzig (315 000).

Mit den rund 453 000 Gästen, die Dresden 1992 begrüßen konnte, lag die sächsische Landeshauptstadt nach Berlin an der Spitze aller Städte in den neuen Bundesländern. Gemessen an der Zahl der Übernachtungen erfreuten sich außer den beiden Metropolen Dresden (1,0 Mill.) und Leipzig (746 000) vor allem die Landkreise Pirna (556 000) und Annaberg (369 000) eines großen touristischen Zuspruchs.

Der Besucherstrom ist im laufenden Jahr starken saisonalen Schwankungen unterworfen. In den Sommermonaten sind mehr Ankünfte und Übernachtungen zu verzeichnen als im Winter: 661 740 Übernachtungen im Juli 1992 standen nur 425 944 Übernachtungen im Dezember gegenüber.

Die Attraktivität Sachsens als Touristenziel wächst: Im I. Quartal 1993 lag die Zahl der Gästeankünfte mit rund 476 300 um 11 Prozent über dem gleichen Vorjahreszeitraum; die Übernachtungen verharrten mit rund 1,4 Mill. allerdings auf dem Vorjahresstand.

Tabelle 22: Ankünfte und Übernachtungen in Sachsen 1991 und 1992

Herkunft der Gäste	Ankünfte			
	1991		1992	
	Juli	Dezember	Juli	Dezember
Inland	160 686	112 542	157 296	140 967
Ausland	18 428	6 827	20 071	8 912
insgesamt	179 114	119 369	177 367	149 879
Herkunft der Gäste	Übernachtungen			
	1991		1992	
	Juli	Dezember	Juli	Dezember
Inland	555 000	383 240	603 516	394 528
Ausland	46 073	25 486	58 224	31 416
insgesamt	601 073	408 726	661 740	425 944

Quelle: Statistisches Landesamt Sachsen

Verkehrswirtschaft und Telekommunikation

Verkehrsinfrastruktur

Innerhalb der Bundesrepublik Deutschland sieht sich der Freistaat Sachsen in bezug auf den überregionalen und grenzüberschreitenden Verkehr in einer besonderen verkehrsgeographischen Lage. Während vor der Grenzöffnung die Nord-Süd-Richtung im Verkehr dominierte, hat nun die Ost-West-Richtung an Bedeutung gewonnen.

Die Verkehrsinfrastruktur des Freistaates Sachsen läßt sich durch folgende Angaben kennzeichnen (Stand 31.12.1992):

- Verkehrsfläche insgesamt ca. 300 km^2 (1,6 Prozent);
- Kraftfahrzeugbestand 2 205 229;
- Motorisierungsgrad (Kraftfahrzeuge pro 1 000 Einwohner) 471;
- Schienennetz (Gesamtnetz) 3 170 km;
- Schienennetzdichte (km Schienennetz pro km^2) 0,19;
- Straßennetz:
  Summe öffentlicher Straßen 36 085 km;
  davon

Bundesautobahnen und Bundesstraßen 2 896 km;
Staatsstraßen 4 682 km;
Kreisstraßen und kommunale Straßen 28 507 km;
- Straßennetzdichte (km Außerortsstraßen pro km^2) 0,74 km;
- Öffentlicher Personen-Nahverkehr:
Öffentliche Verkehrsunternehmen (Anzahl) 32;
Straßenbahnbetriebe einschl. O-Bus (Anzahl) 7;
- Binnenwasserstraße:
Länge Elbe in Sachsen 179 km;
Binnenhäfen 3;
- Luftverkehrsanlagen:
Verkehrsflughäfen 2;
Regionalflugplätze 2;
Verkehrslandeplätze und Sonderlandeplätze 20.

Das sächsische Straßennetz ist in Zustand, Ausbaugrad und Linienführung nach wie vor unbefriedigend. Innerhalb der nächsten Jahre wird es weiter grundlegend verbessert werden.

In den Jahren 1991 und 1992 wurden in Sachsen im Rahmen von Ausbau-, Umbau- und Deckenbaumaßnahmen rund 1 360 km Straßen erneuert.

Bei insgesamt guter Struktur des sächsischen Eisenbahnnetzes (insgesamt 3 170 km) ist der Zustand der Schienenstrecken verbesserungsbedürftig. Das Schienennetz muß auf höhere Geschwindigkeiten ausgelegt und der Elektrifizierungsgrad gesteigert werden. In den vergangenen zwei Jahren wurde die Anbindung an das EC-, IC- und IR-Netz realisiert. Im Rahmen des "Verkehrsprojektes Deutsche Einheit" wird die Strecke Dresden–Leipzig zu einer Hochgeschwindigkeitsstrecke ausgebaut. Die Verbindung Dresden–Chemnitz–Hof ("Sachsenmagistrale") mit der Verlängerung nach Nürnberg–Stuttgart ist für die Erschließung der anliegenden Wirtschaftsregionen von großer Bedeutung. Die Strecke soll im Rahmen des Verkehrswegeplans für Geschwindigkeiten bis 100 km/h ausgebaut sowie fehlende Streckenabschnitte (ab Reichenbach Richtung Hof) elektrifiziert werden. Züge mit Neigetechnik (Nei-Tec) sollen zum Einsatz kommen.

Im Freistaat Sachsen befinden sich mit Leipzig/Halle und Dresden zwei Verkehrsflughäfen, in denen 1992 insgesamt 2,1 Mill.Passagiere abgefertigt wurden; Prognosen lassen für das Jahr 2000 ein Passagieraufkommen von 2,1 Mill. (Dresden) bzw. 3,0 Mill. (Leipzig/Halle) erwarten.

Telekommunikations-Infrastruktur

Der Aufbau einer leistungsstarken Telekommunikationsstruktur ist eine wichtige Voraussetzung für eine effiziente arbeitsteilige Wirtschaftstätigkeit und damit für das Wirtschaftswachstum in Sachsen.

Die Landschaft der Kommunikationsinfrastruktur in Sachsen hat sich seit der Währungsunion bereits erheblich verändert: Nachdem 1991 rund 130 000 Telefonanschlüsse neu installiert wurden, ist für die Folgejahre 1992 und 1993 insgesamt mit rund einer halben Million neuer Anschlüsse zu rechnen. Damit wurde das in diesem Bereich besonders gravierende Defizit bereits erheblich abgebaut.

Tabelle 23: Entwicklung der Telekommunikations-Infrastruktur in Sachsen von 1991 bis 1993

	1991	1992	1993 (geplant)
Investitionen (Mrd. DM)	1,85	2,5	2,6
Eingerichtete Telefonanschlüsse	130 000	248 000	250 000
davon: gewerbliche Kunden	40 000	67 000	*
Datenanschlüsse (neu)	1 500	5 552	*

Auch die mobilen Funkdienste nehmen in Sachsen an Bedeutung zu. Seit 1992 ist das C-Netz flächendeckend ausgebaut. Darüber hinaus erfolgt ein beschleunigter Aufbau der digitalen Mobilfunknetze D1 und D2. Bis Ende 1993 werden 90 Prozent des Freistaates durch das D1-Netz erfaßt.

Schließlich hat sich auch die Versorgung mit Münzfernsprechern und Kartentelefonen verbessert. In den Jahren 1991 und 1992 wurden im Freistaat Sachsen insgesamt 4 830 neue Öffentliche Fernsprecher eingerichtet; für 1993 sind weitere 2 530 geplant.

3. Mittelstand

Der Mittelstand war in der DDR-Wirtschaft weitgehend verschwunden. In Sachsen gab es 1989 nur noch gut 52 000 Selbständige; davon rund 43 500 private Handwerker. Insgesamt waren 68 762 selbständige Erwerbstätige und mithelfende Familienangehörige verzeichnet, das waren rund 2,4 Prozent aller ständig Berufstätigen. Im Januar 1992 gab es im Freistaat Sachsen bereits wieder rund 127 000 Selbständige (einschließlich mithelfende Familienangehörige).

Tabelle 24: Anteil der Selbständigen an den Erwerbstätigen in Sachsen von 1989 bis 1992 (in Prozent)

1989	April 1991	Oktober 1991	Januar 1992
2,4	4,6	5,7	6,4

Seit der Währungsunion ist der Aufbau eines neuen Mittelstandes in Sachsen bereits einen großen Schritt vorangekommen. Von Anfang 1990 bis August 1993 ist die Anzahl der Gewerbe um 172 000 gewachsen. Das sind rund 29 Prozent des Gesamtzuwaches der neuen Bundesländer. Die Zahl der Gewerbeanmeldungen blieb bis Ende 1991 auf einem hohen Niveau, inzwischen "normalisiert" sich das Gründungsgeschehen allmählich (vgl. Abbildung 4). Im 1. Halbjahr 1993 kamen in Sachsen auf eine Abmeldung 1,6 Anmeldungen (alte Bundesländer: 1,2).

Eintragungen im Handelsregister besitzen hinsichtlich Umfang und Stabilität der wirtschaftlichen Betätigung eine höhere Aussagekraft. Der Freistaat Sachsen liegt mit 16 009 Neueintragungen ins Handelsregister (Januar 1992 bis Juni 1993) in der Rangfolge aller Bundesländer an 3. Stelle hinter den beiden größten Alt-Bundesländern Nordrhein-Westfalen (28 808) und Bayern (18 762). In diesem Zeitraum entfielen damit 10,3 Prozent aller deutschen und 35,7 Prozent aller ostdeutschen Handelsregister-Neueintragungen auf Sachsen.

Nach der Mitgliederstatistik der sächsischen Industrie- und Handelskammern gab es Anfang 1992 über 94 000 Kleingewerbetreibende in Sachsen, davon 90 200 im Dienstleistungsbereich, rund 43 500 entfielen auf den Handel.

Das stark steigende Gewicht des Mittelstandes im Freistaat Sachsen zeigt sich weiterhin an folgenden Entwicklungen:

– Bis Ende September 1993 wurden knapp 64 000 Anträge von Existenzgründern mit einem Zusagevolumen von 9,1 Mrd. DM bewilligt; mit einem Anteil von 30,2 Prozent liegt der Freistaat Sachsen dabei deutlich vor Thüringen (22,5 Prozent) an der Spitze der neuen Bundesländer.

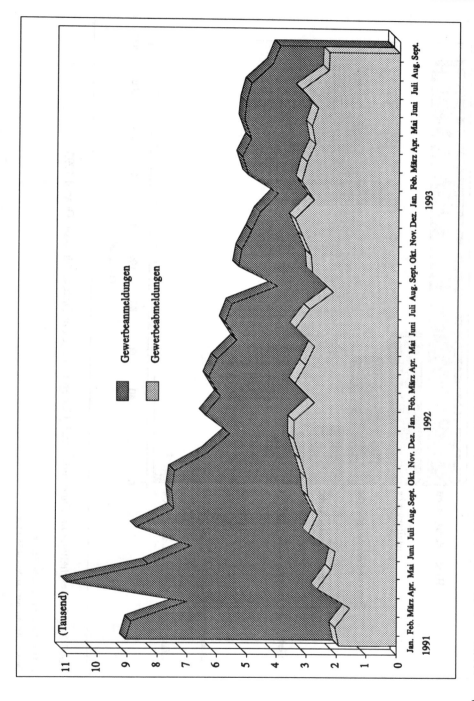

Abbildung 4: Gewerbeentwicklung in Sachsen 1991 bis 1993

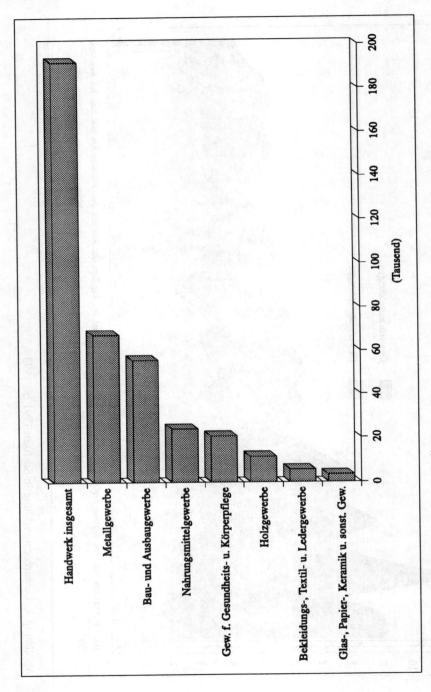

Abbildung 5: Beschäftigte im Handwerk[1] nach Gewerbezweigen in Sachsen für das I. Quartal 1993

1) Ohne handwerksähnliche Betriebe.

Quelle: Statistisches Landesamt Sachsen

- Ende 1992 gab es bereits wieder 42 885 Handwerksbetriebe in Sachsen; von den gesamten Handwerksbetrieben der neuen Bundesländer entfielen damit gut 33 Prozent auf den Freistaat. Sachsen hat damit in der "Handwerksdichte" die alten Bundesländer erreicht. Im I. Quartal 1993 waren in Sachsen in den Handwerksbetrieben rund 189 300 Personen beschäftigt, davon rund 56 100 im Bau- und Ausbaugewerbe, rund 67 600 im Metallgewerbe. Gegenüber dem gleichen Vorjahreszeitraum ist damit die Zahl der Handwerksbeschäftigten um rund 21 Prozent gegenüber 1991 sogar um rund 39 Prozent gewachsen.

- Ende September 1991 gab es in Sachsen wieder rund 9 400, Ende 1992 sogar schon rund 16 000 freiberuflich Tätige. Mit 3,4 freiberuflich Tätigen je 1 000 Einwohner liegt Sachsen insgesamt etwas über dem Durchschnitt der neuen Bundesländer. Die durchschnittliche Dichte Westdeutschlands ist damit allerdings noch lange nicht erreicht. Überproportionale Anteile bei den Freien Berufen hatten in Sachsen Rechtsanwälte, Notare und Steuerberater/Steuerbevollmächtigte, die in stärkerem Maße als andere, zum Beispiel Ärzte, unternehmensorientiert sind. Bei den Wirtschaftsprüfern und insbesondere den Patentanwälten besteht in Sachsen ein Nachholbedarf. Dagegen konnte im Freistaat Sachsen der Mangel an Ärzten und Architekten ausgeglichen werden.

- In der vorwiegend mittelständisch geprägten Bauwirtschaft existierten in Sachsen Ende Juli 1993 schon wieder 1 276 Betriebe.

Tabelle 25: Beschäftigtenzahlen in Kleinstbetrieben Sachsens nach Bereichen 1992

	Betriebe		Beschäftigte	
	Anzahl	Prozent	Anzahl	Prozent
	Stand September 1992			
Insgesamt davon	629	100,0	6 018	100,0
Steine und Erden	56	8,9	530	8,8
Maschinenbau	71	11,3	718	11,9
Elektrotechnik	60	9,5	581	9,7
Kunststoffwaren	47	7,5	458	7,6
EBM-Waren	48	7,6	432	7,2
Druckerei	41	6,5	327	5,4
Bekleidungsgewerbe	32	5,1	320	5,3
Textilgewerbe	34	5,4	300	5,0

Quelle: Statistisches Landesamt Sachsen

– Schließlich gewinnt der Mittelstand auch in der sächsischen Industrie immer mehr Gewicht: Ende Juli 1993 beschäftigten 1 755 Unternehmen, das heißt 94,0 Prozent aller Industrieunternehmen, weniger als 500 Arbeitskräfte, im Dezember 1991 waren es nur 88 Prozent und vor der Wende lediglich 57 Prozent. Von den genannten 1 755 Unternehmen haben allein 1 233, das heißt zwei Drittel weniger als 100 Beschäftigte.

Während im Januar 1991 nur 35,7 Prozent aller Beschäftigten der sächsischen Industrie im mittelständischen Bereich tätig waren, konnte sich deren Anteil bis zum Mai 1993 bereits auf 65,5 Prozent (rund 160 200 Personen) erhöhen.

Zusätzlich gab es im September 1992 in der sächsischen Industrie 629 Kleinstbetriebe (Höchstmitarbeiterzahl: 20 Beschäftigte) mit insgesamt rund 6 000 Beschäftigten. Mit 11,3 Prozent der Betriebe und 11,9 Prozent der Beschäftigten ist der Maschinenbau im Bereich der Kleinstbetriebe die bedeutendste Branche (vgl. Tabelle 25 auf Seite 211).

4. Außenwirtschaft

Seit der Währungsunion sind im Außenhandel Sachsens gravierende quantitative und strukturelle Veränderungen vor sich gegangen. Sie sind das Ergebnis des unvermittelten und konsequenten Übergangs der ostdeutschen Wirtschaft von einer zentralistischen Planwirtschaft zu einem marktwirtschaftlichen System und seiner Integration in den gesamtdeutschen und damit westeuropäischen Wirtschaftsraum.

Die stark auf die osteuropäischen Staaten ausgerichtete Warenausfuhr Sachsens brach zu Beginn 1992 zusammen. Der Übergang zu Weltmarktpreisen und konvertiblen Währungen im Güteraustausch zwischen den Staaten des ehemaligen RGW ließ die Nachfrage der bisherigen Hauptabnehmerländer angesichts ihres chronischen Devisenmangels drastisch sinken. Hinzu kamen Produktionseinbrüche in diesen Ländern als Folge des dortigen Transformationsprozesses. Die sächsischen Warenexporte sind 1991 um nahezu 40 Prozent unter den Vorjahreswert gesunken, im Jahr 1992 bewegten sie sich in etwa auf dem Niveau des Vorjahres.

Die Wareneinfuhr Sachsens (ohne Bezüge aus Westdeutschland) ging im Anschluß an die Währungsunion ebenfalls drastisch zurück. Betroffen waren vor allem die Lieferungen aus den osteuropäischen Staaten.

Tabelle 26: Der sächsische Außenhandel 1991/1992 (in Mill. DM)

Land	1991	1992
Ausfuhr insgesamt	5 048,6	5 059,8
ehem. Sowjetunion	2 217,3	1 729,7
Polen	376,7	192,2
Frankreich	319,5	408,3
Einfuhr insgesamt	4 082,0	5 174,8
ehem. Sowjetunion	957,3	941,5
Tschechische Republik	410,1	513,7
Niederlande	354,2	386,9

Quelle: Statistisches Landesamt Sachsen

Der Freistaat Sachsen erwirtschaftete 1991 insgesamt einen Außenhandelsüberschuß von rund 967 Mill. DM, 1992 gab es dagegen ein Außenhandelsdefizit von 115 Mill. DM. Dies ist unter den gegebenen Umständen eine insgesamt noch befriedigende Bilanz. Maßgebend dafür, daß die negative Bilanz nicht noch stärker ausgefallen ist, war vor allem der Überschuß, der mit den ehemaligen RGW-Staaten erzielt werden konnte. Demgegenüber ist die Bilanz mit den wichtigsten westlichen Industrieländern insgesamt nach wie vor negativ.

Wichtigster Handelspartner Sachsens war 1992 noch immer die Sowjetunion bzw. deren Nachfolgestaaten; sowohl bei den Einfuhren als auch bei den Ausfuhren rangierte sie an erster Stelle: Rund 34 Prozent aller Ausfuhren und rund 18 Prozent aller Einfuhren des Freistaates Sachsen entfielen auf diesen Wirtschaftsraum. Mit einem Überschuß von rund 790 Mill. DM war die sächsische Bilanz hier besonders positiv.

Bereits in diesem kurzen Zeitraum 1991/92 hat sich die regionale Struktur des sächsischen Außenhandels beachtlich verändert. Das Gewicht des Außenhandels mit den ehemaligen RGW-Staaten nimmt deutlich ab, das der EG-Mitgliedstaaten wächst dagegen stetig. Dies ist auch aus der nachfolgenden Tabelle ersichtlich.

Tabelle 27: Regionale Anteile an den sächsischen Ausfuhren 1991 und 1992 (in Prozent)

	1991	1992
Ehemalige RGW-Länder	60	47
EG-Mitgliedsländer	22	29

In diesem Zeitraum konnten die Ausfuhren in die EG immerhin um rund 32 Prozent gesteigert werden. Dabei zeigt insbesondere der Außenhandel mit Frankreich eine wachsende Tendenz.

Betrachtet man die Warenstruktur der sächsischen Ausfuhr 1992 (bzw. 1991), fällt mit rund 30 Prozent (34 Prozent) Anteil die große Bedeutung des Maschinenbaus auf; eine weitaus geringere, aber wachsende Rolle spielen mit 12 Prozent (7 Prozent) Kraftfahrzeuge sowie Nahrungs- und Genußmittel mit 6 Prozent (6 Prozent). Die Einfuhr nach Sachsen ist gleichmäßiger auf mehrere Warengruppen verteilt: An der Spitze stehen Kraftfahrzeuge mit 20 Prozent (18 Prozent) gefolgt von Kraftstoffen, Schmierölen und Erdgas 15 Prozent (22 Prozent) sowie Maschinen mit 14 Prozent (21 Prozent).

Trotz der im Handel mit dem EG-Raum günstigen Tendenzen hat sich die Entwicklung des sächsischen Außenhandels noch nicht ausreichend stabilisiert. Vom Rückgang der Ausfuhren waren vor allem die wichtigen Ausfuhren in den Wirtschaftsraum der ehemaligen UdSSR betroffen. Dies zeigt die besondere Bedeutung der Bürgschaftsfinanzierung für die Entwicklung des Außenhandels der neuen Bundesländer.

5. Arbeitsmarkt

Der plötzliche Zusammenbruch der Planwirtschaft der DDR hatte für den Arbeitsmarkt schwerwiegende Folgen. Viele der plötzlich nicht mehr wettbewerbsfähigen Unternehmen mußten schließen oder ihre Belegschaft drastisch auf einen kleinen Kern reduzieren.

Als Folge davon ist zunächst das Erwerbspotential in Sachsen insgesamt zurückgegangen. Während es im Jahre 1989 rund 2,83 Mill. Erwerbspersonen gab, reduzierte sich ihre Zahl auf 2,37 Mill. im Januar 1992 (– 16,3 Prozent). Der Rückgang in der Zahl der Erwerbstätigen war mit – 30,4 Prozent deutlich stärker. Anfang 1992 waren von den Erwerbspersonen nur noch 1,97 Mill. erwerbstätig, 403 300 dagegen erwerbslos.

Abgesehen von einem stärkeren Rückgang zum Jahreswechsel (– 1,1 Prozent), sank die Zahl der sozialversicherungspflichtig Beschäftigten in Sachsen zwischen Ende Oktober 1992 und Ende März 1993 monatlich um knapp 0,3 Prozent.

Von Oktober 1990 bis Ende 1992 gab es bei den sächsischen Arbeitsämtern etwa 980 000 Arbeitslosenmeldungen. Dazu kommt eine große Zahl von Arbeitnehmerinnen und Arbeitnehmern, die ohne einen Tag Arbeitslosigkeit in Arbeitsbeschaffungsmaßnahmen, Maßnahmen zur beruflichen Weiterbildung oder in Kurzarbeit Null gewechselt sind. Berücksichtigt man noch etwa 300 000 direkte Übergänge in den Vorruhestand bzw. in das Altersübergangsgeld sowie viele Auspendler und Fortgezogene, die sich vorher nicht arbeitslos gemeldet haben, kann man davon ausgehen, daß von denen, die nach wie vor erwerbstätig sind – im Zeitraum von November 1989 bis Juli 1992 – etwa sechs von zehn sächsischen Arbeitnehmern ihre berufliche Tätigkeit verändert haben.

Ende September 1993 wurden registriert:

326 176	Arbeitslose, davon 68,6 Prozent Frauen;
49 485	Kurzarbeiter;
106 835	Teilnehmer in Maßnahmen zur beruflichen Weiterbildung;
47 423	Beschäftigte in AB-Maßnahmen;
255 315	Empfänger von Altersübergangsgeld oder Vorruhestandsgeld;
48 000	Pendler in die alten Länder (Stand 31.12.1992).

Die Entwicklung auf dem Arbeitsmarkt ist weiterhin auch von Abwanderungen beeinflußt.

Zu einzelnen Entwicklungen:

Die Arbeitslosenquote in Sachsen lag im Dezember 1990 bei 7,1 Prozent und stieg 12 Monate später bis auf 10,5 Prozent. Nach dem Auslaufen des Kündigungsschutzabkommens Ende Dezember 1991 kam es im Januar 1992 zum erwarteten starken Anstieg der Arbeitslosenzahl auf eine Quote von 15,8 Prozent (einschließlich etwa 1,2 Prozent Erhöhung durch die Neufestlegung der Zahl der abhängigen zivilen Erwerbstätigen ab

1.1.1992). Seither hat Sachsen von den neuen Bundesländern die niedrigste Arbeitslosenquote, seit September 1993 gemeinsam mit Brandenburg: Im September 1993 lag die Arbeitslosenquote in Sachsen bei 15,4 Prozent, im Durchschnitt der neuen Bundesländer (einschließlich Berlin-Ost) bei 15,9 Prozent.

Innerhalb Sachsens ergeben sich erhebliche regionale Unterschiede der Arbeitslosenquoten: Die Quote liegt im September 1993 im Arbeitsamtsbezirk Dresden bei nur 11,6 Prozent und damit auf einem Niveau, das nahe dem in den nördlichen alten Bundesländern liegt. In den Arbeitsamtsbezirken Annaberg mit 18,6 Prozent und Oschatz mit 19,2 Prozent ist die Arbeitslosenquote dagegen deutlich höher und die höchste in Sachsen.

Kurzarbeit, insbesondere in Form von Null-Stunden-Kurzarbeit, gewann zur Abfederung des Strukturumbruchs rasch erheblich an Bedeutung. Mit dem Auslaufen verschiedener Sonderregelungen zum 31.12.1992 ging ihr Anteil an den arbeitsmarktentlastenden Maßnahmen stark zurück.

Bei der Entwicklung der Arbeitslosigkeit in Sachsen ist der hohe Frauenanteil ein besonders gravierendes Problem. Der Anteil arbeitsloser Frauen an den Arbeitslosen insgesamt hat sich stetig von 58,2 Prozent (Anfang 1991) auf 67,5 Prozent (Dezember 1992) erhöht. Im September 1993 waren 68,6 Prozent der Arbeitslosen Frauen. Dieser Prozentsatz liegt in Sachsen über dem entsprechenden Durchschnittswert der neuen Bundesländer (65,4 Prozent). Die hauptsächliche Ursache ist im vergleichsweise überdurchschnittlichen Gewicht der Industrien mit hohen Frauenanteilen innerhalb der Wirtschaftsstruktur Sachsens zu suchen.

Im Unterschied zur Entwicklung der Frauenarbeitslosigkeit konnte der Anteil arbeitsloser Jugendlicher (unter 20 Jahren) unter den Arbeitslosen erfreulich niedrig gehalten werden (September 1993 2,1 Prozent). Hier liegt Sachsen im Durchschnitt der neuen Bundesländer (ebenfalls 2,1 Prozent).

Berücksichtigt man alle Unterbeschäftigungsbereiche von den registrierten Arbeitslosen bis zu den Beziehern von Vorruhestands- und Altersübergangsgeld, so kann – bezogen auf die Zahl der Erwerbspersonen – das "Defizit" auf ca. 41 Prozent (Juni 1992) geschätzt werden (unter Einschluß der Ost-West-Pendler 44 Prozent). Im Oktober 1991 betrug das relative Defizit noch 34 Prozent und im Januar 1992 39 Prozent, unter Einbeziehung der Ost-West-Pendler 37 Prozent und 42 Prozent. Gemessen am Ausgangswert (Zahl der Erwerbspersonen April 1991) ist das Unterbeschäftigungspotential wieder rückläufig: Nach einem Wert von 33 Prozent im Oktober 1991 und 36 Prozent im Januar 1992 sank das Beschäftigungsdefizit im Juni 1992 auf 34 Prozent. Auch unter Einbeziehung der Ost-West-Pendler bestätigt sich die – allerdings auf höherem Niveau – rückläufige Entwicklung des Unterbeschäftigungspotentials (Oktober 1991: 36 Prozent, Januar 1992: 39 Prozent, Juni 1992: 36 Prozent).

Tabelle 28: Daten zum Arbeitsmarkt in Sachsen 1991 und 1992

Zeile		1991		1992	
		April	Oktober	Januar	Juni
1	Erwerbspersonen	2 536 200,0[1]	2 440 900,0[1] (2 536 200,0)	2 374 600,0[1] (2 536 200,0)	2 123 290,0[2] (2 536 200,0)
2	Arbeitslose	218 479,0	282 327,0	367 666,0	300 286,0
3	Vollzeitäquivalent der Kurzarbeit	350 000,0	200 000,0	89 175,0	75 247,0
4	Beschäftigung in ABM	20 108,0	102 919,0	107 522,0	102 787,0
5	Teilnehmer an beruflicher Fortbildung und Umschulung	54 300,0	106 300,0	131 000,0	150 600,0
6	Bezieher von Vorruhestands- oder Altersübergangsgeld	150 000,0	150 000,0	255 675,0	233 123,0
7	Einsatz arbeitsmarktpolitischer Maßnahmen je 100 Arbeitslose Zeile 3+4+5+6 zu Zeile 2	263,0	198,0	151,0	187,0
8	relatives Defizit an normaler Beschäftigung Zeile 2–6 in Prozent der Zeile 1	31,0	34,0 (33,0)	39,0 (36,0)	41,0 (34,0)
9	relatives Arbeitsplatzdefizit Zeile 2–6 und Ost-West-Pendler in Prozent der Z. 1	–	37,0 (36,0)	42,0 (39,0)	44,0 (36,0)

1) Vgl. Statistisches Landesamt Sachsen: Ergebnisse der Mikrozensen
2) Vgl. Martin Koller und Thomas Jung-Hammon: Regionale und sektorale Schwerpunkte

Quelle: Landesarbeitsamt Sachsen

Die Abbildung 6 zeigt anschaulich, in welcher Weise sich im Zeitablauf die Rolle der verschiedenen arbeitsmarktpolitischen Maßnahmen bei der Entlastung des Arbeitsmarktes verändert hat.

Die Zahl der Kurzarbeiter ist relativ sehr stark zurückgegangen, was ohne einen gewissen Anstieg der Arbeitslosigkeit nicht möglich war. Gleichzeitig hat jedoch zunächst die Bedeutung der anderen Ausgleichsinstrumente zugenommen, insbesondere die Inanspruchnahme des Vorruhestands- und des Altersübergangsgeldes ist bis Frühjahr 1993 gestiegen. Aber auch ABM- sowie Fortbildungs- und Umschulungsmaßnahmen haben auf den Arbeitsmarkt Einfluß genommen und zur Anpassung beigetragen.

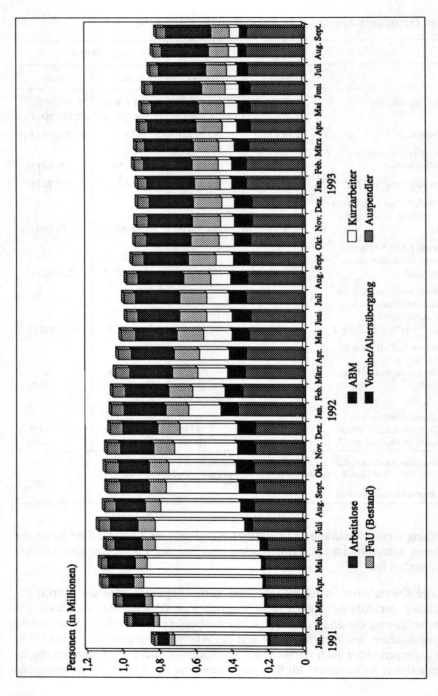

Abbildung 6: Arbeitsmarktausgleich in Sachsen nach Typen 1991 bis 1993

Im September 1993 befanden sich 49 500 Erwerbstätige in Kurzarbeit, wovon 8 500 einen Arbeitsausfall von 100 Prozent hatten. 47 500 Arbeitnehmer wurden über Arbeitsbeschaffungsmaßnahmen gefördert (einschließlich Förderung nach § 249 h AFG). Des weiteren entlasteten 255 300 Personen den Arbeitsmarkt durch den Empfang von Altersübergangs- oder Vorruhestandsgeld. Ein wichtiger Schritt für eine Vielzahl von Arbeitnehmern ist es, sich auf die neuen Anforderungen des Arbeitsmarktes einzustellen. So nahmen im September 1993 in Sachsen 106 800 Arbeitnehmer an Maßnahmen zur beruflichen Weiterbildung teil.

6. Wirtschaftspolitik

Grundsätze

Das Grundziel ist der sächsischen Wirtschaftspolitik klar vorgegeben: Schaffung einer national und international wettbewerbsfähigen Wirtschaft, um über massive Produktivitätsfortschritte und die Gewinnung neuer Märkte die Wohlstandsunterschiede zu den alten Bundesländern abzubauen. Dabei wird vom Freistaat Sachsen über eine eigenständige Gewichtung der wirtschafts- und gesellschaftspolitischen Grundziele auch die Einbeziehung qualitativer Gesichtspunkte angestrebt.

Inzwischen sind die wirtschaftsrechtlichen, organisatorischen und institutionellen Voraussetzungen in fast allen Bereichen geschaffen. Vor allem sind die betrieblichen Eigentumsverhältnisse weitgehend neu geordnet und damit die entscheidende Voraussetzung für unternehmerisches Engagement geschaffen. In der ablaufenden Umbruchphase reicht es allerdings nicht aus, wenn der Staat nur die Rahmenbedingungen für das Funktionieren der marktwirtschaftlichen Ordnung setzt. Vielmehr muß er Starthilfe gewähren, bis die aus den zusammengebrochenen Strukturen der Planwirtschaft neu entstandenen Unternehmen überhaupt annähernde Wettbewerbsfähigkeit erreicht haben.

Der entscheidende Ansatzpunkt zur Erlangung der Wettbewerbsfähigkeit und damit der mittelfristig wichtigste Bereich der Wirtschaftspolitik in den neuen Bundesländern sind die strukturpolitischen Aktivitäten. Da sich die weitgehende Entwertung des Kapitalstocks vor allem in einer mangelnden Wettbewerbsfähigkeit der Industrie niederschlug, bedeutete dies für das "Industrieland Sachsen" eine besondere Belastung. Im Neuaufbau eines hochwertigen Kapitalstocks in bestehenden oder neu angesiedelten Betrieben liegt die zentrale Aufgabe der sächsischen Wirtschaftspolitik. Durch intensive Förderung arbeitsplatzschaffender und arbeitsplatzverbessernder Unternehmensinvestitionen sowie durch die Engpaßbeseitigung und Modernisierung in der wirtschaftsnahen Infrastruktur wird der entscheidende Beitrag zum Aufbau eines neuen Kapitalstocks und damit zur Stärkung der Wettbewerbsfähigkeit des Standortes Sachsen erbracht. Die Investitionsförderung stellt insoweit das wichtigste Instrument zur Umstrukturierung und Modernisierung der Wirtschaft dar. Über diese wachstumspolitische Zielsetzung hinaus gilt es langfristig jedoch zusätzlich, die räumliche Integration der sächsischen Wirtschaft insgesamt zu stärken.

In diesem Zusammenhang ist auch die Sanierung und Modernisierung bestehender Betriebe von großer regionalpolitischer Bedeutung. Die Sächsische Staatsregierung strebt an, wettbewerbsfähige industrielle Kerne in allen Regionen zu schaffen oder zu erhalten. Regionen, in denen qualifiziertes Arbeitskräftepotential vorhanden ist und sanierungsfähige Betriebe existieren, ist durch eine Starthilfe die Chance zu geben, ihr vorhandenes wirtschaftliches Potential zu nutzen, um bald aus eigener Kraft im Wettbewerb zu bestehen.

Darüber hinaus unterstützt sie unter dem Gesichtspunkt der internationalen Konkurrenzfähigkeit mit ihrer Forschungs- und Technologiepolitik auch die unternehmerische Innovationstätigkeit. Damit soll das in Sachsen in besonderem Maße vorhandene technologische Potential mobilisiert werden. Gerade in diesem Bereich soll die Innovationskraft und Anpassungsfähigkeit kleiner und mittlerer Unternehmen für die Wachstumsdynamik der Wirtschaft genutzt werden. Die Mittelstandspolitik nimmt deshalb in der sächsischen Strukturpolitik einen qualitativ besonders hohen Stellenwert ein. Zur Herstellung von Chancengleichheit für die mittelständische Wirtschaft sind dabei zusätzlich zur Wettbewerbspolitik überbetriebliche wie einzelbetriebliche Hilfen gleichermaßen notwendig.

Schließlich ist die Arbeitsmarktpolitik einschließlich des gesamten Systems der sozialen Sicherheit besonders gefordert, um die mit dem Strukturbruch verbundenen sozialen Härten für die Menschen abzumildern. Darüber hinaus strebt die Sächsische Staatsregierung an, die aktive Arbeitsmarktpolitik durch eine enge Verknüpfung mit strukturpolitischen Zielen systematisch auszubauen.

Für einen raschen, zielkonfliktfreien Übergang von der Plan- zur Marktwirtschaft gibt es keine Patentrezepte. Der Wirtschaftspolitik muß in dieser Übergangsphase die Gratwanderung gelingen, auf der einen Seite dem Staat als "Starthelfer" eine wichtigere Rolle als in etablierten Marktwirtschaften zu geben, auf der anderen Seite keine Besitzstände auf staatliche Hilfe oder wettbewerbsfreie Oasen entstehen zu lassen.

Dabei ist die Abhängigkeit der wirtschaftlichen Entwicklung in den neuen Bundesländern von der gesamtstaatlichen Wirtschaftspolitik nicht zu übersehen. Diese enthält vor allem in der Finanzpolitik, in der Tarifpolitik sowie in der gegenwärtigen gesamtwirtschaftlichen Konjunkturlage beachtliche Risikopotentiale. Unabdingbare Voraussetzung für einen Erfolg jeder gesamtdeutschen Wirtschaftspolitik ist nach sächsischer Auffassung dabei deren Ausrichtung an langfristigen gesamtdeutschen Zielen.

Wirtschaftsförderung

Regionalpolitik

Die sächsische Strukturpolitik zielt darauf ab, die Wettbewerbsfähigkeit des Wirtschaftsstandortes Sachsen umfassend zu verbessern. Insoweit kommt der regionalen Wirtschaftspolitik beim Aufbau einer modernen Wirtschaft in Sachsen eine herausragende Rolle zu, da hier der entscheidende Beitrag zum Aufbau eines neuen Kapitalstocks geleistet werden kann. Auch ist nur im Rahmen der Regionalpolitik die notwendige regionale Differenzierung der strukturpolitischen Mittel möglich, die angesichts der unterschiedlichen Entwicklungspotentiale der Regionen notwendig ist, um das Wachstum der sächsischen Wirtschaft insgesamt mit höchster Effizienz zu unterstützen.

Für die Modernisierung bestehender Arbeitsplätze sowie die Ansiedlung neuer Betriebe sind die finanziellen Fördermöglichkeiten, gemessen sowohl am verfügbaren Mittelvolumen als auch an der Förderintensität, von großer Bedeutung. Bis zu 36 Prozent der Investitionsaufwendungen (u. a. Zuschuß maximal 23 Prozent, Investitionszulage 8 Prozent) kann durch den Staat bei arbeitsplatzschaffenden Investitionen als Finanzhilfe gewährt werden. Die hier eingesetzten Mittel werden aus den Haushalten von EG, Bund und Freistaat Sachsen finanziert. Konzeptionell wird die regionalpolitisch orientierte Investitionsförderung im Freistaat Sachsen durch die Gemeinschaftsaufgabe (GA) "Verbesserung der regionalen Wirtschaftsstruktur" getragen.

In Sachsen zeigte sich schon bald eine unterschiedliche Attraktivität der verschiedenen Regionen als Investitionsstandorte. Um einer zu starken Herausbildung regionaler Disparitäten entgegenzuwirken, wurde vom Sächsischen Staatsministerium für Wirtschaft und Arbeit schon bald eine entsprechende regionale Differenzierung der Förderhöchstsätze vorgenommen.

Tabelle 29: Förderergebnisse in Sachsen von Januar 1991 bis September 1993

	Regierungsbezirke			Sachsen
	Chemnitz	Dresden	Leipzig	gesamt
Anzahl bewilligter Vorhaben	2 968	2 012	1 546	6 526
Gewerbliche Wirtschaft	2 442	1 837	1 076	5 355
Infrastruktur	526	175	470	1 171
Investitionen (Mill. DM)	13 545,5	10 626,8	8 783,1	32 955,4
Gewerbliche Wirtschaft	11 654,3	9 912,9	7 305,7	28 872,9
Infrastruktur	1 891,2	713,9	1 477,4	4 082,5
Zuschuß (Mill. DM)	3 461,7	2 053,2	2 213,3	7 728,2
Gewerbliche Wirtschaft	2 218,8	1 502,6	1 223,7	4 945,1
Infrastruktur	1 242,9	550,6	989,6	2 783,1
Erhaltene Arbeitsplätze	50 113	36 685	9 949	96 747
Neu geschaffene Arbeitsplätze	52 962	44 508	38 532	136 002

Quelle: Sächsisches Staatsministerium für Wirtschaft und Arbeit

Durch die im Zeitraum Januar 1991 bis September 1993 bewilligten 6 526 Vorhaben wurden Investitionen von insgesamt 33,0 Mrd. DM (staatlicher Zuschuß rund 7,7 Mrd. DM) gefördert. Damit konnte zur Neuschaffung von 136 000 und zur Sicherung von 96 750 Arbeitsplätzen beigetragen werden. Anträge für weitere Investitionen in Höhe von rund 5,6 Mrd. DM liegen bereits vor.

Im Bereich der wirtschaftsnahen Infrastruktur konnten durch die Förderung Investitionen in Höhe von 4,1 Mrd. DM unterstützt werden und damit die Wettbewerbsbedingungen zahlreicher sächsischer Standorte erheblich verbessert werden.

Sanierung der Treuhandbetriebe

Im Kern ein regionalpolitisches Anliegen ist auch die Sanierung von Treuhandbetrieben. Die Sanierung eines bestehenden Betriebes aus regionalpolitischen Gründen ist aus der Sicht der Sächsischen Staatsregierung dann anzustreben, wenn – bei mittelfristig gegebener Sanierungsfähigkeit – damit zum Beispiel die Entwertung von "Humankapital" oder das "Zusammenbrechen regionaler Wirtschaftsnetze" in bestimmten Regionen verhindert werden kann.

Die Bemühungen um eine schnelle Privatisierung stoßen an ihre Grenzen, wenn – wie bei den verbliebenen Treuhandbetrieben vielfach der Fall – die dazu notwendigen Kapital- und Managementkapazitäten kurzfristig nicht zur Verfügung stehen.

Privatwirtschaftliches Wirtschaftsdenken darf bei den Sanierungsbemühungen jedoch nicht außer Kraft gesetzt werden. Ziel ist es, durch volles Ausschöpfen des gesamten strukturpolitischen Instrumentariums die "Privatisierungsschwelle" sanierungsbedürftiger und -fähiger Betriebe so weit zu senken, daß das Risiko privaten Sanierern tragbar erscheint. Privates Kapital und privates Management müssen jedoch den entscheidenden Beitrag zur Sanierung leisten und die Sanierungsrisiken tragen wie auch gegebenenfalls die Sanierungschancen realisieren. Es kann dabei nicht um die Konservierung wettbewerbsschwacher Betriebe gehen. Vielmehr kommt es – wie auch bei der Neuansiedlung von Betrieben – allein darauf an, die vorhandenen Potentiale für den Aufbau wettbewerbsfähiger Strukturen zu nutzen.

Die Durchführung der Sanierung auf der Grundlage der "Breuel-Schommer-Vereinbarung" wird auf sächsischer Seite durch die Einrichtung ATLAS umgesetzt. Der entscheidende Beitrag, den das ATLAS-Team bei der Sanierung der Unternehmen leistet, ist das Einbringen von hochqualifiziertem Know-how. Von ATLAS wurden bis Mitte September 1993 insgesamt 200 Unternehmen mit ca. 56 500 Mitarbeitern als regional bedeutsam für Sachsen eingestuft und der Treuhandanstalt gemeldet.

Von diesen 200 Unternehmen sind bisher

– 79 Unternehmen privatisiert worden – zum Teil mit tatkräftiger Unterstützung von ATLAS;
– 59 Unternehmen in Verhandlungen mit der Treuhandanstalt als sanierungsfähig eingestuft worden;
– 31 Unternehmen in Liquidation;
– 19 Unternehmen, bei denen die Treuhandanstalt derzeit die Entscheidung hinsichtlich Sanierungsfähigkeit oder Abwicklung vorbereitet.

Fremdenverkehrspolitik

Auch im Bereich des Fremdenverkehrs möchte Sachsen vorhandene Standortvorteile nutzen. Aus der reichhaltigen kulturellen Infrastruktur, insbesondere dem großen kulturellen Erbe, resultiert gemeinsam mit den Naturschönheiten Sachsens eine hohe Anziehungskraft. Auch unter gesamtwirtschaftlichem Aspekt gehört die Tourismuswirtschaft zu den Wachstumsbranchen, da Urlaub und Reisen langfristig mit steigendem Einkommen überproportional nachgefragt werden. Sie hat darüber hinaus eine wichtige regionalpolitische und mittelstandspolitische Dimension.

Allerdings sind auch hier umfangreiche Investitionen notwendig. In den vergangenen drei Jahren wurden im Rahmen der Gemeinschaftsaufgabe zur Verbesserung der touristischen Infrastruktur über 331 Vorhaben mit einem Investitionsvolumen von fast 703,3 Mill. DM durch Zuschüsse von rund 565 Mill. DM zur Sanierung bzw. Neuerrichtung von Bädern, bei der Instandsetzung von Wanderwegen, Radwanderwegen und deren Markierung sowie in der Neuerrichtung bzw. Sanierung von Aussichtstürmen und Häusern des Gastes gefördert. Auch im Bereich der gewerblichen Wirtschaft wurden – unter Bevorzugung der Fremdenverkehrsgebiete – in den letzten drei Jahren rund 1 000 Vorhaben mit Fördermitteln unterstützt. So konnte die Bettenkapazität in Sachsen um 12 500 Betten erweitert werden. Die Nachfrage nach Unterkünften, die dem heutigen Standard entsprechen, ist mit dem vorhandenen Potential aber noch nicht abgedeckt.

Im Rahmen eines Programms für regionaltypische Gaststätten und eines Privatzimmerprogramms, das in den Ferienregionen privaten Vermietern die Möglichkeit zur Verbesserung der Privatzimmer gibt, werden auch landeseigene Mittel (Zinszuschüsse) eingesetzt. Mit Haushaltsmitteln (rund 130 Mill. DM) des Freistaates Sachsen wurden ebenfalls die touristische Infrastruktur wie auch Sonderprojekte ("Silberstraße", "Sächsische Weinstraße") unterstützt.

Großes Gewicht besitzt auch die Fremdenverkehrswerbung. In den letzten drei Jahren wurden gemeinsam mit dem Landesfremdenverkehrsverband und den regionalen Fremdenverkehrsverbänden für Werbemaßnahmen jährlich ca. 9 Mill. DM eingesetzt. Um auch Kleinanbietern die Möglichkeit zu geben, sich am Markt zu präsentieren, wurde als besondere Förderung im Mittelstandsprogramm das zentrale Reservierungssystem "TOURBO Sachsen" geschaffen. Durch das derzeit im Referentenentwurf vorliegende Sächsische Kurortegesetz wird schließlich eine weitere Voraussetzung geschaffen, um das Kur- und Bäderwesen im Freistaat Sachsen weiter voranzubringen.

Mittelstandspolitik

Ein wirtschaftlich stabiler Mittelstand ist unverzichtbar für Wettbewerbskraft, Beschäftigung und Wachstum. Deshalb ist es primäres Ziel der Sächsischen Staatsregierung, durch ihre Mittelstandspolitik die Herausbildung mittelständischer Betriebe und selbständiger Existenzen in ihrem gesamten Spektrum zu erleichtern und in ihren Funktionen für die soziale Marktwirtschaft zu sichern. Auf diese Weise kann ein eigenständiges Unternehmertum entstehen, das sich mit seiner Region und mit dem Land Sachsen in besonderem Maße identifiziert und dessen wirtschaftliche Aktivitäten insoweit ein stabilisierendes Element für die Wirtschaft in Sachsen bedeuten.

Das vom Staatsministerium für Wirtschaft und Arbeit erstellte und primär überbetrieblich ausgerichtete "Programm zur Förderung des selbständigen Mittelstandes" bildet die Basis für die Hilfestellungen des Freistaates Sachsen zur Stärkung und Steigerung der Leistungsfähigkeit mittelständischer Unternehmen und Freier Berufe. Es sieht ein breitgefächertes Angebot an Hilfen für kleine und mittlere Unternehmen vor, so unter anderem die Förderung von Unternehmensberatung für Existenzgründer und kleine und mittlere Unternehmen, die Förderung der Unternehmerschulung oder die Förderung von Information und Dokumentation, Mittelstandsforschung, Beteiligung von mittelständischen Unternehmen an Messen und Ausstellungen im In- und Ausland.

Die direkte Förderung mittelständischer Betriebe erfolgt auf der Grundlage sowohl von bundespolitischen Programmen als auch auf der Grundlage des genannten landeseigenen Mittelstandsförderungsprogramms.

Tabelle 24: Einzelbetriebliche Mittelstandsförderung durch den Freistaat Sachsen 1992

Programm	Bewilligungen		Investitionen (Tsd. DM)	neue Arbeits- plätze
	Anzahl	Darlehensvolumen (Tsd. DM)		
Gewerblicher Mittelstand Fremdenverkehr	984 135	122 815 54 876	629 604 218 156	4 065 749
Insgesamt	1 083	177 691	847 760	4 815

Im Rahmen der einzelbetrieblichen Mittelstandsförderung durch den Freistaat Sachsen wurden 1992 (gewerblicher Mittelstand und Fremdenverkehr) insgesamt knapp 1 100 Förderanträge bewilligt. Damit wird die Durchführung von knapp 850 Mill. DM Investitionen und die Schaffung von rund 4 800 neuen Arbeitsplätzen unterstützt.

Die Sächsische Staatsregierung förderte und unterstützte darüber hinaus die Zerlegung und Entflechtung von Betrieben in kleine überschaubare und betrieblich selbständig zu führende Teile. In Sachsen wurden bis August 1993 insgesamt 656 Privatisierungen im Wege des MBO, das heißt als mittelständische "Mitarbeiter-Betriebe" (möglichst mit einheimischem Management) durchgeführt.

Trotz des bisherigen deutlichen Bedeutungszuwachses muß die mittelständische Wirtschaft noch einige Hindernisse überwinden. Vor allem ist es notwendig die Eigenkapitaldecke der kleinen und mittleren Unternehmen durchgängig zu stärken.

Forschungs- und Technologiepolitik

Zur Bewältigung des sektoralen Strukturwandels ist die Wettbewerbsfähigkeit der sächsischen Unternehmen gegenüber der Konkurrenz generell zu stärken. Konkurrenz der hochentwickelten Industrieländer ist ganz wesentlich Innovationskonkurrenz. Technologische Fortschritte bieten die beste Chance, den Wettbewerbsnachteil hoher Standortkosten zu kompensieren und mit neuen Gütern und effizienteren Produktionsverfahren am Markt zu bestehen.

In diesem Bereich besitzt der Freistaat Sachsen einen besonderen Standortvorteil. Herausragende Eigenschaft und zukunftsträchtiges Potential der meisten sächsischen Industriestandorte ist das vorhandene Humankapital, das heißt das Wissen und Können der Menschen in diesen Regionen. Dieses gilt es vor allem beim anstehenden Neuaufbau und beim Einsatz moderner Produktionstechniken nutzbar zu machen.

Die Abbildung 7 gibt den Beschäftigtenstand in den wichtigsten außeruniversitären Forschungseinrichtungen an. Die Weiterentwicklung und Nutzung dieser Potentiale stellt eine wesentliche Grundlage für langfristige Fortschritte in der Entwicklung der sächsischen Industrie dar. Vor allem wird angestrebt, Forschungsergebnisse schneller in Verfahren und Produkte am Markt umzusetzen. Die staatliche Unterstützung erfolgt primär durch indirekte Hilfestellungen wie Forschungs- und Entwicklungsförderungen, Technologieförderungen sowie überbetriebliche Know-how-Hilfen. Neben einzelbetrieblichen FuE-Vorhaben werden in zunehmendem Maße auch Verbundprojekte konzipiert und gefördert.

Insgesamt wird in Sachsen ein ganzes Spektrum von Instrumenten eingesetzt; genannt werden können zum Beispiel:

– Für Forschungs- und Entwicklungsvorhaben (FuE-Projekte) wurden auf den Gebieten der Schlüsseltechnologien (Schwerpunkt: Mikroelektronik) im Zeitraum 1992/93 Technologiefördermittel in Höhe von 82 Mill. DM bewilligt.

– Zur Sicherung des vorhandenen Forschungs- und Entwicklungspotentiales ist vor allem im Bereich der außeruniversitären wirtschaftsnahen Forschungseinrichtungen (Forschungs-GmbH) weitergehende Unterstützung notwendig. Die sächsischen Forschungs-GmbH wurden mit 27 Mill. DM zur Verbesserung ihrer apparativen Ausstattung und mit bisher 16 Mill. DM zur Sicherstellung des laufenden Forschungsbetriebes gefördert. Von ursprünglich 6 000 Mitarbeitern konnten so ca. 4 000 in diesen Einrichtungen bzw. deren Nachfolgeunternehmen erhalten werden.

– Zur stärkeren Vernetzung der FuE-Basis mit den gewerblichen Unternehmen wurde 1990 mit dem Aufbau von Technologiezentren begonnen.

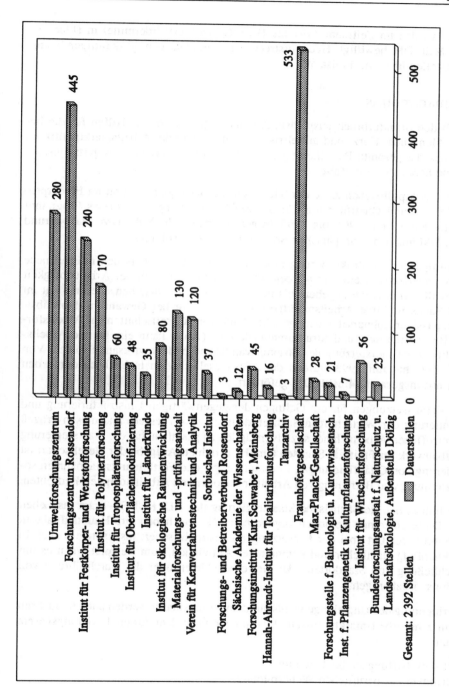

Abbildung 7: Außeruniversitäre Forschung in Sachsen (Stand Juni 1993)

Quelle: Sächsisches Staatsministerium für Wissenschaft und Kunst

Insgesamt wurden im Zeitraum 1991 bis 1993 Technologiefördermittel in Höhe von rund 142 Mill. DM bewilligt. Heute erstreckt sich ein Netz von 40 derartigen Transfer-Schaltstellen über den Freistaat.

Arbeitsmarktpolitik

Die durch den Strukturbruch ausgelöste Arbeitslosigkeit erfordert Hilfen für die betroffenen Menschen: Kurz- und mittelfristig spielt deshalb die Arbeitsmarktpolitik im Rahmen des die gesamte Bevölkerung und Wirtschaft umfassenden Anpassungsprozesses eine herausragende Rolle.

Die arbeitsmarktpolitischen Ziele der Sächsischen Staatsregierung sind im Förderprogramm "Arbeit und Qualifizierung für Sachsen" niedergelegt. Für dieses Programm standen in den Jahren 1991 bis 1993 insgesamt rund 776 Mill. DM (davon rund 395 Mill. DM aus dem Europäischen Sozialfonds) zur Verfügung.

Vielen infolge der Umstrukturierung arbeitslos gewordenen Menschen müssen neue berufliche Perspektiven eröffnet werden. Ihnen wird für die Zeit der Arbeitslosigkeit eine sinnvolle Alternative gegeben, bis neue Arbeitsplätze entstehen. Deshalb hat im Freistaat Sachsen aktive Arbeitsmarktpolitik Vorrang vor der Gewährung bloß absichernder, passiver Lohnersatzleistungen. Mit Hilfe von "Gesellschaften zur Arbeitsförderung, Beschäftigungs- und Strukturentwicklung" (ABS) kann eine aktive Arbeitsmarktpolitik zur Unterstützung des Strukturwandels besonders wirksam erfolgen. Von Sommer 1991 bis Juli 1993 wurden die ABS-Gesellschaften in Sachsen durch den Freistaat mit insgesamt 74 Mill. DM gefördert.

Um die Voraussetzungen für ein Gelingen der gegenwärtigen Umstrukturierung und Neuorientierung der Wirtschaft in Sachsen deutlich zu verbessern und diesen Prozeß für die betroffenen Arbeitnehmer sozialverträglich zu gestalten, hat die Staatsregierung die "Aufbauwerk im Freistaat Sachsen GmbH" errichtet. Aufgabe der Gesellschaft ist die Förderung von Qualifizierungs-, Berufsbildungs- und Fortbildungsmaßnahmen sowie die Beratung und Betreuung von Arbeitslosen oder von Arbeitslosigkeit Bedrohten.

Darüber hinaus hat die Sächsische Staatsregierung das HERKULES-Team ins Leben gerufen. Diese einzelnen Regionen zugeordneten Berater haben ihre Hauptaufgabe in der "Beratung vor Ort" bei der Umsetzung regionalpolitischer, insbesondere auch in der Verknüpfung staatlicher und kommunaler Aktivitäten, zum Beispiel wenn es um die Erschließung von Standorten oder Gewerbegebieten oder die Durchführung von Investitionsvorhaben geht.

Zur Verringerung des Ungleichgewichts auf dem Arbeitsmarkt werden auch in Sachsen vor allem zwei arbeitsmarktpolitische Instrumente nach dem Arbeitsförderungsgesetz eingesetzt:

– Arbeitsbeschaffungsmaßnahmen und
– Maßnahmen zur beruflichen Weiterbildung.

Ende 1991 wurden in Sachsen 108 686 Personen über Arbeitsbeschaffungsmaßnahmen gefördert, je 100 Arbeitslose waren das knapp 40 Beschäftigte. Mit dem Anstieg der Arbeitslosigkeit im Sommer 1992 sank dieser Wert auf knapp 30. Seitdem bewegt sich die Zahl der über ABM geförderten Arbeitnehmer je 100 Arbeitslose mit leichten monatlichen Veränderungen auf diesem Niveau (September 1993 47 423 = 14,5 Prozent). Weiterhin befanden sich im September 1993 insgesamt 106 800 Personen in Maßnahmen zur beruflichen Weiterbildung. Von allen in den neuen Ländern im Jahre 1992 gemeldeten Eintritten in Maßnahmen zur beruflichen Fortbildung, Umschulung und Einarbeitung entfielen 31,8 Prozent auf den Freistaat Sachsen. Bei der Nutzung arbeitsmarktpolitischer Instrumente steht Sachsen mit 44,0 über Arbeitsbeschaffungsmaßnahmen bzw. Fortbildung und Umschulung geförderten Teilnehmern je 100 Arbeitslose und Kurzarbeiter im September1993 über dem Durchschnitt der neuen Bundesländer (40,5).

Seit 1993 wird auch in Sachsen mit der Fördermöglichkeit nach § 249 h des Arbeitsförderungsgesetzes ein neues Instrument der strukturpolitisch orientierten Förderung genutzt. Durch diese Maßnahme werden Beschäftigungsmöglichkeiten im Bereich Umwelt, soziale Dienste und Jugend geschaffen, ohne daß der Anreiz zum Wechsel in ein ungefördertes Vollzeitarbeitsverhältnis verloren geht. In Sachsen wurden im September 1993 rund 11 200 Arbeitnehmer über § 249 h AFG gefördert.

Mit dem vorliegenden Beschäftigungsprogramm für mindestens 20 000 Sachsen werden alle Möglichkeiten genutzt, bisher für konsumtive Zwecke ausgegebene Mittel für Arbeitslose und Arbeitslosenhilfe unter Beteiligung des Bundes, der Treuhandanstalt, der Wirtschaft, der Kommunen und Landkreise und des Freistaates Sachsen beschäftigungswirksam werden zu lassen.

Neben Kurzarbeit, AB-Maßnahmen und Maßnahmen zur beruflichen Weiterbildung haben auch die Regelungen zum Vorruhestand bzw. Altersübergangsgeld sowie Auspendler und Fortzüge aus Sachsen den Arbeitsmarkt deutlich entlastet.

Eine vorrangige Bedeutung mißt die Sächsische Staatsregierung den Hilfen für die Problemgruppen des Arbeitsmarktes (zum Beispiel weibliche Schulabgänger, Langzeitarbeitslose, ältere Arbeitnehmer) bei.

Außenwirtschaftspolitik

Die Öffnung des Marktes nach Westdeutschland und hin zu den westlichen Industrieländern, die abrupten Veränderungen in den traditionellen Lieferbeziehungen und der scharfe Rückgang des Exportes in die ehemaligen RGW-Länder machen umfangreiche Anstrengungen zur Erschließung neuer und zur Sicherung alter Absatzmärkte erforderlich.

Die außenwirtschaftlichen Bemühungen Sachsen verfolgen eine Doppelstrategie: Vorrangig ist eine Umorientierung der sächsischen Wirtschaft auf westliche Absatzmärkte. Erfolge auf diesen Märkten sind Ausdruck der erlangten Wettbewerbsfähigkeit. Der zweite strategische außenwirtschaftliche Schwerpunkt sieht vor, die besonderen Standortvorteile des Freistaates Sachsen im Handel mit den osteuropäischen Nachbarstaaten zu nutzen. Sachsen hält die Erhaltung der Absatzmärkte in Osteuropa (unter anderem auch über Hermes-Bürgschaften) langfristig – auch aus gesamtdeutscher Sicht – für notwendig.

Um die traditionell guten Beziehungen der sächsischen Wirtschaft zu Unternehmen Mittel- und Osteuropas wieder zu intensivieren, unterstützt das Sächsische Staatsministerium für Wirtschaft und Arbeit Maßnahmen von Kammern, Verbänden und Bildungseinrichtungen zur "Förderung und Weiterbildung von Führungskräften der Wirtschaft in Mittel- und Osteuropa". Durch verschiedene Aktivitäten wird darüber hinaus versucht, den sächsischen Unternehmen Hilfestellung bei der Intensivierung der außenwirtschaftlichen Beziehungen und der Neugewinnung von Märkten in den osteuropäischen Ländern (zum Beispiel Beteiligung an internationalen Messen und Ausstellungen) zu gewähren. Dazu zählt auch die Errichtung von Außenwirtschaftsrepräsentanzen. Darüber hinaus wurden zum Beispiel mit den Regierungen der Republik Baschkortostan und Tatarstan Vereinbarungen über wirtschaftliche, wissenschaftliche und kulturelle Zusammenarbeit sowie zur Gewährung von Staatsbürgschaften für revolvierende Kredite abgeschlossen.

Mit dem Projekt ZEUS hat die Sächsische Staatsregierung schließlich die organisatorischen Voraussetzungen dafür geschaffen, die sächsischen Betriebe beim Eindringen in die ausländischen Märkte durch Informationen und Managementwissen generell zu unterstützen.

Verkehrspolitik

Die verkehrspolitischen Leitlinien der Sächsischen Staatsregierung orientieren sich in erster Linie an den langfristigen Erfordernissen der Wirtschaftsentwicklung. Ziel der Landesverkehrsplanung ist es, ein integriertes Gesamtkonzept für alle Verkehrsträger zu schaffen. Das bedeutet primär die Bereitstellung leistungsfähiger Verkehrswege innerhalb Sachsens zur Verbesserung der Standortbedingungen sowie der nationalen und internationalen Verkehrsanbindungen. Dabei sind Ökonomie und Ökologie gleichermaßen zu berücksichtigen.

Die sächsische Verkehrspolitik will in einem integrierten Gesamtverkehrskonzept die folgenden Grundsätze realisieren:

– Über eine deutliche Verbesserung der Leistungsqualität ist ein höherer Marktanteil der Eisenbahn im Güter- und Personenverkehr anzustreben.

– In Hinblick auf die bestehenden, kurzfristig nicht zu eliminierenden Schwächen der Eisenbahninfrastruktur ist es unabdingbar, gleichzeitig das Straßennetz zu modernisieren, verkehrssicherer auszugestalten und Engpässe zu beseitigen.

– Eine wichtige, mittel- bis langfristig realisierbare Aufgabe ist die Schaffung leistungsfähiger Güterverkehrszentren an den Schnittstellen von Schiene, Straße, Wasserstraße und Lufttransport.

230

- Die Verkehrssysteme Straße, Schiene, Wasser und Luft sollen durch Kooperation in Transportketten integriert werden. Investitionen sind sowohl für den Ausbau vorhandener als auch für den Bau neuer Verkehrswege erforderlich.

- Das gesamte Verkehrssystem und die Infrastruktur sind so effizient, umweltfreundlich und so sicher wie möglich zu gestalten. Dazu sind die Verkehrsströme soweit wie möglich auf dem Verkehrssystem Schiene zu halten. Schienenverkehr und öffentlicher Nahverkehr sind zu stärken. Das Straßennetz ist den Anforderungen des Umweltschutzes und der Verkehrssicherheit entsprechend zu gestalten.

In den Jahren 1991 und 1992 wurden im Freistaat Sachsen rund 3,6 Mrd. DM in den Straßenbau investiert, dies ist auch aus der nachfolgenden Tabelle ersichtlich.

Tabelle 31: Investitionen für Autobahn- und Straßenbau in Sachsen 1991 und 1992

Leistungen	Mrd. DM
Bauleistungen	
Bundesfernstraßen	1,29
Landesstraßen	0,69
kommunale Straßen	1,40
Ingenieurleistungen	
Bundesfern- und Landesstraßenbauvorhaben	0,22
Summe der Straßenbauinvestitionen	3,60

Im Rahmen von Ausbau-, Umbau- und Deckenbaumaßnahmen wurden in den letzten zwei Jahren insgesamt rund 1 360 km Straßen erneuert; davon

  83 km Bundesautobahn (19,56 Prozent),
787 km Bundesstraßen (33,6 Prozent),
490 km Landesstraßen (ca. 5 Prozent).

In den Ausbau des Flughafens Leipzig/Halle wurden in den Jahren 1990 bis 1992 insgesamt 93,2 Mill. DM investiert. Für 1993 bis 1995 werden weitere Investitionen von 264 Mill. DM zu erwarten sein. Das Gesamtvolumen der Investitionen in den Flughafen Dresden im Zeitraum 1990 bis 1995 beträgt ca. 310 Mill. DM. Davon sind 200 Mill. DM für die Modernisierung des Flughafens in den Jahren 1993 bis 1995 vorgesehen.

Für den Öffentlichen Personen-Nahverkehr hat die Sächsische Staatsregierung im Jahre 1991 den Städten und Gemeinden 451 Mill. DM als laufende Finanzierungshilfen und 184 Mill. DM als Investitionszuschüsse gewährt.

Energiepolitik

Die Energiepolitik der Sächsischen Staatsregierung orientiert sich beim Aufbau einer modernen Energieversorgungsstruktur insbesondere daran, eine sichere, preiswerte, sozial- und umweltverträgliche Energieversorgung zu gewährleisten.

Insgesamt gilt es, die Wettbewerbsfähigkeit der sächsischen Wirtschaft auch mit energiepolitischen Mitteln abzustützen.

Zentrale Punkte der Umstrukturierung sind die deutliche Reduzierung des Anteils der Braunkohle als Primärenergieträger auf ein sozial und wirtschaftlich sinnvolles und zugleich umweltverträgliches Maß sowie der Aufbau eines ausgewogenen, modernen Energiemixes aus Braunkohle, Steinkohle, Erdgas, Mineralöl sowie erneuerbaren Energiequellen. Die Sächsische Staatsregierung setzt Anreize für den Einsatz moderner Technologien, Verfahren und Meßtechnik, die durch gezielte Förderung des Energiesparens ergänzt werden und damit die Voraussetzungen für rationelleren Energieeinsatz verbessern. Dazu hat der Freistaat Sachsen eine Reihe von Förderprogrammen geschaffen. 1992 wurden für die Energieförderung in Sachsen im Rahmen dieser Programme mehr als 90 Mill. DM ausgegeben.

Umweltpolitische Flankierung

Zur Gewährleistung der Wettbewerbsfähigkeit der sächsischen Standorte ist eine Verbesserung der ökologischen Situation in Sachsen unabdingbar. Die Staatsregierung betrachtet daher die Schaffung einer tragfähigen Umweltinfrastruktur und den schrittweisen Abbau der ökologischen Vorbelastung als wichtige Beiträge zur Verbesserung und Sicherung des Industriestandortes und Lebensraumes Sachsen.

Zur Verbesserung der Umweltqualität wurden bisher folgende Maßnahmen eingeleitet:

- Schaffung eines rechtlichen Rahmens, zum Beispiel in den Bereichen Abfall- und Wasserwirtschaft, Bodenschutz, Naturschutz und Landschaftsentwicklung und Erlaß einer Smogverordnung;
- Anstoß von 3 Mrd. Investitionen mit Schwerpunkt in der Sanierung von Trink- und Abwasseranlagen mit 900 Mill. DM Fördermitteln;
- Stillegung alter "Dreckschleudern", Umrüstung von Altanlagen, Ausstattung der Neubauten mit modernster Umwelttechnik;
- grenzüberschreitende Zusammenarbeit vor allem mit Polen und Tschechien, zum Beispiel in der trilateralen Arbeitsgruppe "Schwarzes Dreieck" und der internationalen Elbe-Schutz-Kommission.

Darüber hinaus hat die Staatsregierung die Ansiedlung und den Ausbau von Umweltschutzdienstleistungen und -technologien anbietenden Unternehmen durch Förderhilfen unterstützt. Insgesamt wurden 130 Mill. DM Investitionen in 34 Recyclingunternehmen und 17 Unternehmen des Bereichs Umweltschutz und Umweltschutztechnik gefördert. Diese Investitionen tragen zur Erhaltung bzw. Neuschaffung von rund 1 500 Arbeitsplätzen bei.

Sachsen-Anhalt

Größe, Einwohner, Hauptstadt

Sachsen-Anhalt ist mit seinen 20 444 Quadratkilometern das drittgrößte unter den neuen Bundesländern. Seine landschaftlichen Hauptattraktionen sind der Ostharz, die Altmark, die Dessau-Wörlitzer Kulturlandschaft und die burgenreiche Weinregion an Saale und Unstrut. Auf dem Territorium des Landes lebten am 30. September 1992 (in leicht gerundeten Zahlen) 2 800 000 Bürger, 581 000 im Regierungsbezirk Dessau, 998 000 im Regierungsbezirk Halle und 1 221 000 im Regierungsbezirk Magdeburg. Die Hauptstadt ist Magdeburg mit 273 000 Einwohnern.

Sachsen-Anhalt entwickelt sich zu einer leistungsfähigen Drehscheibe für Wirtschaft, Technologie und Wissenschaft in Mitteldeutschland. Basis hierfür sind die wichtigsten Verkehrsverbindungen zwischen den Wirtschaftszentren der alten Bundesländer und Berlin, die das Land durchqueren und die Großstädte Magdeburg, Halle und Dessau berühren. In Magdeburg befindet sich außerdem der größte Binnenhafen der neuen Bundesländer.

Sachsen-Anhalt

Größe, Einwohner, Hauptstadt

1. Gesamtwirtschaftliche Lage

Konjunkturelle Entwicklung

Erstmals seit der Wirtschafts- und Währungsunion ist im Jahre 1992 das Bruttoinlandsprodukt in Ostdeutschland gewachsen. Nachdem 1991 zunächst ein Rückgang zu verzeichnen war, kam es 1992 zu einem Wachstum von 6,8 Prozent. Sachsen-Anhalt erreichte mit einer überdurchschnittlichen Zuwachsrate von 8,5 Prozent das beste Ergebnis der neuen Bundesländer.

Die Entwicklung in den einzelnen Sektoren und Wirtschaftszweigen Sachsen-Anhalts verlief jedoch auch im Jahre 1992 sehr unterschiedlich. Nach wie vor sind eindeutige Aufwärtstendenzen in denjenigen Wirtschaftszweigen zu verzeichnen, die vorwiegend auf regionalen Märkten anbieten und somit weniger dem internationalen Konkurrenzdruck ausgesetzt sind. Zu diesen zählen Handel und Dienstleistungen, Handwerksbetriebe sowie einige Industriebranchen, darunter die Baumaterialienindustrie und die Druckereien. Die Bauwirtschaft insgesamt profitiert von der stark gestiegenen Nachfrage nach Bauinvestitionen. Sie dürfte auch maßgeblich am Zustandekommen der Wachstumsrate des Landes insgesamt beigetragen haben, weil von ihr kräftige Impulse für Branchen wie Stahl- und Leichtmetallbau, Baumaterialien und Holzverarbeitung ausgelöst wurden.

Branchen, die dem internationalen Konkurrenzdruck stärker ausgesetzt sind, haben dagegen eine eher kritische Entwicklung zu verzeichnen.

Diese gegenläufige Entwicklung der einzelnen Wirtschaftszweige ergibt gleichwohl das aufgezeigte Bild eines beachtlichen Wachstums des Bruttoinlandsproduktes, und zwar trotz bestehender Stagnationstendenzen im Verarbeitenden Gewerbe. Die Ursachen dafür liegen im wesentlichen in einem hohen, von Transferzahlungen gestützten Volumen der gesamtwirtschaftlichen Endnachfrage und in der Produktionswirksamkeit solcher Investitionen, die aufgrund der Nähe zu Absatzmärkten getätigt wurden.

Erhebliche Unterschiede beim Fortschritt betriebswirtschaftlicher Anpassungsmaßnahmen sind allerdings auch innerhalb der Wirtschaftszweige zwischen den Unternehmen zu verzeichnen. Insbesondere in den Treuhandunternehmen des Maschinenbaus, der Elektrotechnik und der Chemischen Industrie konnte der weitgehende Zusammenbruch der traditionellen Lieferbeziehungen zu den Ostmärkten bisher nicht kompensiert werden. Auch die Schwäche der internationalen und westdeutschen Konjunktur bildet eine für den Umstrukturierungsprozeß ungünstige Rahmenbedingung. Belastend für die Treuhandunternehmen wirkt sich ferner die Befürchtung potentieller Nachfrager aus, daß im Falle einer Stillegung des Unternehmens künftige Ersatzteillieferungen und Serviceleistungen ausbleiben könnten.

Privatisierung

Den Treuhandunternehmen stehen solche gegenüber, in denen private Sanierungskonzepte bereits erfolgreich umgesetzt werden konnten. Im Jahr 1992 sind deutliche Fortschritte im Aufbau eines privaten Unternehmenssektors in Sachsen-Anhalt zu verzeichnen.

Von den 1 959 Unternehmen im Bruttobestand der Treuhandanstalt (THA) sind mit Stand 31.03.1993 insgesamt 926 privatisiert, 191 reprivatisiert und 59 kommunalisiert worden. Für 426 Unternehmen liegt ein Liquidationsbeschluß vor. Der Nettobestand an Treuhandunternehmen in Sachsen-Anhalt betrug per 31.03.1993 nur noch 357 (31.12.1992: 439). Die verbliebenen treuhandverwalteten Unternehmen beschäftigten am Ende des I. Quartals 1993 ca. 108 000 Personen. Dies sind ca. 11 Prozent der sozialversicherungspflichtig Beschäftigten im Land Sachsen-Anhalt (Dezember 1992: 13 Prozent). 69 000 Arbeitnehmer in Treuhandunternehmen sind im Verarbeitenden Gewerbe tätig.

Günstig für den Aufbau einer mittelständischen Wirtschaftsstruktur erweist sich unter anderem die durch Führungskräfte bzw. Mitarbeiter der Unternehmen durchgeführte Privatisierung im Wege des Management-Buy-Out (MBO). In Sachsen-Anhalt wurden bis Jahresende 327 Vorhaben dieser Art realisiert. Das entspricht etwa 25 Prozent aller erfolgten Privatisierungen, wobei die Schwerpunkte das Bauhauptgewerbe, der Maschinenbau sowie das Dienstleistungsgewerbe sind.

Auch die Gründungstätigkeit verlief im Jahre 1992 rege. Die staatlichen Fördermittel leisteten hierzu einen wesentlichen Beitrag, so daß per Saldo ein Anstieg von 16 705 auf rund 90 000 Gewerbeanmeldungen zu verzeichnen ist.

Im Rahmen der Gemeinschaftsaufgabe (GA) "Verbesserung der regionalen Wirtschaftsstruktur" konnte von Januar bis September 1993 ein Investitionsvolumen von insgesamt 24,5 Mrd. DM gefördert werden. Davon entfallen allein auf das Verarbeitende Gewerbe rund 19,5 Mrd. DM.

Die Höhe der Zuschüsse beziffert sich auf 3,5 Mrd. DM und trägt mit dazu bei, daß insgesamt 105 000 Arbeitsplätze gesichert bzw. neu geschaffen werden konnten.

Die Zahl der Erwerbstätigen mit Wohnsitz in Sachsen-Anhalt lag im März 1992 um ca. 14,5 Prozent niedriger als noch im März 1991. Seit März 1992 steigt die Zahl der Personen in regulärer Beschäftigung wieder an. Sie lag danach bei schätzungsweise 940 000 und war im Herbst auf 980 000 gestiegen. Parallel zu dieser Entwicklung ist die Zahl der Arbeitslosen, der Kurzarbeiter und der Personen in ABM-Maßnahmen, Fortbildung und Umschulung von über 600 000 im Juli 1991 auf unter 400 000 im Mai 1993 gesunken. Die Zahl der sozialversicherungspflichtigen Beschäftigten betrug mit Stand vom 30.06.1992 1,03 Mill. Personen.

Flankierende Industriepolitik

Der Umgestaltungsprozeß der Industriebasis des Landes erfolgt durch konsequente Ausrichtung aller Entwicklungskräfte auf die Schaffung wettbewerbsgerechter Strukturen. Eine wesentliche Rolle spielt hier die infrastrukturelle Erschließung und Einbindung des Landes in die zwischen den Wirtschaftsregionen Süd- und Westdeutschlands sowie der Metropole Berlin entstehenden Entwicklungsachsen. Dementsprechend wird der Auf- und Ausbau sowie die Modernisierung der unzureichenden Infrastrukturnetze vorangetrieben. Dies gilt insbesondere für Verkehrswege und Kommunikationsverbindungen.

Mit insgesamt rund 4,6 Mrd. DM Investitionen im Zeitraum 1991/92 konnten bereits spürbare Verbesserungen im Verkehrs- und Nachrichtensektor erreicht werden. Der Abbau hier bestehender Defizite bleibt aber auch weiterhin eine vorrangige Aufgabe. Verbesserungen sind daneben im Umweltbereich, in der Leistungsfähigkeit der Verwaltungen sowie im Angebot öffentlicher Dienstleistungen zu verzeichnen. Auch Investitionshemmnisse konnten abgebaut werden.

Im Rahmen der weiteren Umsetzung einer wachstumsorientierten Strategie nimmt die Förderung privater Investitionen im Industriesektor eine Schlüsselposition ein. Die Sanierung, Modernisierung und Neuschaffung von Produktionskapazitäten wird angesichts eines weitgehend verschlissenen bzw. technisch veralteten Kapitalstocks noch stärker ausgeweitet. Die Programme der Wirtschaftsförderung leisten hierzu einen wichtigen Beitrag. So zeigt die Inanspruchnahme der Mittel aus der GA "Verbesserung der regionalen Wirtschaftsstruktur", daß der Aufholprozeß bei der Schaffung wettbewerbsfähiger Produktions- und Beschäftigungsgrundlagen vorankommt. Im Jahr 1992 wurden insgesamt 624 Vorhaben im Verarbeitenden Gewerbe gefördert, die ein Investitionsvolumen von rund 6 Mrd. DM umfassen. Damit verbunden ist die Sicherung bzw. Neuschaffung von 34 300 Arbeitsplätzen, vorrangig in den Wirtschaftszweigen Maschinenbau, Stahl- und Leichtmetallbau, Fahrzeugbau, in der Chemischen Industrie sowie im Ernährungsgewerbe.

Entsprechend der wirtschaftspolitischen Zielstellung der Landesregierung, die Einkommens- und Beschäftigungschancen in allen Landesteilen zu verbessern, erfolgt eine noch stärkere Konzentration auf arbeitsplatzschaffende Investitionen des Produzierenden Gewerbes. Dabei kommen die geltenden Fördersätze landesweit einheitlich zur Anwendung, um Nachteile im Standortwettbewerb auszuschließen.

Mittelstand

Die wachstumsorientierte Strategie der Landesregierung zielt auf die Schaffung eines branchenvielfältigen und leistungsstarken Mittelstandes ab. Mittelständische Unternehmen realisieren einen wesentlichen Beitrag zur Entwicklung wettbewerbsfähiger Arbeitsplatzkapazitäten, sind Voraussetzung eines dynamischen Wirtschaftswachstums und erweisen sich als Leistungsträger im Innovationswettbewerb. Die sich durch Existenzgründungen, Ausgründungen, Entflechtung ehemaliger Großbetriebe und durch Neuansiedlungen weiter ausprägenden mittelständischen Entwicklungspotentiale werden im Rahmen der Wirtschaftsförderung in Verbindung mit den Programmen der Mittelstandsförderung Sachsen-Anhalts aktiv unterstützt.

Im Prozeß der Profilierung und Sicherung mittelständischer Unternehmen werden allerdings zunehmend Finanzierungsprobleme und das Niveau der Eigenkapitalausstattung zu Engpaßfaktoren bei der Erschließung neuer Märkte, der Produktentwicklung und bei der zügigen Umsetzung der Unternehmenskonzepte. Daher wird die Bedeutung des Kapitalbeteiligungsprogramms des Landes und der Bürgschaftsprogramme weiter zunehmen.

Bezogen auf die neuen Bundesländer, transferierten auch die privaten Banken per Saldo Finanzmittel in großem Umfang. Der Einlagenüberhang, der noch Ende 1990 bestand, wurde aufgrund der hohen Kreditvergabe durch einen Kreditüberschuß von fast 20 Mrd. DM abgelöst. So belief sich das Kreditvolumen Ende 1992 auf mehr als 60 Mrd. DM. Das entspricht einem Zuwachs von 50 Prozent innerhalb eines Jahres.

Zur Sicherung der Fremdkapitalfinanzierung von Vorhaben, insbesondere im gewerblichen Bereich, wurden bisher im Rahmen der verschiedenen Bürgschaftsprogramme, die das Land allein oder gemeinsam mit dem Bund aufgelegt hat, Bürgschaften in Höhe von 960 Mill. DM übernommen. Hierdurch konnten Investitionen von 2 Mrd. DM und die Schaffung bzw. Sicherung von mehr als 13 000 Arbeitsplätzen realisiert werden.

Durch Initiative der Landesregierung wurde im September 1992 ein Kapitalbeteiligungsprogramm für kleine und mittlere Unternehmen aufgelegt. Die Abwicklung erfolgte zunächst durch die Mittelständische Beteiligungsgesellschaft (MBG) Baden-Württemberg und wird ab Mitte 1993 durch die Ende 1992 gegründete MBG Sachsen-Anhalt GmbH betreut.

Das Programm bietet die Möglichkeit, durch die Übernahme einer stillen Beteiligung mit einer Laufzeit von bis zu 15 Jahren die Eigenkapitalbasis der Unternehmen langfristig zu verstärken. Bis Ende 1992 wurden bereits erste Beteiligungen im Umfang von 4 Mill. DM übernommen. Im Zuge der weiteren Ausrichtung der Konzepte mittelständischer Unternehmen auf die Verbesserung der Wettbewerbspositionen, die Erzeugnis- und Technologieinnovation, die Eröffnung neuer Geschäftsfelder, die Realisierung offensiver Angebotsstrategien etc. ist eine Ausweitung der Kreditfinanzierung zu erwarten, so daß diesem Instrumentarium eine hohe Bedeutung zukommen wird.

Verantwortung der Treuhand

Von hohem Stellenwert ist auch der Erfolg der Privatisierungstätigkeit der Treuhandanstalt in Sachsen-Anhalt. Nur die beschleunigte Ausprägung privatwirtschaftlicher Strukturen in der Wirtschaft bietet die Gewähr für eine zielstrebige Neuorientierung der Produktions- und Beschäftigungskapazitäten an den bestehenden Markterfordernissen. Daher ist die Unterstützung und Flankierung des Privatisierungsprozesses, in engem Zusammenwirken mit der Treuhandanstalt, eine vorrangige wirtschaftspolitische Aufgabe des Landes.

Ende 1992 haben die Treuhandniederlassungen in Halle und Magdeburg das operative Privatisierungsgeschehen im wesentlichen abgeschlossen. Mit insgesamt rund 103 000 Arbeitsplatzzusagen und zugesicherten Investitionen im Umfang von rund 5 Mrd. DM haben die Niederlassungen einen beträchtlichen Beitrag zur Sanierung der Wirtschaft geleistet.

Hinsichtlich der noch zu privatisierenden Unternehmen – im produzierenden Bereich handelt es sich überwiegend um solche der exportorientierten Großindustrie – gibt die Landesregierung den bisher wirksam praktizierten Unterstützungs- und Flankierungsmaßnahmen zur Sicherung einer möglichst hohen Zahl wettbewerbsfähiger Dauerarbeitsplätze den Vorzug. Die Zielsetzung dieser industriepolitischen Aktivitäten besteht in der Verstärkung solcher unternehmerischer Initiativen, die auf die Verbesserung der Rentabilität, die zügige Umsetzung von Investitionen, die Erneuerung der Produktpalette sowie die Spezialisierung auf wettbewerbsfähige Geschäftsfelder gerichtet sind. So wurden beispielsweise Investitionen im Umfang von 764 Mill. DM in 35 Treuhandunternehmen aus GA-Mitteln gefördert. Für die Realisierung von Maßnahmen zur Produkt- und Verfahrensinnovation sind bislang insgesamt rund 26 Mill. DM aus dem Landesprogramm bewilligt worden.

Durch die Einbeziehung in die Programme der Wirtschaftsförderung des Landes, die Verbesserung der Standortbedingungen durch geeignete Infrastrukturmaßnahmen, die erfolgreiche Begleitung von Ausgründungen im Bereich der Großunternehmen, zahlreiche unterstützte Neuansiedlungen sowie die Ausnutzung der Regelungen des öffentlichen Auftragswesens werden sich die noch zu privatisierenden Unternehmen unter Marktbedingungen weiter festigen. Diese Maßnahmen, die an die Sanierungs- und Unternehmenskonzepte der Treuhandunternehmen anknüpfen, vergrößern zugleich die Privatisierungschancen dieser Unternehmen. Der von der Landesregierung unter Federführung des Wirtschaftsministers wirkende Arbeitskreis "Industriepolitik" der "Konzertierten Aktion", der sich aus Vertretern der Kammern, Verbände und der Gewerkschaften zusammensetzt, leistet dazu einen entscheidenden Beitrag. Die vom Arbeitskreis präferierte Vorgehensweise, über Einzelfallentscheidungen Lösungswege und erforderliche Handlungsstrategien zu initiieren, eröffnet den Industrieunternehmen des Landes zunehmend Perspektiven für eine erfolgreiche Bewältigung der Strukturanpassung. Dieser vom Arbeitskreis beschrittene erfolgreiche Weg zur Sicherung und Sanierung von Unternehmen und Industriestandorten wird fortgesetzt.

2. Wirtschaftsbereiche

Land- und Forstwirtschaft

Die Land- und Forstwirtschaft, die aufgrund der natürlichen Bedingungen für Sachsen-Anhalt eine spezielle Bedeutung hat, durchläuft einen grundlegenden Strukturwandel, der durch die schnelle Anpassung an die Marktwirtschaft und gleichzeitig durch die Auswirkungen der EG-Agrarreform besonders belastet ist.

Das zentrale Anliegen der Agrarpolitik ist die Entwicklung einer vielfältig strukturierten, leistungsfähigen und umweltverträglichen Land- und Forstwirtschaft. Es wird durch eine Vielzahl von Maßnahmen zur Unterstützung und Förderung der Landwirtschaft umgesetzt. Im Mittelpunkt stehen dabei:

- die einzelbetriebliche Investitionsförderung,
- die Förderung der Flächenstillegung,
- der Anreiz zur Extensivierung einschließlich der Umstellung auf den alternativen Landbau und
- spezielle Ausgleichszahlungen für die von der Natur benachteiligten Gebiete.

Der Neuorientierungsprozeß war und ist mit Vermögensauseinandersetzungen, ungeklärten Eigentumsfragen, ungenügenden gesetzlichen und finanziellen Entschädigungsregelungen und einem verstärkten Arbeitsplatzabbau in den Dörfern verbunden.

Landwirtschaft

Das Land Sachsen-Anhalt bietet der Landwirtschaft aufgrund der natürlichen Voraussetzungen sehr unterschiedliche Produktionsbedingungen. Das Schwarzerdegebiet der Magdeburger Börde und die ausgedehnten Lößgebiete südwestlich von Halle gehören zu den ertragreichsten Böden Deutschlands. Vom Schwarzerdeanteil der neuen Bundesländer (350 000 ha) liegen 77 Prozent in Sachsen-Anhalt. Im Norden des Landes dominieren lehmige Sand- oder sandige Lehmböden, die besonders für den Kartoffelanbau geeignet sind. Ausgesprochene Sandgebiete kommen vorwiegend in der Gegend um Colbitz-Letzlinger- und Dübener Heide sowie im Landkreis Jessen vor. Die Flußauen von Elbe, Saale, Mulde, Weißer Elster und Unstrut sind durch Grünlandwirtschaft gekennzeichnet. In den Mittelgebirgslagen des Harzes dominiert die Forstwirtschaft. Neben den Ackerwertzahlen (sie betragen für Sachsen-Anhalt durchschnittlich 59) charakterisiert der Grundwasserstand maßgeblich die Qualität der Böden. Deshalb kann auch die Altmark, trotz relativ niedriger Ackerwertzahlen, auf insgesamt gute Bodenbedingungen verweisen. Um die Voraussetzungen für die Erhaltung land- und forstwirtschaftlicher Bodennutzung, insbesondere aufgrund hoher Ackerwertzahlen, zu schaffen, wurden im Landesentwicklungsprogramm Sachsen-Anhalt Vorranggebiete für die Landwirtschaft festgelegt.

Im Jahr 1989 existierten in Sachsen-Anhalt 807 landwirtschaftliche Produktionsgenossenschaften (LPG), 24 volkseigene Güter (VEG) und 23 gärtnerische Produktionsgenossenschaften (GPG). Im Zuge des Umstrukturierungsprozesses sind bis 1992 daraus 3 458 Unternehmen hervorgegangen. Einzelunternehmen und Personengesellschaften (einschließlich GmbH und Co. KG) bewirtschaften knapp 38 Prozent der gesamten landwirtschaftlichen Nutzfläche. Damit nimmt Sachsen-Anhalt bei der Wiedereinrichtung landwirtschaftlicher Betriebe eine Spitzenposition ein. Mit 361 834 ha landwirtschaftlicher Nutzfläche bewirtschaften die bäuerlichen Familienbetriebe und Personengesellschaften Sachsen-Anhalts bei einer durchschnittlichen Betriebsgröße von 123,2 ha rund jeden dritten Hektar landwirtschaftlicher Nutzfläche. In den alten Bundesländern bewirtschaften landwirtschaftliche Betriebe durchschnittlich im Haupterwerb 30 ha und Betriebe im Nebenerwerb 6 ha.

Der Umstrukturierungsprozeß ist sehr dynamisch verlaufen, und nicht alle Betriebe haben den Übergang in die Marktwirtschaft erfolgreich bewältigt. Von den am 30.06.1990 existierenden 800 landwirtschaftlichen Produktionsgenossenschaften auf dem Gebiet des Landes sind

— 233 in Liquidation gegangen,
— 20 kraft Gesetz zum 31.12.1991 aufgelöst worden, da von ihnen keine Aktivitäten zur Umstrukturierung ausgegangen sind,
— 417 Betriebe umgewandelt und
— 130 Betriebe als neue Rechts- und Organisationsform eingetragen worden.

Die Betriebsstruktur der landwirtschaftlichen Unternehmen ist von der jeweiligen Marktsituation sowie von staatlichen und EG-Förder- und Reglementierungsmaßnahmen abhängig. Im Zuge der Umstrukturierung ist in Sachsen-Anhalt mit Stand 2. Halbjahr 1992 die aus Tabelle 1 ersichtliche landwirtschaftliche Erzeugerstruktur entstanden.

Im landwirtschaftlichen Bereich ist eine erfreuliche Zunahme der tierhaltenden Betriebe zu verzeichnen. Die futterbaulich und rinderwirtschaftlich dominierenden Altmarkkreise Salzwedel und Gardelegen, etwas weniger deutlich auch Stendal und Osterburg, schließen an die in der Strukturanpassung fortgeschrittenen Kreise des Lößgebietes an und lassen wieder die alte Ausrichtung zum Gemischtbetrieb erkennen. Etwa 45 Prozent der Betriebe im Haupterwerb und 15 Prozent der Betriebe im Nebenerwerb wirtschaften völlig ohne Viehhaltung. In Vorzugslagen wie Börde, Wettiner Platte und angrenzenden anhaltinischen Regionen sind Privatisierungen in Verbindung mit großflächiger Betriebsstruktur und Ausrichtung auf Marktfruchtanbau weit vorangeschritten. Auch die Strukturanpassung in den Gartenbaubetrieben und in der Binnenfischerei verläuft dynamisch. Nicht alle Betriebe, die zunächst hohe Zuwachsraten vorlegen konnten, haben überlebt.

Die Gesamtwasserfläche Sachsen-Anhalts wird mit 34 582 ha, davon 23,1 Prozent als fischwirtschaftlich nutzbar, ausgewiesen. Letztere umfaßt rund 90 Prozent Stand- und 10 Prozent Fließgewässer. Erzeugt werden hauptsächlich Forellen und Karpfen im Verhältnis 2:1. Die Produktionsergebnisse der Fischwirtschaft entwickelten sich leicht rückläufig, von 1 280 t 1990 auf 1 080 t 1991.

Tabelle 1:   Veränderungen in der landwirtschaftlichen Erzeugerstruktur der Unternehmen in Sachsen-Anhalt 1992

Betriebsausrichtung	Zahl der Betriebe 2. Halbjahr 1992	Zahl der Betriebe 1. Halbjahr 1992	Anteil 2. Halbjahr 1992	Anteil 1. Halbjahr 1992	Relation 2. zu 1. Halbjahr
Landwirtschaft	3 044	2 774	81,46	80,22	109,73
davon:					
Pflanzenproduktion	958	903	25,64	26,11	106,09
davon: Marktfrucht	932	875	24,94	25,30	106,51
Futterbau	26	28	0,70	0,81	92,86
Tierproduktion	771	606	20,63	17,53	127,23
davon: Rinder	191	163	5,11	4,71	117,17
Schweine	66	47	1,77	1,36	140,42
Geflügel	12	10	0,32	0,29	120,00
Sonstige Tierhaltung	333	268	8,91	7,75	124,25
Gemischte Tierhaltung	169	118	4,52	3,41	143,22
Landwirtschaftliche Gemischtbetriebe	1 315	1 265	35,19	36,58	103,95
Gartenbau	403	435	10,78	12,58	92,64
Obstbau	35	28	0,94	0,81	125,00
Weinbau	62	44	1,66	1,27	140,91
Binnenfischerei	18	14	0,48	0,41	128,57
Kombinationsbetriebe	175	163	4,68	4,71	107,36
Insgesamt	3 737	3 458	100,00	100,00	108,07

Quelle: Institut für Wirtschafts- und Sozialwissenschaft des Landbaus der landwirtschaftlichen Fakultät der Martin-Luther-Universtiät Halle/Wittenberg

Per 30.11.1990 waren in der Land- und Forstwirtschaft Sachsen-Anhalts insgesamt 124 581 Personen beschäftigt. Darunter befanden sich 1 085 Inhaber und 525 mithelfende Familienangehörige, 20 529 Angestellte und 102 441 Arbeiter. Die Anzahl der in der Land- und Forstwirtschaft Beschäftigten ging von November 1990 bis Mai 1991 um rund 50 000 Personen (auf 59,8 Prozent) zurück. Die prozentuale Verringerung war im Regierungsbezirk Magdeburg am geringsten, absolut ist der Abbau der Beschäftigung dort aber am größten.

Die Entwicklung der Anbauflächen, der Ernteerträge pro Hektar und der Erträge in der Obsterzeugung sind aus den nachfolgenden Tabellen zu entnehmen.

Tabelle 2: Bodennutzung in Sachsen-Anhalt 1990, 1991, 1992

Fläche	1990	1991	1992	Veränderung 1992 : 1990 in Prozent
	in Tausend Hektar			
Landwirtschaftlich genutzte Fläche	1 295,8	1 101,1	1 040,1	80,3
Ackerland	1 053,0	929,8	942,2	89,5
Grünland	193,0	159,7	136,8	70,9
Getreide insgesamt	563,9	510,4	531,9	94,3
darunter: Weizen	226,9	238,5	274,7	121,1
Roggen	111,3	63,4	52,4	47,1
Gerste	20,5	192,3	183,9	87,8
Hafer	12,9	7,3	5,9	45,6
Körnermais	0,038	3,8	7,5	19 736,8
Kartoffeln	73,4	23,5	24,2	33,0
Zuckerrüben	81,1	70,7	66,3	81,7
Gemüse und Erdbeeren	17,4	5,1	5,2	29,9
Ölfrüchte insgesamt	21,0	58,6	93,0	443,0
darunter: Winterraps	15,8	53,2	58,3	369,8
Futterpflanzen insgesamt	221,3	147,9	116,2	52,5
darunter: Silomais	113,2	85,6	74,9	66,2
Brachflächen		99,2	90,7	91,4

Tabelle 3: Ernteerträge in Sachsen-Anhalt 1989, 1990, 1991 (in dt pro ha)

	1989	1990	1991
Getreide	42,7	47,2	57,4
Kartoffeln	193,6	200,3	244,1
Zuckerrüben	241,3	340,9	340,2
Ölfrüchte	16,4	17,7	29,8

Tabelle 4:   Ernteerträge Obsterzeugung in Sachsen-Anhalt 1989 und 1991 (in t)

	1989	1991	Veränderung in Prozent
Obst gesamt davon:	193 808	85 219	–56
Kernobst	156 501	78 496	–53
Steinobst	18 284	5 939	–68

Die Viehbestände sind stark zurückgegangen. Vom IV. Quartal 1990 bis zum II. Quartal 1992 verringerte sich der Rindviehbestand um 410 692 auf 56 Prozent, der Schweinebestand gar um 1 077 819 auf 47,7 Prozent.

Freiwillige, staatlich geförderte Stillegung von Äckern gegen Einkommensausgleich soll die Überschußproduktion eindämmen und die Märkte wirksam entlasten. Seit 1991/92 gibt es ein einheitliches Flächenstillegungsprogramm für das gesamte Bundesgebiet. Von den möglichen Formen der Stillegung wurden 1990/91 die in der nachfolgenden Tabelle aufgeführten genutzt.

Tabelle 5:   Stillegungsfläche und Formen der Stillegung in Sachsen-Anhalt 1990/91

	Hektar	Prozent
Gesamtstillegungsfläche davon:	48 274	100,0
Dauerbrache	32 535	67,4
Rotationsbrache	15 544	32,2
Aufforstung	195	0.

Der Gesamthilfebetrag beläuft sich auf insgesamt 38 Mill DM.

Zur Bewältigung der grundlegenden Umstrukturierung der Landwirtschaft im Rahmen der komplizierten und vielfach regulierten EG-Landwirtschaft hat Sachsen-Anhalt mit finanzieller Unterstützung von Bund und EG zahlreiche Förderrichtlinien erlassen und Förderprogramme aufgestellt.

– Anpassungshilfen:
  Zur Verringerung der Auswirkungen des Preiseinbruchs bei landwirtschaftlichen Erzeugnissen und zur Sicherung der Zahlungsfähigkeit wurden 1991 an rund 2 550 landwirtschaftliche Unternehmen Beihilfen in Höhe von insgesamt 160 Mill. DM ausgezahlt.

– Einzelbetriebliche Förderung:
Für Wiedereinrichter im Haupterwerb, für die Umstrukturierung und Neugründung landwirtschaftlicher Unternehmen in Form juristischer Personen und Personengesellschaften, für die Energiesparprogramme sowie Investitionen im Rahmen des Agrarkreditprogramms zur Rationalisierung und Verbesserung der Arbeits- und Lebensbedingungen wurden 1991 insgesamt 936 Bewilligungen in einer Höhe von 159 Mill. DM für den Zeitraum 1991 bis 1994 erteilt. Seit 1992 werden darüber hinaus finanzielle Mittel für die 5prozentige Zinsverbilligung für Kapitalmarktdarlehen gewährt.

– Existenzsicherungsprogramm:
Die spezielle Landesförderung für wiedereingerichtete bäuerliche Familienbetriebe haben bis 1992 rund 720 Landwirte in Anspruch genommen.

– Beratungskostenzuschüsse:
1991 wurden insgesamt 650 Unternehmen Sachsen-Anhalts mit Beratungskostenzuschüssen in den Bereichen Existenzgründung und Umstrukturierung, begleitende Beratung und Schuldnerberatung mit insgesamt 1,8 Mill. DM gefördert. 1992 wurde die Förderung der Betriebsberatung über die Gewährung von Beratungskostenzuschüssen fortgesetzt.

Forstwirtschaft

Der Wald nimmt in Sachsen-Anhalt eine Fläche von 474 000 ha ein. Das sind 23 Prozent der Landesfläche. Davon sind 140 000 ha als Landschaftsschutzgebiet mit hohem Waldanteil bedeutsam, 28 900 ha sind Naturschutzgebiete, davon sind 6 800 ha einstweilig gesicherte Flächen und 4 900 ha Totalreservate. Der Wald in Sachsen-Anhalt besteht zu fast 70 Prozent aus Nadelhölzern. Geplant sind 30 Prozent stabile Mischbestände und 50 Prozent Laubholz. An reinem Nadelholz sollen maximal 20 Prozent bleiben. Der Wald ist unterschiedlich auf die Landkreise und die Eigentumsarten verteilt.

Die Forstwirtschaft Sachsen-Anhalts steht vor schwerwiegenden Problemen. Es gibt deutliche Schäden an ca. einem Drittel aller Bäume, der private Waldbesitz ist zersplittert, es gibt eine voraussichtlich länger anhaltende schlechte Holzmarktlage, Folgen einer Übernutzung im oberen Altersbereich und ein gering ausgeprägtes Eigentümerbewußtsein der privaten Waldeigentümer. Aus diesen Gründen bieten die Forstbehörden den Waldbesitzern unentgeltliche Beratung und Betreuung zur Waldbewirtschaftung an. Eine Vielzahl von Waldbewirtschaftungsmaßnahmen wird vom Staat im Rahmen eines Förderprogramms finanziell gestützt. Das betrifft insbesondere die Pflege von Jungwüchsen oder Jungbeständen, die Wertastung, den forstlichen Wegebau, Maßnahmen gegen neuartige Waldschäden, die Erstaufforstung bisher nicht mit Wald bestockter Flächen und die Gründung und Verwaltung forstwirtschaftlicher Zusammenschlüsse.

Tabelle 6: Waldeigentum in Sachsen-Anhalt 1989 und 1992

Eigentumsart	Waldfläche in ha	Anteil am Gesamtwald in Prozent
1989		
Gesamtwaldfläche	474 000	100,0
davon:		
Volkswald	334 300	70,5
Genossenschafts- und Privatwald	135 200	28,5
Kirchenwald	4 500	1,0
1992		
Gesamtwaldfläche	474 000	100,0
davon:		
Bundesforsten	69 000	14,0
Landeswald	140 000	30,0
Kommunalwald	22 800	5,0
Restwald	110 000	23,0
Privatwald	127 900	27,0
Kirchenwald	4 300	1,0

Bergbau und Energiewirtschaft

Bergbau

Sachsen-Anhalt ist ein bedeutender Bergbaustandort in Deutschland, der durch den Braunkohlenbergbau mit unmittelbarer Verarbeitung, den Kali- und Steinsalzbergbau, die Erdgasförderung und den Stein- und Erdenbergbau geprägt ist.

Neben den mit dem aktiven Bergbau verbundenen Aufgaben gibt es eine ganze Reihe von Problemen zu lösen, die aus dem umfangreich betriebenen Bergbau vergangener Zeit resultieren. Dies betrifft neben der Altlastensanierung im Braunkohlen-, Kali- und Steinsalzbergbau den eingestellten Kupferschieferbergbau, die Schwefelkiesgewinnung sowie den Fluß- und Schwerspatbergbau.

Braunkohlenbergbau

Nach der Vereinigung Deutschlands hat eine Umstrukturierung der Braunkohlenindustrie eingesetzt, die sich in den nächsten Jahren weiter fortsetzen wird. Die Vereinigte Mitteldeutsche Braunkohlenwerke AG, Bitterfeld (MIBRAG) konnte 1992 rund 36 Mill. t (ehemals über 100 Mill. t) absetzen. Für die Deckung des weiter zurückgehenden Bedarfs reicht die Förderkapazität der Tagebaue in Profen (Sachsen-Anhalt) und Schleenhain (Sachsen) aus. Die Tagebaue Mücheln in Sachsen-Anhalt sowie Delitzsch und Espenhain in Sachsen werden 1993 geschlossen.

Die Landesregierung hat durch die Bereitstellung eines Investitionszuschusses von 600 Mill. DM für das Braunkohlenkraftwerksprojekt Schkopau ein klares Bekenntnis zur langfristigen Nutzung der Braunkohle abgegeben. Mit der Regelung der Frage der Braunkohlen-Altlasten durch Bund und betroffene Länder vom 22.10.1992 wurde einerseits ein entscheidendes Hemmnis für die Privatisierung der Braunkohlenindustrie beseitigt, andererseits auch die Wiedernutzbarmachung ganzer Landstriche eröffnet.

Die Privatisierung der MIBRAG soll bis Ende 1993 erfolgt sein. Der für die Sanierung der Altlasten der Braunkohlenindustrie gebildete Plafonds von jährlich 1 bis 1,5 Mrd. DM (zunächst bis 1997) ist auch unter Berücksichtigung arbeitsmarktpolitischer Gesichtspunkte die Grundvoraussetzung einer zielgerichteten Planung, Finanzierung und Fortführung der Projekte. Nachdem 1992 in Sachsen-Anhalt für derartige Sanierungsaufgaben 22,4 Mill. DM aufgebracht wurden und dadurch der jahresdurchschnittliche Einsatz von 2 723 Arbeitskräften ermöglicht wurde, wird für 1993 der Einsatz von 332,4 Mill. DM und eine Beschäftigung von 3 165 Arbeitnehmern angestrebt. Es ist davon auszugehen, daß die Arbeiten zur ökologischen Sanierung mehr als 15 Jahre andauern werden. Dabei werden in den nächsten 4 bis 5 Jahren die bergmännischen Arbeiten mit dem Einsatz der vorhandenen Tagebaugroßgeräte zur Restloch- und Kippflächengestaltung (1992 = 26,8 Mill. m^3) sowie der Abriß von Werksanlagen der Kohlenindustrie (1992 = 26,842 m^3) im Vordergrund stehen. Die 1992 auf eine Fläche von 763 ha bezogenen Maßnahmen zur Wiedernutzbarmachung der Bergbaulandschaft werden längerfristig schrittweise in eine Feingestaltung der Gebietsentwicklung münden.

Kali- und Steinsalzbergbau
Der Absatzeinbruch bei Kali-Standardprodukten im IV. Quartal 1992, der durch den Exportausfall nach Indien aufgrund der Aufhebung staatlicher Subventionen für Kaliimporte ausgelöst wurde, ändert nichts an den Standortvorteilen der Kaliindustrie Sachsen-Anhalts. Auch für die Zukunft bestehen hier positive Umsatzerwartungen. Durch die Fusion der Kali- und Salz AG, Kassel (K+S) mit der Mitteldeutschen Kali AG, Sondershausen (MdK) wird eine optimale Betriebsstruktur und der Rang des zweitgrößten Kaliproduzenten der westlichen Welt erreicht. Damit verbunden sind umfangreiche Erweiterungs- und Rationalisierungsinvestitionen der Werke in Zielitz (Kalibergbau) und in Bernburg (Steinsalzbergbau).

Steine und Erden
Die Entwicklung der Bauindustrie, insbesondere im Straßen- und Verkehrsbau, führte zu einer Steigerung der Nachfrage an oberflächennahen mineralischen Rohstoffen. Sie wird sich voraussichtlich in den nächsten Jahren wegen der Umsetzung von Verkehrsprojekten nach dem Bundesverkehrswegeplan und der allgemein dynamischen Baukonjunktur weiter erhöhen. Um die zur Bedarfsdeckung notwendige Ausbeutung der zahlreich bestehenden Lagerstätten durch ortsansässige Unternehmen zu ermöglichen, wur-

den bis zum Jahre 1992 von den Bergämtern insgesamt 103 neue Bergbauberechtigungen erteilt.

Erdgas

Nennenswerte Erdgasvorkommen sind im Nordwesten des Landes im Gebiet um Salzwedel vorhanden. Im Jahre 1992 wurden 4,4 Mrd. m^3 niederkaloriges Gas gefördert. Durch die Inbetriebnahme von zwei Quecksilber-Absorptionsanlagen konnte der Quecksilbergehalt des Gases auf die zulässigen Werte gesenkt und damit die langfristige Marktfähigkeit gesichert werden.

Energiewirtschaft

Die Energiewirtschaft, ein die wirtschaftliche Entwicklung des Landes tragender Industriezweig, befindet sich in einem grundlegenden Prozeß der wirtschaftlichen und sozialen Umgestaltung. Wesentlicher Grund dafür ist, daß bisher die Energiebilanz von einem überproportionalen Einsatz der Braunkohle und ihrer Folgeprodukte geprägt war. Bei der notwendigen Umgestaltung stecken die energiepolitischen Grundsätze Sachsen-Anhalts den Handlungsrahmen ab, und zwar durch das Vorschaltgesetz zur Landesentwicklung für die öffentlichen Planungsträger verbindlich.

Im Bereich der leitungsgebundenen Energien (ohne Fernwärme) wurden bis zum 31.12.1992 insgesamt 181 Investitionsvorhaben mit einem Investitionsvolumen von über 5 Mrd. DM angezeigt. Darunter befinden sich 8 Vorhaben im Bereich der Kraftwerkserneuerung mit einem Investitionsvolumen von fast 4 Mrd. DM. Bis zum Jahresende 1992 wurden bereits 19 Vorhaben mit einem Investitionsvolumen von rund 57 Mill. DM fertiggestellt. Dabei wurde nur die Investitionstätigkeit im Umfang der Anzeigepflicht nach dem Energiewirtschaftsgesetz erfaßt.

Die Kraftwerke der Leuna AG, der VKR am Standort der Buna AG und das IKW Wählitz befinden sich im Bau. Im Versorgungsbereich der MEAG wird das Kraftwerk Halle rekonstruiert. Hinsichtlich der Kraftwerke für Solvay Bernburg und der Spitzenlastkapazität der MEAG in Großkayna läuft das Genehmigungsverfahren. Erforderliche Übertragungsanlagen werden durch die beiden Regionalversorger den neuen Anforderungen angepaßt.

Im Rahmen des Strukturwandels in der Energiewirtschaft wurde den Stadtwerken Bernburg, Blankenburg, Burg, Ilsenburg, Magdeburg, Salzwedel, Wittenberg, Zeitz und Zerbst die Genehmigung nach § 5 Energiewirtschaftsgesetz zur Versorgung anderer mit Gas erteilt. Die Stadtwerke Magdeburg und Haldensleben wurden mit einer Teilgenehmigung zur Versorgung der Gewerbegebiete mit Elektroenergie bedacht.

Zur Unterstützung einer rationellen Energieerzeugung und -verwendung, der Erarbeitung und Anwendung umweltverträglicher Umwandlungsverfahren und der Erschließung sowie Anwendung erneuerbarer Energieträger wurde für Sachsen-Anhalt ein Energieprogramm entwickelt und durch 10 bestätigte und veröffentlichte Förderrichtlinien untersetzt. Die Einordnung der benötigten Fördermittel in den Landeshaushalt zeigt die nachstehende Übersicht.

Tabelle 7: Einordnung der Fördermittel für den Energiebereich in den Landeshaushalt Sachsen-Anhalts 1991 bis 1993 (in DM)

Fördermittel Energieprogramm	1991	1992	1993
Bereitstellung Landesmittel Bundesmittel	15 000 000 –	33 800 000 26 600 000	42 350 000 26 600 000
Summe	15 000 000	60 400 000	68 950 000

Entsprechend den energiepolitischen Grundsätzen werden Entwicklungen in folgenden Bereichen gesondert gefördert:

- Sanierung von Fernwärme-Versorgungsanlagen,
- Förderung von Pilot- und Demonstrationsvorhaben,
- Heizungsmodernisierung,
- Nutzung der Wasserkraft,
- Nutzung von Windenergie,
- Errichtung von Photovoltaikanlagen im Rahmen des 1000-Dächer-Bund-Länder-Programms,
- Nutzung der Solarenergie zur Warmwasserbereitung mittels Kollektoren,
- Erstellung regionaler und kommunaler Energiekonzepte.

Verarbeitendes Gewerbe

Inlandsnachfrage

Die wirtschaftliche Lage im Verarbeitenden Gewerbe Sachsen-Anhalts ist nach wie vor von tiefgreifenden Umstrukturierungsprozessen gekennzeichnet. Die Wettbewerbsfähigkeit vieler Unternehmen hat sich durch Privatisierungs- und Sanierungsmaßnahmen der Treuhandanstalt verbessert. Auch sind durch Neugründungen wettbewerbsfähige Betriebsstätten entstanden, die mittlerweile die Produktionsreife erreichen. Allerdings bilden die traditionell einseitig auf die Ostmärkte ausgerichteten Großbetriebe eine schwere "Hypothek" im marktwirtschaftlichen Anpassungsprozeß. Zudem erschwert die ungünstige konjunkturelle Lage in wichtigen Industrieländern sowie das hohe Niveau der Lohnstückkosten die Umorientierung auf westliche Märkte.

Insgesamt konnte im Jahre 1992 der Gesamtumsatz des Verarbeitenden Gewerbes, bei rückläufigem Auslandsumsatz, um 6,9 Prozent gesteigert werden. Der inländische

Umsatz wuchs um ca. 10 Prozent auf 17,5 Mrd. DM. Darin dokumentiert sich, daß sachsen-anhaltinische Industrieerzeugnisse auf dem deutschen Markt wettbewerbsfähig geworden sind. Auch wurden 1992 durch Rationalisierungsmaßnahmen erhebliche Produktivitätsgewinne auf der Basis des Umsatzes pro geleisteter Arbeitsstunde erzielt. Im Monatsdurchschnitt des IV. Quartals konnte, im Vergleich zum entsprechenden Vorjahreszeitraum, ein Wachstum des Umsatzes pro geleisteter Arbeitsstunde von ca. 30 Prozent erzielt werden.

Die Entwicklung der Auftragseingänge im IV. Quartal 1992 läßt auf eine unmittelbare Fortsetzung der positiven Nachfrageentwicklung im Verarbeitenden Gewerbe schließen. Das Niveau des Vorquartals wurde um 14 Prozent-Punkte im Monatsdurchschnitt überschritten, wobei überdurchschnittliche Impulse von der Auslandsnachfrage ausgingen.

Erfreulich ist die anhaltende Steigerung der Auftragseingänge aus dem Inland, die sich sowohl auf das Investitionsgütergewerbe als auch das Verbrauchsgüter produzierende Gewerbe positiv ausgewirkt haben.

Alle Wirtschaftshauptgruppen konnten 1992 gegenüber 1991 ein höheres Niveau des Gesamtumsatzes erwirtschaften. Die stärksten Zuwächse verzeichnete das Verbrauchsgütergewerbe mit 26,6 Prozent, getragen von den Wirtschaftszweigen Druckereien und Vervielfältigung sowie Herstellung von Kunststoffwaren. Auch die Holzverarbeitung konnte ihren Umsatz, maßgeblich wegen der guten Baukonjunktur, gegenüber dem Vorjahr erhöhen. Der internationale Konkurrenzkampf und die weltweiten Überkapazitäten machen dem Leder-, Textil- und Bekleidungsgewerbe zu schaffen. Im Ernährungsgewerbe sind dagegen kräftige Zuwachsraten gegenüber dem Vorjahr festzustellen.

Das Grundstoff- und Produktionsgütergewerbe verzeichnet bei gesunkenem Auslandsumsatz einen Anstieg des Gesamtumsatzes um 7,5 Prozent, wobei insbesondere die Gewinnung und Verarbeitung von Steinen und Erden kräftig zugelegt hat. Die Chemische Industrie konnte dagegen ihr Vorjahresergebnis nicht halten.

Im Investitionsgütergewerbe ist nur ein verhaltener Umsatzanstieg von 1,6 Prozent zu verzeichnen. Der Exportanteil war hier im wesentlichen aufgrund des wirtschaftlichen Niederganges der traditionellen Märkte der ehemaligen Sowjetunion rückläufig. Im Stahl- und Leichtmetallbau, der Elektrotechnik sowie im Straßenfahrzeugbau konnten die Marktpositionen gegenüber dem Vorjahr gestärkt werden. Im Maschinenbau ist die Lage dagegen nach wie vor instabil.

Trotz der verbesserten Absatzlage im Verarbeitenden Gewerbe hielt der Beschäftigungsabbau in der Industrie auch im Jahre 1992 an. Im Jahresdurchschnitt waren es 42,3 Prozent Beschäftigte weniger als im Jahr zuvor. Der Schwerpunkt des Personalabbaus konzentrierte sich auf das II. Quartal 1992, während im weiteren Verlauf des Jahres das Tempo des Beschäftigungsrückgangs deutlich abnahm. In absoluten Zahlen ist der Arbeitsplatzabbau im Grundstoff- und Produktionsgütergewerbe am höchsten ausgefallen (– 58 000); bei relativer Betrachtung lag der stärkste Abbau allerdings im Verbrauchsgütergewerbe.

Die Ursachen für den anhaltenden Beschäftigungsabbau liegen vor allem in der schlechten Ertragslage vieler Unternehmen, in enttäuschten Absatzerwartungen im Hinblick auf die Ostmärkte sowie in zeitlich gestreckten Personalanpassungen in Unternehmen der Treuhandanstalt. Darüber hinaus hat der Lohnkostendruck einen nicht unwesentlichen Beitrag zum Arbeitsplatzabbau geleistet. Auf die 197 noch zu privatisierenden Unternehmen des Verarbeitenden Gewerbes mit Sitz in Sachsen-Anhalt entfallen rund 47 Prozent aller in diesem Bereich Beschäftigten. Knapp drei Viertel davon sind in den Wirtschaftszweigen Chemie und Maschinenbau tätig.

Zwischen den einzelnen Wirtschaftszweigen bestehen erhebliche Unterschiede hinsichtlich ihres Privatisierungsgrades. Ein vergleichsweise hoher Anteil, gemessen an der Gesamtzahl der Unternehmen, ist hier in jenen Wirtschaftszweigen zu verzeichnen, die überwiegend für regionale Märkte produzieren. Beispielsweise sind im Nahrungs- und Genußmittelgewerbe nur noch 16 Prozent der Unternehmen im Eigentum der Treuhand, wobei die Unternehmen 13,2 Prozent der in dieser Branche Beschäftigten auf sich vereinen. Im Druckereigewerbe liegt der Beschäftigtenanteil dagegen nur noch bei 1 Prozent.

Die Beschäftigtenanteile des Treuhand-Sektors verdeutlichen, daß das Privatisierungspotential noch keineswegs erschöpft ist.

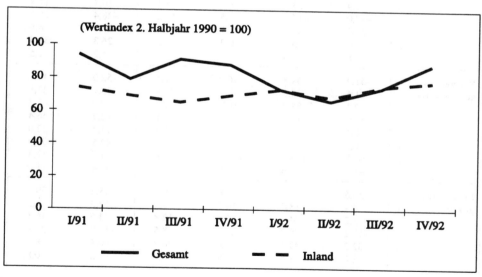

Abbildung 1: Auftragseingangsindex im Verarbeitenden Gewerbe in Sachsen-Anhalt 1991 und 1992

Quellen: Statistisches Landesamt Sachsen-Anhalt; eigene Berechnungen

Tabelle 8: Entwicklung der Wirtschaftshauptgruppen in Sachsen-Anhalt 1991 und 1992 (Veränderungen gegenüber dem Vorjahreszeitraum)

Wirtschafts-hauptgruppe		I./91-92	II./91-92	III./91-92	IV./91-92	1.Hj./91-92	2.Hj./91-92
Bergbau	a	−28,8	−32,1	−31,9	−28,4	−30,4	−30,3
	b	−11,1	−31,6	−21,8	−19,5	−20,5	−20,6
	c	35,0	8,6	8,9	−51,9	18,7	−22,9
	f	−28,9	−26,5	−19,8	−23,6	−27,8	−21,6
	g	25,0	−7,0	−2,5	5,3	10,2	1,3
	h	2,2	1,9	1,1	0,6	2,0	0,8
Grundstoff- u. Produktions-gütergewerbe	a	−50,1	−48,9	−46,4	−38,4	−49,5	−42,7
	b	25,0	15,3	1,9	−7,0	19,7	−2,7
	c	36,8	40,4	−23,2	−41,8	38,5	−33,8
	d	−1,2	−21,5	37,6	−7,9	−11,4	11,9
	e	−9,8	−21,7	17,0	−23,9	−15,5	−6,1
	f	−43,7	−36,1	−33,7	−26,3	−40,4	−30,3
	g	122,1	80,5	53,7	26,3	100,8	39,6
	h	−3,9	−2,3	−3,8	−2,5	−3,1	−3,2
Investitions-gütergewerbe	a	−41,6	−44,6	−35,8	−29,7	−43,1	−33,0
	b	4,4	−15,7	10,8	6,5	−6,8	8,6
	c	83,2	−45,2	20,1	−24,1	−12,9	−2,0
	d	−1,9	25,5	−8,3	35,1	10,3	11,8
	e	−37,0	−17,2	−40,5	17,2	−28,4	−15,2
	f	−27,0	−25,4	−21,1	−16,0	−26,2	−18,6
	g	42,9	13,0	40,3	26,8	26,3	33,5
	h	1,8	0,5	2,8	2,3	1,2	2,5
Verbrauchs-gütergewerbe	a	−51,2	−54,8	−46,9	−41,1	−52,9	−44,1
	b	21,5	28,8	30,1	25,9	25,1	27,8
	c	−22,1	85,9	39,7	−22,3	20,0	−3,3
	d	13,0	12,5	37,8	35,1	12,7	36,4
	e	10,1	12,4	35,4	11,7	11,3	22,0
	f	−40,4	−44,9	−37,3	−25,8	−42,5	−31,9
	g	103,8	133,8	107,4	69,8	117,7	87,8
	h	−1,2	−1,6	−1,0	−1,0	−1,4	−1,0
Ernährungs-gewerbe	a	−36,5	−33,8	−32,6	−28,6	−35,2	−30,7
	b	6,9	18,3	14,2	5,0	12,6	9,2
	c	5,2	44,1	21,6	12,8	24,6	16,1
	f	−19,2	−20,7	−23,1	−18,5	−19,9	−20,9
	g	32,3	49,1	48,6	28,9	40,6	38,1
	h	1,0	1,5	0,9	0,6	1,2	0,8

Tabelle 8: Entwicklung der Wirtschaftshauptgruppen in Sachsen-Anhalt 1991 und 1992 (Veränderungen gegenüber dem Vorjahreszeitraum) – Fortsetzung

Wirtschafts-hauptgruppe		I./91-92	II./91-92	III./91-92	IV./91-92	1.Hj./91-92	2.Hj./91-92
Verarbeiten-	a	−19,1	−46,4	−40,6	−34,0	−45,9	−37,6
des Gewerbe	b	53,0	4,5	8,6	2,0	8,8	5,2
insgesamt	c	154,7	−17,6	7,7	−28,2	7,2	−11,4
	d	41,0	−1,0	14,9	14,1	−0,7	14,5
	e	38,0	−16,5	−18,0	−0,4	−19,7	−9,3
	f	−5,8	−31,1	−27,6	−21,0	−33,0	−24,4
	g	62,5	51,7	50,0	29,0	62,5	39,2
	h	27,9	−1,9	−1,1	−0,6	−2,0	−0,8
Bergbau und	a	−44,2	−45,3	−39,9	−33,5	−44,7	−37,0
Verarbeiten-	b	10,9	1,2	6,3	0,2	5,8	3,2
des Gewerbe	c	49,6	−16,5	7,8	−29,0	7,7	−11,8
	f	−34,0	−30,7	−26,8	−21,2	−32,5	−24,2
	g	68,1	46,0	45,3	27,2	56,7	36,0
	h	0,0	0,0	0,0	0,0	0,0	0,0

a = Beschäftigte (Entwicklung von 1991 auf 1992 um x Prozent)
b = Gesamtumsatz (wie a)
c = darunter Auslandsumsatz (wie a)
d = Auftragseingangsindex-INLAND (wie a)
e = Auftragseingangsindex-GESAMT (wie a)
f = geleistete Arbeitsstunden (wie a)
g = Gesamtumsatz je geleisteter Arbeitsstunde (wie a)
h = relative Bedeutung der Wirtschaftshauptgruppe für die Beschäftigung im Bergbau und Verarbeitenden Gewerbe (Entwicklung von 1991 auf 1992 um x Prozentpunkte)

Quellen: Statistisches Landesamt Sachsen-Anhalt; eigene Berechnungen

253

Tabelle 9: Entwicklung der Wirtschaftshauptgruppen in Sachsen-Anhalt 1992

Wirtschafts-hauptgruppe		I. Quartal	II. Quartal	III. Quartal	IV. Quartal	1. Halbjahr	2. Halbjahr
Bergbau	a	23 487	20 492	17 932	15 926	21 989	16 929
	b	175,8	113,6	115,2	138,7	144,7	127,0
	c	14,3	18,5	18,0	8,7	16,4	13,3
	f	2 310,0	1 961,3	1 802,7	1 560,3	2 135,7	1 681,5
	g	76,1	57,9	63,9	88,9	67,8	75,5
	h	10,0	9,6	9,2	8,6	9,8	8,9
Grundstoff- u.	a	75 921	69 421	61 933	59 506	72 671	60 720
Produktions-	b	702,2	776,4	743,5	711,5	739,3	727,5
gütergewerbe	c	140,1	130,1	95,9	97,0	135,1	96,5
	d	55,7	45,0	53,7	46,3	50,3	50,0
	e	55,0	43,3	52,7	44,7	49,2	48,7
	f	6 579,3	5 871,3	5 121,7	4 990,3	6 225,3	5 056,0
	g	106,7	132,2	145,2	142,6	118,8	143,9
	h	32,4	32,5	31,8	32,1	32,4	31,9
Investitions-	a	96 016	90 024	83 700	79 781	93 020	81 740
gütergewerbe	b	547,3	555,1	772,8	771,3	551,2	772,1
	c	159,5	142,2	341,6	216,7	150,9	279,2
	d	101,3	105,0	107,0	136,0	103,2	121,5
	e	107,3	109,0	117,3	181,3	108,2	149,3
	f	7 807,3	6 973,0	6 930,3	6 770,0	7 390,2	6 850,2
	g	70,1	79,6	111,5	113,9	74,6	112,7
	h	41,0	42,1	42,9	43,0	41,5	43,0
Verbrauchs-	a	18 695	15 956	14 814	14 554	17 325	14 684
gütergewerbe	b	112,5	116,7	122,4	140,0	115,6	131,2
	c	6,3	9,7	5,6	7,1	8,0	6,4
	d	122,0	125,7	131,3	138,7	123,8	135,0
	e	83,3	87,3	89,3	95,7	85,3	92,5
	f	1 606,0	1 329,0	1 297,3	1 332,7	1 467,5	1 315,0
	g	70,0	69,3	94,3	105,0	78,8	99,7
	h	8,0	7,5	7,6	7,8	7,7	7,7
Ernährungs-	a	19 903	17 983	16 566	15 835	18 943	16 201
gewerbe	b	286,3	319,3	298,6	320,1	302,8	309,3
	c	21,0	28,7	18,4	28,9	24,8	23,6
	f	2 111,3	1 909,7	1 755,0	1 748,0	2 010,5	1 751,5
	g	135,6	167,2	170,1	183,1	150,6	176,6
	h	8,5	8,4	8,5	8,5	8,5	8,5

Tabelle 9: Entwicklung der Wirtschaftshauptgruppen in Sachsen-Anhalt 1992 – Fortsetzung

Wirtschafts-hauptgruppe		I. Quartal	II. Quartal	III. Quartal	IV. Quartal	1. Halbjahr	2. Halbjahr
Verarbeiten-	a	210 535	193 383	177 013	169 676	201 959	173 344
des Gewerbe	b	1 648,3	1 769,5	1 937,2	1 942,8	1 708,9	1 940,0
insgesamt	c	327,0	310,6	461,5	349,7	318,8	405,6
	d	73,3	68,0	74,7	78,3	70,7	76,5
	e	72,7	66,0	74,3	88,0	69,3	81,2
	f	18 104,0	16 083,0	15 104,3	14 841,0	17 093,5	14 972,7
	g	91,0	110,0	128,3	130,9	100,0	129,6
	h	90,0	90,4	90,8	91,4	90,2	91,1
Bergbau und	a	234 022	213 875	194 945	185 602	223 949	190 273
Verarbeiten-	b	1 824,1	1 883,0	2 052,5	2 081,5	1 853,6	2 067,0
des Gewerbe	c	341,2	329,1	479,5	358,3	335,2	418,9
	f	20 414,0	18 044,3	16 907,0	16 401,3	19 229,2	16 654,2
	g	89,4	104,4	121,4	126,9	96,4	124,1
	h	100,0	100,0	100,0	100,0	100,0	100,0

a = Beschäftigte (Personen)
b = Gesamtumsatz (Mill. DM)
c = darunter Auslandsumsatz (Mill. DM)
d = Auftragseingangsindex-INLAND (Durchschnitt 2. Halbjahr 90 = 100)
e = Auftragseingangsindex-GESAMT (Durchschnitt 2. Halbjahr 90 = 100)
f = geleistete Arbeitsstunden (1 000 h)
g = Gesamtumsatz je geleisteter Arbeitsstunde (DM/h)
h = relative Bedeutung der Wirtschaftshauptgruppe für die Beschäftigung im Bergbau und Verarbeitenden Gewerbe (Prozent)

Quellen: Statistisches Landesamt Sachsen-Anhalt; eigene Berechnungen

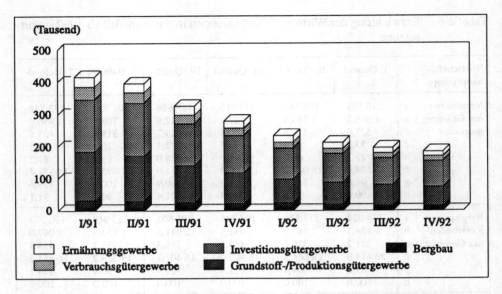

(Tausend)

Legende:
☐ Ernährungsgewerbe   ▨ Investitionsgütergewerbe   ■ Bergbau
▨ Verbrauchsgütergewerbe   ▨ Grundstoff-/Produktionsgütergewerbe

Abbildung 2: Beschäftigungsentwicklung im Bergbau und im Verarbeitenden Gewerbe in Sachsen-Anhalt 1991 und 1992

Quellen: Statistisches Landesamt Sachsen-Anhalt; eigene Berechnungen

Baugewerbe

Investitionen

Im sachsen-anhaltinischen Bauhauptgewerbe haben öffentliche Aufträge zum Ausbau der Infrastruktur und eine dynamische Bauinvestitionstätigkeit des gewerblich industriellen Sektors zu einer günstigen Geschäftsentwicklung für das Jahr 1992 beigetragen. Der bauhauptgewerbliche Umsatz konnte gegenüber 1991 um 54 Prozent auf rund 6,4 Mrd. DM gesteigert werden. Er wird sogar für 1992 insgesamt noch darüber liegen. Der Grund dafür besteht in der Ausweitung des Kreises der Berichtspflichtigen anläßlich der zur Jahresmitte 1992 vorgenommenen Totalerhebung, die erstmals in den Datenbestand des IV. Quartals 1992 eingegangen ist. Insofern fehlen in den Vorquartalen die Umsätze der nunmehr berücksichtigten weiteren Betriebe, unter denen sich insbesondere zahlreiche Existenzgründer befinden.

45,3 Prozent des baugewerblichen Umsatzes wurden vom gewerblich industriellen Sektor erwirtschaftet. Er entwickelte sich im Verlauf des Jahres 1992 zum größten Nachfrager nach Bauleistungen. Die damit verbundene, deutlich verbesserte Geschäftsentwicklung hat auch zu einer Stabilisierung, nicht aber zu einer Aufstockung der Beschäftigtenzahl beigetragen. Letzteres ist im wesentlichen auf Produktivitätszuwächse infolge von Rationalisierungsmaßnahmen zurückzuführen. So erhöhte sich der baugewerbliche Umsatz pro Beschäftigten im Vergleich zum Vorjahr um 45,4 Prozent. Zu beachten ist aber auch, daß der reale Umsatz in einem geringeren Umfang anstieg als der nominale Umsatz.

Tabelle 10: Bauwirtschaft in Sachsen-Anhalt (Bauhauptgewerbe 1992)

	I. Quartal	II. Quartal	III. Quartal	IV. Quartal	1. Halbjahr	2. Halbjahr
Beschäftigte[1]	57 173	57 285	56 040	67 386	57 229	61 713
geleist. Arbeitsstunden[2] davon:	5 870	6 633	6 646	7 715	6 252	7 180
Wohnungsbau	828	983	908	1 151	906	1 030
landwirt. Bau	55	50	66	55	53	61
gew./ind. Bau	2 588	2 959	3 125	3 666	2 773	3 396
öff./Verkehrsbau	2 400	2 641	2 546	2 843	2 521	2 695
baugewerbl. Umsatz[3] davon:	295 789	428 607	538 347	859 780	362 198	699 064
Wohnungsbau	35 863	50 908	58 182	101 280	43 385	79 731
landwirt. Bau	2 445	2 655	5 604	3 973	2 550	4 789
gew./ind. Bau	133 088	191 231	248 207	388 776	162 160	318 492
öff./Verkehrsbau	124 393	183 813	226 354	365 751	154 103	296 053
Auftragseingang[3] davon:	360 633	471 500	539 300	623 563	416 067	581 431
Wohnungsbau	45 933	55 167	79 500	120 018	50 550	99 759
landwirt. Bau	2 300	2 933	7 467	2 490	2 617	4 978
gew./ind. Bau	178 467	248 733	238 767	268 438	213 600	253 602
öff./Verkehrsbau	133 933	164 667	213 567	232 617	149 300	223 092
baugewerbl. Umsatz je Beschäftigten[4]	5,2	7,5	9,6	12,8	6,3	11,3
baugewerbl. Umsatz je geleist. Arbeitsstunde[5]	50,4	64,6	81,0	111,4	57,9	97,4
Betriebe[6]	524	536	550	863	530	707

1) In Personen.
2) In 1 000 h.
3) In 1 000 DM.
4) In DM/Personen.
5) In DM/h.
6) Aus der Totalerhebung im Juni 1992 im Bauhauptgewerbe (Betriebe mit 10 und mehr Beschäftigten) wurde der auskunftspflichtige Kreis der Monatsmelder im Baugewerbe ab Oktober 1992 neu bestimmt. Da sich die Zahl der meldenden Betriebe deutlich erhöht hat, sind Vergleiche zum zurückliegenden Zeitraum nur eingeschränkt möglich.

Quelle: Statistisches Landesamt Sachsen-Anhalt

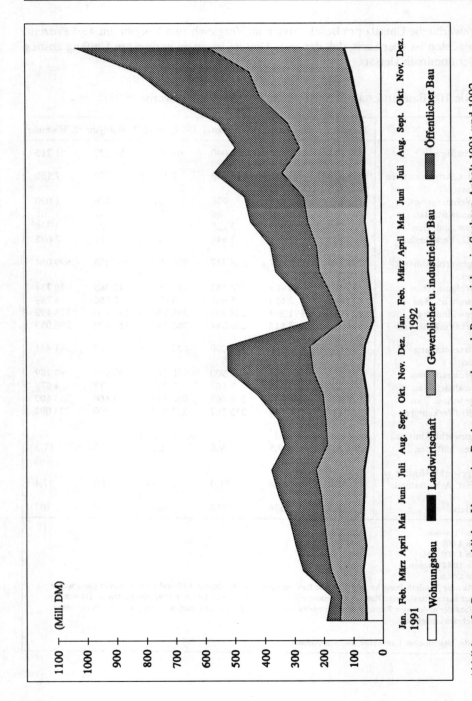

Abbildung 3: Baugewerblicher Umsatz im Bauhauptgewerbe nach Baubereichen in Sachsen-Anhalt 1991 und 1992

Quelle: Statistisches Landesamt Sachsen-Anhalt

Auch im Ausbaugewerbe hat sich die Geschäftslage im Verlauf des Jahres 1992 deutlich verbessert. Der Gesamtumsatz konnte um 58 Prozent gegenüber dem Vorjahr gesteigert werden; die Zahl der Beschäftigten hat ebenfalls zugenommen.

Für das Jahr 1993 ist mit einer Fortsetzung der dynamischen Nachfrageentwicklung nach Leistungen des Bauhauptgewerbes zu rechnen. Kräftige Impulse sind erneut von einer Ausweitung entsprechender Investitionen seitens des gewerblich-industriellen, aber auch des öffentlichen Sektors zu erwarten. Zu letzterem wird insbesondere die im Rahmen des "Solidarpaktes" beschlossene Verbesserung der Finanzausstattung der Gebietskörperschaften der neuen Bundesländer beitragen.

Der Nachholbedarf im Bereich des Wohnungsbaus ist unverändert hoch. In den Jahren 1991/92 verharrten die Wohnungsbauaktivitäten zwar noch auf niedrigem Niveau, die erzielte Einigung über die Regelung der Altschuldenfrage sowie die Verlängerung der Instrumente zur Förderung des Wohnungsbaus bzw. der Sanierung von Plattenbauten lassen allerdings zunehmende Impulse für das Jahr 1993 für dieses Marktsegment erwarten. Einer noch stärkeren Entfaltung der Baunachfrage 1992 standen nach wie vor Investitionshemmnisse aufgrund von Engpässen in der öffentlichen Verwaltung entgegen. Dies gilt sowohl für die Durchführung von Planungs- und Genehmigungsverfahren als auch für die erforderliche Klärung von Eigentums- und Vermögensfragen. Letzteres wird durch den Umstand verdeutlicht, daß den Ämtern zur Regelung offener Vermögensfragen in Sachsen-Anhalt mit Stand vom 31.12.1992 insgesamt 376 000 Rückübertragungsbegehren vorlagen, Gebäude und Grundstücke betreffend, von denen bisher gerade 24 Prozent entschieden sind.

Handel

Einzelhandel

Nach nur zwei Jahren Marktwirtschaft sind die Fortschritte und Wandlungen im Erscheinungsbild des Einzelhandels in Sachsen-Anhalt für die Bürger bereits sichtbar. Dies ist darauf zurückzuführen, daß viele kleine mittelständische Unternehmer, vor allem aber auch große, kapitalstarke westdeutsche Handelsunternehmen massiv investiert haben.

Als mittelständische Einzelhandelsunternehmen (ohne Mehrländerunternehmen mit Sitz außerhalb Sachsen-Anhalts) waren 1992 bei den beiden Industrie- und Handelskammern des Landes 21 937 Mitgliedsunternehmen registriert. Gegenüber 1991 war 1992 ein geringer Zuwachs von 800 Unternehmen zu verzeichnen. Eine Betrachtung der Gewerbean- und -abmeldungen für das Jahr 1992 unterstreicht ebenfalls, daß der große Boom in der Gründungswelle abgeebbt ist. Auf 14 112 Gewerbeanmeldungen im Handel kommen im gleichen Zeitraum 8 499 Abmeldungen. Damit entfällt auf den Handel eine überdurchschnittlich hohe Anzahl von Abmeldungen. Das Gesamtbild für den mittelständisch geprägten, inhabergeführten Einzelhandel in Sachsen-Anhalt wird dadurch abgerundet, daß sein Anteil am Umsatz der Einzelhandelsunternehmen insgesamt nach Schätzungen deutlich unter dem in den alten Ländern liegt.

Der von den Kommunen angezeigte Zuwachs an großflächigem Einzelhandel (für die nach § 11 Abs. 3 BauNVO Sondergebiete auszuweisen sind) liegt für die nächsten 1 bis 2 Jahre bei nahezu 0,5 m^2 pro Einwohner. 1992 betrug das Ausstattungsniveau an Verkaufsfläche pro Einwohner bereits 0,46 m^2. Das bedeutet, daß sich die Verkaufsflächenausstattung in kurzer Zeit allein durch zusätzliche Großflächen mehr als verdoppelt und quantitativ nahezu mit dem Niveau der alten Länder gleichzieht. Probleme zeigen sich dabei besonders in der Qualität der Standorte. Sie befinden sich überwiegend an der Peripherie der Städte, vor den Städten und in kleinen Gemeinden im städtischen Umland, also im städtisch nicht integrierten Bereich. Die daraus resultierenden Strukturen führen zu einer ernsthaften Gefährdung der innerstädtischen Entwicklung und hier insbesondere des mittelständischen, inhabergeführten Facheinzelhandels. Gleichzeitig stehen sie der Nahversorgung, besonders im ländlichen Raum, entgegen. Daraus erwachsen weitere Probleme in der Infrastruktur, vor allem im Verkehrsbereich.

Einer solchen Entwicklung kann nur begegnet werden, wenn die mit dem Vorschaltgesetz zur Raumordnung und Landesentwicklung des Landes Sachsen-Anhalt vom 02.06.1992 geschaffenen raumordnerischen Grundsätze und Leitlinien im Interesse einer harmonischen und ausgewogenen Entwicklung der Handelslandschaft konsequent angewendet werden. Bereits getroffene Entscheidungen sollten nach Möglichkeit hinsichtlich ihrer Standortverträglichkeit überprüft und notfalls zurückgenommen werden. Dabei sind stärker als bisher die Erfordernisse für eine attraktive Stadtentwicklung, die Erhaltung von Nahversorgungsstrukturen und die Herausbildung eines leistungsfähigen Mittelstandes zu berücksichtigen.

Vorwiegend aus wirtschaftlichen Gründen haben sich die Konsumgenossenschaften aus einer vormals flächendeckenden Landversorgung weitestgehend zurückgezogen. Von der Gesamtbevölkerung Sachsen-Anhalts wohnen 16,3 Prozent (rund 460 000) in Gemeinden mit weniger als 1 000 Einwohnern. Sie machen einen Anteil von 71,6 Prozent am Gemeindebestand aus. Nach einer 1992 durch das Bundesministerium für Ernährung, Landwirtschaft und Forsten (BML) durchgeführten Erhebung in den neuen Ländern gibt es in rund der Hälfte der Orte bis zu 1 000 Einwohnern in Sachsen-Anhalt keine Versorgungseinrichtungen mehr, die das Lebensmittelgrundsortiment führen. Bei Orten bis zu 250 Einwohnern liegt der Anteil bei rund 70 Prozent. Dieser Abschmelzungsprozeß ist noch nicht abgeschlossen.

Die aufgezeigte Entwicklung hat sich in einer vergleichsweise kurzen Zeit und zudem in einem wirtschaftlich wie sozial unausgewogenen Umfeld vollzogen. Eine Milderung dieser Situation erfolgt nur durch mobile Anbieter, durch Nachbarschaftshilfe, durch zunehmende Mobilität und ähnliches.

Innerhalb der Landesregierung befaßt sich eine interministerielle Arbeitsgruppe, der auch das Ministerium für Wirtschaft, Technologie und Verkehr angehört, mit der

Gesamtproblematik der "Dorferneuerung" sowie der Entwicklung des ländlichen Raumes.

Großhandel

Die Strukturen im Großhandel in Sachsen-Anhalt sind bislang noch ungefestigt. Der Wandel in seinem Umfeld (produktionsseitig und absatzseitig) bewirkt eine deutliche Unsicherheit vieler Großhandelsunternehmen hinsichtlich Ordertätigkeit und der Durchführung von Investitionen. Umfangreiche Lieferungen westdeutscher Großhandelsunternehmen und deren Auslieferungslager und Niederlassungen im Lande tragen hierzu wesentlich bei. Dies gilt in erster Linie für den Konsumgütergroßhandel, wo Produzenten aus dem Westen mit eigenen Vetriebsgesellschaften, Kooperationen und Verbundgruppen des Einzelhandels sowie Handelsvertretern Großhandelsfunktionen übernommen haben.

Bei den Industrie- und Handelskammern waren am Jahresende 1992 rund 3 000 Großhandelsunternehmen aller Branchen registriert. Dabei ist zu beachten, daß noch keine klaren Konturen zwischen Einzel- und Großhandel sowie Handelsvermittlung bestehen. Insgesamt 113 Unternehmen mit rund 6 500 Beschäftigten gehören dem Ende 1990 gegründeten "Landesverband des Groß- und Außenhandels Sachsen-Anhalt e.V." an. Nach Schätzungen des Ifo-Institutes wurden ca. 50 Prozent dieser Unternehmen völlig neu gegründet, wobei der größere Anteil auf den Konsumgütergroßhandel entfällt. Die Gründe dafür liegen in höheren Qualifikationsanforderungen und einem hohen Ausstattungsgrad bei der Betriebsausrüstung im Produktionsverbindungshandel.

Nach einer Konjunkturumfrage des Landesverbandes ist der Umsatz 1992 in den Mitgliedsbetrieben insgesamt um rund 20 Prozent zurückgegangen. Lediglich die Branchen Baustoffe, Werkzeuge, Arzneimittel sowie Heizungs- und Sanitärbedarf konnten Wachstumsraten erzielen. Bei der Befragung nach der Ertragslage geben über die Hälfte der Unternehmen an, daß sie 1992 ohne Gewinn gearbeitet hätten.

Für 1993 erwarten nur rund ein Viertel der befragten Unternehmen Verbesserungen gegenüber 1992. Dieser Umstand läßt ein zurückhaltendes Verhalten bei Investitionsentscheidungen erwarten. Diese Einschätzung wird durch die Tatsache bestätigt, daß nur 29 Prozent der Unternehmen mit Investitionsmaßnahmen begonnen haben, während 41 Prozent solche planen.

Die Akzeptanz sachsen-anhaltinischer Erzeugnisse am Markt hat insgesamt deutlich zugenommen, stellt sich aber branchenbezogen weiterhin differenziert dar.

Aus der Sicht der Verbraucher im Lande nehmen die Erzeugnisse der heimischen Nahrungsgüterwirtschaft in ihrem Warenkorb wieder einen bedeutend größeren Platz ein als noch vor ein oder zwei Jahren. Befragungsergebnissen zufolge bewegt sich der Umsatzanteil einheimischer Lebensmittel im mittelständischen Lebensmitteleinzelhandel um 40 Prozent; die großen Handelsketten schätzen ihn auf dem hiesigen Markt auf 30 Prozent. Den Spitzenwert nimmt dabei der Anteil der Frischeprodukte ein (dazu gehören Fleisch- und Wurstwaren, Milch und Molkereiprodukte, Brot und Backwaren, Obst und Gemüse sowie Bier und alkoholfreie Getränke), er erreicht teilweise 90 Prozent. In den alten Bundesländern hatten die betreffenden Produkte dagegen eine wesentlich geringere Akzeptanz. Eine Ursache dafür liegt bei Defiziten im Marketing.

Im Bereich der sachsen-anhaltinischen Nichtlebensmittel wird der Umsatzanteil im Land von seiten der Händler mit ca. 20 Prozent angegeben. In den alten Ländern sind diese Produkte kaum zu finden. Das Land verfügt allerdings schon traditionell nur über eine geringe Produktionsbasis für Nichtlebensmittelsortimente. Hinzu kommt, daß hier einige Branchen – darunter besonders die Bekleidungs- und Schuhindustrie – aus Gründen des internationalen Wettbewerbs und der Konjunkturentwicklung in ganz Deutschland mit Schwierigkeiten zu kämpfen haben.

Die Landesregierung unterstützt die Unternehmen in der Phase der Konsolidierung und fördert ihren Absatz.

Aus Mitteln der GA "Verbesserung der regionalen Wirtschaftsstruktur" wurden 1992 für 52 Unternehmen im Ernährungsgewerbe Zuschüsse von insgesamt 120,3 Mill. DM bewilligt. Damit werden 628,1 Mill. DM Investitionen für die Modernisierung und Erhöhung der Leistungs- und Wettbewerbsfähigkeit angeregt und rund 3 400 Arbeitsplätze neu geschaffen oder erhalten.

Das Programm zur Förderung des Absatzes heimischer Produkte aus Sachsen-Anhalt unterstützt insbesondere die Erstellung und Verbesserung von Marketing-, Design- und Vertriebskonzepten. Das Messeförderprogramm gewährt den Unternehmen zusätzlich eine Unterstützung bei der Beteiligung an in- und ausländischen Messen. Darüber hinaus vermittelt das Wirtschaftsministerium vielfältige Kontakte zu Kooperationspartnern aus dem In- und Ausland. Diesem Zweck soll auch das künftige Zentrum der europäischen Ernährungsindustrie "BERCY EXPO" in Paris dienen, das als ständiges und internationales Forum sachsen-anhaltinischer Unternehmen, mit Unterstützung des Wirtschaftsministeriums, einen weiteren Schritt in Richtung internationaler Märkte ermöglicht. Ferner bietet der vom Land geförderte Präsentationskatalog mit dem Logo "Gönn' Dir Gutes aus Sachsen-Anhalt" einheimischen Unternehmern der Nahrungsgüterbranche die Gelegenheit, bundes- und europaweit für ihre Erzeugnisse zu werben.

Fremdenverkehr

Sachsen-Anhalt ist eine der bedeutenden Kernregionen deutscher Geschichte. Attraktive Landschaften und Städte, kulturhistorische Bauwerke sowie die Zeugnisse zahlreicher Persönlichkeiten der Zeitgeschichte prägen das Bild des Landes ebenso wie sein umfangreiches kulturelles Potential an Museen, Theatern und Galerien. Beim Ausbau der touristischen Infrastruktur und der Fremdenverkehrswirtschaft liegt das Land im Rahmen seiner Investitionsförderung mit deutlichem Abstand an der Spitze aller neuen Bundesländer. Als landschaftliche Hauptattraktion ist sicherlich der Harz mit seinen idyllischen Ferienorten anzusehen. Darüber hinaus verfügen aber auch die Altmark, die

Landeshauptstadt Magdeburg, die Dessau-Wörlitzer Kulturlandschaft sowie die burgenreiche Weinregion an Saale und Unstrut über eine Vielzahl kulturhistorischer bzw. touristischer Sehenswürdigkeiten.

Im Jahre 1992 verzeichnete Sachsen-Anhalt, nach vorläufigen Angaben des Statistischen Landesamtes, knapp über 1 Mill. Gästeankünfte. Es wurden rund 3,3 Mill. Übernachtungen registriert, die sich aus verschiedenen Reisearten (Ferien-, Kur-, Camping-, Bildungs-, Städte- und Geschäftsaufenthalten) zusammensetzten. Obwohl aus dem Vorjahr nur unzureichende Daten vorliegen (das Statistische Landesamt erfaßte lediglich 180 000 Übernachtungen), kann davon ausgegangen werden, daß eine deutliche Steigerung erzielt und damit ein erster Durchbruch seit Bildung des Landes auf dem Gebiet des Tourismus erreicht wurde.

Geordnet nach Landkreisen bzw. kreisfreien Städten wurden 1992 die meisten Übernachtungen erfaßt in:

- Wernigerode mit 484 000
- Magdeburg mit 437 000
- Quedlinburg mit 284 000
- Merseburg mit 214 000
- Stendal mit 208 000
- Naumburg mit 175 000
- Wittenberg mit 164 000
- Halle mit 126 000

Insgesamt 928 000 (91 Prozent) der Übernachtungsgäste kamen 1992 aus der Bundesrepublik Deutschland.

Betrachtet nach den Fremdenverkehrsregionen ergibt sich das aus der nachfolgende Tabelle ersichtliche Bild.

Tabelle 11: Bilanz der Gästestatistik in Sachsen-Anhalt nach Regionen 1992

Region	Ankünfte	Übernachtungen	Anteil an insgesamt	durchschn. Aufenthalt
	Tausend		Prozent	Tage
Altmark	94	377	12	4,0
Magdeburg-Elbe	219	718	22	3,3
Harz	382	1 039	32	2,7
Anhalt-Wittenberg	161	466	15	2,9
Halle-Saale-Unstrut	216	662	20	3,1
Gesamt	1 072	3 262	100	3,2

Tourismusförderung

Im Rahmen der GA "Verbesserung der regionalen Wirtschaftsstruktur" wurden 1992 insgesamt 190 touristische Investitionsvorhaben in Höhe von 411 Mill. DM mit über 122 Mill. DM an Fördermitteln bezuschußt. Davon entfielen auf die Verbesserung der touristischen Infrastruktur 50 Maßnahmen mit einem Gesamtinvestitionsaufwand von 164 Mill. DM und einem Zuschuß von 91 Mill. DM.

Differenziert nach Fremdenverkehrsregionen stellt sich die Förderung der touristischen Infrastruktur wie aus der nachfolgenden Tabelle ersichtlich dar.

Tabelle 12: Förderung der touristischen Infrastruktur in Sachsen-Anhalt nach Regionen 1992

Region	Vorhaben	Gesamtinvestitionssumme	Zuschuß	Anteil an insgesamt
	Anzahl	Tausend DM		Prozent
Altmark	8	22 263	9 650	11
Magdeburg-Elbe	5	39 069	20 124	22
Harz	24	94 671	57 803	63
Anhalt-Wittenberg	6	3 321	1 661	2
Halle-Saale-Unstrut	7	4 947	2 170	2
Gesamt	50	164 271	91 408	100

Ebenfalls über die GA wurden 1992 insgesamt 140 Vorhaben der gewerblichen Fremdenverkehrswirtschaft (Beherbergungsgewerbe) gefördert. Die Gesamthöhe der entsprechenden Investitionen beläuft sich auf 247 Mill. DM, die Höhe des gewährten Investitionszuschusses beträgt nahezu 31 Mill. DM.

Mit diesen Investitionen werden in Sachsen-Anhalt 4 100 Übernachtungsplätze vor allem in den traditionellen Tourismusgebieten neu geschaffen und weitere 726 Plätze an das Niveau der alten Bundesländer angepaßt. Allein in der Folge der bewilligten Investitionen im Beherbergungsgewerbe 1992 entstehen unmittelbar 728 neue Arbeitsplätze, weitere 130 werden auf Dauer gesichert.

In räumlicher Hinsicht ergibt sich das aus Tabelle 13 ersichtliche Bild.

Das Modellvorhaben "Fremdenverkehrsorte in Sachsen-Anhalt" wurde auch 1992 fortgeführt. Zweck des Vorhabens ist die modellhafte Entwicklung von touristisch bedeutenden Städten und Gemeinden durch einen gezielten, konzentrierten Mitteleinsatz aus verschiedenen Förderprogrammen des Bundes und des Landes. Durch die nachhaltige Verbesserung des jeweiligen Ortsbildes und der touristischen Infrastruktur sollen die

Tabelle 13: Investitionen im Beherbergungsgewerbe Sachsen-Anhalts nach Regionen 1992

Region	Vorhaben	Gesamtinvesti-tionssumme	Zuschuß	Anteil an insgesamt
	Anzahl	Tausend DM		Prozent
Altmark	23	21 937	3 689	12
Magdeburg-Elbe	12	51 154	5 092	16
Harz	41	73 444	7 778	25
Anhalt-Wittenberg	32	47 577	7 475	24
Halle-Saale-Unstrut	32	52 999	6 886	22
Gesamt	140	247 111	30 920	100

Voraussetzungen für die Belebung des Fremdenverkehrs und damit die Schaffung zusätzlicher Arbeits- und Ausbildungsplätze im Dienstleistungsbereich, insbesondere im Fremdenverkehrsgewerbe, geschaffen werden.

Für 1992 wurden folgende Orte in das Modellvorhaben aufgenommen: Arendsee, Blankenburg, Friedrichsbrunn, Havelberg, Stolberg, Bad Lauchstädt, Werben, Benneckenstein, Eckartsberga, Colbitz, Eisleben, Wittenberg, Gernrode.

Eigens für diese Orte wurden über das "Fassadenerneuerungsprogramm" des Landes jeweils bis zu 600 000 DM für die Sanierung öffentlicher und privater Wohngebäude zur Verfügung gestellt.

Straße der Romanik
Wie kein anderes Land der Bundesrepublik besitzt Sachsen-Anhalt einen unschätzbaren Reichtum an Denkmälern aus der Zeit der Romanik. Am 7. Mai 1993 wurde in Magdeburg, dem Rechnung tragend, die "Straße der Romanik" als landesweites Tourismusprojekt eröffnet. Sie verbindet auf einer Nord- und einer Südroute 72 Bauwerke in 60 Städten und Gemeinden. Im Rahmen der Initiierung von Baumaßnahmen an romanischen Denkmälern und zur Gestaltung des Umfeldes sind im Rahmen der Tourismusförderung bereits rund 27 Mill. DM zur Verfügung gestellt worden. Für die Förderung der Hotellerie entlang der "Straße der Romanik" wurden 1991 und 1992 mehr als 32 Mill. DM an Fördermitteln bewilligt.

Verkehrswirtschaft

Verkehrspolitische Leitlinien

Die Verkehrspolitik des Landes ist dadurch gekennzeichnet, daß kurz- und mittelfristig zu realisierende Maßnahmen zur Gewährleistung der Funktionsfähigkeit der Verkehrswegenetze einer langfristig angelegten und umweltgerechten Verkehrspolitik zu entsprechen haben.

Grundlage der Verkehrspolitik im Land Sachsen-Anhalt sind folgende seitens des Verkehrsministeriums erarbeitete Konzeptionen und Planungen:

- "Verkehrswegekonzeption Sachsen-Anhalt",
- "Straßennetzkonzeption Sachsen-Anhalt",
- "Erhaltung und Ausbau des Nebenbahnnetzes der Eisenbahn Sachsen-Anhalt",
- "Verkehrssicherheit im Land Sachsen-Anhalt",
- "ÖPNV-Konzept zur Steigerung der Attraktivität des Verkehrsangebotes für zwei Nahverkehrsräume in Sachsen-Anhalt".

Die Verkehrsgesetzgebung des Landes wurde mit der Erarbeitung von Entwürfen zum "Straßengesetz für das Land Sachsen-Anhalt" und zum "Landeseisenbahngesetz" eingeleitet.

Öffentlicher Personen-Nahverkehr

Im Jahr 1992 wurden 77 Vorhaben des Öffentlichen Personen-Nahverkehrs (ÖPNV) durch das Gemeindeverkehrsfinanzierungsgesetz-Infrastrukturprogramm gefördert. Daraus erhielten die kreisfreien Städte und die meisten Landkreise Finanzhilfen. Die Zuwendungssumme betrug 116,7 Mill. DM bei einer Fördersatzhöhe von 80 Prozent, bezogen auf die zuwendungsfähigen Kosten. Zu diesen Vorhaben gehörten, wie bereits 1991, die Grunderneuerungen von Straßenbahngleis- und -fahrleitungsanlagen, die Erweiterung von Straßenstreckennetzen, der Bau von Busbahnhöfen und Haltestelleneinrichtungen sowie Beschleunigungsmaßnahmen für den ÖPNV. Der Wirtschaftsminister des Landes Sachsen-Anhalt konnte am 05.11.1992 den in den neuen Bundesländern bisher größten Betriebshofneubau (116 Linienbusse) in Salzfurtkapelle (LK Bitterfeld) seiner Bestimmung übergeben. Die Gesamtzuwendung des Landes für diesen Neubau betrug in den Jahren 1991 und 1992 insgesamt 10 Mill. DM.

Durch das Gemeindeverkehrsfinanzierungsgesetz (GVFG) wurde auch die Beschaffung von Linienbussen für den Stadt- und Überlandverkehr sowie die Modernisierung von Straßenbahnen mit 43,4 Mill. DM unterstützt. Der Erwerb von 131 Bussen konnte gefördert werden. Diese Maßnahmen dienten im wesentlichen einer Erhöhung der Wirtschaftlichkeit.

An allgemeinen Tarifsubventionen wurden im Jahr 1992 124,9 Mill. DM und an Ausgleichszahlungen für den Ausbildungsverkehr 23,8 Mill. DM gezahlt. Zur Bestandsermittlung des Nahverkehrsangebotes und der Unterstützung der Gebietskörperschaften bei der Festlegung der Organisationsstruktur von Nahverkehrsgesellschaften wurde das bereits genannte "ÖPNV-Konzept zur Steigerung der Attraktivität des Verkehrsangebotes" entwickelt.

Schienenverkehr

Dem Aus- und Neubau des Eisenbahnstreckennetzes wurde auch 1992 eine hohe Bedeutung beigemessen. Die "Verkehrsprojekte Deutsche Einheit" (VDE), die die Bundesregierung im Vorgriff auf den Bundesverkehrswegeplan (BVWP) 1992 festgelegt hat, wurden zügig vorbereitet. Die VDE des Schienenverkehrs in Sachsen-Anhalt sind:

– Ausbau der Strecke Uelzen–Stendal,
– Neubau der Strecke Hannover–Stendal–Berlin,
– Neu-/Ausbau der Strecke Nürnberg–Erfurt–Halle/Leipzig–Berlin,
– Ausbau der Strecke Helmstedt–Magdeburg–Berlin,
– Ausbau der Strecke Eichenberg–Halle.

Ein spürbares Ergebnis der Sanierung sind die zum Fahrplanwechsel 1992/93 eingetretenen Reisezeitverkürzungen. Die Reisezeiten, die mittlerweile wieder denen der späten 70er Jahre entsprechen, werden weiter verkürzt werden. Im Reisezugverkehr konnte zudem dadurch eine erhebliche Verbesserung erzielt werden, daß die Deutsche Reichsbahn begann, ihre neuen Produktangebote einzuführen. Magdeburg wurde in den IC/EC-Verkehr von und nach Berlin und Hannover eingebunden. In den IR-Verkehr wurden unter anderem Magdeburg und Halle einbezogen. Diese und auch der D-, E- und Nahverkehr wurden auf mehreren Strecken getaktet.

Mit Blick auf die Bahnstrukturreform und die Regionalisierung des Schienen-Personen-Nahverkehrs wurden in einem Gutachten die Nebenbahnen systematisch erfaßt und bewertet.

Bezüglich der Regionalisierung des Schienenverkehrs ist erwähnenswert, daß die Deutsche Reichsbahn und die Harzer Schmalspurbahnen GmbH am 28.10.1992 die Privatisierung der Harzer Schmalspurbahnen (HSB) besiegelt haben. Die HSB umfassen das größte zusammenhängende Schmalspurnetz Deutschlands. Der Wirtschaftsminister Sachsen-Anhalts verlieh der Gesellschaft im November die Bau- und Betriebsrechte. Damit konnte in einer einmalig kurzen Frist ein Teil des Streckennetzes der Deutschen Bahnen regionalisiert werden. Die Deutsche Reichsbahn stellte der Gesellschaft einen einmaligen Betrag von 20 Mill. DM zur Verfügung.

Gesellschafter der HSB sind die Landkreise Wernigerode, Quedlinburg, Nordhausen und die an den Strecken liegenden Städte Quedlinburg, Nordhausen und die Gemeinde Tanne sowie die Kurbetriebsgesellschaft Braunlage.

Um die Brockenbahn zu sanieren, brachte das Land Sachsen-Anhalt 1991 und 1992 19 Mill. DM auf, seitens der Kommunen wurden weitere 2 Mill. DM beigesteuert.

Binnenschiffahrt

Die Bundesregierung trägt der Bedeutung der Binnenschiffahrt im BVWP 1992 durch den Ausbau des Mittellandkanals, des Elbe-Havel-Kanals, der Unteren Havel-Wasserstraße sowie der Berliner Wasserstraßen Rechnung (VDE). Geplant ist ein Ausbau für

185 m lange Schubverbände mit 3 500 t bzw. für Großmotorgüterschiffe mit 2 000 t Tragfähigkeit. Brücken und Schleusen sind dabei dem zukünftigen Schiffsverkehr anzupassen. Wesentlicher Bestandteil des Projektes ist das Wasserstraßenkreuz Magdeburg mit der vom Wasserstand der Elbe unabhängigen Anbindung der Magdeburger Häfen. Die erforderlichen Untersuchungen dauern zur Zeit noch an. 1992 wurden die Häfen Aken, Roßlau und Haldensleben kommunalisiert und eine Magdeburger Hafengesellschaft gegründet, an der das Land mit 51 Prozent und die Stadt Magdeburg mit 49 Prozent beteiligt sind.

Straßenbau und -verkehr

Die Verkehrsbelegung nahm auch 1992 vor allem auf den Autobahnen und Bundesstraßen erheblich zu. Das stellt hohe Anforderungen an den Ausbau der Straßen und an die Verkehrssicherheit.

Der Gesamtkraftfahrzeugbestand betrug per 31.12.1992 in Sachsen-Anhalt rund 1,7 Mill. Er war damit im Vergleich zum Vorjahr rückläufig, was aber in erster Linie auf die Abmeldung alter Fahrzeuge zurückzuführen ist. Der PKW-Bestand belief sich auf rund 1,2 Mill.

Die erforderlichen Straßenbaumaßnahmen am Bundesfernstraßennetz des Landes Sachsen-Anhalt wurden im BVWP 1992 bewertet und aufgenommen. VDE-Maßnahmen sind:

- Ausbau der Bundesautobahn (BAB) A 2 auf 6 Fahrstreifen von der Landesgrenze zu Niedersachsen bis zur Landesgrenze zu Brandenburg,
- Ausbau der BAB A 9 auf 6 Fahrstreifen von der Landesgrenze zu Thüringen bis zur Landesgrenze zu Brandenburg,
- Neubau der BAB A 14 Halle–Magdeburg,
- Neubau der BAB A 82/BAB A 140 Göttingen–Halle–Leipzig–BAB A 9.

Zur Erhöhung der Verkehrssicherheit und Entlastung des innerörtlichen Straßennetzes, einhergehend mit der Steigerung der Lebensqualität in den betroffenen Gemeinden, ist der Bau von Ortsumgehungen zwingend notwendig. Von 100 als besonders wichtig angesehenen Ortsumgehungen wurden 63 in den VB des BVWP '92 eingestuft. Das Land Sachsen-Anhalt nahm 18 Ortsumgehungen in eine Prioritätenliste auf, deren Baubeginn bis spätestens 1994 erfolgen soll.

Die Schwerpunkte der Bautätigkeiten lagen 1992 auf dem Ausbau sowie der Erneuerung des vorhandenen Straßennetzes. Die Befahrbarkeit und Durchlaßfähigkeit vieler Straßen konnte durch Maßnahmen (z. B. Verbreiterungen, Knotenausbauten und Brückensanierungen) erhöht werden.

Die im Jahre 1990 in Sachsen-Anhalt erfolgreich begonnene Förderung des kommunalen Straßenbaus mit Mitteln des Gemeindeverkehrsfinanzierungsgesetzes wurde fortgesetzt. Hierbei sind für das Jahr 1992 – die vom Land gewährten Mittel einbezogen – für Planung, Ausbau und Sanierung des kommunalen Straßennetzes Finanzmittel in

Höhe von 227 Mill. DM ausgegeben worden. Damit wurden seit dem Jahre 1991 insgesamt 757 Baumaßnahmen und Planungen ermöglicht sowie Bauinvestitionen von über 600 Mill. DM ausgelöst. Sie betrafen, neben dem kommunalen Straßenbau einschließlich Bau von Rad- und Gehwegen, auch den Ausbau und die Sanierung von Ortsverbindungsstraßen sowie Zubringerstraßen zum überörtlichen Verkehrsnetz. Mit Hilfe dieser Maßnahmen konnte in den Gemeinden des Landes eine wirksame und spürbare Verbesserung der Verkehrsverhältnisse und auch ein wesentlicher Beitrag zur Verkehrssicherheit geleistet werden. Mit dem Bau von bundes- und landesstraßenbegleitenden Radwegen wurde auf der Grundlage eines Radwegeprogramms begonnen.

Insgesamt standen 1992 1,393 Mrd. DM für den Straßenbau in Sachsen-Anhalt zur Verfügung. Für die Landesstraßen ist weiterhin der Bedarf für Erneuerungs- und Instandsetzungsarbeiten sehr groß. Ein erheblicher Teil der Straßenbauarbeiten wurde von sachsen-anhaltinischen Firmen ausgeführt.

Kombinierter Verkehr

Bedeutung und Nachfrage des nationalen und internationalen kombinierten Verkehrs nehmen weiter zu. Um dem gerecht zu werden und eine bessere Auslastung der Verkehrsträger Wasser, Straße und Schiene zu erreichen, wird in Sachsen-Anhalt der Aufbau des Güterverkehrszentrums Magdeburg-Rothensee vorbereitet. Im Jahr 1992 ist die Gründung einer entsprechenden Entwicklungs- und Betreibergesellschaft erfolgt.

Luftverkehr

1992 war ein deutlicher Anstieg des Luftverkehrs am Verkehrsflughafen Leipzig-Halle und den meisten Flugplätzen in Sachsen-Anhalt festzustellen. Das Fluggastaufkommen des Flughafens Leipzig-Halle, das 1990 auf 278 000 Reisende gesunken war, überstieg 1992 die Zahl von 1 Mill. Fluggästen. Für das Jahr 1993 wird eine weitere Steigerung auf etwa 1,4 Mill. Fluggäste erwartet. Das Land Sachsen-Anhalt, das mit 25,5 Prozent an der Flughafengesellschaft beteiligt ist, fördert den weiteren Ausbau der Anlagen.

Es beschäftigt sich derzeit auch mit einer Vorstudie über einen Großflughafen im Raum Stendal, dem Elbe-Airport. Dieses in der Diskussionsphase befindliche Projekt stellt aus der Sicht des Ministeriums für Wirtschaft, Technologie und Verkehr eine Möglichkeit zur Lösung der Luftverkehrsprobleme im Raum Berlin und damit im gesamten nordöstlichen Teil der Bundesrepublik dar.

Weiterhin ist geplant, für den Geschäftsreiseverkehr im Raum Magdeburg einen Regionalflughafen einzurichten. Aus diesem Anlaß werden zur Zeit mögliche Standorte untersucht.

3. Mittelstand

Allgemeine Rahmenbedingungen

Das mittelständische Gewerbe, das sich aus der regionalen Nachfrage weitgehend autonom weiterzuentwickeln beginnt, ist bislang von der konjunkturellen Abschwächung in den alten Bundesländern weniger betroffen als beispielsweise die Industrie oder die Exportwirtschaft generell. Vielmehr ist davon auszugehen, daß sich der Mittelstand nach der Existenzgründungswelle der letzten beiden Jahre und nach einer Konsolidierungsphase, die noch vor uns liegt, weiterentwickeln und stabilisieren wird. Die Prognose geht dahin, daß das bodenständige Gewerbe in seiner überwiegend lokalen oder regionalen Verflechtung auch in Sachsen-Anhalt mittelfristig Arbeitsplätze für bis zu 60 Prozent und mehr aller Beschäftigten bereitstellen wird.

Konjunkturell und strukturell ist gerade im Mittelstand in vielen Bereichen eine gute bis befriedigende wirtschaftliche Entwicklung zu verzeichnen. Etwa 95 000 Gewerbeanmeldungen seit 1990 und 33 000 Anträge auf Förderung im Rahmen der Programme der Kreditanstalt für Wiederaufbau seit 1990 allein in Sachsen-Anhalt dokumentieren die Bedeutung des Mittelstandes im Wirtschaftsgeschehen. Unter der Voraussetzung, daß sich der Anteil der Freien Berufe an der Erwerbstätigkeit westlichen Verhältnissen angleicht, ist mittelfristig ein Anstieg auf 20 000 Freiberufler zu erwarten, die voraussichtlich rund 50 000 Personen beschäftigen werden. Von den im Saldo rund 95 000 zusätzlichen Gewerbeanmeldungen seit 1990 erhofft sich die Landesregierung mittelfristig durchschnittlich jeweils 3 bis 5 mittelständische Arbeitsplätze pro Betrieb. Die Chancen, daß die Wirtschaft des Landes noch in den 90er Jahren allein aus Neugründungen rund 450 000 Arbeitsplätze zusätzlich aufbieten kann, sind daher groß. Neugeschaffene Stellen in bereits bestehenden Unternehmen werden die Situation weiter verbessern.

Der durch das Ministerium für Arbeit und Soziales vorgelegte Arbeitsmarktmonitor (Stand September 1992) enthält Zahlen und Hochrechnungen für das Land Sachsen-Anhalt, die das Bild weiter konkretisieren: Gemessen an ihrem Anteil an der Gesamtbeschäftigung sind neu gegründete Betriebe weit überproportional an den 140 000 bis 150 000 Neueinstellungen beteiligt. Allerdings entfällt nur ein gutes Viertel aller Neueinstellungen auf diese Betriebe. Der Hauptteil der Neueinstellungen wird nach wie vor von bestehenden Unternehmen und Betrieben vorgenommen. Die Existenzgründungsförderung steht deshalb gleichberechtigt neben der Entwicklung im Unternehmensbestand. Dabei nimmt das Gewicht des Mittelstandes für den ersten Arbeitsmarkt ständig zu, er wird zunehmend zum Träger der Konsolidierung. Schon 1992 waren knapp 60 Prozent der Berufstätigen in Unternehmen mit weniger als 200 Beschäftigten tätig. In der Bauwirtschaft, im Verarbeitenden Gewerbe (außerhalb der Bereiche Metall, Elektrotechnik und Chemie) und in fast allen Dienstleistungsbranchen überwiegen bereits heute die klein- und mittelständischen Strukturen. Der industrielle Mittelstand und vor allem der Bereich der Existenzneugründungen und -sicherung bedarf daher der besonderen Beachtung.

Das Statistische Landesamt hat dies durch erste vorläufige Ergebnisse der ersten Vollerhebung des Verarbeitenden Gewerbes vom September 1992 bestätigt. Dabei wurden erstmals auch die Kleinindustriebetriebe mit weniger als 20 Beschäftigten erfaßt.

Von 1 808 Betrieben im Bergbau und im Verarbeitenden Gewerbe mit insgesamt 199 128 Beschäftigten (vorläufige Angaben Stand 05.02.1993) haben 1 648 (91 Prozent) weniger als 200 Beschäftigte. Diese Betriebe boten im September 1992 67 240 Personen Beschäftigung. Das entspricht einem Anteil von 34 Prozent aller Industriebeschäftigten.

Tabelle 14: Betriebsgrößenklassen im Bergbau und im Verarbeitenden Gewerbe in Sachsen-Anhalt 1992

Beschäftigten-größenklassen	Anzahl Betriebe	Anteil an insgesamt in Prozent	Anzahl Beschäftigte	Anteil an insgesamt in Prozent
unter 20	643	35,6	5 829	2,9
20 – 49	556	30,8	17 749	8,9
50 – 99	273	15,1	18 864	9,5
100 – 199	176	9,7	24 798	12,4
200 – 499	94	5,2	27 824	13,9
500 – 999	37	2,0	25 150	12,6
1 000 und mehr	29	1,6	78 914	39,6
Bergbau und Verarbeitendes Gewerbe	1 808	100,0	199 128	100,0

Zwei Jahre nach der Währungsreform haben sich durch Umstrukturierung, Ausgliederung von Betriebsteilen, Beschäftigungsabbau, Schließungen sowie Betriebsneugründungen neue Größenstrukturen der Industrie in Sachsen-Anhalt herausgebildet.

Gegliedert nach Wirtschaftszweigen zeigt sich der aus nachfolgender Tabelle ersichtliche Anteil der Beschäftigten in Betrieben mit weniger als 200 Beschäftigten (Basis Monat September 1992).

Tabelle 15: Beschäftigtenanteile in Betrieben mit weniger als 200 Beschäftigten in ausgewählten Wirtschaftszweigen in Sachsen-Anhalt 1992

Wirtschaftszweig (WZ) Auswahl	Gewicht an den Gesamtbeschäftigten im Verarbeitenden Gewerbe in Prozent	Zahl der Betriebe	Anteil Beschäftigte des WZ an den Beschäftigten in Betrieben der Beschäftigtengrößenklasse < 200 in Prozent	Zahl der Betriebe < 200 Beschäftigte
Gewinnung und Verarbeitung von Steinen und Erden	4,8	164	55	154
Gießereien	1,5	21	33	16
Stahlverformung, Oberflächenveredlung	1,2	25	ca. 31[1]	22
Stahl- und Leichtmetallbau, Schienenfahrzeugbau	13,4	153	22	125
Maschinenbau	18,0	255	26	215
Straßenfahrzeugbau, Reparatur von KFZ	3,0	149	80	146
Elektrotechnik, Reparatur von Haushaltsgeräten	4,3	131	63	125
Feinmechanik, Optik, Uhren	0,5	30	100	30
EBM Waren	2,3	132	ca. 63[1]	130
Chemische Industrie	19,4	69	7	54
Holzver-/bearbeitung	2,6	133	100	133
Papier/Pappeverarbeitung	0,4	20	ca. 50[1]	19
Lederverarbeitung	0,6	31	ca. 55[1]	30
Textil/Bekleidung	0,8	30	100	30
Ernährungsgewerbe/Tabak	8,4	234	73	216

1) Geschätzt aufgrund Geheimhaltung einzelner Größenklassen, die nur mit wenigen Betrieben besetzt sind.

Handwerk

Die Entwicklung innerhalb der einzelnen Handwerksgruppen ist sehr unterschiedlich. Während im Bau- und Ausbaugewerbe, Elektro- und Metallgewerbe sowie im Nahrungs- und Gesundheits-, Körperpflege- und Reinigungsgewerbe sich die Zahl der Handwerksbetriebe erhöhte, ist im Holzgewerbe eine Stagnation festzustellen. Ein starker Rückgang an Handwerksbetrieben ist im Bekleidungs-, Textil- und Ledergewerbe zu verzeichnen.

Insgesamt gesehen hat sich nach den Ergebnissen der Konjunkturumfragen der beiden Handwerkskammern Halle und Magdeburg im IV. Quartal 1992 die Geschäftslage des Handwerks gegenüber dem III. Quartal 1992 noch leicht verbessert. Erfreulich ist die Tatsache, daß der Auftragsbestand und die Betriebsauslastung auf sehr hohem Niveau geblieben sind und bei einem Drittel der Betriebe zugenommen haben. Die dynamische Umsatzentwicklung hat sich im IV. Quartal fortgesetzt. Zusammen mit der nach wie vor hohen Investitionsbereitschaft der Handwerksbetriebe werden sich diese Faktoren positiv auf die Beschäftigung auswirken. Hemmend wirken nach den Angaben der Handwerksbetriebe weiterhin ungeklärte Eigentumsverhältnisse, hohe Gewerberaummieten, Schwarzarbeit und in zunehmendem Maße die schlechter werdende Zahlungsmoral der Kunden.

Das Handwerk ist hinsichtlich der Beschäftigtenzahl und der Wertschöpfungsquote der zweitstärkste Wirtschaftsbereich. Eine ähnlich dominierende Rolle spielt es bei der Lehrlingsausbildung. So werden rund 33 Prozent aller Lehrlinge im Handwerk ausgebildet. Per 31.12.1992 waren bei den Handwerkskammern des Landes 16 716 Lehrlinge gemeldet; davon rund 18 Prozent Mädchen.

Neben den Landesförderprogrammen, die vorwiegend dem Handwerk zugute kommen, unterstützt auch der Bund das Handwerk und seine Organisationen in Sachsen-Anhalt durch weitere gezielte Förderprogramme. Aus dem Bundesprogramm Eigenkapitalhilfe wurden 1991/92 direkt 4 251 Handwerksbetriebe mit einem Kreditbetrag von rund 355 Mill. DM (rund 35 Prozent) gefördert. Erfreulich ist, daß das Handwerk seinen Anteil am gesamten Kreditbetrag von 29 Prozent im Jahr 1991 auf 40 Prozent im Jahr 1992 steigern konnte.

Ähnlich verlief die Entwicklung im ERP-Existenzgründungsprogramm. Dabei erhielten 4 809 Handwerksbetriebe verbilligte Kredite in Höhe von rund 638 Mill. DM (rund 41 Prozent). Hier betrug der Anteil des Handwerks 1991 rund 35 Prozent und 48 Prozent im Jahr 1992. Neben dieser direkten Bundesförderung wirkt indirekt über die gesteigerte Nachfrage das Wohnraum-Modernisierungs-Programm. Die Kreditzusagen für Sachsen-Anhalt beliefen sich per 31.12.1992 auf rund 3 Mrd. DM.

Freie Berufe

Den Freien Berufen kommt im Prozeß der wirtschaftlichen und gesellschaftlichen Strukturanpassung unseres Landes an die Bedingungen der sozialen Marktwirtschaft eine wichtige Rolle zu. Als Dienstleistungsinstitutionen erbringen sie zentrale Leistungen für Wirtschaft und Gesellschaft in den Bereichen

- Rechts-, Wirtschafts-, Steuer- und Unternehmensberatung,
- planend-technische Leistungen, zum Beispiel in Bauwesen, Produktionstechnik, Maschinenbau und Elektrotechnik (Ingenieure und Architekten) für Unternehmen und Private sowie
- Leistungen im Gesundheitswesen (Ärzte/Apotheker) und in der Kultur.

Wirtschaft und gesamtwirtschaftliche Entwicklung werden damit entscheidend vom Know-how der Freien Berufe geprägt. Dabei ist das zu beobachtende kontinuierliche Wachstum der Freien Berufe (aufgrund ihrer Abhängigkeit von Aufträgen aus der Wirtschaft) Ausdruck der sich allmählich verbessernden Gesamtwirtschaftslage.

Tabelle 16: Bestand an Beschäftigten in Freien Berufen mit Kammerzugehörigkeit in Sachsen-Anhalt am 31.12.1992

Berufsgruppe	Selbständige am		Anteil Frauen 31.12.92	Angestellte in freiberufl. Praxen am 31.12.92[1]	Selbständige u. Angestellte am 31.12.92
	31.12.91	31.12.92			
	Anzahl		Prozent	Anzahl	
Freie Heilberufe davon:	4 467	5 033	54	13 431	18 464
Ärzte	2 377	2 737	55	6 800	9 537
Zahnärzte	1 460	1 538	56	3 800	5 338
Tierärzte	300	350	21		350
Apotheker	330	408	66	2 831	3 239
Rechts-, wirtschafts- und steuerberatende freie Berufe davon:	930[2]	1 213	34	3 250	4 463
Rechtsanwälte	450	711	31	1 500	2 211
Notare	80	99	51	250	349
Steuerberater/-bevollmächtigte	[2]	ca. 300	48	1 000	1 300
Wirtschaftsprüfer/-gesellschaften	[2]	68	2	500	568
Patentanwälte	[2]	35			35
Technische, naturwissenschaftliche freie Berufe davon:	207	839	7	2 350	3 189
Architekten	170	338	13	2 000	2 338
Beratende Ingenieure	37	501	3	350	851
Gesamt	5 604	7 085	45	19 031	26 116

1) Schätzung aufgrund der Angabe der Durchschnittsmitarbeiterzahlen je Büro/Praxis durch die Kammern.
2) Insoweit lagen am 31.12.1991 nur sehr grobe Schätzungen vor.

4. Außenwirtschaft

Export

Nach einer deutlichen Verlangsamung der Außenhandelsaktivitäten in den Jahren 1989/90 kam es ab dem II. Quartal 1991 zu einer Stabilisierung des Ausfuhrniveaus. Gleichzeitig wurde eine leichte Verschiebung der regionalen Exportstruktur ab 1992 zugunsten einer stärkeren Orientierung sachsen-anhaltinischer Exporteure auf westliche Märkte sichtbar.

Die Ausfuhrzahlen für das letzte Quartal 1992 sind zum Zeitpunkt der Erstellung dieses Berichts noch nicht verfügbar. Das letzte Quartal des Jahres 1991 war durch hohe Exporte in die GUS infolge verstärkter Gewährung von HERMES-Ausfuhrgewährleistungen gekennzeichnet. Die Vergleichsbasis für das letzte Quartal 1992 ist dadurch relativ hoch, so daß sich bereits jetzt abzeichnet, daß die Ausfuhren das entsprechende Vorjahresniveau nicht erreicht haben werden.

Dies zeigt sich auch an der Exportquote (definiert als Anteil des Auslandsumsatzes am Gesamtumsatz) des Bergbaus und Verarbeitenden Gewerbes, die sich von 17,8 Prozent im ersten Halbjahr 1991 auf 20,3 Prozent im zweiten Halbjahr 1992 leicht erhöhte. Dieser tendenziell leichte Anstieg wurde jedoch im zweiten Halbjahr 1991 durch eine deutlich höhere Exportquote (23,7 Prozent) durchbrochen.

Von Januar bis September 1992 lagen die Gesamtausfuhren Sachsen-Anhalts mit 3 498,6 Mill. DM geringfügig (+ 0,6 Prozent) über dem Wert des gleichen Vorjahreszeitraums (3 476,1 Mill. DM). Der Anteil der Ausfuhren in die früheren RGW-Länder verringerte sich von knapp 67 Prozent auf 59,5 Prozent. Dagegen erhöhte sich der Anteil der Exporte in die EG- und EFTA-Länder von 25 Prozent in den ersten drei Vierteljahren 1991 auf 29 Prozent im gleichen Zeitraum 1992. Ebenso nahmen die Exporte in die asiatischen Länder (von knapp 5 Prozent auf 7 Prozent) und nach Amerika (von 2 Prozent auf 3 Prozent) leicht zu. Dieser Anfangserfolg bei der Umorientierung auf neue Märkte ist deshalb besonders bemerkenswert, weil er trotz der ungünstigen Konjunkturlage in den westlichen Industrieländern gelang.

Gleichwohl bleibt die starke Abhängigkeit der exportorientierten Industrie Sachsen-Anhalts vom Ostmarkt deutlich. Die Ausfuhren in die Länder, die früher im RGW zusammengeschlossen waren, erreichten von Januar bis September 1992 einen Wert von 2 081 Mill. DM (– 10 Prozent gegenüber dem entsprechenden Vorjahreszeitraum). Davon waren für die Sowjetunion bzw. deren Nachfolgestaaten Waren im Wert von 1 733,7 Mill. DM (– 7,1 Prozent) bestimmt. Die seit Mai 1991 für die Nachfolgestaaten separat ausgewiesenen Zahlen belegen den nennenswerten Exportumfang. Er betrifft neben der Russischen Föderation (780,9 Mill. DM von insgesamt 868,2 Mill. DM im Zeitraum Mai bis September 1992) die Ukraine (56,6 Mill. DM), Kasachstan (17,3 Mill. DM) und Weißrußland (4,8 Mill. DM).

Die Realisierung der Exporte in die GUS war auch 1992 überwiegend nur gegen HERMES Ausfuhrgewährleistungen des Bundes möglich. Für diesbezügliche Ausfuhren der neuen Bundesländer wird auch 1993 nach Einzelfallprüfung Deckung übernommen.

Unerwartet ungünstig entwickelten sich die sachsen-anhaltinischen Ausfuhren in die mittel- und osteuropäischen Staaten. Lediglich die Exporte in die CSFR lagen mit einem Wert von 187 Mill. DM leicht über dem Niveau des vergleichbaren Vorjahreszeitraumes (+ 3,7 Prozent). Von der stark gestiegenen Importnachfrage Polens (+ 32 Prozent) konnten sachsen-anhaltinische Exporteure nicht profitieren; die Ausfuhren fielen um 36 Prozent auf 95,7 Mill. DM zurück. Auch die Exporte nach Ungarn verringerten sich um 27,3 Prozent auf 30,2 Mill. DM bei einem Rückgang der Gesamtimporte Ungarns um rund 5 Prozent (Schätzung). Deutliche Exporteinbußen mußten außerdem gegenüber Bulgarien (− 42,6 Prozent auf 9,7 Mill. DM), Rumänien (− 75 Prozent auf 9,3 Mill. DM) und Jugoslawien (− 43,7 Prozent auf 16,1 Mill. DM) hingenommen werden.

Hauptabnehmer innerhalb der EG waren in den ersten neun Monaten 1992, wie bereits im Vorjahr, die Niederlande (Ausfuhrwert: 162 Mill. DM; Veränderungsrate gegenüber Januar bis September 1991: + 4,9 Prozent), Belgien/Luxemburg (140 Mill. DM, + 9,5 Prozent), Frankreich (137 Mill. DM, − 6,5 Prozent) und Italien (137 Mill. DM, + 56 Prozent). Eine Verdopplung auf 93 Mill. DM konnte bei den Ausfuhren nach Großbritannien erreicht werden. Die Ausfuhren nach Dänemark erhöhten sich deutlich (46,1 Mill. DM, + 52 Prozent), während die Lieferung nach Spanien rückläufig waren (20,5 Mill. DM, − 36 Prozent). Hohe Steigerungsraten, allerdings ausgehend von niedrigem Niveau, erreichten sachsen-anhaltinische Exporteure bei den Lieferungen in die kleineren EG-Mitgliedstaaten. Die Ausfuhren nach Irland (7,0 Mill. DM) waren sechsmal, nach Portugal (6,0 Mill. DM) dreimal und nach Griechenland (11,7 Mill. DM) doppelt so hoch wie im vergleichbaren Vorjahreszeitraum.

Eine beachtliche Belebung kann auch bei den Exporten nach Österreich (101 Mill. DM, + 25 Prozent) registriert werden, das vor Schweden (73 Mill. DM, − 5 Prozent) wichtigster Abnehmer sachsen-anhaltinischer Produkte innerhalb der EFTA-Länder ist. Die Ausfuhren in die Schweiz (43,8 Mill. DM) hielten sich auf dem Vorjahresniveau.

Die Ausfuhren nach Amerika, Afrika und Asien spielen quantitativ für die sachsen-anhaltinische Exportwirtschaft eine untergeordnete Rolle. Gleichwohl sind bei den Exporten nach Amerika und nach Asien interessante Entwicklungen zu beobachten. So überstiegen die Ausfuhren in die USA in den ersten neun Monaten 1992 mit 31 Mill. DM den entsprechenden Vorjahreswert um 124 Prozent. Auch Kanada (4,0 Mill. DM, + 103 Prozent) und einige südamerikanische Länder (Brasilien: 33,6 Mill. DM, Kolumbien: 9,7 Mill. DM, Mexiko: 8,6 Mill. DM) erhöhten ihre Einfuhren aus Sachsen-Anhalt beachtlich. Dagegen verringerten sich die Exporte nach Kuba von 25,5 Mill. DM auf 1,4 Mill. DM.

Die Exporte nach Asien stiegen im Zeitraum von Januar bis September 1992 um 52 Prozent auf 249 Mill. DM. Eine auffällige Zunahme zeigen die Lieferungen nach Indien (71,5 Mill. DM gegenüber 13,4 Mill. DM in den ersten drei Quartalen 1991). Ausfuhrsteigerungen wurden unter anderem auch im Warenverkehr mit Indonesien (+ 40 Prozent auf 39,5 Mill. DM), dem Iran (+ 25 Prozent auf 47,8 Mill. DM) und der VR China (+ 32 Prozent auf 12,9 Mill. DM) erreicht. Auf den schwer zu erschließenden Märkten Japans konnten 21 Prozent mehr Waren (Exportwert: 9,6 Mill. DM) geliefert werden. Daneben sind Zunahmen – wenn auch auf niedrigem Niveau – bei den Ausfuhren in eine Reihe von OPEC-Ländern zu beobachten. Rückgänge sind dagegen bei den Exporten nach Nordkorea (von 6,4 Mill. DM auf 0,8 Mill. DM), Südkorea (von 2,9 Mill. DM auf 1,6 Mill. DM) und nach Vietnam (von 7,4 Mill. DM auf 0,6 Mill. DM) zu verzeichnen.

Die sachsen-anhaltinischen Ausfuhren verschoben sich hinsichtlich ihrer Warenstruktur zugunsten der Erzeugnisse der Ernährungswirtschaft, die nach einer Exportsteigerung um 67,3 Prozent einen Anteil von 10 Prozent an den Gesamtausfuhren erreichten; 6 Prozent waren es dagegen noch im Zeitraum von Januar bis September 1991. Während weniger lebende Tiere und weniger Genußmittel im Vergleich zum entsprechenden Vorjahreszeitraum ausgeführt wurden, erhöhten sich die Nahrungsmittelexporte (tierischen Ursprungs: + 68,3 Prozent auf 151,4 Mill. DM; pflanzlichen Ursprungs: + 122 Prozent auf 178,7 Mill. DM) deutlich.

Neun Zehntel der Ausfuhren bestanden aus Waren der gewerblichen Wirtschaft. Dominierend blieben die Exporte von Enderzeugnissen, obwohl sich ihr Anteil an den Gesamtausfuhren von 64,3 Prozent auf 50,3 Prozent verringerte. Neben den Ausfuhren von Enderzeugnissen (– 21,4 Prozent auf 1 759 Mill. DM) verringerten sich auch die Rohstoffexporte (– 36 Prozent auf 28 Mill. DM). Dagegen lieferten sachsen-anhaltinische Exporteure mehr Halbwaren (+ 42 Prozent auf 365,8 Mill. DM) und Vorerzeugnisse (+ 36,7 Prozent auf 996 Mill. DM) ins Ausland. Die Anteile der beiden letztgenannten Warengruppen erhöhten sich auf 10,5 Prozent bzw. 28,5 Prozent der Gesamtausfuhren.

Import

Die Einfuhren Sachsen-Anhalts erreichten in den Monaten Januar bis September 1992 einen Wert von 2,6 Mrd. DM. Dies bedeutet eine Zunahme um 23,8 Prozent.

Die regionale Struktur veränderte sich auf der Importseite weniger stark als bei den Ausfuhren. Da die Importe aus den EG-Ländern (+ 30 Prozent) und aus den EFTA-Ländern (+ 66 Prozent) deutlicher anstiegen als die Gesamteinfuhren, erhöhten sich die Anteile der dazugehörigen Ländergruppen von 28,6 Prozent auf 30,0 Prozent bzw. von 6,6 auf 8,8 Prozent der Gesamteinfuhren. Durch den ebenfalls überproportionalen Anstieg der Einfuhren aus den früheren RGW-Ländern nahm der Anteil der Importe aus dieser Ländergruppe ebenfalls leicht zu (von 48,3 Prozent im Zeitraum Januar bis September 1991 auf 49 Prozent). In nennenswertem Umfang importierten sachsen-anhaltinische Unternehmen auch Waren aus Asien (Anteil: 10,2 Prozent), während den Einfuhren aus Amerika (3,0 Prozent), Afrika (1,1 Prozent) und Australien/Ozeanien (0,1 Prozent) keine größere Bedeutung zukam.

Innerhalb der EG waren die Niederlande – die als internationaler Umschlag- und Handelsplatz für die Außenwirtschaftsbeziehungen der EG-Mitgliedsländer eine besondere Rolle spielen – das bedeutendste Lieferland. Die Importe aus diesem Land erhöhten sich um 83,9 Prozent auf 238,9 Mill. DM. Ebenfalls deutliche Steigerungsraten zeigen die Einfuhren aus Belgien/Luxemburg (+ 43,8 Prozent auf 157 Mill. DM), aus Italien (+ 31,7 Prozent auf 68,9 Mill. DM) und aus Dänemark (15 Prozent auf 82,5 Mill. DM). Die Einfuhren aus Spanien erhöhten sich um 10 Prozent auf 43 Mill. DM. Rückläufig waren dagegen in den ersten neun Monaten 1992 die Importe aus Frankreich (125,5 Mill. DM, – 6,3 Prozent). Ebenfalls rückläufig waren die Importe aus Großbritannien (53,3 Mill. DM, – 22,7 Prozent), während bei den Einfuhren aus Irland ein deutlicher Anstieg zu verzeichnen war.

Bei den EFTA-Ländern ist die Verdoppelung der Bezüge aus der Schweiz (auf 115,5 Mill. DM) und aus Österreich (auf 52,2 Mill. DM) auffallend. Die Einfuhren aus Schweden im Wert von 47,5 Mill. DM überstiegen das Niveau des gleichen Vorjahreszeitraums um 24,7 Prozent. Die Bezüge aus den Nachfolgestaaten der Sowjetunion nahmen um 25 Prozent auf 809,8 Mill. DM zu. Bedeutendstes Lieferland ist hier die Russische Föderation, aus der von April bis September 1992 98 Prozent der Einfuhren aus diesem Gebiet kamen. (Ab April 1992 werden die Außenhandelsdaten für die Nachfolgestaaten der Sowjetunion gesondert ausgewiesen.) Unter den übrigen Mittel- und Osteuropäischen Staaten konnten Polen (+ 30 Prozent auf 275,3 Mill. DM) und die Tschechoslowakei (+ 76 Prozent auf 157 Mill. DM) ihre Lieferungen nach Sachsen-Anhalt steigern. Aus Ungarn (– 31 Prozent auf 37 Mill. DM) sowie aus Rumänien und Bulgarien wurden dagegen weniger Waren importiert.

8,3 Prozent der eingeführten Waren hatten ihren Ursprung in den asiatischen Ländern. Nach einem Anstieg um 23,3 Prozent erhöhte sich der Warenwert auf 218,3 Mill. DM. Wichtigstes Lieferland innerhalb dieser Ländergruppe war Japan (76,4 Mill. DM, + 10,2 Prozent), gefolgt von Syrien (44,2 Mill. DM, + 72,9 Prozent) und Saudi-Arabien (37,2 Mill. DM nach einer Verdoppelung). Trotz eines Rückgangs der Importe um 32 Prozent auf 20,7 Mill. DM rangiert der Iran an vierter Stelle. Die Einfuhren aus der VR China sanken um 39 Prozent auf 6,6 Mill. DM.

Die Bezüge vom amerikanischen Kontinent halbierten sich gegenüber den ersten drei Quartalen 1991 auf 64 Mill. DM. Die Hälfte dieses Importwertes entfällt auf Einfuhren aus den USA (+ 32 Prozent). Die Importe aus den südamerikanischen Ländern verringerten sich fast durchweg, am deutlichsten die Bezüge aus Brasilien (9,1 Mill. DM) und Chile (4,1 Mill. DM). Die zuletzt genannten Länder zählen zusammen mit Kolumbien (5,3 Mill. DM) immer noch zu den wichtigsten Lieferländern Südamerikas.

Der Anstieg der Importe aus Afrika um 65 Prozent auf 23,6 Mill. DM ist in der Hauptsache auf vermehrte Bezüge Südafrikas (13,2 Mill. DM), Ägyptens (3,7 Mill. DM) und Ghanas (2,8 Mill. DM) zurückzuführen.

Die Struktur der Importe von Waren der gewerblichen Wirtschaft unterscheidet sich deutlich von der Struktur der Ausfuhren. Fast ein Drittel der Gesamteinfuhren (29,3 Prozent) bestand aus Rohstoffen (773,9 Mill. DM, + 8,6 Prozent); Halbwaren hatten einen Anteil von 16,6 Prozent (438,7 Mill. DM, + 28,9 Prozent). Während Fertigwaren bei den Ausfuhren knapp 80 Prozent ausmachten, erreichten sie bei den Einfuhren lediglich einen Anteil von 44,3 Prozent (darunter Enderzeugnisse 31,9 Prozent, Vorerzeugnisse 12,4 Prozent).

Der weitaus größte Teil der Rohstoffeinfuhren entfiel auf den Import von Rohöl (705 Mill. DM, + 8,8 Prozent) und Steinkohle (49,6 Mill. DM, + 12,5 Prozent).

Unter den Halbwaren entfielen die höchsten Einfuhrwerte auf Kupfer (170,4 Mill. DM, + 9,4 Prozent) und Aluminium (102,3 Mill. DM, gleichbedeutend mit einer Verdoppelung gegenüber dem entsprechenden Vorjahreszeitraum). Einen beachtlichen Stellenwert nahmen außerdem die Importe von Stickstoff/Düngemitteln (23,5 Mill. DM, + 70,4 Prozent) und sonstigen chemischen Halbwaren (47,0 Mill. DM, – 4,4 Prozent) sowie von Teer/Teererzeugnissen (21,9 Mill. DM, + 52,7 Prozent) ein. Infolge der hohen Baunachfrage verdreifachten sich die Zementimporte auf den Wert von 20,9 Mill. DM und vervierfachten sich die Importe sonstiger mineralischer Baustoffe auf 9,9 Mill. DM.

In der Gruppe der Vorerzeugnisse stiegen die Einfuhren von Kunststoff am stärksten (+ 153 Prozent auf 36,9 Mill. DM). Die weitaus wichtigste Warenuntergruppe sind allerdings die sonstigen chemischen Vorerzeugnisse (119,1 Mill. DM, + 32 Prozent). An Bedeutung gewannen nach sehr hohen Steigerungsraten die Einfuhren von Schmiedebedarf, Guß- und Schmiedestücken (31 Mill. DM), Stab- und Formeisen (17 Mill. DM), Steinzeug, Ton, Porzellanerzeugnissen (15 Mill. DM), Draht aus Eisen (12,6 Mill. DM) und Blechen aus Eisen (8,5 Mill. DM) sowie Stangen und Bleche aus Aluminium (23,3 Mill. DM). Vier Zehntel der eingeführten Enderzeugnisse bestanden aus Kraftfahrzeugen und sonstigen Fahrzeugen (Warenwert: 369 Mill. DM, Veränderungsrate: + 40,2 Prozent). Von Bedeutung waren ferner Maschinen (215,6 Mill. DM, – 1,1 Prozent), darunter Landmaschinen und Ackerschlepper (28,6 Mill. DM), Werkzeugmaschinen/Walzwerksanlagen (24,1 Mill. DM) und Pumpen/Luftdruckmaschinen (23 Mill. DM). Der Einfuhrwert elektrotechnischer Erzeugnisse erhöhte sich auf 42,4 Mill. DM (+ 16 Prozent).

Nach einer Steigerung um 74 Prozent auf 258,1 Mill. DM waren Güter der Ernährungswirtschaft zu einem Zehntel in den Importen enthalten.

5. Arbeitsmarkt

Die Entwicklung auf dem Arbeitsmarkt spiegelt die dynamischen Strukturanpassungsprozesse der Wirtschaft Sachsen-Anhalts an die Bedingungen der sozialen Marktwirtschaft wider. Diese Dynamik ist einerseits durch Personalfreisetzungen überwiegend in Unternehmen des Verarbeitenden Gewerbes und andererseits durch ein vermehrtes Arbeitsplatzangebot in neu gegründeten Unternehmen in den wachsenden Wirtschaftszweigen gekennzeichnet.

Im Monat Juni 1993 ist die Zahl der Arbeitslosen erstmals seit fünf Monaten leicht angestiegen. Sie liegt nunmehr bei rund 217 000 Personen, was einer Arbeitslosenquote von 16,6 Prozent entspricht. Der Anstieg zum Vorjahresniveau beträgt damit 2,6 Prozent und zum Mai 1993 insgesamt 1,2 Prozent. Der Frauenanteil an der Arbeitslosigkeit sank im Vorjahresvergleich um 1 Prozent-Punkt auf 64,1 Prozent.

Bemerkenswert ist, daß, parallel zum Anstieg der Arbeitslosenzahlen um 2 507 Personen per Saldo, die wichtigsten nachfrage- bzw. angebotsseitig wirkenden arbeitsmarktpolitischen Instrumente (Kurzarbeiter, Arbeitnehmer in ABM, Fortbildung und Umschulung, Lohnkostenzuschüsse nach § 249 h AFG, Altersübergangsgeld) in wesentlich geringerem Umfang eingesetzt wurden (– 9 300 Personen).

Im einzelnen stellt sich die Situation im Zeitraum von Juni 1992 bis Juni 1993 wie folgt dar:

Die Zahl der geförderten Arbeitnehmer in ABM ist um ca. 49 900 Personen (– 45,5 Prozent) gesunken. Ebenso verringerte sich die Zahl der Kurzarbeiter um 30 777 Personen (– 39,0 Prozent). Unter den derzeit 48 162 gemeldeten Kurzarbeitern befinden sich rund 10 000 Kurzarbeiter mit einem Arbeitsausfall über 75 Prozent.

Tabelle 17: Einsatz arbeitsmarktpolitischer Instrumente in Sachsen-Anhalt 1992 und 1993

	Juni 1992	Juni 1993	Entwicklung 6/92 – 6/93 in Prozent
Kurzarbeiter	78 939	48 162	–39,0
Arbeitnehmer in ABM	91 642	49 909	–45,5
Altersübergangsgeld	90 828	118 728	+30,7
Fortbildung/Umschulung	85 100	67 104	–21,1
Gesamt	346 509	283 903	–18,1

Im Rahmen des Einsatzes angebotsseitig wirkender Instrumente ist der Bestand an Fortbildungen und Umschulungen um 18 000 Personen (– 21,1 Prozent) zurückgegangen, während die Zahl der Altersübergangsgeldempfänger um 27 900 (+ 30,7 Prozent) gestiegen ist. Per Saldo ist also der Einsatz arbeitsmarktpolitischer Instrumente um 58 000 Personen rückläufig.

Damit setzt sich der bereits in den vergangenen Monaten erkennbare Trend fort, daß ein starker Rückgang des Einsatzes arbeitsmarktpolitischer Instrumente nicht von einem Anstieg der Arbeitslosigkeit in vergleichbaren Größenordnungen begleitet wird.

Vielmehr stehen folgende Faktoren im Vordergrund, deren Einfluß auf der Grundlage der vorhandenen Datenbasis nicht genau quantifiziert werden kann:

- verstärkte Arbeitskräftenachfrage auf dem 1. Arbeitsmarkt (für die Hypothese spricht der Anstieg der Arbeitsvermittlung um 7 Prozent im Vorjahresvergleich),
- Ausscheiden aus der Erwerbsbeteiligung,
- Aufnahme neuer Beschäftigungsverhältnisse im Westen durch Abwanderung und Auspendeln,
- Einsatz neuer arbeitsmarktpolitischer Instrumente.

Sowohl ein genereller Ausstieg aus der Erwerbsbeteiligung durch Rückzug des Arbeitskräfteangebotes als auch eine vermehrte Arbeitskräftenachfrage auf dem 1. Arbeitsmarkt sind die wesentlichen Ursachen für die oben skizzierte Entwicklung.

Die Aufnahme neuer Beschäftigungsverhältnisse im Westen dürfte durch die konjunkturellen Auswirkungen auf dem westdeutschen Arbeitsmarkt rückläufig sein (Schätzung der Wirtschaftsforschungsinstitute im Frühjahrsgutachten 1993).

Zu bedenken ist, daß der Einsatz eines neuen arbeitsmarktpolitischen Instrumentes – § 249 h AFG, Lohnkostenzuschüsse zum Beispiel für die Bereiche der Umweltsanierung und Pflege- bzw. Betreuungsdienste – seit Jahresbeginn zur Anwendung kommt und insbesondere eine Alternative zu ABM darstellt. In quantitativer Hinsicht ist dieses Instrument z. Z. noch von untergeordneter Bedeutung, es beläuft sich im Juni 1993 auf 4 045 Personen.

Der Zugang an offenen Stellen, die den Arbeitsämtern gemeldet werden, ist sowohl gegenüber dem Vormonat (– 8,3 Prozent) als auch gegenüber dem Vorjahresmonat (– 2,6 Prozent) rückläufig. Zu berücksichtigen ist aber dabei, daß nur ca. ein Drittel der offenen Stellen den Arbeitsämtern bekannt werden.

In den kommenden Monaten kann aber mit einer Ausweitung des Arbeitsplatzangebotes gerechnet werden. Impulse werden dabei insbesondere von der Bauwirtschaft, aber auch zunehmend vom Verarbeitenden Gewerbe erwartet. So deutet die zeitliche Verteilung der Fertigstellung der Investitionsprojekte, die im Rahmen der Gemeinschaftsaufgabe "Verbesserung der regionalen Wirtschaftsstruktur" gefördert wurden, darauf hin, daß ein Großteil der neu zu schaffenden Arbeitsplätze Ende des 1. bzw. 2. Halbjahres 1993 arbeitsmarktwirksam wird.

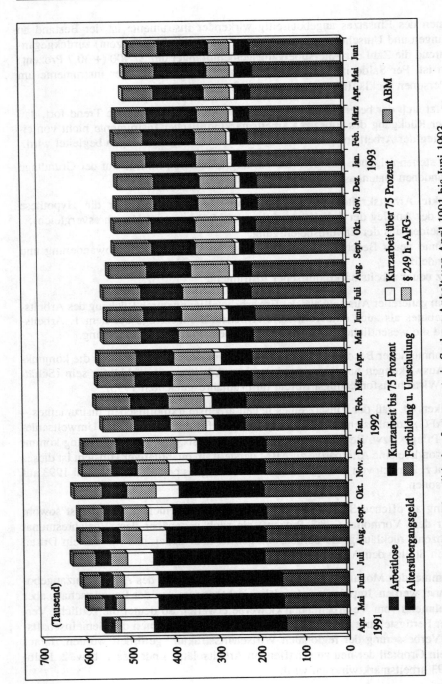

Abbildung 4: Einsatz arbeitsmarktpolitischer Instrumente in Sachsen-Anhalt von April 1991 bis Juni 1993

Quelle: Ministerium für Arbeit und Soziales des Landes Sachsen-Anhalt

Hrsg.: Ministerium für Wirtschaft, Technologie und Verkehr des Landes Sachsen-Anhalt; Referat 21

6. Wirtschaftspolitik

Grundsätze

Ein zentrales Anliegen der regionalen Strukturpolitik Sachsen-Anhalts besteht darin, die Regionen bei der Erschließung ihres Wirtschaftspotentials und im regionalen Wachstumsprozeß zu unterstützen. Im Vordergrund steht dabei die Förderung der regionalen Investitionstätigkeit, um auf diese Weise Einkommen und Beschäftigung zu erhöhen. Wesentliche Maßnahmen in diesem Zusammenhang sind Investitionsanreize für private Unternehmen und die gezielte Verbesserung der wirtschaftsnahen Infrastruktur.

Ansiedlungspolitik

Innerhalb der wachstumsorientierten Strategie des Landes nimmt die Diversifizierung der Wirtschaftsstruktur und damit der Aufbau neuer, wettbewerbsfähiger Arbeitsplätze durch die Ansiedlung von Gewerbebetrieben einen herausragenden Stellenwert ein. Über diese Ansiedlungen wird die Herausbildung einer mittelständisch geprägten Wirtschaft beschleunigt und das Arbeitsplatzangebot unter Ausnutzung vorhandener Standortvorteile erweitert. Die Voraussetzungen zur Einkommenserwirtschaftung in den Regionen des Landes werden damit entscheidend verbessert.

Bei der Gewinnung und Ansiedlung von Investoren arbeitet das Land eng mit den regionalen bzw. kommunalen Gebietskörperschaften zusammen. Diese Zusammenarbeit bezieht sich auf die Unterstützung des Ausbaus der wirtschaftsnahen Infrastruktur, die Standortwerbung, die Investorenbetreuung, die Hilfe bei der Klärung eigentums- und planungsrechtlicher Fragen sowie auf die Gewährleistung eines ausreichenden Planungsvorlaufes. Im Zuge der damit zusammenhängenden Maßnahmen, die zur Verbesserung der gesamtwirtschaftlichen Rahmenbedingungen führten, konnte in Sachsen-Anhalt im Jahre 1992 die Ergebnisbilanz der offensiven Ansiedlungsstrategie weiter verbessert werden. Mittlerweile sind 247 Gewerbe- und 82 Industriegebiete im Land erfaßt.

Großprojekte wie die Neubauten der Bayer Bitterfeld GmbH in Bitterfeld und des Otto Versandes in Haldensleben, der Bau des Europäischen Umweltzentrums durch den Bonner Energie-Report-Verlag in Magdeburg sowie der Bau der Großraffinerie Leuna 2000 erfahren eine gezielte Begleitung. Etwa 100 Ansiedlungsprojekte wurden durch das Ministerium für Wirtschaft, Technologie und Verkehr innerhalb des "full-service-programms" betreut. Das zuständige Fachreferat berät Investoren nicht nur über Fördermöglichkeiten, sondern auch bei der Standortwahl, hilft bei der Klärung eigentumsrechtlicher Fragen – insbesondere bei Treuhandeigentum – sowie bei der Einleitung und Beschleunigung von Genehmigungsverfahren. Wo immer möglich, wird dabei der industriellen Weiternutzung von Industriebrachen – im Gegensatz zur Errichtung "auf der grünen Wiese" – der Vorzug gegeben. Konzeptionell wurde in diesem Zusammenhang das "Industrieparkmodell" mit dem Ziel aufgegriffen, strukturbestimmende Industriestandorte zu erhalten.

Mittelstandspolitik

Nachdem in der DDR der Mittelstand gezielt zurückgedrängt worden war, hat das Land Sachsen-Anhalt auf der Grundlage des Mittelstandsförderungsgesetzes vom 26.08.1991 Programme zur ergänzenden Mittelstandsförderung aufgelegt. Diese Programme haben schon 1991 und 1992 in hohem Maße dazu beigetragen, den Aufbau einer mittelständischen Struktur durch Existenzgründungen zu ermöglichen und eine rechtzeitige Anpassung mittelständischer Unternehmen an den wirtschaftlichen und technologischen Wandel zu unterstützen.

Im Landeshaushalt sind Maßnahmen veranschlagt, die ausschließlich von mittelständischen Unternehmen der gewerblichen Wirtschaft in Anspruch genommen werden können:

- Zinszuschußprogramm,
- Beteiligung an Messen und Ausstellungen,
- Absatz heimischer Produkte,
- Beratungseinrichtungen.

Im Haushalt 1992 wurden für diese Programme rund 50 Mill. DM bereitgestellt.

Die Mittelstandsprogramme von Bund und Land haben in den Jahren 1991 und 1992 insgesamt einen geschätzten Beschäftigungsbeitrag von über 110 000 gesicherten oder neu geschaffenen Arbeitsplätzen in Sachsen-Anhalt geleistet. Die Beschäftigungseffekte werden noch steigen, wenn die geförderten Betriebe nach der Gründungs- und einer ersten Konsolidierungsphase alle zur Förderung beantragten Vorhaben realisiert, den Betrieb aufgenommen und entsprechendes Personal eingestellt haben. Bei kleinen und mittleren Unternehmen wird dies in der Regel vergleichsweise kurzfristig der Fall sein.

Damit werden die Beschäftigungseffekte der gesamten Wirtschaftsförderung von EG, Bund und Land bis 1994 (Rahmenplan der GA bis 1995) eine Größenordnung von einer viertel Million erreichen können.

Weitere Maßnahmen der mittelstandsorientierten Gesamtpolitik der Landesregierung sind:

- die Präferenzrichtlinie für die öffentliche Auftragsvergabe;
- die Technologie- und Energieförderung (Haushaltsansatz 1992: 146,6 Mill. DM, 1993: 151,9 Mill. DM);
- Errichtung von Technologie- und Gründerzentren. Derzeit 10 an der Zahl, die an 9 Standorten in Sachsen-Anhalt jungen, technologieorientierten Klein- und Mittelbetrieben wirksame Starthilfen anbieten. Dazu gehören unter anderem Gewerbeflächen, Laborräume, Büroausstattungen, Sekretariatsleistungen, Kommunikationseinrichtungen, Besprechungs- und Schulungsräume, Beratungs- und Datenbankdienste;

– Gründung der Mittelständischen Beteiligungsgesellschaft zum 01.09.1992: Für Unternehmensgründungen und bestehende Betriebe werden bis zu einem Höchstsatz von 1 Mill. DM und einer Laufzeit von 15 Jahren Beteiligungen gegeben, für die keine Sicherheiten gestellt werden müssen.

Für die Gebietskörperschaften in den ländlich strukturierten Räumen sowie in den verdichteten Regionen des Landes hat die Landesregierung jeweils ein Handbuch zur kommunalen Wirtschaftsförderung erarbeiten lassen. Damit wird zur Intensivierung der örtlichen Kontakte zwischen Wirtschaft und Kommunen beigetragen und insbesondere dem Informationsbedürfnis kleiner und mittlerer Unternehmen vor Ort entgegengekommen.

Weiterhin befürwortet die Landesregierung die Einrichtung von Regionalausschüssen der Industrie- und Handelskammern bei ihren Zweigstellen im Lande, weil auch derartige Gesprächskreise vor Ort vor allem den kleinen und mittleren Unternehmen bei der Bewältigung ihrer Probleme und bei der Artikulation ihrer Interessen helfen können.

Forschungs- und Technologiepolitik

Die Technologiepolitik der Landesregierung hat die Aufgabe, die Voraussetzungen zur Steigerung der technologischen Wettbewerbsfähigkeit der Unternehmen zu verbessern. Dabei sollen vorhandene Ressourcen nutzbar gemacht und die Innovationskraft der Wirtschaft des Landes gesteigert werden. Die Technologiepolitik ist somit ein wirtschaftspolitisches Instrument, das wesentlich zur Zukunftssicherung beiträgt.

Sachsen-Anhalt verfügt über historisch gewachsene, strukturtragende und entwicklungsfähige Wirtschaftszentren, in denen qualifizierte und motivierte Facharbeiter sowie gut ausgebildetes FuE-Personal den industriellen Branchen zur Verfügung stehen. Zu diesen Branchen gehören insbesondere der Maschinenbau, die Chemie, die Mineralölwirtschaft, der Stahl- und Leichtmetallbau, der Schienenfahrzeugbau, der Braunkohlen-, Erz- und Mineralbergbau sowie das Ernährungsgewerbe und die Land- und Forstwirtschaft.

Die Ansatzpunkte zur Formulierung zukunftsorientierter Innovationsstrategien liegen in der Steigerung der technologischen Wettbewerbsfähigkeit und den am Gemeinwohl orientierten Aufgaben der Zukunftssicherung (Umwelt, Gesundheit, Energie, Verkehr) sowie in der Modernisierung der Forschungsinfrastruktur. Das Ministerium für Wirtschaft, Technologie und Verkehr hat bei der Erarbeitung seiner Förderprogramme diese Tatsachen berücksichtigt. Durch Ausgliederung der FuE-Zentralbereiche aus den ehemaligen Unternehmen sind folgende acht "Forschungs-Gesellschaften mbH" entstanden, die als wirtschaftsnahe Forschungseinrichtungen tätig sind:

1. FER – Ingenieurbüro für Automatisierung, Magdeburg,

2. Institut für Lacke und Farben (ILF), Magdeburg,

3. ÖHMI Forschung und Ingenieurtechnik, Magdeburg,

4. Schweißtechnische Lehr- und Versuchsanstalt (SLV), Halle,

5. Fluid – Ingenieurtechnik, Halle,

6. WTZ Dieselmotoren, Roßlau,

7. Saatzucht Bernburg-Biendorf,

8. Institut für Technische Trocknung, Gatersleben.

Bemerkenswert ist, daß die FuE-Aktivitäten dieser Forschungsgesellschaften – gemessen an der Zahl der bewilligten Anträge und der zur Verfügung gestellten Mittel – eine steigende Tendenz aufweisen, während die FuE-Aktivitäten der Produktionsbetriebe rückläufig sind.

Zur Unterstützung des notwendigen Transformationsprozesses der Wirtschaft wurden 1992 in Sachsen-Anhalt drei "Agenturen für Innovationsförderung und Technologietransfer" (TTI, ATI) gegründet:

- Technologietransfer- und Innovationsförderungsgesellschaft Magdeburg mbH (TTI), Gustav-Adolf-Straße 23, 39106 Magdeburg;
- Agentur für Technologietransfer und Innovationsförderung GmbH, Sachsen-Anhalt-Süd (ATI), Geusaer Straße, 06217 Merseburg;
- Agentur für Technologietransfer und Innovationsförderung GmbH, Anhalt (ATI), Kochstedter Kreisstraße, 06847 Dessau.

Forschung und Entwicklung sind Grundlage und Voraussetzung industrieller und technischer Innovationen und haben damit auch positive Auswirkungen auf den Arbeitsmarkt. Entscheidend ist daher, daß neue Technologien schnell produktionswirksam weitergegeben werden. Aus diesem Grund ist in Sachsen-Anhalt ein Netz von Transfereinrichtungen geschaffen worden, das künftig noch weiter ausgebaut wird. Die dort geleistete Innovations- und Technologieberatung soll gerade kleinen und mittleren Unternehmen einen besseren Zugriff auf neue Ergebnisse aus Forschung und Entwicklung verschaffen.

Um die Herausbildung eines technologieorientierten Klein- und Mittelstandes zu unterstützen, wurde das Förderprogramm "Auf- und Ausbau von Technologie- und Gründerzentren sowie Technologieparks" erstellt. Mittels der Technologie- und Gründerzentren (TGZ) erhalten innovative Jungunternehmer und technologieorientierte kleine und mittelständische Betriebe günstige Arbeitsbedingungen, weil ein Bündel von Dienstleistungsangeboten den Start in die unternehmerische Tätigkeit erleichtert. Die den TGZ zugrunde liegende Idee besteht darin, technologisch fortschrittliche Unternehmen an einem Standort zu konzentrieren, um auf diese Weise innovative Aktivitäten zu bündeln. Damit werden Synergieeffekte begünstigt, die in die Region ausstrahlen, so daß diese Zentren die Umstrukturierung und Modernisierung der regionalen Wirtschaft unterstützen.

In Magdeburg und Merseburg bestehen bereits arbeitsfähige TGZ. In Eisleben, Genthin, Halle, Schönebeck, Stendal und Wernigerode befinden sich solche Zentren in der Planungs- bzw. Aufbauphase. Nördlich der Landeshauptstadt Magdeburg, zwischen der Bundesautobahn A 2 und dem Mittellandkanal, wird ein Technologiepark nach modernstem Standard errichtet, der auch über ein Kongreßzentrum und Hotels verfügt. Er wird in zentraler Lage Deutschlands und Europas Einrichtungen für Forschung und Entwicklung sowie umweltfreundlichen, technologieorientierten Unternehmen eine Ansiedlungsmöglichkeit bieten. Auf diese Weise wird ein Anziehungspunkt für Universitäts- und Forschungseinrichtungen geschaffen, dem auch die Funktion einer Keimzelle zur Bildung einer innovativen mittelständischen Wirtschaft zukommt. Die erste Ausbaustufe auf dem 1 445 ha großen Gelände umfaßt auf 270 ha die Errichtung von forschungsorientierten Industriebetrieben sowie privaten Forschungseinrichtungen. Mit der Grundsteinlegung für den Erweiterungsbau des TGZ Magdeburg am 26.10.1992 wurde das Startsignal gegeben; bereits 1994 sollen die ersten Unternehmen ihre Arbeit aufnehmen.

In enger Zusammenarbeit mit den Agenturen für Technologie- und Innovationsförderung hat 1992 die Steinbeis-Stiftung ihre Tätigkeit in Magdeburg aufgenommen. Für die Abwicklung der Projekte ist ein Koordinierungsbüro eingerichtet worden, dessen Aufgabe es ist, Technologiequellen zu erschließen und das Land Sachsen-Anhalt beim Aufbau eines umfassenden Transfernetzes zu unterstützen. Neben den Agenturen für Technologietransfer und Innovationsförderung sind zur Unterstützung des Technologietransfers weitere Einrichtungen durch Förderung von Bund und Land entstanden:

– die Patentinformationszentren und DIN-Auslegestellen in Halle und Magdeburg,
– das CIM-Technologietransferzentrum Magdeburg,
– der Verein zur Förderung der Infrastruktur der Telekommunikation im Land Sachsen-Anhalt (Infratel),
– das Transferzentrum Automatisierung im Maschinenbau in Magdeburg und
– die Innovationsberatungsstellen der Industrie- und Handelskammern.

Diese Technologietransfereinrichtungen sollen für die Unternehmen im Lande über ein effizientes Netzwerk wirksam werden.

Wirtschaftsförderung

Gemeinschaftsaufgabe zur Verbesserung der regionalen Wirtschaftsstruktur

Mit der Gemeinschaftsaufgabe verfügt das Land über ein wirksames Instrumentarium, um den notwendigen Umstrukturierungsprozeß entscheidend voranzubringen. Welche Bedeutung dieses Programm für die wirtschaftliche Entwicklung des Landes besitzt, ist aus nachfolgender Tabelle ersichtlich.

Tabelle 18: Neu geschaffene bzw. gesicherte Arbeitsplätze durch geförderte Investitionen in Sachsen-Anhalt 1991 bis 1993

	gefördertes Investvolumen in Mrd. DM	neu geschaffene bzw. gesicherte Arbeitsplätze
1991	9,7	67 659
1992	8,8	46 434
1993 (Stand 31.03.1993)	0,8	4 500
Gesamt	19,3	118 592

Um die notwendigen privaten und kommunalen Investitionen zu aktivieren, haben Bund, Land und die EG Fördermittel in Höhe von 4,44 Mrd. DM bereitgestellt. Die Mehrzahl der Projekte wird allerdings wegen des mehrjährigen Investitionsverlaufes die ausgewiesenen Arbeitsmarktergebnisse erst in den Jahren 1993/94 erreichen.

Innerhalb der gewerblichen Wirtschaft entfielen auf die einzelnen Wirtschaftszweige folgende Investitionsanteile bzw. Investitionszuschüsse.

Tabelle 19: Investitionsanteile bzw. -zuschüsse der gewerblichen Wirtschaft in Sachsen-Anhalt 1991/1992

	Investitionsanteile Prozent	Investitionszuschüsse Prozent
Chemische Industrie	27,0	28,7
Kunststoffe/Gummiwaren	3,8	3,8
Steine/Erden, Feinkeramik/Glas	7,8	6,4
Metallerzeugnisse, -bearbeitung	6,4	6,5
Maschinen-, Stahl- u. Fahrzeugbau	12,3	12,5
Elektrotechnik, Feinmechanik, Optik	1,9	1,9
Holz, Papier, Druck	8,3	8,9
Ernährungsgewerbe	8,1	7,7

Der Chemieindustrie, mit Großvorhaben wie dem Neubau der Raffinerie in Leuna, dem Vorhaben der Bayer AG in Bitterfeld und weiteren Großprojekten in Schkopau und Bernburg kommt eine Vorreiterrolle zu. Infolge dieser Ansiedlungen wird eine Vielzahl kleiner und mittelständischer Unternehmen als künftige "Dienstleister" dieser Großbetriebe entstehen.

Um die nur begrenzt zur Verfügung stehenden Fördermittel möglichst effizient einzusetzen, hat das Land eine Reihe von Schwerpunkten festgelegt, die in erster Linie sektoraler Art sind. Vorrangig wurden deshalb solche Projekte gefördert, die dem Verarbeitenden Gewerbe zuzuordnen sind, um die aus Produktionsstandorten resultierenden Multiplikatoreffekte für weitere Branchen zu nutzen.

Um Kernbereiche der Industrie zu sichern, Ausgliederungen zu unterstützen und Privatisierungen vorzubereiten, hat sich das Land auch an der Sanierung von Unternehmen der Treuhandanstalt beteiligt. Daran wird das Land auch im Jahr 1993 festhalten.

Im Fremdenverkehr wurden die Mittel konzentriert für den Ausbau der touristischen Infrastruktur eingesetzt. Schwerpunkte waren der Harz, die Altmark und die Wörlitzer Kulturlandschaft. Ferner profitierten davon Kur- und Bäderorte, Modellorte des Fremdenverkehrs sowie Orte entlang der "Straße der Romanik".

Auf eine weitergehende regionale Differenzierung bei der Förderung der gewerblichen Wirtschaft wurde verzichtet, weil die Entwicklung des Arbeitsmarktes, der Ausbau der Infrastruktur und das Einkommensniveau als Hauptindikatoren gegenwärtig eine Abstufung von Regionen im Sinne einer Förderpräferenz nicht rechtfertigen. Allen Regionen des Landes sollen auch weiterhin die gleichen Chancen geboten werden. Die GA stellt letztlich ein Angebot des Landes an die Regionen dar, eine Art Hilfe zur Selbsthilfe, die an die auf der Ebene der Kommunen und Landkreise verfolgten regionalen Gesamtkonzepte anknüpft. Einschränkungen auf diesem Wege würden unter gegenwärtigen Bedingungen Hemmnisse und ernsthafte Benachteiligungen darstellen.

Hinsichtlich der Ausschöpfung des Bewilligungsrahmens nimmt Sachsen-Anhalt einen führenden Platz unter den neuen Ländern ein. Auch ist es das einzige Land, in dem sowohl 1991 als auch 1992 die verfügbaren Mittel vollständig abgeflossen sind. Dieser Umstand wie auch die Tatsache, daß gegenwärtig ca. 1 600 Anträge auf eine Förderung mit einem Investitionsvolumen von 11,5 Mrd. DM vorliegen, zeugen von einem großen Interesse am Investitionsstandort Sachsen-Anhalt.

Förderung des Mittelstandes

Der Mittelstand ist von keinem Förderprogramm ausgeschlossen. Im Rahmen der Gemeinschaftsaufgabe "Verbesserung der regionalen Wirtschaftsstruktur" sind in den Jahren 1991/92 insgesamt 1 427 mittelständische Investitionsvorhaben gefördert worden, die im Investitionsvolumen unter 10 Mill. DM lagen. Bei einem Gesamtvolumen dieser kleineren Investitionen von 2,4 Mrd. DM wurden knapp 47 000 Arbeitsplätze (Stand November 1992) neu geschaffen oder gesichert. Das Zuschußvolumen für diese Vorhaben betrug 452,4 Mill. DM und verteilte sich wie aus Tabelle 20 ersichtlich.

Das Investitionsgeschehen hat sich auch nach der Jahreswende 1992/93 fortgesetzt. Eine Vielzahl von Anträgen belegen den Stellenwert kleinerer Investitionen, die überwiegend vom Mittelstand vorgenommen werden.

Aus der Gemeinschaftsaufgabe wurden darüber hinaus 150 Gewerbegebiete mit rund 1,3 Mrd. DM gefördert, in denen vornehmlich mittelständische Unternehmen günstige Ansiedlungsbedingungen gefunden haben.

Tabelle 20: Investitionsförderung für den Mittelstand in Sachsen-Anhalt (ausgewählte Bereiche) 1991 und 1992

Bereich	Zahl der Vorhaben	Investitions-volumen in Mill. DM	Zuschuß-volumen in Mill. DM	Arbeitsplätze neu/gesichert
Beherbergung (7 600 Über-nachtungsplätze)	223	444	82	2 100
Bauwirtschaft (Ausnahme-regelung bis Ende 1992, bis 100 000 DM/Fall)	206	206	20	7 021
Maschinenbau und Metall-verarbeitung	170	295	60	10 142
Holz, Papier, Druck	135	200	37	3 219
Nahrungsmittel	54	200	38	3 256

Im Rahmen der Bundesprogramme zur Mittelstandsförderung 1991/92 ist in Sachsen-Anhalt in den Jahren 1991 und 1992 in 13 000 Fällen insgesamt ein Kreditbewilligungsvolumen von über 1 Mrd. DM erreicht worden.

Tabelle 21: Eigenkapitalhilfe in den Jahren 1991 und 1992 in Sachsen-Anhalt

Branche	1991		1992		1991/1992	
	Anzahl	Kreditb. Mill. DM	Anzahl	Kreditb. Mill. DM	Anzahl	Kreditb. Mill. DM
Handel	1 429	82,91	908	75,09	2 337	158,00
Handwerk	2 207	149,77	2 044	206,17	4 251	355,94
Industrie/Verkehr/sonst. Dienstleistungen	789	60,96	672	89,52	1 461	150,48
Gaststätten/Beherbergung	644	40,49	449	57,71	1 093	98,20
Freie Berufe	2 897	178,33	983	84,29	3 880	262,62
Gesamt	7 966	512,46	5 056	512,79	13 022	1 025,25

Der Rückgang bei den Freien Berufen von 2 897 Fällen im Jahr 1991 auf 983 Fälle im Jahr 1992 beruht unter anderem auf der Privatisierungswelle im Gesundheitswesen 1991 und dem allgemeinen Rückgang der Gewerbeanmeldungen (44 Prozent).

Beim Handwerk wurden 1991 und 1992 jeweils deutlich über 2 000 Anträge gezählt; das Volumen der bewilligten Kredite erhöhte sich 1992 um etwa 25 Prozent auf 206,17 Mill. DM.

Das durchschnittliche Kreditvolumen stieg von 64 000 DM 1991 auf 101 000 DM im Jahre 1992 bzw. im Gaststätten- und Beherbergungsgewerbe von 62 000 auf 127 000 DM.

In knapp 13 000 Fällen (12 861) erfolgten in den Jahren 1991 und 1992 Bewilligungen für Existenzgründer. Das damit verbundene Kreditvolumen beträgt über 1,5 Mrd. DM.

Der Wegfall der Förderung für die Heilberufe führte bei den Freien Berufen zu einem Rückgang von 2 836 im Jahr 1991 auf nur noch 223 Fälle im Jahre 1992.

Tabelle 22: ERP-Existenzgründungsdarlehen in Sachsen-Anhalt 1991 und 1992

Branche	1991		1992		1991/1992	
	Anzahl	Kreditb. Mill. DM	Anzahl	Kreditb. Mill. DM	Anzahl	Kreditb. Mill. DM
Handel	1 741	163,57	1 058	123,36	2 799	286,93
Handwerk	2 582	293,40	2 227	345,50	4 809	638,90
Industrie/Verkehr/sonst. Dienstleistungen	1 020	129,37	777	159,31	1 797	288,68
Gaststätten/Beherbergung	–[1]	–[1]	397	76,15	397	76,15
Freie Berufe	2 836	238,22	223	17,24	3 059	255,46
Gesamt	8 179	824,58	4 682	721,36	12 861	1 545,94

1) Im Jahre 1991 erfolgte durch die Deutsche Ausgleichsbank keine Förderung.

Der Mittelstand wird auch im Rahmen der Landesprogramme gefördert. Die Richtlinie über die Gewährung von Zinszuschüssen wurde erstmals zum 11.09.1991 in Kraft gesetzt (vgl. Ministerialblatt Nr. 21/1991). Wegen einer relativ hohen Ablehnungsquote, die in der Mehrzahl auf einen verspäteten Antragseingang zurückzuführen war, wurde die Richtlinie überarbeitet und zum 20.11.1992 in neuer Fassung wirksam. Danach darf das Darlehen vor der Bewilligung des Zinszuschusses noch nicht in Anspruch genommen worden sein. Die Analyse dieser Änderung zeigt, daß die Bewilligungsquote stark gestiegen ist. Ferner erfolgte per 17.05.1993 die Ausweitung der Antragsberechtigten auf Unternehmen mit bis zu 250 Beschäftigten und bis zu 40 Mill. DM Jahresumsatz.

1991 betrug das durchschnittliche verbilligte Darlehen pro Antragsteller 60 000 DM und stieg 1992 auf 92 000 DM (plus 53 Prozent). Bei diesem Programm liegt das Handwerk mit insgesamt 2 485 bewilligten Anträgen und einem zu verbilligenden Darlehen in Höhe von rund 168 Mill. DM vor dem Handel mit 1 786 Anträgen und rund 129 Mill. DM zu verbilligenden Darlehen.

Tabelle 23: Bewilligungen im Rahmen des Zinszuschußprogramms in Sachsen-Anhalt 1991 und 1992

Branche	Antragszahlen			verb. Darlehen (Tsd. DM)		
	1991	1992	1991/92	1991	1992	1991/92
Industrie	29	51	80	3 336	8 695	12 031
Handel	1 049	737	1 786	63 185	65 383	128 568
Handwerk	1 550	935	2 485	87 445	80 124	167 569
Hotels u. Gaststätten	530	282	812	30 792	21 369	52 161
Verkehr	448	222	670	38 230	27 907	66 137
Freie Berufe	353	708	1 061	13 800	64 576	78 376
Sonstige	239	221	460	16 867	22 714	39 581
Gesamt	4 198	3 156	7 354	253 655	290 768	544 423

Im Gegensatz zu den Bundesprogrammen EKH und ERP haben sich die bewilligten Anträge im Bereich der Freien Berufe verdoppelt. Hierin spiegelt sich die Komplementärfinanzierung des Landesprogrammes Zinszuschuß wider. Die Industrie bewegt sich trotz einer Steigerung der Bewilligungen um 72 Prozent, entsprechend der Situation der Gewerbeanzeigen, weiterhin auf niedrigem Niveau.

Es gibt auch eine Förderung der Beteiligung an Messen und Ausstellungen. Im Rahmen dieses Programms und des Zinszuschußprogramms wurde im Jahr 1993 der Teilnehmerkreis auf Unternehmen mit bis zu 40 Mill. DM Jahresumsatz und bis zu 250 Dauerarbeitsplätzen ausgeweitet. Die überarbeiteten Richtlinien haben ihre Gültigkeit mit der Veröffentlichung im Ministerialblatt des Landes vom 17.05.1993 erhalten.

Gegenüber 1991 haben sich die Bewilligungen 1992 auf 1 466 Fälle vervierfacht und die bewilligten Zuschüsse auf 4,6 Mill. DM verfünffacht (vgl. Tabelle 24).

Mit Datum vom 06.05.1993 wurde das Absatzförderprogramm auf Unternehmen mit bis zu 250 Dauerarbeitsplätzen und bis zu 40 Mill. DM Jahresumsatz erweitert. Ferner wird nunmehr die Erstellung eines Absatzkonzeptes mit bis zu 70 Prozent, jedoch maximal 50 000 DM gefördert. Es kann daher mit einer stärkeren Inanspruchnahme gerechnet werden.

Dieses Programm ist bislang von den Unternehmen im Land Sachsen-Anhalt trotz der Steigerung von 1991 mit 2 Anträgen (77 000 DM) auf 13 bewilligte Anträge (381 000 DM) 1992 nur unzureichend angenommen worden.

Zum Aufbau der Beratungseinrichtungen bei den Kammern und Landesinnungsverbänden wurden im Jahr 1992 12 Anträge mit rund 527 000 DM bewilligt.

Tabelle 24: Bewilligungen im Rahmen des Förderprogramms für die Teilnahme an Messen und Ausstellungen 1992 in Sachsen-Anhalt

Branche	Antragszahlen			bewilligte Zuschüsse (DM)		
	1991	1992	1991/92	1991	1992	1991/92
Industrie	41	134	175	136 080	659 992	796 072
Handel	134	525	659	343 855	1 552 922	1 896 777
Handwerk	124	618	742	265 557	1 762 662	2 028 219
Hotels u. Gaststätten	5	2	7	11 525	7 719	19 244
Verkehr	6	10	16	10 036	24 695	34 731
Freie Berufe	33	68	101	69 631	204 018	273 649
Sonstige	7	109	116	38 445	410 399	448 844
Gesamt	350	1 466	1 816	875 129	4 622 407	5 497 536

Tabelle 25: Bewilligte FuE-Mittel in Privat- und Treuhandunternehmen in Sachsen-Anhalt 1991 und 1992

	1991		1992		1991/92	
	Mill. DM	Anteil in Prozent	Mill. DM	Anteil in Prozent	Mill. DM	Anteil in Prozent
Private	4,8	25,7	9,1	42,1	13,9	34,6
TH-Unternehmen	13,7	74,3	12,6	57,9	26,3	65,4
Gesamt	18,5	100,0	21,7	100,0	40,3	100,0

Im Jahr 1992 wurden allein über das Programm "Produkt- und Verfahrensinnovation" 35 FuE-Vorhaben mit insgesamt 21,7 Mill. DM unterstützt. Die insgesamt in 1991 und 1992 bewilligten Fördermittel belaufen sich bis in das Jahr 1995 auf 40,1 Mill. DM. Sie stellen 50 Prozent der Ausgaben für FuE-Vorhaben folgender Fachgebiete dar:

– Automatisierungstechnik,
– Maschinenbau,
– Anlagen- und Gerätebau,
– Chemie,
– Agrartechnik,
– Umwelttechnik,
– Informations- und Kommunikationstechnik,
– Sonstige.

Thüringen

Größe, Einwohner, Hauptstadt

Das Land Thüringen ist mit 16 254 Quadratkilometern nach Berlin das kleinste der neuen Bundesländer. Mit 4,6 Prozent der Fläche der Bundesrepublik liegt es von seiner Ausdehnung her an 11. Stelle unter allen Bundesländern. Die rund 2,6 Mill. Einwohner leben in 5 kreisfreien Städten und 35 Landkreisen. Nach der Gebietsreform wird es in Thüringen noch 17 Landkreise und 5 kreisfreie Städte geben. Die Landeshauptstadt ist Erfurt. Die Bevölkerungsverteilung ist regional sehr unterschiedlich; sie reicht von unter 70 Einwohnern pro Quadratkilometer bis über 280 Einwohner pro Quadratkilometer. Eine deutliche Bevölkerungskonzentration gibt es entlang der Städtereihe Erfurt, Weimar, Jena und Gera.

Thüringen liegt zwischen dem Rhein-Main-Raum, Sachsen und Osteuropa und nimmt damit eine zentrale Lage zwischen zwei wirtschaftlichen Ballungsräumen ein. Diese günstige Lage mitten in Deutschland ist ein besonderer Standortvorteil.

1. Gesamtwirtschaftliche Lage

Beschäftigung

Im November 1990 befanden sich in Thüringen 1 253 321 Personen in einem abhängigen zivilen Erwerbsverhältnis. Thüringen ist ein Land mit einer langen industriellen Tradition. In der Wirtschaftsstruktur des jetzigen Landes (ehemalige Bezirke Erfurt, Gera, Suhl, Landkreise Altenburg, Artern und Schmölln) dominierte 1989 das Produzierende Gewerbe. Über 52 Prozent der Beschäftigten entfielen auf diesen Bereich. Vergleicht man die Beschäftigtenstruktur, bezogen auf die Ausgangssituation 1989 und auf der Grundlage der Berufstätigenerhebung von November 1990 mit der der alten Bundesrepublik, ergeben sich deutliche Strukturunterschiede.

Tabelle 1: Wirtschaftsstruktur und Erwerbstätigkeit 1960, 1980, 1989 und 1990 (Anteil der Bereiche in Prozent)

	alte Bundesrepublik			Ostdtl.	Thüringen	
	1960	1980	1989	1989	1989	1990
Land- u. Forstwirtschaft	13,7	5,9	3,6	10,8	10,0	7,5
Produzierendes Gewerbe	47,9	44,8	38,8	40,8	52,5	51,0
Dienstleistungen	38,4	49,8	57,6	48,4	37,5	41,5

Im Verarbeitenden Gewerbe Thüringens waren 1991 34,6 Prozent der Erwerbstätigen beschäftigt. Thüringen lag damit im Vergleich zu den anderen neuen Bundesländern an der Spitze.

Die in Thüringen traditionell vertretenen Wirtschaftszweige, wie Glas und Keramik, Optik und Elektronik, Fahrzeugbau, Textil- und Bekleidungsindustrie, Spielwaren, Holzbe- und -verarbeitung sowie der Kalibergbau und die Nahrungs- und Genußmittelindustrie, waren überwiegend monostrukturiert und an wenigen Standorten konzentriert.

Im Prinzip gab es als Folge der Verstaatlichung zu Beginn der 70er Jahre keine mittelständische Industrie. Auch das Handwerk war stark unterrepräsentiert. Charakteristisch waren hohe Beschäftigungskonzentrationen, insbesondere im industriellen Bereich, an wenigen Standorten. Beispiele hierfür sind:

– Zeiss-Jena mit rund 27 000 Beschäftigten,
– Kalibergbau in Nord- und Südthüringen mit rund 24 000 Beschäftigten,
– Textilindustrie im Raum Apolda, Greiz, Altenburg und Worbis mit rund 25 000 Beschäftigten,

297

- Glas- und Keramikindustrie im Raum Ilmenau, Jena und Stadtroda mit rund 22 000 Beschäftigten,
- Büromaschinenbau mit den Standorten Sömmerda/Erfurt mit rund 19 000 Beschäftigten,
- Mikroelektronik Erfurt mit rund 11 000 Beschäftigten.

Beim Export war die überwiegende Anzahl der Unternehmen bis zur Wende fast ausschließlich auf den osteuropäischen Markt ausgerichtet. Ein Anteil von über 40 Prozent entfiel dabei auf die ehemalige Sowjetunion. Zu den Märkten Westeuropas und der EG hatte die Wirtschaft nur eingeschränkten Zugang.

Die Wirtschaft Thüringens erlebt wie die der anderen jungen Länder seit der Wiedervereinigung einen abrupten Übergang von der sozialistischen Planwirtschaft zur Marktwirtschaft. Der Umstrukturierungsprozeß hat in allen Bereichen einen Anpassungsschock ausgelöst. Die zahlreichen Probleme beim Umbau der Wirtschaft, wie hohe Arbeitslosigkeit und das teilweise Wegbrechen der alten Industriestrukturen, werden noch einige Zeit im Vordergrund stehen.

Die oben erwähnten Monostrukturen, mit häufig mehr als 50 Prozent der Beschäftigten des Verarbeitenden Gewerbes in einem Industriezweig, wirken sich im Umstrukturierungsprozeß besonders negativ aus. Rückläufige Entwicklungen bei einseitiger Branchenstruktur lassen sich nicht unmittelbar durch andere Branchen auffangen. Die Folge sind überdurchschnittlich hohe Arbeitslosenzahlen in einzelnen Regionen.

Konjunkturelle Entwicklung

Auf der anderen Seite belegen zahlreiche Daten und Fakten, daß Thüringen beim Umstrukturierungsprozeß erhebliche Fortschritte macht. Dies zeigen insbesondere die Fortschritte bei der Privatisierung der noch in Treuhandbesitz befindlichen Unternehmen, die hohen Wachstumsraten beim Bruttoinlandsprodukt und die zahlreichen Gewerbeanmeldungen.

1990 gab es 47 493 Gewerbeanmeldungen (netto), 1991 33 358 und 1992 14 920. Die Bereiche Handel und Dienstleistungen sind noch immer überdurchschnittlich stark vertreten. Positiv ist, daß sich der Anteil des produzierenden Bereiches (Industrie und Handwerk) 1992 von 12 auf 15 Prozent erhöht hat.

Der Handel verzeichnete einen leichten Rückgang, was darauf zurückzuführen ist, daß sich bereits im Vorjahr eine große Anzahl von Großmärkten und Kaufhausketten im Umfeld der Städte angesiedelt haben, die den derzeitigen Konsumbedarf weitestgehend decken. Im Bereich sonstige Dienstleistungen haben die Anmeldungen leicht zugenommen, was sich mit Sicherheit in der Zukunft fortsetzen wird. Dies trifft insbesondere für das Gastgewerbe und einen großen Teil der Freien Berufe zu. So ist zum Beispiel der Bedarf an Steuerberatern mit gegenwärtig 520 nur ungefähr zu einem Drittel abgedeckt, dies trifft auch auf andere Dienstleistungsbereiche zu.

Tabelle 2:   Gewerbean- und -abmeldungen in Thüringen 1991 und 1992 (Netto)

		1991		1992	
		Anzahl	Anteil Prozent	Anzahl	Anteil Prozent
Gesamt		33 358		14 920	
davon:	Industrie	1 449	4,3	1 174	7,9
	Handwerk	2 537	7,6	1 041	7,0
	Handel	13 143	39,4	5 086	34,1
	Sonstige	16 229	48,7	7 619	51,0
Quelle: Thüringer Landesamt für Statistik					

Für 1991 liegen nach Wirtschaftsbereichen gegliederte Zahlen für die Bruttowertschöpfung (unbereinigt) vor. Die unbereinigte Wertschöpfung betrug 1991 in Thüringen 28,5 Mrd. DM, im Unternehmensbereich 21,4 Mrd. DM. Ungefähr 44 Prozent des Unternehmenssektors entfallen auf das Produzierende Gewerbe. Für die Dienstleistungsunternehmen betrug die Bruttowertschöpfung rund 7,0 Mrd. Mark, das sind 24,5 Prozent der gesamten Bruttowertschöpfung und liegt weit unter dem Durchschnitt in Gesamtdeutschland.

Das Bruttoinlandsprodukt (BIP) Thüringens ist 1992 gegenüber 1991 nach einer vorläufigen Schätzung des Statistischen Landesamtes um 8,0 Prozent gestiegen. Im Gebiet der neuen Bundesländer insgesamt und Berlin (Ost) lag das BIP real um 6,1 über seinem Vorjahreswert; das Wirtschaftswachstum in Thüringen lag also weit über dem Durchschnitt. Bei den genannten Zahlen muß natürlich auch die niedrige Ausgangslage des Jahres 1991 berücksichtigt werden.

Tabelle 3:   Anteile der Wirtschaftsbereiche an der Bruttowertschöpfung in Prozent 1991 (unbereinigt)

	Thüringen	Deutschland
Land- und Forstwirtschaft, Fischerei	1,8	1,3
Produzierendes Gewerbe	33,5	39,6
Handel und Verkehr	15,1	14,6
Dienstleistungsunternehmen	24,5	30,4
Staat, private Haushalte und private Organisationen ohne Erwerbszweck	25,1	14,2
Quelle: Gemeinschaftsveröffentlichung der Statistischen Landesämter		

Das nominale Wachstum für das Land Thüringen, das heißt ohne Ausschalten der Preissteigerung, betrug 28,5 Prozent. Das BIP betrug 1991 in Thüringen 26,7 Mrd. DM, 1992 hingegen 34,4 Mrd. DM. Der Anteil Thüringens am Bruttoinlandsprodukt der Bundesrepublik betrug 1992 1,1 Prozent und am Bruttoinlandsprodukt des Beitrittsgebietes insgesamt 14,6 Prozent.

Tabelle 4: Bruttoinlandsprodukt der neuen Bundesländer und von Berlin (Ost) 1992 Ergebnisse der 2. Schätzung, Berechnungsstand 14.05.1993

Land	in jeweiligen Preisen		in konstanten Preisen[1]	Veränderungen gegenüber dem Vorjahr	
	1991	1992	1992	nominal	real[1]
	Mrd. DM			auf Prozent	
Berlin (Ost)	19,9	25,2	21,5	126,6	108,0
Brandenburg	31,5	39,0	33,1	124,0	105,2
Mecklenburg-Vorpommern	21,3	27,4	23,0	128,3	107,7
Sachsen	52,8	65,8	55,6	124,7	105,3
Sachsen-Anhalt	34,0	43,5	36,9	127,8	108,5
Thüringen	26,7	34,4	28,8	129,2	108,0
Neue Länder und Berlin (Ost)	186,2	235,3	198,9	126,4	106,8
Deutschland	2 798,8	3 007,3	2 853,9	107,4	102,0

1) Preisbasis 1991.

Quelle: Thüringer Landesamt für Statistik

Das hohe Wachstum in Thüringen wird sich auch in den nächsten Jahren fortsetzen, Motor dafür wird insbesondere die Bauwirtschaft und das Handwerk sein. Der konjunkturelle Abschwung in Westdeutschland und Europa trifft natürlich auch Thüringen, er wird die wirtschaftliche Erholung aber nicht zum Stillstand bringen.

Als Grundlage für die Ermittlung der Preisindizes wurde der Zeitraum vom 1. Juli 1990 bis zum 30. Juni 1991 festgelegt. Bis zum Januar 1992 stieg der Preisindex für die Lebenshaltung in Thüringen um insgesamt 15,7 Prozent. Am Ende des Jahres 1992 wurde eine Preissteigerung von 17,1 Prozent ermittelt. Dieser Preisanstieg ist insbesondere auf den schrittweisen Subventionsabbau und die Erhöhung der Grundmieten zurückzuführen.

Im Jahresdurchschnitt 1992 errechnete sich gegenüber 1992 eine Teuerungsrate von 8,1 Prozent.

Privatisierung

Die schnelle Privatisierung der früher volkseigenen Unternehmen ist eine der schwierigsten Aufgaben beim Übergang zur Marktwirtschaft.

In Thüringen hat die Treuhandanstalt mit ihren Niederlassungen in Erfurt, Gera und Suhl die Privatisierung der ehemaligen volkseigenen Betriebe mit weniger als 1 500 Beschäftigten übernommen. Insgesamt mußten allein in Thüringen 2 032 Betriebe privatisiert werden. Die Anzahl der Unternehmen erhöhte sich ständig durch Unternehmensentflechtungen. Bis Ende März 1993 wurden 2 210 Privatisierungen (868 Unternehmen, 1 280 Betriebsteile und 62 Bergwerksrechte) durchgeführt. Hiermit sind Investitionszusagen in Höhe von 12,6 Mrd. DM und 189 614 Beschäftigungszusagen verbunden.

Tabelle 5: Treuhand-Unternehmensportfolio / Thüringen 1992

Treuhandanstalt	in Zahlen abs.	in Prozent
Bestandsabbau		
Gesamtportfolio	2 083	
durch Fusion/Aufspaltung aufgelöst	60	
Forstwirtschaftsbetriebe	17	
hins. Treuhandbeteiligung in Prüfung	38	
Bergwerkseigentum (Rechte)	49	
Apothekenverwaltung	3	
Bruttobestand Unternehmen	1 916	100,0
Privatisierung (vollst. mehrh.)	860	44,9
vollst. priv. Gesellschaften	811	94,3
mehrh. priv. Gesellschaften	49	5,7
Reprivatisierung (vollst.)	161	8,4
Kommunalisierung (vollst.)		
Besitzeinweisung von Gesellschaften	70	3,7
vollst. kom. Gesellschaften	62	88,6
Besitzeinweisung von Gesellschaften	8	11,4
Liquidation	383	20,0
in Bearbeitung	377	98,4
abgeschlossen	6	1,6
Nettobestand Unternehmen	442	23,1

Quelle: Treuhandbericht 12/1992

Das Kaufinteresse der Investoren konzentrierte sich auf verkehrmäßig gut erschlossene Gebiete und damit insbesondere auf die Ost-West-Verbindung Eisenach–Gotha–Gera. Insgesamt wurden 77 Unternehmen und Betriebsteile von ausländischen Investoren erworben. Sie haben 12 139 Beschäftigungszusagen und Investitionszusagen in Höhe von 2,8 Mrd. DM gegeben.

Die Treuhand hält noch an rund 340 Unternehmen mit ungefähr 30 000 Beschäftigten eine Mehrheitsbeteiligung. Die meisten Treuhandbetriebe weisen in der Regel eine negative Umsatzrendite auf.

Das Thüringer Ministerium für Wirtschaft und Verkehr hat in Zusammenarbeit mit dem Verband der Wirtschaft, den Kammern und Gewerkschaften verschiedene regional und strukturpolitisch bedeutsame Unternehmen benannt, die momentan schwer zu privatisieren sind, aber als sanierungsfähig eingestuft wurden. Die Landesregierung beabsichtigt, gemeinsam mit der Treuhand und dem privaten, öffentlichen und genossenschaftlichen Bankenbereich eine Privatisierungslösung zu finden.

2. Wirtschaftsbereiche

Landwirtschaft

Die Landwirtschaft Thüringens hat in historisch kurzer Zeit einen enormen Strukturwandel vollzogen. Dieser Prozeß ist noch in vollem Gange. Im Zuge dieses Strukturwandels sind in Thüringen aus ca. 600 landwirtschaftlichen Produktionsgenossenschaften (LPG) und volkseigenen Gütern (VEG) 438 Unternehmen mit der Rechtsform juristische Personen, 2 649 Wieder- und Neueinrichter im Haupt- und Nebenerwerb sowie 107 Personengesellschaften hervorgegangen.

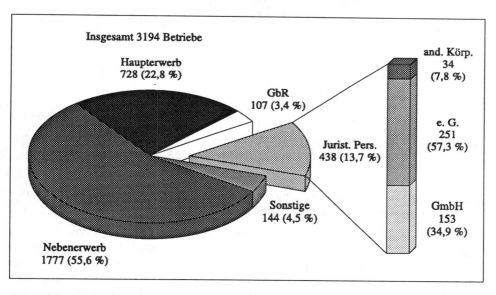

Abbildung 1: Anteil der Rechtsformen an den landwirtschaftlichen Betrieben in Thüringen (Stand: 30.08.1992)

Quelle: Anpassungshilfe, Stand: 30.08.1992

Die Umwandlung der ehemaligen LPG erfolgte zum überwiegenden Teil in die Rechtsform einer eingetragenen Genossenschaft (e.G.). 187 LPG wandelten sich in die Rechtsform GmbH oder AG um. Der größte Zuwachs im Bereich der natürlichen Personen ist 1992 bei den Gesellschaften bürgerlichen Rechts (GbR) zu verzeichnen. Sie bewirtschafteten im August 1992 eine Fläche, die fünfmal so groß war wie im Februar 1991. Die Anteile der Betriebe juristischer Personen an der Fläche, dem Arbeitsvermögen und am Tierbestand verringerten sich um jeweils etwa zehn Prozent zugunsten der natürlichen Personen.

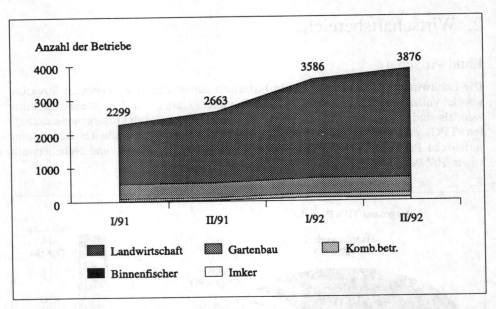

Abbildung 2:   Anzahl der Anträge auf Anpassungshilfe von Thüringer Agrarbetrieben
(inkl. Gartenbau, Binnenfischerei und Imkerei) 1991 und 1992

Die Zahl der Gartenbaubetriebe stieg seit 1989 bis Ende 1992 auf 455, die der Imker
auf 80 und die der Binnenfischereibetriebe auf 31.

Die Zahl der Beschäftigten ist seit der Wende bedingt durch die Umstrukturierung der
Landwirtschaft auf ein Viertel geschrumpft. Gab es 1989 noch 128 000 Beschäftigte
in der Thüringer Landwirtschaft, sind es zur Zeit noch 28 400. Etwa 15 Prozent der
Menschen, die 1989 zum Bereich Landwirtschaft gerechnet wurden, waren allerdings
nicht direkt in der Landwirtschaft tätig. Sie haben in Nebenbetrieben wie Bau- oder
Handwerksbrigaden gearbeitet.

Von den in der Land- und Forstwirtschaft Thüringens Beschäftigten werden nahezu
1,3 Mill. Hektar bewirtschaftet und gepflegt. Das entspricht rund 80 Prozent der
Landesfläche. Als Trinkwasserschutzzonen sind 335 970 Hektar ausgewiesen, davon
53 930 Hektar in Zone II. Als benachteiligte Gebiete wurden 45,8 Prozent der landwirtschaftlich genutzten Fläche eingestuft. In Thüringen stehen pro Kopf der Bevölkerung 29 ar landwirtschaftliche Nutzfläche zur Verfügung, im Durchschnitt Deutschlands sind es 21 ar.

Im Zuge des Strukturwandels sind die Tierbestände stark geschrumpft. Die Zahl der
Rinder reduzierte sich seit 1989 um 46 Prozent auf rund 476 000 Stück im Dezember
1992. Die Zahl der Schweine sank im gleichen Zeitraum sogar um 58 Prozent auf gut
755 000 Tiere. Dieser Bestandsabbau war nicht im Interesse der Thüringer Landwirt-

schaft. Er ist eine der Ursachen dafür, daß die Milchreferenzmenge im Milchjahr 1992/93 nur zu 92 Prozent ausgeschöpft wurde und der Selbstversorgungsgrad bei Schweinefleisch in Thüringen auf 55 Prozent zurückgegangen ist. Die Marktleistung je Kuh stieg 1992 auf 4 850 Kilogramm Milch und erreichte das Niveau der alten Bundesländer.

Die Zahl der 1989 meist völlig überalterten Schlachthöfe hat sich von 16 im Jahr 1989 auf 8 Mitte 1993 halbiert. Ähnlich war auch die Entwicklung bei den Molkereien. 1989 gab es in Thüringen 14 Molkereien, Mitte 1993 sind es noch 5. Die Anzahl sowohl der Schlachthöfe als auch der Molkereien wird sich mit der Fertigstellung der Neuinvestitionen weiter reduzieren.

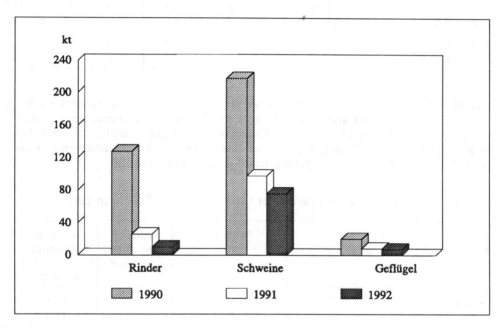

Abbildung 3:   Schlachtmenge in Thüringer Schlachthöfen1990 bis 1992

Quelle: Thüringer Landesamt für Statistik

Thüringen hat ein umfassendes Investitionspaket für die Ernährungswirtschaft aufgelegt. Für den Zeitraum zwischen 1991 und 1993 umfaßt es ein Investitionsvolumen in Höhe von 780 Mill. DM. Fleisch- und Milchbereich stehen dabei mit 50 Prozent des Gesamtvolumens im Vordergrund.

Damit werden in allen Bereichen konkurrenzfähige Kapazitäten geschaffen. Die Landwirte sollen an der Wettbewerbskraft der Branche über angemessene Erzeugerpreise, die ihre Einkommenssituation verbessern, teilhaben.

305

Tabelle 6: Investitionen in der Ernährungswirtschaft Thüringens zur Marktverbesserung (ohne Tierkörperbeseitigung und Zierpflanzen) 1991 bis 1993

Bereich	Investitionskosten	Zuschüsse		Anzahl der	
		EG	national	Vorhaben	Standorte
	Mill. DM	Mill. DM			
Vieh und Fleisch	240,6	23,0	70,9	5	5
Milch	157,8	28,1	42,0	16	5
Geflügel	31,3	3,0	9,3	2	2
Getreide	152,7	21,8	45,7	38	33
Kartoffeln	48,0	6,4	14,1	11	10
Obst/Gemüse	68,7	9,7	20,1	14	13

Wesentlich ist es, solche Strukturen im Verarbeitungs- und Vertriebsbereich zu fördern, die einerseits marktkonforme Angebote ermöglichen, andererseits den Landwirten Entscheidungsalternativen für den Absatz ihrer Erzeugnisse eröffnen. Von daher unterstützt das Land Thüringen gemischte Strukturen von Unternehmen mit unterschiedlicher Größe und überzeugenden Konzepten in allen Bereichen.

Tabelle 7: Ausgewählte Kennzahlen der Landwirtschaft in Thüringen 1992

	Thüringen	Anteil an Deutschland in Prozent	Anteil an den neuen Bundesländern in Prozent
Territorium	16 251 km^2	4,5	15,1
Einwohner	2 602 Mill.	3,3	16,3
Arbeitskräfte in der Landwirtschaft	28 400 AK	3,3	16,4
Forstfläche	533 423 ha	5,6	17,9
Landwirtschaftlich genutzte Fläche	764 709 ha	4,5	14,2
Grünland	144 019 ha	2,7	14,3
Ackerfläche	614 987 ha	5,3	14,4
Getreide	353 446 ha	5,4	15,7
Ölsaaten	69 365 ha	6,0	12,4
Kartoffeln	9 407 ha	2,6	8,3
Zuckerrüben	17 224 ha	3,2	10,9

Tabelle 7: Ausgewählte Kennzahlen der Landwirtschaft in Thüringen 1992 – Fortsetzung

	Thüringen	Anteil an Deutschland in Prozent	Anteil an den neuen Bundesländern in Prozent
Rinder	475 857 Stück	2,9	16,3
davon Milchkühe	171 898 Stück	3,1	15,4
Schweine	755 455 Stück	2,8	16,9
Schafe	221 562 Stück	8,6	29,7
Milchmarktproduktion (natürl. Fettgehalt)	812 807 t	3,2	18,6
Bruttowertschöpfung der Land- und Forstwirtschaft 1991	ca. 400 Mill. DM	1,5	15,6

Baugewerbe

Das Baugewerbe verzeichnete insgesamt eine sehr positive Entwicklung, die sich 1992 noch verstärkte. Wesentliche Merkmale des Aufschwungs sind (Vergleich Januar 1991: Dezember 1992) ein Zuwachs von 554 Betrieben, die Erhöhung der Beschäftigtenzahl um 11 200 und eine Umsatzsteigerung von 170 Mill., was 150 Prozent im Jahresvergleich entspricht. 1992 erzielten die vom Statistischen Landesamt befragten Betriebe einen Gesamtumsatz von 4,8 Mrd. DM. Das waren 42,6 Prozent mehr als 1991.

Diese positive Entwicklungstendenz kommt sowohl im Bauhauptgewerbe als auch im Ausbaugewerbe zum Ausdruck. Das Bauhauptgewerbe verzeichnete im Bewertungszeitraum einen Zuwachs von 358 Betrieben, eine Erhöhung der Beschäftigtenzahl um 4 353 Personen und einen Umsatzzuwachs von 118 Mill. DM. Im Ausbaugewerbe erfolgte im gleichen Zeitraum ein Beschäftigtenzuwachs von 6 852 Personen und ein Umsatzzuwachs von 51,4 Mill. DM.

Die positive Entwicklung im Baubereich wurde vor allem durch Aufträge im gewerblichen und industriellen Bau, durch die öffentliche Hand und den Verkehrsbereich getragen. So betrug der Anteil des baugewerblichen Umsatzes 1991 im gewerblichen und industriellen Bau 36,8 Prozent und im Öffentlichen Bau und Verkehrsbau 42,1 Prozent. Die genannten Bereiche machten damit 1991 78,9 Prozent des baugewerblichen Gesamtumsatzes aus, im Jahr 1992 sogar 87,6 Prozent.

Mit dem gestiegenen Auftragsbestand im III. und IV. Quartal 1992 sind hervorragende Voraussetzungen für eine weitere positive Entwicklung gegeben. Die wertmäßigen Auftragseingänge haben im Monatsdurchschnitt 1992 gegenüber 1991 um 51,5 Prozent zugenommen. Allerdings hat die Baupreisentwicklung dies mit beeinflußt. Insbesondere der gewerbliche und industrielle Tiefbau ist gegenüber dem Vorjahr um 79 Prozent gewachsen. Eine hohe Zuwachsrate wies auch der sonstige öffentliche Tiefbau mit 74,4 Prozent und der gewerbliche und industrielle Hochbau mit 66 Prozent auf. Die wertmäßigen Auftragsbestände lagen Ende 1992 mit 1,8 Mrd. Mark um 13,2 Prozent über dem Quartalsdurchschnitt 1992 und damit 50,4 Prozent höher als am Jahresende 1991.

In den Unternehmen des Baugewerbes wurden 1991 für 464 Mill. DM Anlageinvestitionen aktiviert, davon im

– Bauhauptgewerbe   391 Mill. DM,
– Ausbaugewerbe   73 Mill. DM.

Der Wohnungsbau wird sich in Thüringen in nächster Zeit mit Sicherheit zu einer Wachstumslokomotive entwickeln. In Thüringen fehlen zur Zeit 100 000 Wohnungen, so daß auch dieser Bereich in Schwung kommen wird. Dies ist natürlich stark von der Klärung der Eigentumsfragen abhängig.

Der Bauwirtschaft in Thüringen bieten sich in den nächsten Jahren hervorragende Perspektiven.

Tabelle 8:   Entwicklung des Baugewerbes in Thüringen 1991 und 1992

	1991		Monats-durchschn.	1992		Monats-durchschn.	Monats-durchschn. 91 : 92 Prozent	Monats-durchschn. 91 : 92 absolut
	Jan.	Dez.	1991	Jan.	Dez.	1992		
Anzahl Betriebe	405	613	495	644	959	754	152,0	+ 259
Anz. Beschäftigte	51 990	53 493	51 401	52 702	63 195	56 440	109,8	+5 039
Gesamtumsatz Mill. DM	191,1	552,3	342,8	241,6	977,8	512,6	149,5	+169,8
Baugew. Umsatz Mill. DM	179,7	524,2	322,6	228,0	942,8	489,1	151,6	+166,5
Gesamtumsatz je Beschäftigten DM	3 676	10 325	6 669	4 584	15 473	9 082	136,2	+2 413
Tätige Personen je Betrieb	128	87	104	82	66	75	72,1	– 29

Tabelle 9:   Entwicklung des Bauhauptgewerbes in Thüringen 1991 und 1992

	1991 Jan.	1991 Dez.	Monats-durchschn. 1991	1992 Jan.	1992 Dez.	Monats-durchschn. 1992	Monats-durchschn. 91 : 92 Prozent	Monats-durchschn. 91 : 92 absolut
Anzahl Betriebe	270	407	327	431	628	497	152,0	+ 170
Anz. Beschäftigte	42 758	41 856	41 357	41 054	47 111	43 212	104,5	+1 855
Gesamtumsatz Mill. DM	153,9	427,8	277,9	182,6	732,2	396,3	142,6	+118,4
Baugew. Umsatz Mill. DM	145,6	408,0	262,4	173,9	714,5	381,1	145,2	+118,7
Gesamtumsatz je Beschäftigten DM	3 599	10 222	6 741	4 448	15 543	9 029	133,9	+2 288
Tätige Personen je Betrieb	158	103	126	95	75	87	68,2	− 41

Tabelle 10: Entwicklung des Ausbaugewerbes in Thüringen 1991 und 1992

	1991 Jan.	1991 Dez.	Monats-durchschn. 1991	1992 Jan.	1992 Dez.	Monats-durchschn. 1992	Monats-durchschn. 91 : 92 Prozent	Monats-durchschn. 91 : 92 absolut
Anzahl Betriebe	135	206	168	213	331	257	153,0	+ 89
Anz. Beschäftigte	9 232	11 637	10 043	11 648	16 084	13 227	131,7	+3 184
Gesamtumsatz Mill. DM	37,2	124,4	64,9	59,0	245,6	116,3	179,2	+ 51,4
Baugew. Umsatz Mill. DM	34,1	116,2	60,2	54,1	228,3	108,1	180,0	+ 47,9
Gesamtumsatz je Beschäftigten DM	4 031	10 691	6 462	5 064	15 269	8 792	134,8	+2 202
Tätige Personen je Betrieb	68	56	60	55	49	52	86,7	− 8

Bergbau und Verarbeitendes Gewerbe

Verarbeitendes Gewerbe

Der Strukturanpassungsprozeß im Bergbau und Verarbeitenden Gewerbe führte im Zeitraum 1991/92 zu wesentlichen Veränderungen. Die Zahl der Betriebe reduzierte sich um 285, es wurden 282 450 Arbeitsplätze abgebaut, und der Umsatz sank auf 97,6 Prozent im Vergleich zum Vorjahr ab. Dabei zeichnet sich ein breiter Differenzierungsprozeß innerhalb der Wirtschaftszweige und Branchen ab, der wesentlich durch den erreichten Privatisierungsstand, die schwierige Absatzsituation und fehlende Wettbewerbsfähigkeit in einigen Branchen beeinflußt wurde. In der gegenwärtigen Situation ist auch weiterhin das Investitionsgüter produzierende Gewerbe mit 509 Betrieben, fast 70 000 Beschäftigten und 415 Mill. DM Umsatz im Monat (Jahresdurchschnitt) dominierend.

Der zweitgrößte Wirtschaftszweig ist das Verbrauchsgüter produzierende Gewerbe mit 405 Betrieben, 32 280 Beschäftigten und einer durchschnittlichen Monatsumsatzhöhe von 194 Mill. DM. Nach der Betriebs- und Beschäftigtenanzahl folgt das Grundstoff- und Produktionsgütergewerbe mit 187 Betrieben und 16 785 Beschäftigten sowie das Nahrungs- und Genußmittelgewerbe mit 160 Betrieben und 13 201 Beschäftigten.

Gravierende Veränderungen in der Branchenstruktur betrafen hinsichtlich der Anzahl der Betriebe

- das Verbrauchsgüter produzierende Gewerbe mit insgesamt – 144 Betrieben,
  darunter Holzverarbeitung mit – 42 Betrieben;
- Textilgewerbe mit – 30 Betrieben;
- Bekleidungsgewerbe mit – 25 Betrieben und
- Musikinstrumente/Spielwaren mit – 20 Betrieben.

Im Wirtschaftszweig Investitionsgüter produzierendes Gewerbe betraf der Abbau besonders

- die Elektrotechnik mit – 28 Betrieben;
- den Maschinenbau mit – 24 Betrieben und die
- Herstellung von EBM-Waren mit – 23 Betrieben.

Auch im Bereich des Ernährungsgewerbes erfolgte eine Reduzierung um 49 Betriebe. Damit war zugleich ein gravierender Arbeitsplatzabbau in den Branchen

- Elektrotechnik mit – 40 443 Arbeitsplätzen;
- Maschinenbau mit – 35 437 Arbeitsplätzen;
- Feinmechanik/Optik mit – 26 562 Arbeitsplätzen;
- Textilgewerbe mit – 21 801 Arbeitsplätzen;
- Büromaschinenbau mit – 17 954 Arbeitsplätzen;
- Bergbau mit – 12 661 Arbeitsplätzen

verbunden.

Bei dem genannten Strukturanpassungsprozeß zeichnet sich jedoch bereits eine Stabilisierung ab. Dies kommt zum Beispiel in der Neugründung von Industrieunternehmen zum Ausdruck; 1991 wurden in diesem Bereich 1 449 Netto-Gewerbeanmeldungen und 1992 1 174 Netto-Gewerbeanmeldungen registriert. Obwohl der Anteil an den gesamten Gewerbeanmeldungen damit relativ gering bleibt (1991 Anteil 4,3 Prozent und 1992 7,9 Prozent) zeigen diese Unternehmensgründungen das Bestreben zum Aufbau einer mittelständischen Industriestruktur.

Der sich auf niedriger Ausgangsbasis abzeichnende Zuwachs von Betrieben in einzelnen Branchen im Jahresvergleich 1991/92, wie bei Kunststoffwaren, Feinmechanik/Optik, Stahlverformung, Stahl- und Leichtmetallbau, Holzbearbeitung und Bergbau, kennzeichnet gleichermaßen den beginnenden Stabilisierungsprozeß. Der Arbeitsplatzabbau hat sich ebenfalls stark abgeschwächt.

Die Umsatzentwicklung verlief im Monatsvergleich sehr unterschiedlich; im Jahresvergleich gab es jedoch nur eine geringe Schwankungsbreite. Während in den Wirtschaftszweigen Bergbau, Grundstoff- und Produktionsgütergewerbe und Verbrauchsgüter produzierendes Gewerbe leichte Zuwächse zu verzeichnen waren, weisen das Investitionsgüter produzierende Gewerbe und das Nahrungs- und Genußmittelgewerbe noch Rückgänge auf. Insgesamt betrugen die Umsätze im Bergbau und im Verarbeitenden Gewerbe 1992 12,9 Mrd. DM. Im Vergleich zu 1991 sind das 2,3 Prozent bzw. 301 Mill. DM weniger Umsätze. Im Monatsdurchschnitt betrugen die Umsätze 1991 1 104 Mill. DM und 1992 1 077 Mill. DM (vgl. Tabelle 11).

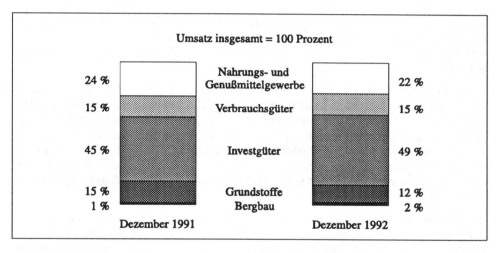

Abbildung 4: Umsatz der Hauptgruppen im Verarbeitenden Gewerbe in Thüringen 1991 und 1992

Quelle: Thüringer Landesamt für Statistik

Gemessen an der Basis (2. Halbjahr 1990 = 100) lag der Auftragseingang 1992 im Monatsdurchschnitt bei 67,4 Prozent, die Auslandsaufträge im Monatsdurchschnitt 1992 bei 38,2 Prozent.

Im Jahr 1992 wurden 4 224 Mill. DM an Löhnen und Gehältern gezahlt. Dies sind gegenüber 1991 799 Mill. DM (16 Prozent) weniger. Die durchschnittliche Lohn- bzw. Gehaltssumme je Beschäftigten betrug im Monatsdurchschnitt 1992 2 287 DM und hat sich damit gegenüber 1991 um 81 Prozent erhöht (vgl. Tabellen 12 und 13).

In den Betrieben des Verarbeitenden Gewerbes und des Bergbaus wurden 1991 Investitionen von 1 499 Mill. DM aktiviert:

– Investitionsgüter produzierendes Gewerbe   702 Mill. DM,
– Verbrauchsgüter produzierendes Gewerbe   285 Mill. DM,
– Grundstoff- und Produktionsgütergewerbe   256 Mill. DM,
– Nahrungs- und Genußmittelgewerbe   208 Mill. DM.

Bergbau

Der Bergbau in Thüringen war vor dem Beitritt zur Bundesrepublik Deutschland durch den Kalibergbau und die Uranerzgewinnung in der SDAG Wismut geprägt. Der aktive Bergbau der Wismut ist auf der Grundlage des Überleitungsvertrages zwischen der Bundesrepublik Deutschland und der UdSSR vom 09.10.1990 zum Ende des Jahres 1990 eingestellt worden. Anschließend wurde mit der Stillegung der Bergbaubetriebe, der Sanierung kontaminierter Flächen und Rekultivierungsarbeiten begonnen. Nach Inkrafttreten des deutsch-sowjetischen Regierungsabkommens wurde die SDAG Wismut am 20.12.1991 in eine Wismut GmbH als Betrieb des Bundes umgewandelt. Die ehemaligen Bergbau- und Aufbereitungsbetriebe waren bereits 1991 in fünf unselbständige Sanierungsbetriebe zusammengefaßt worden. Drei dieser Betriebe (Ronneburg, Drosen und Seelingstädt) liegen in Thüringen.

Von neun Thüringer Kaliwerken wurden bis 1992 sechs stillgelegt. Die Kalikapazitäten in Thüringen wurden von 2,5 auf ungefähr 1,35 Mill. Tonnen im Jahr reduziert. Die Auslastung der verbleibenden Betriebe ist sehr unterschiedlich und liegt im Durchschnitt bei ungefähr 50 Prozent. Von der Treuhandanstalt und der Kali & Salz AG Kassel wurde ein Modell zur Fusionierung der deutschen Kaliindustrie beschlossen, das die Stillegung von zwei weiteren Standorten in Merkers und Bischofferode vorsieht. An den monostrukturierten stillgelegten Standorten sind noch Sanierungsbetriebe tätig.

Bei der Gewinnung und Verarbeitung von Steinen und Erden ist in Thüringen ein Aufwärtstrend zu verzeichnen. Der Bedarf an kostengünstig lieferbaren Massenbaustoffen ist angesichts des Aufschwungs in der Baubranche stark angestiegen, so daß die Unternehmen in Thüringen nur 60 Prozent der Nachfrage abdecken können. Der starke Produktionsanstieg resultierte vor allem aus dem schnellen Verkauf des bestehenden Bergwerkeigentums durch die Treuhandanstalt und einem erheblichen Ansteigen der Produktivität.

Tabelle 11: Umsatzentwicklung im Bergbau und im Verarbeitenden Gewerbe in Thüringen 1991 und 1992 (in Mill. DM)

Wirtschaftszweig/ Branchen	1991			1992			Monats- durchschn. 91 : 92 Prozent	Monats- durchschn. 91 : 92 absolut
	Jan.	Dez.	Monats- durchschn.	Jan.	Dez.	Monats- durchschn.		
Thüringen insges.	1 198	1 188	1 104	936	1 238	1 077	97,6	−27
Bergbau	18,8	16,0	18,0	13,0	27,4	26,0	144,4	+ 8,0
Grundstoff- und Prod.gütergewerbe	132,5	176,2	169,0	181,0	145,0	180,0	106,5	+11,0
Gew. u. Verarb. v. Steinen/Erden	26,2	34,8	40,8	31,9	57,9	65,1	159,6	+24,3
Gießereien	12,6	6,7	10,1	9,5	6,7	8,2	81,2	− 1,9
Chem. Industrie	30,2	60,3	49,4	76,4	34,9	47,2	95,5	− 2,2
Holzbearbeitung	9,6	5,9	7,9	6,4	7,9	9,3	117,7	+ 1,4
Zellstoff/Papier/ Pappe	12,6	14,8	15,1	19,5	11,9	16,3	107,9	+ 1,2
Gummiverarbeit.	12,9	12,4	12,8	13,8	9,6	13,8	107,8	+ 1,0
Investit.güter prod. Gewerbe	543,3	532,0	437,0	315,0	598,0	414,0	94,7	−23,0
Stahl- u. Leicht- metall	16,2	14,3	15,1	14,9	30,2	21,5	142,4	+ 6,4
Maschinenbau	107,9	239,6	154,9	80,7	226,9	124,5	80,4	−30,4
Stahlverformung	5,2	6,0	6,1	7,9	5,6	6,7	109,8	+ 0,6
Straßenfahrz.bau	130,3	78,9	87,3	72,1	109,2	86,9	99,5	− 0,4
Elektrotechnik	95,2	109,4	95,4	83,8	108,1	93,1	97,6	− 2,3
Feinmech./Optik	34,2	31,0	24,3	13,5	45,0	27,3	112,3	+ 3,0
Herst. EBM-W.	31,3	31,5	29,6	28,8	22,3	28,3	95,6	− 1,3
Büromaschinen	14,3	20,8	18,2	12,7	38,6	19,7	108,2	+ 1,5
Verbrauchsgüter prod. Gewerbe	206,8	174,5	193,0	179,0	192,0	194,0	100,5	+ 1,0
Musiki./Spielw.	7,6	10,5	11,7	6,6	8,5	10,4	88,9	− 1,3
Feinkeramik	13,6	14,6	14,9	12,1	13,6	14,3	96,0	− 0,6
Herst. u. Verarb. von Glas	27,4	21,0	26,0	25,0	19,3	25,6	98,5	− 0,4
Holzverarbeit.	48,9	46,9	48,8	46,8	55,3	48,6	99,6	− 0,2
Papier-/Pappev.	7,2	9,5	9,7	12,1	10,9	11,9	122,7	+ 2,2
Druckereien	18,2	19,8	17,7	21,5	23,8	22,4	126,6	+ 4,7
Herst. v. Kunst- stoffwaren	14,4	11,5	12,2	13,4	24,1	19,1	156,6	+ 6,9
Ledererzeugung	7,0	6,1	7,8	5,1	3,3	4,7	60,3	− 3,1
Lederverarbeit.	5,6	5,7	6,4	5,5	7,4	7,3	114,1	+ 0,9
Textilgewerbe	24,0	21,6	22,8	24,1	18,4	21,9	96,1	− 0,9
Bekleidungsgew.	11,8	6,9	11,8	6,3	6,7	7,3	61,9	− 4,5
Nahrungs- und Genußmittelgew.	296,5	289,2	287,0	248,3	276,0	262,0	91,3	−25,0
Ernährungsgew.	224,4	233,3	219,7	209,0	222,0	208,1	94,7	−11,6

Tabelle 12: Beschäftigungsentwicklung im Bergbau und im Verarbeitenden Gewerbe in Thüringen 1991 und 1992 (Personen)

Wirtschaftszweig/ Branchen	1991			1992			Monats-durchschn. 91 : 92 Prozent	Monats-durchschn. 91 : 92 absolut
	Jan.	Dez.	Monats-durchschn.	Jan.	Dez.	Monats-durchschn.		
Thüringen insges.	417 298	244 402	331 018	176 339	134 848	153 785	46,5	−177 220
Bergbau	16 459	6 553	11 435	6 371	3 797	4 938	43,2	− 6 503
Grundstoff- und Prod.gütergewerbe	43 101	25 027	34 462	21 155	16 758	19 081	55,4	− 15 348
Gew. u. Verarb. v. Steinen/Erden	9 165	5 874	7 806	4 984	4 983	5 111	65,5	− 2 695
Gießereien	3 849	2 307	2 339	2 122	1 753	1 922	82,2	− 417
Chem. Industrie	12 009	7 229	9 771	5 979	4 413	5 071	51,9	− 4 700
Holzbearbeitung	2 554	1 117	1 791	1 171	1 060	1 161	64,8	− 630
Zellstoff/Papier/ Pappe	2 291	1 635	1 993	1 352	1 142	1 273	63,9	− 720
Gummiverarbeit.	4 934	2 328	3 487	2 320	1 837	2 083	59,7	− 1 404
Investit.güter prod. Gewerbe	227 821	136 212	184 001	87 794	68 802	77 178	42,0	−106 657
Stahl- u. Leicht-metall	4 788	3 725	4 123	3 889	3 743	3 810	92,4	− 313
Maschinenbau	57 199	34 773	47 302	27 250	21 762	24 928	52,7	− 22 374
Stahlverformung	1 825	1 620	1 779	1 572	1 549	1 540	86,6	− 239
Straßenfahrz.bau	31 255	16 214	22 375	8 629	8 431	8 367	37,4	− 14 008
Elektrotechnik	55 604	30 168	42 557	21 122	15 161	17 879	42,0	− 24 678
Feinmech./Optik	36 912	25 993	29 124	12 561	10 350	10 529	36,2	− 18 595
Herst. EBM-W.	18 036	11 044	14 342	7 561	5 239	6 117	42,7	− 8 225
Büromaschinen	19 769	12 459	16 809	5 035	1 815	2 874	17,1	− 13 935
Verbrauchsgüter prod. Gewerbe	103 784	57 844	78 640	44 222	32 280	37 964	48,2	− 40 857
Musiki./Spielw.	9 011	4 588	6 811	3 096	2 405	2 816	41,3	− 3 995
Feinkeramik	11 690	6 840	8 784	5 629	4 716	5 146	58,6	− 3 638
Herst. u. Verarb. von Glas	11 417	5 898	8 477	5 672	4 628	5 159	60,8	− 3 318
Holzverarbeit.	15 066	9 719	12 290	8 898	6 230	7 456	60,7	− 4 834
Papier-/Pappev.	2 219	1 809	2 152	1 622	1 414	1 502	69,8	− 650
Druckereien	3 478	2 790	2 893	2 555	2 177	2 373	82,0	− 520
Herst. v. Kunst-stoffwaren	5 320	2 481	3 751	2 484	2 758	2 617	69,8	− 1 134
Ledererzeugung	1 521	1 004	1 213	877	340	675	55,6	− 538
Lederverarbeit.	7 324	4 903	6 121	2 795	1 415	2 073	33,9	− 4 048
Textilgewerbe	25 540	11 571	17 399	6 702	3 739	5 072	29,1	− 12 327
Bekleidungsgew.	10 443	6 174	8 437	3 828	2 396	3 013	35,7	− 5 424
Nahrungs- und Genußmittelgew.	26 133	18 766	22 481	16 797	13 211	14 623	65,1	− 7 855
Ernährungsgew.	23 809	17 432	20 569	15 671	12 316	13 623	66,2	− 6 946

Tabelle 13: Bergbau und Verarbeitendes Gewerbe (Gesamtübersicht) 1991 und 1992

	Einheit	Monatsdurchschnitt	
		1991	1992
Betriebe	Anzahl	1 615	1 290
Tätige Personen	1000	331	154
Löhne und Gehälter	Mill. DM	419	352
Gesamtumsatz	Mill. DM	1 104	1 077
Lohn/Gehalt je tätige Person	DM	1 264	2 287
Umsatz je tätige Person	DM	3 335	6 988
Tätige Personen je Betrieb	Anzahl	205	119
Exportquote	Prozent	16,4	12,4

Energiewirtschaft

Die energiepolitische Situation hat sich in den vergangenen Jahren durch gravierende politische Entwicklungen, wie die Wiedervereinigung Deutschlands und die Umwälzungen in Osteuropa, aber auch durch ökologische Probleme, wie Treibhauseffekt und Ozonloch, grundlegend verändert. Die Energiewirtschaft in der ehemaligen DDR war durch zentrale Planung, Autarkie und Dirigismus geprägt. Eine möglichst schnelle energiewirtschaftliche Integration der neuen Bundesländer macht die rasche Umstellung auf marktwirtschaftliche Steuerungsprinzipien erforderlich. Dies gilt natürlich auch für Thüringen.

Im Energiebereich ist es insbesondere erforderlich, die einseitige Abhängigkeit von der Braunkohle zu beseitigen und durch eine ausgewogene Energieträgerstruktur zu ersetzen.

In den Betrieben der Energie- und Wasserversorgung sowie der Abwasserbehandlung waren Ende 1992 nach Angaben des Statistischen Landesamtes rund 13 000 Beschäftigte tätig.

Stromversorgung

Wichtigste Aufgabe in der Stromversorgung ist die Verbesserung der Versorgungsqualität und die Gewährleistung der Versorgungssicherheit. In einem engen Zusammenhang damit steht der bedarfsgerechte Ausbau von Verbundleitungen zur Einbindung in das westeuropäische Verbundnetz auf den entsprechenden Qualitätsstandards und die Bereitstellung von ausreichenden Reservekapazitäten. Damit verbunden ist selbstverständlich auch der Bau der entsprechenden Hochspannungsleitungen. Dies zeigt auch die nach längerer Diskussion erfolgte Zustimmung der Hessischen Landesregierung zum Bau der wichtigsten Ost-West-Verbindung zwischen Thüringen und Hessen. Die Trasse zwischen Vieselbach und Mecklar wird zur Zeit errichtet. Nach Fertigstellung des hessischen Teilstückes kann die neue Verbindung voraussichtlich im Frühjahr 1994 in Betrieb gehen. Bereits Ende 1991 wurde eine weitere Hochspannungsleitung von Redwitz in Bayern nach Remptendorf in Thüringen fertiggestellt.

Mit der Einbindung in das westeuropäische Verbundnetz werden auch die neuen Bundesländer über die Stromqualität verfügen, die in den Alt-Bundesländern schon lange Standard ist. Damit wird gleichzeitig eine wichtige Voraussetzung für Ansiedlung und Bestand konkurrenzfähiger Unternehmen in Thüringen erfüllt.

Der Strombedarf in Thüringen wird im wesentlichen durch das Verbundunternehmen VEAG gedeckt. Für die Flächenversorgung sind die regionalen Stromversorger ENAG, OTEV und SEAG verantwortlich, die zur Zeit noch Treuhandunternehmen sind. Entsprechend dem sogenannten Stromvertrag ist die Bayernwerk AG mit der Geschäftbesorgung beauftragt. Gegen diesen Stromvertrag klagen seit dem vergangenen Jahr mehr als 160 ostdeutsche Kommunen vor dem Bundesverfassungsgericht in Karlsruhe. Die Kommunen kritisieren insbesondere die Festlegung im Einigungsvertrag, wonach ihnen im Bereich der Regionalversorgung lediglich eine Beteiligung von 49 Prozent zusteht und die großen Stromkonzerne die Mehrheit besitzen. Unabhängig vom Ausgang der Verfassungsbeschwerde haben die ENAG, OTEV und SEAG in Thüringen mit über 90 Prozent der Kommunen Konzessionsverträge abgeschlossen. Die Landesregierung hält den dreiteiligen Aufbau der leitungsgebundenen Energiewirtschaft mit Verbund-, Regional- und Kommunalunternehmen für sinnvoll.

Thüringen kann im Vergleich mit den anderen jungen Bundesländern bereits heute ausgeprägte pluralistische Versorgungsstrukturen vorweisen. Begünstigt wurde diese Entwicklung durch Kooperationsmodelle, die auf dem Verhandlungsweg zwischen Kommunen und Regionalversorgungsunternehmen gefunden wurden.

Eine große Investition im Bereich der Stromversorgung plant die VEAG in Berlin. Dabei handelt es sich um die Fertigstellung des Pumpspeicherkraftwerkes Goldisthal, dessen energiewirtschaftliche Notwendigkeit bereits von der Energieaufsicht bestätigt wurde. Die Kosten des Projektes werden ungefähr 1,9 Mrd. Mark betragen, das Bauvorhaben stellt damit eine der größten Investitionen in Thüringen dar und wird ausschließlich von der VEAG finanziert. Bei den Bauarbeiten werden 500 bis 1 000 Menschen beschäftigt.

Die ökonomisch und ökologisch verfehlte Energiepolitik in der früheren DDR hat zu hohen Energiekosten und gravierenden Umweltschäden geführt. Die Strompreise wurden hoch subventioniert, die Energiepreissubventionen für die Privaten Haushalte beliefen sich auf rund 11 Mrd. Mark. Hierdurch wurde der Energieverschwendung Vorschub geleistet. Nach der Wende galt es, diese Subventionen schrittweise abzubauen. Die Landesregierung hat sich in der Vergangenheit anläßlich des 1991 durchgeführten Tarifpreisgenehmigungsverfahrens erfolgreich für die Reduzierung der verbrauchsunabhängigen Preisbestandteile eingesetzt. Auch in Zukunft sollen Preiserhöhungen auf die verbrauchsabhängigen Preisbestandteile beschränkt bleiben, um somit einen Anreiz zum sparsamen Umgang mit Strom zu geben.

Der Primärenergieverbrauch auf dem Gebiet des heutigen Bundeslandes Thüringen belief sich im Jahr 1989 auf 503 Petajoule (PJ) und ging im Jahr 1992 auf rund 300 Petajoule zurück. Dies entspricht einem Rückgang von 40 Prozent. Die Braunkohle ist nach wie vor der wichtigste Energieträger. Ihr Anteil ist aber stark rückläufig, wenn man dies mit dem Anteil von ungefähr 70 Prozent am Primärenergieverbrauch der DDR vergleicht. Nach neuesten Zahlen der Arbeitsgemeinschaft Energiebilanzen lag der Anteil der Braunkohle am Primärenergieverbrauch 1992 unter 56 Prozent, was deutlich den Strukturwandel in der Energiewirtschaft zeigt.

Erdgasversorgung

Bereits Mitte 1991 wurden aus den ehemaligen Bezirksenergiekombinaten regionale Gasversorgungsunternehmen ausgegliedert. In diesen drei Unternehmen in Nord-, Ost- und Südthüringen ist die CONTIGAS AG als Geschäftsbesorger tätig und strebt künftig 51 Prozent der Anteile an. Darüber hinaus wurde eine Vielzahl von überwiegend kommunalen Gasversorgungsunternehmen gegründet.

In Thüringen wurden mit dem Neubau von zwei Ferngasleitungen durch die Unternehmen Erdgasversorgungsgesellschaft mbH in Leipzig und Wintershall AG in Kassel die Voraussetzungen für eine günstige industrielle Entwicklung geschaffen. Dadurch, daß in Thüringen zwei Großversorger Erdgas anbieten, wird nicht nur eine ausreichende Versorgung, sondern auch der Wettbewerb gesichert.

Thüringen ist das erste der neuen Bundesländer, in dem die Umstellung von Stadtgas auf Erdgas abgeschlossen wurde. Bereits im September 1992 ist der erste Erdgasverbund zwischen West- und Ostdeutschland hergestellt worden. Damit wurde eine wichtige Voraussetzung für eine sichere und ausreichende Erdgasversorgung geschaffen. Gleichzeitig bedeutete dies den Zugriff zu allen bedeutenden Lagerstätten des Kontinents. Erdgas kann nunmehr sowohl aus den russischen Feldern als auch aus den Lagerstätten der Nordsee bezogen werden.

Fernwärmeversorgung

Fernwärme kann viele Einzelfeuerungsanlagen ersetzen. Sie kann aber nur dort sinnvoll eingesetzt werden, wo der Anschluß vieler Abnehmer gesichert ist. In Thüringen werden über 220 000 Wohnungen mit Fernwärme versorgt, was einem Anteil von etwa 20 Prozent des Wohnungsbestandes entspricht. Durch ein umfassendes Fernwärmesanierungsprogramm werden gemeinsam von Bund und Land Maßnahmen gefördert, die die Fernwärmeversorgung auf eine wirtschaftliche und umweltverträgliche Grundlage stellen und wettbewerbsfähige Fernwärmepreise ermöglichen. Von 1992 bis 1995 werden in Thüringen für dieses Programm jährlich fast 40 Mill. DM bereitgestellt. Damit werden in dem genannten Zeitraum Investitionen in einer Größenordnung von etwa 770 Mill. DM ausgelöst.

Die Verwendung erneuerbarer Energieträger wird in Thüringen systematisch gefördert. Begünstigt wird die mit der Einführung des sogenannten Stromeinspeisungsgesetzes verbundene deutliche Verbesserung der Einspeisevergütung für Strom aus regenerativen Energiequellen in das öffentliche Netz.

Bei der Förderung erneuerbarer Energien ist zu berücksichtigen, daß die geförderten Projekte in einem überschaubaren Zeitrahmen wirtschaftlich arbeiten müssen. Die Thüringer Landesregierung legte sehr frühzeitig ein solarthermisches Förderprogramm für Sonnenkollektoren zur Heizung und Brauchwassererwärmung auf, das eine Förderung solcher Anlagen im Wohnungsbereich sowie in gewerblichen und kommunalen Einrichtungen vorsieht.

Insgesamt hat das Land Thüringen im Jahr 1992 über 50 Mill. DM für Fördermaßnahmen (einschließlich Fernwärme) bereitgestellt. Das damit unterstützte Investitionsvolumen betrug 250 Mill. DM.

Telekommunikation

Auf dem Gebiet der Telekommunikation besteht ein enormer Nachholbedarf. Die veralteten technischen Ausrüstungen und der geringe Ausbau der Netze und Dienste entsprach nicht den modernen Anforderungen.

Die Entwicklung einer leistungsfähigen Telekommunikations-Infrastruktur in Thüringen schreitet zügig voran. Die Deutsche Bundespost geht in ihrer strategischen Planung davon aus, daß bis 1993 die wichtigsten Dienste und Netze und bis 1997 die gesamte Infrastruktur qualitativ und quantitativ das Niveau der alten Bundesländer erreicht haben.

1992 entfielen von den fast 760 000 neuen Telefonanschlüssen in den neuen Bundesländern rund 180 000 auf Thüringen. Damit wird ein Versorgungsgrad von etwa 19 Telefonen pro 100 Einwohner erreicht. Im vergangenen Jahr gehörte die Telekom mit einem Investitionsvolumen von 1,85 Mrd. DM zu den größten Investoren in Thüringen. Die Telekom beabsichtigt, 1993 ungefähr 180 000 neue Telefonanschlüsse einzurichten, dazu kommen 4 500 Datenanschlüsse.

In Thüringen stehen laut Auskunft der Telekom die Mobilfunknetze C-Netz, City-Ruf und Chekker flächendeckend zur Verfügung. Im D1-Netz ist eine Versorgung entlang der Bundesautobahnen A 4 und A 9 gewährleistet. Ende 1993 soll die D-1 Versorgung in Thüringen flächendeckend sein.

Handel

Die Handelslandschaft hat nach der Wiedervereinigung rasch neue Konturen gewonnen. Entflechtung und Privatisierung staatlicher Handelseinrichtungen sind so gut wie abgeschlossen. Aus dem genossenschaftlichen Handel entwickelten sich eigenständige Konsumgenossenschaften, die sich mit unterschiedlichem Erfolg marktwirtschaftlichen Erfordernissen anpassen.

Der Umstrukturierungspozeß ist durch die Schließung vieler unrentabler Verkaufsein-richtungen mit einem erheblichen Personalabbau verbunden. Insbesondere in den Jah-ren 1990/91 gab es im Handel eine sehr hohe Zahl von Gewerbeanmeldungen. Auch 1992 entfielen mit 10 755 Anmeldungen noch immer 36 Prozent aller Gewerbeneu-gründungen auf den Handel. Trotz der großen Zahl der Neuerrichtungen ging im Einzelhandel die Zahl der Beschäftigten im Jahr 1992 um 23 Prozent zurück.

Die stark steigenden Gewerbemieten, fehlendes Eigenkapital und der hohe Wettbe-werbsdruck zwangen jedoch wiederum zu einer großen Zahl Gewerbeabmeldungen. Nicht unerheblichen Einfluß auf diese Tendenz hat die Ansiedlung des großflächigen Einzelhandels. Es besteht die Gefahr, daß mittelständische Einzelhandelsgeschäfte ihre Existenzgrundlage verlieren. Die Thüringer Landesregierung hat darum eine Richtlinie über die Verfahrensweise bei großflächigen Einzelhandelsvorhaben seit Juli 1992 in Kraft gesetzt, um dieser Entwicklung entgegenzuwirken. In Ergänzung zum Landesent-wicklungsprogramm wurde die Ansiedlung großflächigen Einzelhandels in Ober-, Mittel- und mögliche Mittelzentren festgeschrieben. Großflächige Einzelhandelspro-jekte sind den Landesplanungsbehörden vorzulegen. Ansiedlungen auf grüner Wiese außerhalb dieser Zentren sind nur noch möglich, wenn sie keine negativen Auswirkun-gen auf die Entwicklung ausgewogener mittelständischer Handelsstrukturen haben.

Einzelhandel

Im Einzelhandel gab es 1992 7 836 Gewerbeneugründungen gegenüber 5 774 Gewer-beabmeldungen. Die Umsätze lagen im Einzelhandel 1992 um 2,1 Prozent höher als im Jahr 1991. Inflationsbereinigt wird jedoch das Vorjahresniveau nicht gehalten. Zwischen den verschiedenen Branchen entwickelte sich der Umsatz nach Angaben des Statistischen Landesamtes sehr unterschiedlich:

– Fahrzeuge, Fahrzeugteile und -reifen	+ 82,3 Prozent,
– Textilien, Bekleidung, Schuhe und Lederwaren	+ 75,7 Prozent,
– Nahrungsmittel, Getränke, Tabakwaren	+ 40,8 Prozent,
– Kraft und Schmierstoffe (Tankstellen ohne Agent.)	– 25,4 Prozent,
– sonstige Waren	– 27,8 Prozent.

Durch die Schließung vieler kleiner Läden auf dem Land ist die Landbevölkerung besonders betroffen. Das Thüringer Ministerium für Wirtschaft und Verkehr hat darum ein Förderprogramm zur Unterstützung von kleinen Verkaufseinrichtungen im ländli-chen Raum aufgelegt. Damit soll bei der Privatisierung ehemaliger HO- oder Konsum-verkaufsstellen für Güter des täglichen Bedarfs bzw. bei der Modernisierung bestehen-der Verkaufseinrichtungen und dem Kauf mobiler Verkaufsläden geholfen werden.

Freie Berufe

Die Freien Berufe befinden sich nach 40 Jahren Planwirtschaft in Thüringen im Wie-deraufbau. 1991 gab es in Thüringen ungefähr 8 000 Freiberufler, von denen mehr als

50 Prozent in Heilberufen tätig waren. Die herkömmlichen Strukturen der ambulanten medizinischen Versorgung sind zum großen Teil aufgelöst, rund 90 Prozent der Apotheken sind privatisiert. Während die Berufsausbildung in den heilkundlichen und technischen Berufen in der ehemaligen DDR der Ausbildung in den Altbundesländern weitgehend gleichwertig war, wurden Rechts- und Wirtschaftswissenschaftler für ein planwirtschaftliches System ausgebildet. Zentrale Aufgabe der neu gegründeten Kammern in Thüringen ist die Qualifizierung dieser Freiberufler sowie die Ausbildung des erforderlichen Nachwuchses. Dies gilt besonders für Steuer- und Wirtschaftsberater sowie Wirtschaftsprüfer.

Architekten und Ingenieuren bieten sich vielfältige Entwicklungschancen. Mit dem Inkrafttreten des Ingenieurgesetzes 1992, der geplanten Überarbeitung des Architektengesetzes und des verabschiedeten Ingenieurkammergesetzes existiert auch in Thüringen für diese Berufsgruppen eine gesetzliche Regelung.

Die Thüringer Landesregierung dokumentiert mit der finanziellen Unterstützung der Berufskammern sowie der Einbeziehung wirtschaftsnaher Freiberufler in die Mittelstandsförderung 1993 ihr Interesse an der Sicherung bestehender und der Entstehung neuer freiberuflicher Existenzen.

Fremdenverkehr

Thüringen war in der ehemaligen DDR mit rund 15 Mill. Übernachtungen im Jahr eines der beliebtesten Feriengebiete.

Der zentral organisierte Fremdenverkehr hinterließ eine auf wenige Regionen beschränkte Infrastruktur mit zum Teil überdimensionierten Hotels und Ferienheimen. Die Feriengebiete waren ebenso monostrukturiert wie die Wirtschaft insgesamt. Der Wegfall ehemaliger preisgünstiger Feriendienstangebote und die vielfältigen Reisemöglichkeiten nach der Wende führten zu einem starken Rückgang der Übernachtungen in Thüringen. Dazu kommt, daß zahlreiche Beherbergungseinrichtungen geschlossen wurden, weil die Eigentumsverhältnisse nicht geklärt sind.

Im Jahr 1992 konnte mit 5,14 Mill. Übernachtungen eine gute bis befriedigende Auslastung der Beherbungsmöglichkeiten erreicht werden. Im Vergleich zu 1991 mit 3,5 Mill. ist dies ein Zuwachs von fast 75 Prozent.

Die durchschnittliche Aufenthaltsdauer der Gäste betrug 1992 drei Tage. Bisher überwiegen ostdeutsche Gäste in Thüringen, die einen naturnahen Urlaub verbringen, der durch Wandern, aktive Erholung oder Camping geprägt ist. Die größten Wachstumspotentiale liegen regional gesehen in Westdeutschland und mittelfristig auch im Ausland, inhaltlich im Kurzurlaub und bei Besichtigungsreisen. Diese Potentiale gilt es, in den nächsten Jahren zu erschließen. Die Entwicklung vermarktungsfähiger Angebote stellt die Grundlage für eine gezielte, aktive Informationspolitik und Vermarktung Thüringens in Westdeutschland bzw. auf den internationalen Märkten dar.

Zur Ausschöpfung dieses Nachfragepotentials müssen die Angebote in den Bereichen Beherbergung, Gastronomie, Aufenthaltsqualität (Infrastruktur, Ortsbild, Atmosphäre, Verkehr, Gästebetreuung/Service) verbessert werden.

Die Kapazität an Betten im Beherbergungsgewerbe Thüringens stieg von Ende 1991 bis Ende 1992 von 35 100 auf rund 45 000 Betten. In dem starken Anstieg zeigt sich die hohe Zahl der Privatisierungen, aber auch Neueinrichtungen.

Die derzeitige regionale Verteilung der Unterkunftskapazitäten erfordert eine grundsätzliche Umstrukturierung. Insbesondere in den Städten werden weitere Bettenkapazitäten benötigt. Das vorhandene Beherbergungsangebot muß so ausgebaut werden, daß es

- inhaltlich ein gutes bis sehr gutes Beherbergungsangebot aufweist und
- neuen Trends entspricht (zum Beispiel Ferienwohnungen).

Die Landesregierung hat das Ziel, den Fremdenverkehr langfristig zu einem wichtigen wirtschaftlichen Standbein für das Land zu entwickeln. Der Tourismus soll einmal acht Prozent des Bruttoinlandsproduktes in Thüringen erwirtschaften.

Die Situation in der Gastronomie kann ähnlich zu der im Beherbergungsgewerbe eingeschätzt werden. Auch hier behindern ungeklärte Eigentumsverhältnisse dringend notwendige Investitionen. Ein Landesförderprogramm für private Unternehmen in der Gastronomie trägt dazu bei, daß durch Modernisierungen im Küchen- und Sanitärbereich die Anpassung an internationale Qualitätsstandards beschleunigt wird.

1991/92 wurde die Landesfremdenverkehrskonzeption für das Land Thüringen erarbeitet, die die Grundlage für die Entwicklung der Fremdenverkehrsinfrastruktur darstellt.

Ein Schwerpunkt des Fremdenverkehrs ist die Entwicklung des Kur- und Bäderwesens. Für die zukünftige Prädikatisierung von Kurorten wurde ein Arbeitsentwurf eines Kurortegesetzes in Zusammenarbeit mit dem Thüringer Heilbäderverband erarbeitet.

Das Thüringer Wirtschaftsministerium hat das Projekt "Klassikerstraße Thüringen" in Angriff genommen, dessen Konzept den Gedanken einer touristischen Straße einerseits und der Aktivierung des lebendigen kulturellen Lebens andererseits vereinigt. Mit dem "Thüringer Herbst" hat das Wirtschaftsministerium im Oktober 1993 zum ersten Mal eine Veranstaltungsreihe entlang der Klassikerstraße angeboten. Eingeladen wurde zu klassischen Theateraufführungen, Lesungen und Vorträgen, Konzerten und Liederabenden, Ausstellungen und Sonderführungen.

Verkehrswirtschaft

Für das Land Thüringen gilt es, die Chancen zu nutzen, die sich aus der zentralen Lage in Deutschland und in Europa nach der Vereinigung Deutschlands und der Öffnung der Grenzen im europäischen Raum ergeben. Das Land ist aufgrund seiner geographischen Lage durch einen hohen Anteil von Durchgangsverkehr geprägt, was die Verkehrsprobleme erheblich verschärft.

Die Verkehrspolitik steht in den nächsten Jahren vor einer großen Herausforderung: Im Personenverkehr wird bis zum Jahr 2000 mit einem Zuwachs von 40 Prozent und im Güterverkehr von 80 Prozent gerechnet. Thüringen liegt seit der Wiedervereinigung im Zentrum Deutschlands und Europas und wird sich mehr und mehr zu einer Drehscheibe im Verkehr entwickeln. Seit der Grenzöffnung hat vor allem die Bedeutung der West-Ost-Verkehrsverbindungen zugenommen, die in der Vergangenheit vernachlässigt wurden.

Aufgabe der Verkehrspolitik ist es, Voraussetzungen zu schaffen, daß der Verkehr weiterhin Wirtschaftswachstum und Mobilität bei weitestgehender Schonung der Umwelt ermöglicht. Die Konzeption der Landesregierung strebt eine übergreifende Verknüpfung der verschiedenen Verkehrsträger an. Die Vorteile und Kapazitäten der einzelnen Verkehrsträger sollen durch die Organisation und Förderung integrierter Transportketten bzw. kombinierter Beförderungsangebote sowohl im Personenverkehr als auch im Güterverkehr besser genutzt werden.

Die Umsetzung dieser Verkehrspolitik bedeutet, daß die Landesregierung nicht einseitig auf ein Verkehrsmittel setzt. Ziel ist ein umfassender Aus- und Neubau leistungsfähiger Verkehrswege sowohl im Schienen- als auch im Straßennetz. Dabei soll vorrangig das vorhandene Verkehrsnetz ausgebaut werden. Neubautrassen sollen aus Umweltschutzgründen nur dann vorgesehen werden, wenn zwingende Erfordernisse zur Bewältigung der Verkehrsbedürfnisse diese erfordern.

Die Verkehrsinfrastuktur in Thüringen wurde 40 Jahre lang vernachlässigt. Rund 52 Prozent der Bundesautobahnen, 24 Prozent der Bundesstraßen und 49 Prozent der Landesstraßen wiesen 1989 einen Befahrbarkeitszustand auf, der sofortige Verbesserungen erforderlich machte. An mehr als 800 Brücken der Bundes- und Landesstraßen sind Instandsetzungsarbeiten erforderlich. Die Verkehrsinfrastruktur muß von Grund auf erneuert und ausgebaut werden. Innerhalb Thüringens muß die Erreichbarkeit von Süd-, Nord- und Ostthüringen verbessert werden.

Bei der Frage nach Struktur und Größe des Verkehrsnetzes geht es um die Frage "Schiene oder Straße?" Angesichts des Dilemmas der verstopften Straßen knüpfen sich viele Hoffnungen an die Eisenbahn. Fest steht aber, daß ein Verkehrsträger allein die Anforderungen an ein modernes und leistungsfähiges Verkehrssystem nicht erfüllen kann.

Die Landesregierung setzt nicht einseitig auf ein Verkehrsmittel, sie zielt vielmehr auf eine sinnvolle Arbeitsteilung zwischen den Verkehrsträgern Schiene, Straße und Luft.

Straßenbau

Mit der Bundesautobahn A 4 Eisenach–Görlitz von West nach Ost und der A 9 vom Norden nach Süden ist Thüringen gut in das internationale Fernstraßennetz integriert. Der begonnene sechsspurige Ausbau der genannten Autobahnen wird schon bald die durch das stark gestiegene Verkehrsaufkommen begründeten Engpässe beseitigen. Die direkte Verbindung zum Rhein-Ruhr-Raum muß durch Schaffung einer Verbindung zwischen der A 4 und der A 44 im Raum Eisenach/Wommen/Kassel hergestellt werden. Zur Entwicklung Südthüringens ist der Neubau der sogenannten Thüringer Waldautobahn A 73/A 81 von Coburg und Bamberg in Richtung Erfurt unabdingbar. Die Verlängerung der A 81 über Erfurt hinaus bis nach Sachsen-Anhalt ist notwendig, um unter Umgehung des hochfrequentierten Hermsdorfer Kreuzes eine Verkehrsverbindung nach Nordthüringen zu schaffen. Durch diese Autobahn soll zugleich eine Vernetzung mit der ebenfalls neuzubauenden sogenannten Südharzautobahn A 82 von Göttingen nach Halle erreicht werden.

Im Jahr 1990 wurde die Thüringische Straßenbauverwaltung als dreistufige Behörde aufgebaut. Neben dem Ministerium für Wirtschaft und Verkehr als oberste Straßenbaubehörde wurden ein Landesamt für Straßenbau, sieben Straßenbauämter und ein Autobahnamt gebildet. Im Zuständigkeitsbereich der Thüringer Straßenbauverwaltung wurden 1992 251,6 km Autobahnen, 1 938,4 km Bundesstraßen und 5 667,0 km Landesstraßen betreut.

Hierzu wurden vom Bund 1991 449,1 Mill. DM und 1992 805,7 Mill. DM und vom Land 1991 187,9 Mill. DM und 1992 224,6 Mill. DM zur Verfügung gestellt.

1992 wurden folgende ausgewählte Ergebnisse erzielt:

— auf Bundesautobahnen:

A 4 6-spuriger Ausbau Eichelborn – AS Weimar Richtungsfahrbahn Eisenach/Dresden (Verkehrsprojekt Deutsche Einheit)	6,0 km,
A 4 Beginn Brückenbau Thüringer Zipfel Richelsdorfer Brücke	
A 9 6-spuriger Ausbau Landesgrenze ST/TH bis AS Eisenberg (Verkehrsprojekt Deutsche Einheit)	8,9 km,
A 4/A 9 Zwischenausbau Deckenerneuerung	211,0 km,
Fertigstellung Hermsdorfer Kreuz	30,0 km,
Brückensanierung	27 Stck.,

— auf Bundesstraßen:

Deckenerneuerung	325,3 km,
Um- und Ausbau	121,0 km,
Neubau	0,6 km,
Brückensanierung und -umbauten (einschl. Stützwände)	65 Stck.,
Installation Lichtsignalanlagen	130 Stck.,
Bau von Radwegen	16,7 km,

– auf Landesstraßen:

Deckenerneuerung	171,9 km,
Um- und Ausbau	78,4 km,
Brückensanierung (einschl. Stützwände)	61 Stück.,
Bau von Radwegen	29,9 km.

Eisenbahnverkehr

Das Streckennetz der Bahn in Thüringen umfaßt rund 1 068 km Haupt- und ca.
1 031 km Nebenstreckengleis, 394 km davon zweigleisig und 163 km elektrifiziert.

Der derzeitige Zustand garantiert zwar einen sicheren Eisenbahnverkehr, hinsichtlich
der Leistungsfähigkeit besteht aber ein großer Nachholbedarf, und zwar insbesondere
hinsichtlich des Gleiszustandes und der Sicherungstechnik. Auf fast der Hälfte der
Streckenkilometer kann gegenwärtig nicht die für die Strecke vorgesehene Geschwin-
digkeit gefahren werden.

Schwerpunktvorhaben 1992 waren:

– Verkehrsprojekt Deutsche Einheit Nr. 6: Halle–Kassel
  Elektrifizierung, zweigleisiger Ausbau   120 km/h,

– Verkehrsprojekt Deutsche Einheit Nr. 7: Bebra–Eisenach–Erfurt
  Elektrifizierung, Eisenach–Neudietendorf 3-gleisig   160–200 km/h,

– Lückenschlußmaßnahme Netz DR/DB: Naumburg–Saalfeld–Probstzella.

Auf dem Luftweg ist Thüringen bereits heute über den internationalen Flughafen Erfurt
problemlos zu erreichen: Neben Charterflugverbindungen in die klassischen Urlaubs-
gebiete im Mittelmeerraum existieren Direktverbindungen nach Berlin, Bonn, Dort-
mund, Essen, Hamburg, München, Mannheim, Köln und Zürich.

3. Mittelstand

Thüringen ist ein Land mit einer traditionell mittelständischen Wirtschaftsstruktur. Diese wurde mit der letzten großen Verstaatlichungswelle im Jahr 1972 fast völlig zerschlagen.

Die Dynamik im mittelständischen Bereich Thüringens spiegelt sich in der hohen Zahl der Gewerbeanmeldungen wider: Allein 1992 gab es insgesamt 37 030 Gewerbeanmeldungen, davon 29 847 Neuerrichtungen und 7 183 Übernahmen eines bereits bestehenden Betriebes.

Die Entwicklung in den verschiedenen Wirtschaftszweigen verlief in der Regel sehr differenziert. Sie gestaltete sich in den Bereichen günstig, die überwiegend für die regionalen Märkte produzieren, hierzu gehören zum Beispiel Dienstleistungen, die Bauwirtschaft und Industriezweige wie Druckereien, Steine und Erden. Bereiche, die einer großen überregionalen Konkurrenz gegenüberstanden, hatten mit größeren Schwierigkeiten zu kämpfen. Dies gilt insbesondere für Teile des Verarbeitenden Gewerbes, wie zum Beispiel den Maschinenbau, die Elektrotechnik oder die Holzverarbeitung. Es ist problematisch, daß viele mittelständische Unternehmen noch nicht über gewachsene Absatzbeziehungen und einen leistungsfähigen Vertrieb verfügen.

Die wirtschaftliche Dynamik der Kleinbetriebe wird häufig unterschätzt. Im September 1992 ermittelte das Statistische Landesamt 709 Kleinbetriebe mit unter 20 Beschäftigten im Verarbeitenden Gewerbe. Diese Betriebe erwirtschafteten einen Umsatz von 57 Mill. DM. Damit ist in diesem Bereich ein deutliches Wachstum zu verzeichnen: Ein Jahr zuvor wurden 600 Kleinbetriebe befragt, die einen Umsatz von 33,6 Mill. DM erwirtschafteten. Dies bedeutet von September 1991 bis September 1992 einen Anstieg des Umsatzes um 69,9 Prozent. Im Vergleich zu den Betrieben mit mehr als 20 Beschäftigten arbeiteten die Kleinbetriebe effektiver. Sie erzielten einen Umsatz von 10 830 DM je Beschäftigten, während die größeren Betriebe lediglich einen Umsatz von 8 620 DM erreichten.

Die durchschnittliche Betriebsgröße betrug im September 1992 in den Kleinbetrieben 7 bis 8 Personen und in den Betrieben mit 20 und mehr Beschäftigten 112 Personen. Den höchsten Umsatz erzielte der Wirtschaftszweig Gewinnung und Verarbeitung von Steinen und Erden mit 18,1 Mill. DM, gefolgt vom Maschinenbau (4,4 Mill. DM), dem Ernährungsgewerbe (4,1 Mill. DM), der Herstellung von Kunststoffwaren (3,2 Mill. DM) und dem Stahl- und Leichtmetallbau (3,7 Mill. DM).

Handwerk

Das Handwerk hat sich in Thüringen 1991 und 1992 gut entwickelt. Von ursprünglich 16 000 im Handwerk und handwerksähnlichen Gewerbe vorhandenen Betrieben ist diese Zahl auf 23 297 Betriebe Ende 1992 angestiegen. Besonders ausgeprägt ist die Entwicklung im Bauhandwerk. In diesem Bereich stieg die Zahl der Unternehmen von

2 883 auf 4 914 bzw. um 170 Prozent. Ähnlich positiv verlief die Entwicklung im Elektro- und KFZ-Handwerk. Die Zahl der Betriebe erhöhte sich von 5 571 auf 8 869.

Die Zahl der Handwerksbetriebe je 1 000 Einwohner liegt mit 9,4 im Vergleich zu den anderen neuen Bundesländern am höchsten, der Durchschnitt der alten Bundesländer wird damit fast erreicht.

Tabelle 14: Statistische Angaben zur Entwicklung des Handwerks in Thüringen 1992 und 1993 (Handwerksrolle der Thüringer Handwerkskammern)

Gewerbe	Anzahl der Betriebe am 31.12.1992	Anzahl der Betriebe am 30.06.1993
a) Handwerk		
Bau und Ausbau	4 325	4 532
Elektro/Metall	8 693	8 921
Holz	1 853	1 857
Bekleidung/Textil/Leder	1 184	1 113
Nahrungsmittel	1 697	1 691
Gesundheits-/Körperpflege/Reinigung	1 834	1 824
Glas/Papier/Keramik/Sonstiges	1 122	1 112
Zwischensumme	20 708	21 050
b) handwerksähnlich		
Bau und Ausbau	589	683
Elektro/Metall	176	173
Holz	82	77
Bekleidung/Textil/Leder	338	326
Nahrungsmittel	52	50
Gesundheits-/Körperpflege/Reinigung	678	715
Glas/Papier/Keramik/Sonstiges	288	430
nicht zuordenbar	386	136
Zwischensumme	2 589	2 590
Gesamtsumme	23 297	23 640

Nach Angabe des Thüringer Landesamtes für Statistik waren im Jahresdurchschnitt 1992 in den Thüringer Handwerksbetrieben fast 97 000 Beschäftigte tätig. Dies bedeutet gegenüber dem Jahresdurchschnitt 1991 einen Beschäftigtenzuwachs von 21 600 Personen bzw. 28,6 Prozent. Das Handwerk ist damit größter Arbeitgeber in Thüringen.

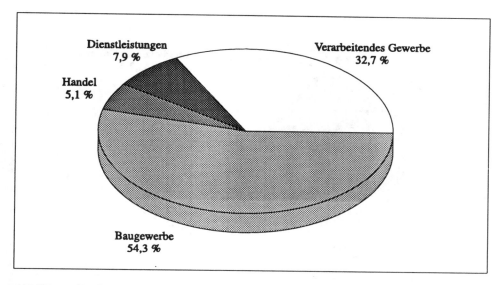

Abbildung 5: Beschäftigte nach Wirtschaftszweigen im Handwerk Thüringens (im IV. Quartal 1992)

Quelle: Thüringer Landesamt für Statistik

Die Anzahl der Auszubildenden im Handwerk erhöhte sich von 2 745 auf 16 627. Bereits heute macht sich in einigen Bereichen ein gewisser Fachkräftemangel bemerkbar.

Die Thüringer Handwerksbetriebe erzielten 1992 einen Umsatz von 11 Mrd. DM. Gegenüber 1991 bedeutet dies eine Steigerung um 6,4 Mrd. DM oder 71,5 Prozent. Nach Wirtschaftszweigen gegliedert ergibt sich das aus nachfolgende Tabelle ersichtliche Bild.

Tabelle 15: Umsatz der Thüringer Handwerksbetriebe 1992 (Umsatz ohne Umsatzsteuer)

	Mill. DM	Veränderungen zum Vorjahr in Prozent
Baugewerbe	5 505	+98,4
Verarbeitendes Gewerbe	3 783	+69,0
Handel	1 506	+24,0
Dienstleistungen von Unternehmen und Freien Berufen	246	+16,8

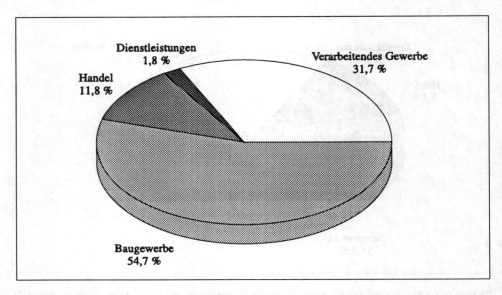

Abbildung 6: Umsatz nach Wirtschaftszweigen im Handwerk Thüringens (im IV. Quartal 1992)

Quelle: Thüringer Landesamt für Statistik

Der Umsatz je Beschäftigten betrug 274 000 DM im Handel, im Verarbeitenden Gewerbe 112 000 DM, im Baugewerbe 111 000 DM und bei Dienstleistungen und Freien Berufen 31 000 DM.

4. Außenwirtschaft

Der Außenhandel der ehemaligen DDR war einseitig auf die Länder des Rates für Gegenseitige Wirtschaftshilfe (RGW) ausgerichtet. Die als sozialistische Arbeitsteilung bezeichnete Spezialisierung der Mitgliedstaaten des RGW führte zu einer starken gegenseitigen Abhängigkeit und zum ständigen Anstieg des Warenaustausches untereinander. Im Jahr 1991 betrug der Anteil des Handels mit Osteuropa immerhin noch 53,2 Prozent. Die Folgen der RGW-Arbeitsteilung zeigten sich nach dessen Auflösung überdeutlich: Für die weitgehend an osteuropäischen Normen und Bedürfnissen ausgerichteten Produkte existierten nur in sehr beschränktem Maße Alternativmärkte. Der Außenhandel mit westeuropäischen Staaten hatte einen vergleichsweise geringen Anteil. Um auf westlichen Märkten Devisen zu erwirtschaften, sah sich die ehemalige DDR gezwungen, den Export in hohem Maß zu subventionieren. Die auf westlichen Märkten erzielten Preise standen in keinem Verhältnis mehr zu den Produktionskosten im Inland. Dies zeigte sich sehr deutlich, nachdem die Mark der DDR mit der Wirtschafts- und Währungsunion im Verhältnis 2:1 zur DM umgewertet wurde.

Da die Außenhandelsbilanz der DDR regional nicht tief genug gegliedert war, läßt sich nachträglich keine Bilanz für das Land Thüringen erstellen. Eine Berechnung des Statistischen Landesamtes Thüringen ergibt für die ehemaligen Bezirke Erfurt, Gera und Suhl für das Jahr 1989 die aus nachfolgender Tabelle ersichtlichen Werte.

Tabelle 16: Wertmäßige Einschätzung des Außenhandels (berechnet für die ehemaligen Bezirke Erfurt, Gera, Suhl für 1989)

Gebiet/Region	Wert in Mill. Valutagegenwert
Sozialistisches Wirtschaftsgebiet	11 666
davon: UdSSR	5 179
Nichtsozialistisches Wirtschaftsgebiet	2 001

Die wertmäßige Einschätzung des Außenhandels der ehemaligen DDR erweist sich ebenfalls als problematisch. Der Warenaustausch mit den RGW-Staaten erfolgte auf der Basis des bilateralen Clearing mit Hilfe der Verrechnungswährung Transferabler Rubel (XTR). Der Transferrubel gilt mit seinem Verhältnis zur Mark der DDR heute allgemein als überbewertet. Daher ist zu vermuten, daß der mengenmäßige Rückgang des Außenhandels mit den osteuropäischen Staaten weitaus geringer ist als der wertmäßige Rückgang. Eine zuverlässige Außenhandelsstatistik läßt sich erst ab Januar 1991 führen, alle Vergleiche mit Daten und Angaben früherer Jahre würden zu Verzerrungen des tatsächlichen Bildes führen.

Tabelle 17: Die Thüringer Außenhandelsbilanz 1991/1992 insgesamt (in Tsd. DM)

	1991	1992
Ausfuhr	2 943 304	2 297 825
Einfuhr	1 189 832	1 764 992
Saldo	1 753 474	532 833

Im Jahr 1991 waren noch 53,2 Prozent der exportierten Güter für die Staaten des ehemaligen RGW bestimmt. Allein 40,2 Prozent der hergestellten Waren wurden in die Sowjetunion exportiert. Dies zeigt die existentielle Abhängigkeit der Thüringer Unternehmen vom Handel mit der Sowjetunion bzw. den heutigen GUS-Staaten.

Im Jahr 1992 waren 48,1 Prozent der aus Thüringen ausgeführten Waren für die Länder Westeuropas bestimmt, damit nimmt Thüringen einen Spitzenplatz innerhalb der neuen Bundesländer im Handel mit den Ländern der EG und der EFTA ein. Hauptabnehmerländer waren die Niederlande (7,2 Prozent), Frankreich (7,1 Prozent) und Italien (6,8 Prozent). Auch 1992 war der überwiegende Teil der exportierten Güter für den europäischen Kontinent bestimmt. Die Ausfuhren nach Asien (+ 0,3 Prozent) und Afrika (+ 0,2 Pozent) blieben nahezu gleich, nach Nord- und Südamerika stiegen sie um 2,0 Prozent.

Die Exporte in die Länder Osteuropas nahmen mit 18,9 Prozent stark ab (vgl. Tabelle 19). Noch immer waren 23,8 Prozent aller exportierten Güter für die GUS-Staaten bestimmt, und zwar überwiegend für Rußland. Nahezu alle Unternehmen nutzten bei Ausfuhren die Hermes-Ausfuhrbürgschaften, die damit stark zur Stabilisierung des Außenhandels beigetragen haben.

Tabelle 18: Die Thüringer Außenhandelsbilanz gegliedert nach Warenhauptgruppen 1992 [1)] (in Tsd. DM)

Warenhauptgruppe	Ausfuhr	Einfuhr	Saldo
Nahrungs- und Genußmittel	284 891	198 186	86 705
Rohstoffe	45 023	66 086	–21 063
Halbwaren	330 065	139 655	190 410
Enderzeugnisse	1 637 846	1 361 065	276 781
Gesamt	2 297 825	1 764 992	532 833

1) Vorläufige Angaben.

Quelle: Thüringer Landesamt für Statistik

Tabelle 19: Thüringer Außenhandel nach Ländern 1992 (Ausfuhr) [1]

Erdteil/Land		in Tsd. DM	Anteil in Prozent
Europa		1 946 017	84,7
davon:	Ehemaliger RGW	788 594	34,3
	GUS	546 965	23,8
	Polen	95 272	4,1
	CSFR	78 141	3,4
	Ungarn	37 789	1,6
	Rumänien	14 775	0,6
	Bulgarien	8 275	0,4
	Baltische Staaten	7 395	0,3
	Europäische Gemeinschaft	856 791	37,3
	Niederlande	165 692	7,2
	Frankreich	162 960	7,1
	Italien	157 108	6,8
	Belgien/Luxemburg	110 070	4,8
	Großbritannien	85 510	3,7
	Spanien	64 116	2,8
	Dänemark	44 184	1,9
	Griechenland	29 921	1,3
	Türkei	29 766	1,3
	Portugal	7 464	0,3
	Sonstige	249 200	10,8
	Österreich	97 578	4,2
	Schweiz	65 805	2,9
	Schweden	48 216	2,1
	Finnland	18 129	0,8
	Norwegen	14 990	0,7
	Irland	4 482	0,2
Asien		174 066	7,6
davon:	Indien	35 044	1,5
	Iran	32 188	1,4
	China	18 547	0,8
Amerika		141 128	6,2
davon:	Brasilien	51 433	2,2
	USA	43 940	1,9
	Trinidad/Tobago	11 539	0,5
Afrika		33 997	1,5
davon:	Ägypten	10 405	0,5
	Nigeria	3 388	0,1
	Marokko	2 727	0,1
Übrige		1 617	
Gesamt		2 297 825	100,0

1) Vorläufige Angaben.

Tabelle 20: Thüringer Außenhandel nach Ländern 1992 (Einfuhr) [1)]

Erdteil/Land		in Tsd. DM	Anteil in Prozent
Europa		1 456 487	82,5
davon:	Ehemaliger RGW	309 345	17,6
	CSFR	155 370	8,8
	Polen	93 606	5,3
	Ungarn	30 904	1,8
	GUS	17 102	1,0
	Bulgarien	5 211	0,3
	Rumänien	3 688	0,2
	Baltische Staaten	3 464	0,2
	Europäische Gemeinschaft	790 680	44,8
	Belgien/Luxemburg	171 960	9,7
	Frankreich	169 723	9,6
	Niederlande	154 424	8,7
	Italien	153 675	8,7
	Großbritannien	78 345	4,4
	Griechenland	40 039	2,3
	Türkei	10 641	0,6
	Dänemark	7 702	0,4
	Portugal	2 666	0,1
	Spanien	1 505	0,1
	Sonstige	287 675	16,3
	Österreich	103 396	5,9
	Schweiz	87 509	5,0
	Schweden	59 032	3,3
	Finnland	21 462	1,2
	Norwegen	8 574	0,5
	Irland	7 702	0,4
Asien		223 041	12,6
davon:	Japan	97 968	5,6
	Taiwan	67 606	3,8
	Südkorea	25 044	1,4
Amerika		81 394	4,6
davon:	USA	66 591	3,8
	Kanada	4 717	0,2
	Kolumbien	3 868	0,2
Afrika		2 137	0,2
davon:	Simbabwe	1 130	–
	Marokko	229	–
	Tunesien	207	–
Übrige		1 933	0,1
Gesamt		1 764 992	100,0

1) Vorläufige Angaben.

Bei den Einfuhren dominierten mit einem Anteil von 44,8 Prozent die Lieferungen aus der Europäischen Gemeinschaft (vgl. Tabelle 20). Der Import aus Osteuropa ist um 2,1 Prozent zurückgegangen und beträgt nur noch 17,6 Prozent des Gesamtvolumens. Die CSFR konnte ihre Exporte nach Thüringen wertmäßig nahezu verdoppeln und steht damit mit einem Anteil von 8,8 Prozent nach Belgien, Luxemburg und Frankreich an vierter Stelle der Importstatistik.

Die wichtigsten Exportartikel waren 1992 Maschinenbauerzeugnisse (17,7 Prozent), elektrotechnische Erzeugnisse (10,2 Prozent) und aufbereitete Kalidüngemittel (7,7 Prozent). Im Vergleich zu 1991 haben sich die Ausfuhren von Nahrungs- und Genußmitteln um 55,9 Prozent stark erhöht. Bei den Einfuhren dominierten Kraftfahrzeuge (18,7 Prozent) sowie Maschinenbauerzeugnisse (15,9 Prozent).

5. Arbeitsmarkt

Das Thüringer Landesamt für Statistik hat für den Stichtag 31.12.1991 für das Land Thüringen 1 719 429 Personen im arbeitsfähigen Alter von 15 bis unter 65 Jahre ermittelt. Entsprechend der Berufstätigenerhebung des Landesamtes für Statistik vom 30.11.1991 befanden sich 1 209 080 Personen in einem Beschäftigungsverhältnis. Ab Ende Juni 1992 gehen die Statistiker von 1 183 303 abhängigen zivilen Erwerbspersonen aus. Diese Zahl ist die Grundlage für die Ermittlung der Arbeitslosenquote. Bis Ende1991 wurde die Arbeitslosenquote noch auf der Basis von 1 457 000 abhängigen Erwerbspersonen ermittelt. Die Abnahme erklärt sich daraus, daß viele Arbeitnehmer in den Vorruhestand gegangen sind oder nach Westdeutschland übergesiedelt sind.

Die Arbeitslosenquote stieg von Ende 1991 bis Ende 1992 von 11,4 auf 14,5 Prozent. Bei Männern stieg die Arbeitslosenquote von 7,7 auf 9,7 und bei Frauen von 15,1 auf 19,7 Prozent. Frauen sind damit überdurchschnittlich von Arbeitslosigkeit betroffen; ihr Anteil lag im gesamten Zeitraum bei über 60 Prozent. Im genannten Zeitraum konzentrierte sich die Arbeitslosigkeit insbesondere auf folgende Berufsgruppen: Schlosser, Mechaniker, Elektriker, Montierer und Metallberufe, Textil- und Bekleidungsberufe, Ernährungsberufe und Sozial- und Erziehungsberufe.

Tabelle 21: Arbeitslose im Bundesgebiet Ost und Bundesgebiet insgesamt (November und Dezember 1992)

Land	Arbeitslose			Arbeitslosenquote	
	absolut	Veränderungen zum Vormonat		Dez. 1992	Nov. 1992
				Prozent	
Sachsen	295 049	1 112	0,4	12,7	12,7
Berlin-Ost	88 569	1 830	2,1	13,0	12,7
Brandenburg	174 960	2 072	1,2	14,2	14,0
Thüringen	181 972	4 979	2,8	14,5	14,1
Sachsen-Anhalt	207 304	2 621	1,3	14,5	14,4
Mecklenburg-Vorpommern	152 895	1 671	1,1	15,7	15,5
Bundesgebiet Ost	1 100 749	14 285	1,3	13,9	13,8
Bundesgebiet insgesamt	3 126 217	155 124	5,2	9,0	8,5

Zwischen den verschiedenen Regionen, Kreisen und kreisfreien Städten in Thüringen ist die Entwicklung ebenfalls äußerst differenziert verlaufen. Ende 1991 betrug die Arbeitslosigkeit im Landesdurchschnitt 11,4 Prozent, im Kreis Apolda 18 Prozent und 7,2 Prozent in Jena; Ende 1992 im Landesdurchschnitt 14,5 Prozent, im Landkreis Altenburg 23,3 Prozent und in Jena 8,8 Prozent.

Tabelle 22: Arbeitslose in Thüringen nach Arbeitsamtsbezirken (Dezember 1992)

Arbeitsamtsbezirk	Arbeitslose			Arbeitslosenquote	
	absolut	Veränderungen zum Vormonat		Dez. 1992	Nov. 1992
			Prozent		
Altenburg	11 217	260	2,4	21,0	20,5
Erfurt	33 950	402	1,2	12,7	12,6
Gera	21 607	919	4,4	12,9	12,3
Gotha	29 405	569	2,0	16,9	16,5
Jena	21 911	501	2,3	11,7	11,5
Nordhausen	24 127	463	2,0	16,3	16,0
Suhl	39 755	1 865	4,9	15,5	14,8
Thüringen	181 972	4 979	2,8	14,5	14,1
davon: Männer	62 400	3 858	6,6	9,7	9,1
Frauen	119 572	1 121	0,9	19,7	19,5

Diese unterschiedliche regionale Entwicklung ist insbesondere durch die Monostruktur vieler Industriezweige und den Verlust der Absatzmärkte in Osteuropa hervorgerufen. Der Arbeitsplatzabbau hat sich im 2. Halbjahr 1992 verlangsamt. Trotzdem brachen noch immer mehr Arbeitsplätze weg, als neue geschaffen wurden. Die bis Ende 1992 angesiedelten Großunternehmen haben noch nicht zu einer wesentlichen Entlastung auf dem Arbeitsmarkt geführt. Unternehmen wie Opel, Bosch oder BMW werden erst in zwei bis drei Jahren ihren geplanten Beschäftigungsstand erreichen. Die Zahl der Pendler aus Thüringen in die Alt-Bundesländer liegt im Durchschnitt bei ungefähr 66 000 Arbeitnehmern.

Ende des Jahres 1992 sah die Altersstruktur der Arbeitslosen in Thüringen wie folgt aus:

- unter 30 Jahre ca. 27 Prozent,
- unter 50 Jahre ca. 51 Prozent,
- über 50 Jahre ca. 22 Prozent.

335

Positiv hat sich der Thüringer Arbeitsmarkt für Jugendliche unter 20 Jahre in allen Arbeitsamtsbezirken entwickelt. Während im Dezember 1991 noch 5 913 Jugendliche arbeitslos gemeldet waren, waren es Ende 1992 noch 3 566. Die Zahl der arbeitslosen Jugendlichen ging somit um 39,7 Prozent zurück. Dieser Rückgang ist vor allem auf die Förderprogramme zur Bereitstellung von Ausbildungsplätzen zurückzuführen. Ende 1992 gab es in Thüringen rund 48 000 Auszubildende. Im Berufsausbildungsjahr 1992 konnte praktisch jedem Jugendlichen, der einen Ausbildungsplatz suchte, ein Platz vermittelt werden.

Allerdings besteht weiterhin eine hohe Abhängigkeit von außerbetrieblichen Ausbildungseinrichtungen, nur 66 Prozent der Jugendlichen konnte ein betrieblicher Ausbildungsplatz vermittelt werden. Durch das Thüringer Ministerium für Wirtschaft und Verkehr wurden 1992 Ausbildungsplätze für männliche Jugendliche mit jeweils 7 000 DM und für weibliche Jugendliche mit jeweils 8 000 DM gefördert.

Die Zahl der Kurzarbeiter ist im Berichtszeitraum 1991/1992 stark zurückgegangen, und zwar von 190 096 im Jahr 1991 auf 45 849 im Jahr 1992. Dieser Rückgang erklärt sich insbesondere aus dem Auslaufen der Sonderregelungen der Bundesanstalt für Arbeit ab Mitte 1991. Der Handlungsspielraum der Betriebe bei struktureller Kurzarbeit wurde gegenüber den bisherigen Regelungen eingeschränkt. Der Frauenanteil an den Kurzarbeitern betrug Mitte 1991 41,1 Prozent und Mitte 1992 50,0 Prozent. Verstärkt von Kurzarbeit waren die Bereiche Elektrotechnik, Maschinenbau, Bergbau, Eisen-, Blech- und Metallwarenherstellung, Textil- und Bekleidung sowie die Land- und Forstwirtschaft betroffen.

Tabelle 23: Anzahl der Kurzarbeiter in Thüringen nach Arbeitsamtsbezirken 1991 und 1992 (kumulativ)

Arbeits-amtsbez.	Von Mitte Jan. 1991 bis Mitte Dez. 1991 (kum.)			Von Mitte Jan. 1992 bis Mitte Dez. 1992 (kum.)			Mitte Dez. 92 : 91	
	Anzahl gesamt	dav. in Kurzarb. über 50 Prozent	Anteil in Prozent zu Kurzarb. ges.	Anzahl gesamt	dav. in Kurzarb. über 50 Prozent	Anteil in Prozent zu Kurzarb. ges.	Veränd. Anzahl Kurzarb. absolut	Veränd. Anz. m. Kurzarb. über 50 Prozent
Altenburg	7 683	3 731	48,6	2 378	879	37,0	– 5 305	– 2 852
Erfurt	31 938	20 386	63,8	6 325	2 891	45,7	– 25 613	– 17 495
Gera	29 425	16 658	56,6	6 734	3 888	57,7	– 22 691	– 12 770
Gotha	28 524	17 566	61,6	8 538	2 696	31,6	– 19 986	– 14 870
Jena	32 704	23 292	71,2	7 225	2 359	32,7	– 25 479	– 20 933
Nordhaus.	22 810	13 628	59,7	2 522	1 197	47,5	– 20 288	– 12 431
Suhl	37 012	26 263	71,0	12 127	4 605	38,0	– 24 885	– 21 658
Thüringen gesamt	190 096	121 524	63,9	45 849	18 515	40,4	–144 247	–103 009

Im Zuge des wirtschaftlichen Umstrukturierungsprozesses ist eine Konsolidierung des Arbeitsmarktes auch in Thüringen nicht kurzfristig zu erreichen. Daher sind Arbeitsbeschaffungsmaßnahmen ein wichtiges arbeitsmarktpolitisches Instrument zur Vermeidung und zum Abbau der Arbeitslosigkeit. Ihre Förderung war deshalb ein wichtiger Bestandteil des Gemeinschaftswerkes "Aufschwung-Ost". Personen, die vorrangig in ABM-Maßnahmen vermittelt wurden, waren Langzeitarbeitslose, Frauen, ältere Personen mit geringen Vermittlungschancen auf dem Arbeitsmarkt und Schwerbehinderte.

Im Dezember 1991 wurde mit insgesamt 70 252 Personen, bzw. 5,8 Prozent aller abhängigen zivilen Erwerbspersonen, die größte Zahl an ABM-Beschäftigten erreicht. Ab Ende 1991 wurden Übergangsregelungen für die neuen Bundesländer abgebaut und der Inhalt der Maßnahmen stärker berücksichtigt. Dies führte im Verlauf des Jahres 1992 zu einem Rückgang der ABM-Beschäftigten von 20 Prozent. Ende 1992 waren gut die Hälfte aller ABM-Beschäftigten Frauen.

1991 haben sich, entsprechend einer Rahmenvereinbarung zwischen Treuhandanstalt, Sozialpartnern und Vertretern der neuen Bundesländer, verstärkt Gesellschaften für Arbeitsförderung, Beschäftigung und Strukturentwicklung (ABS) gegründet. Ende 1992 waren in diesen Gesellschaften mehr als 5 400 Arbeitnehmer beschäftigt. Zur mittelbaren Förderung wurde im Januar 1992 die Aufbauwerk Thüringen GmbH als Trägergesellschaft auf Landesebene für die ABS gegründet. 1992 wurden 34 ABS aus Landesmitteln gefördert.

Zahlreiche Thüringer haben eine Fortbildungs-, Umschulungs- oder betriebliche Einarbeitungsmaßnahme begonnen, und zwar im Jahr 1991 163 120 Arbeitnehmer und im Jahr 1992 173 621.

6. Wirtschaftspolitik

Grundsätze

Hauptziel der Wirtschaftspolitik ist die Schaffung zukunftsträchtiger Arbeitsplätze. Die Thüringer Landesregierung arbeitet darauf hin, so schnell wie irgend möglich einen selbsttragenden Aufschwung zu erreichen. Sie stärkt darum systematisch die unternehmerische Initiative und versucht, unternehmensfreundliche Rahmenbedingungen zu schaffen. Produktivität und Wettbewerbsfähigkeit der Unternehmen müssen in einem kurzen Zeitraum erheblich erhöht werden.

Die Privatisierung hält die Landesregierung nach wie vor für die beste Lösung für die Unternehmen, die sich noch in Treuhandbesitz befinden. Dabei sollten Eigentümer gefunden werden, die unternehmerisch aktiv werden wollen. In diesem Zusammenhang muß durch die Treuhand ein effizientes Controlling der abgeschlossenen Verträge gewährleistet sein.

Das Thüringer Wirtschaftsministerium hat in Zusammenarbeit mit dem Verband der Wirtschaft, den Kammern und Gewerkschaften regional- und strukturpolitische Unternehmen benannt, die schwer zu privatisieren sind, aber als sanierungsfähig eingestuft werden können. In diesem Zuammenhang ist beabsichtigt, gemeinsam mit der Treuhand und den privaten, öffentlich-rechtlichen und genossenschaftlichen Banken eine Privatisierungslösung zu finden. Das Land wird sein umfangreiches Förderinstrumentarium einschließlich Landesbürgschaften einsetzen.

Die Landesregierung fördert systematisch die Investitionstätigkeit in Thüringen und unterstützt die Gewinnung von Investoren. Bei der Wirtschaftsförderung finden regionale Gesichtspunkte Berücksichtigung.

Das Thüringer Ministerium für Wirtschaft und Verkehr betreibt eine aktive Mittelstandspolitik. Der Wandel von einer durch große Kombinate und Monostrukturen geprägten Wirtschaftslandschaft zu einer innovativen und wachstumsorientierten Wirtschaftsstruktur ist nur durch Existenzgründungen und den Ausbau kleiner und mittlerer Unternehmen zu gewährleisten. Denn kleine und mittlere Unternehmen stellen in den Alt-Bundesländern rund 66 Prozent der Arbeits- und sogar 85 Prozent aller Ausbildungsplätze.

Das Ziel ist eine möglichst breit gefächerte Struktur mittelständischer Unternehmen. Die Landesregierung hat für sie verschiedene Förderprogramme erarbeitet und unterstützt Innovationen mit verschiedenen Innovationsförderprogrammen. Adressaten sind insbesondere kleine und mittlere Unternehmen der Industrie, des Handwerks und des Fremdenverkehrsgewerbes, die in anderen öffentlichen Förderprogrammen nicht oder nicht ausreichend unterstützt werden können. Notwendig sind insbesondere Hilfen im Bereich des Management, wobei hier vor allem die Bereiche Marketing und Vertrieb zu nennen sind.

Im Bereich der Außenwirtschaft strebt die Thüringer Landesregierung eine Integration der Wirtschaft in den europäischen und den Weltmarkt an. Dabei müssen vor allem die wirtschaftlichen Beziehungen zu Westeuropa gestärkt und neue Absatzmärkte erschlossen werden. Denn beim Export ist davon auszugehen, daß zumindest in der nächsten Zeit ein Anknüpfen an die gewachsenen Handelsbeziehungen mit Osteuropa nur in einem sehr beschränkten Maßstab möglich sein wird. Das Thüringer Ministerium für Wirtschaft und Verkehr unterstützt aus diesem Grund systematisch die außenwirtschaftlichen Aktivitäten von Unternehmen und Wirtschaftsverbänden wie zum Beispiel die Beteiligung an Messen im In- und Ausland.

Die Wettbewerbsfähigkeit des Wirtschaftsstandortes Thüringen kann nur durch den schnellen Ausbau einer leistungs- und innovationsfördernden Infrastruktur erreicht werden. Insbesondere für die öffentlichen Haushalte muß weiterhin eine hohe Investitionsquote angestrebt werden, um die noch bestehenden Standortnachteile auszugleichen. Elemente einer solchen Politik sind:

– eine stabile, umweltfreundliche und preisgünstige Versorgung der Unternehmen und Gewerbeflächen mit Energie,
– die Schaffung effizienter Kommunikationsverbindungen,
– moderne Verkehrsstrukturen, die durch eine effiziente Arbeitsteilung zwischen den Verkehrsträgern die Erfordernisse von Wirtschaft und Umweltschutz aufeinander abstimmen,
– ein ausreichendes Bildungsangebot, das die Ausbildung von Fachkräften, insbesondere für die Technologien der Zukunft, sichert,
– eine wirtschaftsnahe Forschungsinfrastruktur, die vor allem für die mittelständische Wirtschaft ein gutes Innovationsklima schafft,
– die Schaffung effizienter Verwaltungsstrukturen; Rechtsunsicherheit und Verwaltungsineffizienz müssen so schnell wie möglich beseitigt werden.

Wirtschaftsförderung

Mit der Gründung der Thüringer Landes-Wirtschaftsförderungsgesellschaft (TLW) im November 1991 und der Thüringer Aufbaubank (TWB) stehen in- und ausländischen Investoren zwei leistungsfähige Ansprechpartner zur Verfügung. Die TLW begleitet Investoren von der Standortentscheidung bis hin zur Entscheidungsreife ihrer Förderanträge. Sie hat für Thüringen einen umfangreichen Standortatlas erarbeitet, in dem alles Wissenswerte über 200 öffentlich geförderte Gewerbegebiete in Thüringen ab einer Größe von zehn Hektar enthalten ist. Darüber hinaus wurde ein EDV-gestütztes Standortinformationssystem erarbeitet, das ständig aktualisiert wird.

Die Gemeinschaftsaufgabe (GA) "Verbesserung der regionalen Wirtschaftstruktur" ist im Bereich der Wirtschaftsförderung der wichtigste Fördertopf. GA-Mittel können in der einzelbetrieblichen Förderung für Investitionen in neue Betriebe, für den Erwerb einer stillgelegten oder von Stillegung bedrohten Betriebsstätte und für Umstellungs- und Rationalisierungsinvestitionen gewährt werden.

Seit Beginn der Wirtschaftsförderung durch die Gemeinschaftsaufgabe "Verbesserung der regionalen Wirtschaftsstruktur" am 3. Oktober 1990 wurden ingesamt 1 873 Investitionsvorhaben der gewerblichen Wirtschaft mit einem Investitionsvolumen von insgesamt rund 10,3 Mrd. DM gefördert. Nach Angaben der begünstigten Unternehmen wurden bzw. werden dadurch ungefähr 83 000 neue Arbeitsplätze geschaffen und mehr als 7 000 gesichert.

Thüringen hat bereits seit April 1992 in der einzelbetrieblichen Förderung durch GA-Mittel differenziert. Die Fördersätze differieren, je nach Region, zwischen 15, 20 und 23 Prozent.

Gemessen an der Anzahl der bewilligten Vorhaben, entfallen 37,3 Prozent auf das Jahr 1991 und 62,7 Prozent auf das Jahr 1992, während sich das Investitionsvolumen 1991 auf 57,7 Prozent und 1992 auf 42,3 Prozent verteilt. Dies zeigt, daß sich die Förderung mehr und mehr auf kleine und mittlere Unternehmen verteilt hat. 1991 wurden pro bewilligtem Investitionsvorhaben 8,8 Mill. Mark investiert, 1992 rund 4,6 Mill. 1991 wurden zunächst verschiedene Großvorhaben gefördert, wie zum Beispiel Opel, Bosch, Coca-Cola, Deuna Zement, WERU und Zeiss.

Rund 94 Prozent des geförderten Investitionsvolumens entfielen auf Errichtungsinvestitionen, 5 Prozent auf Erweiterungsinvestitionen und 1 Prozent auf Rationalisierungsinvestitionen.

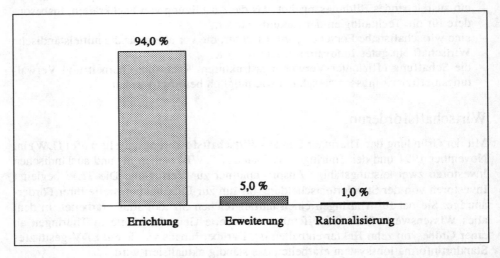

Abbildung 7: Mit GA-Mitteln gefördertes Investitionsvolumen in Thüringen (Stand 31.12.1992)

Quelle: Thüringer Ministerium für Wirtschaft und Verkehr

Führend sind der Landkreis Eisenach mit 17,6 Prozent, der Landkreis Gotha mit 9,2 Prozent, der Stadt- und Landkreis Jena mit 5,8 Prozent und der Landkreis Worbis mit 4,8 Prozent.

Gemessen an den Gesamtinvestitionen, wurden in der Region Mitte 43,6 Prozent, in der Region Ost 26,7 Prozent, in der Region Süd 16,7 Prozent und in der Region Nord 13,0 Prozent investiert.

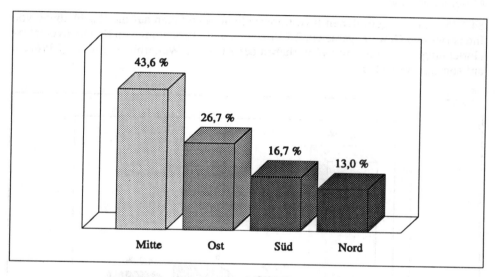

Abbildung 8:   GA-geförderte Investitionen nach Regionen (Stand 31.12.1992)

Quelle: Thüringer Ministerium für Wirtschaft und Verkehr

Bei rund 50 Prozent aller Investitionsvorhaben handelt es sich um Investitionen unter 1 Mill. DM, am geförderten Investitionsvolumen entfielen 4,2 Prozent auf diese Förderkategorie.

Eine Aufschlüsselung des Investitionsvolumens nach Branchen läßt erkennen, daß vor allem folgende Wirtschaftszweige bei der Förderung dominieren:

- Herstellung von Kraftfahrzeugen und -teilen 11,4 Prozent,
- Ernährungsgewerbe 9,7 Prozent,
- Herstellung von Metallerzeugnissen 8,6 Prozent,
- Herstellung von Gummi- und Kunststofferzeugnissen 6,9 Prozent,
- Glas- und Keramik 6,5 Prozent,
- Gewinnung von Steinen und Erden 6,3 Prozent,
- Elektrotechnik 5,8 Prozent,
- Verlags- und Druckgewerbe 5,0 Prozent.

Eine leistungsfähige wirtschaftsnahe Infrastruktur wird in Zukunft ein entscheidender Faktor für die Standortwahl sein.

Im Bereich der wirtschaftsnahen Infrastruktur wurden von Oktober 1990 bis Dezember 1992 275 Vorhaben mit einem Investitionsvolumen von rund 2,2 Mrd. Mark gefördert, dafür wurden ungefähr 1,0 Mrd. Mark aus Mitteln der Gemeinschaftsaufgabe bewilligt. Insgesamt wurden zur Förderung der Infrastruktur 35,2 Prozent der bewilligten GA-Mittel aufgewandt.

84,1 Prozent des geförderten Investitionsvolumens entfallen auf die Erschließung von Industrie- und Gewerbegebieten, 2,7 Prozent auf die Errichtung von Fremdenverkehrseinrichtungen, 8,5 Prozent auf Vorhaben der Aus- und Weiterbildung und 4,7 Prozent auf sonstige Vorhaben.

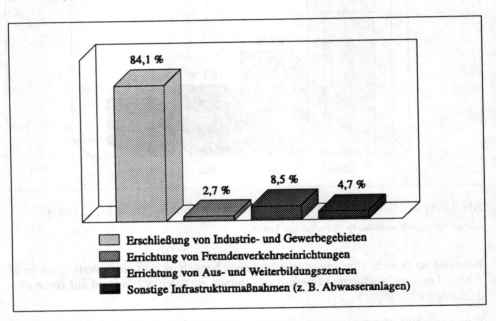

Abbildung 9: Projekte der wirtschaftsnahen Infrastruktur in Thüringen
(Stand 31.12.1992)

Quelle: Thüringer Ministerium für Wirtschaft und Verkehr

Der Schwerpunkt lag in der Förderung von 219 Industrie- und Gewerbegebieten mit einer erschlossenen Bruttofläche von knapp 3 600 ha. Mit der Ansiedlung von rund 2 200 Unternehmen auf dieser Fläche werden ca. 114 000 Dauerarbeitsplätze geschaffen. Im Rahmen des Grenzförderprogramms wurden 33 Vorhaben auf einer Fläche von 324 ha mit insgesamt 176 Mill. DM gefördert.

Bei einer genauen Betrachtung zeigt sich, daß es innerhalb der verschiedenen Regionen unterschiedliche Entwicklungen bei der Ausweisung von Gewerbegebieten und der damit verbundenen Entstehung von Arbeitsplätzen gibt. Auch zwischen den verschiedenen Landkreisen gibt es große Unterschiede. Anteilig an den Gesamtinvestitionen wurden in der Region Mitte 40,2 Prozent, in der Region Ost 31,2 Prozent, in der Region Süd 17,0 Prozent und in der Region Nord 11,7 Prozent für Maßnahmen der wirtschaftsnahen Infrastruktur investiert.

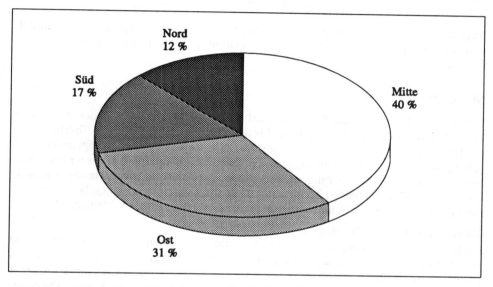

Abbildung 10: Anteil an den Gesamtinvestitionen nach Regionen in Thüringen (Stand 31.12.1992)

Quelle: Thüringer Ministerium für Wirtschaft unf Verkehr

Die Ausgangsbasis der vorliegenden Daten bilden der vom Thüringer Ministerium für Wirtschaft und Verkehr erstellte Standortatlas mit Gewerbegebieten über 10 Hektar, die Arbeitsbögen zum Bewilligungsantrag auf Förderung im Rahmen der Gemeinschaftsaufgabe Regionale Wirtschaftsstruktur und Unterlagen über geförderte Gebiete einschließlich Grenzförderprogramm sowie aktuelle Beleglisten geförderter Gewerbegebiete bis in die einzelnen Landkreise.

Über die erfaßten Gewerbegebiete hinaus gibt es eine Vielzahl kleinerer Standorte, die ohne Fördermittel durch die Kommunen selbst errichtet werden. Die dabei geschaffenen Arbeitsplätze sind demzufolge hier nicht berücksichtigt worden. Zur Zeit liegen 262 Anträge auf Förderung öffentlicher Fremdenverkehrseinrichtungen, Erschließung von Industrie- und Gewerbegebieten sowie gewerbliche Abwasserlösungen vor.

Das Thüringer Ministerium für Wirtschaft und Verkehr will insbesondere die Ansiedlung auf brachliegenden Industrie- und Gewerbeflächen in Gang bringen. Probleme ergeben sich dabei vor allem aus den hohen Erschließungskosten, die häufig doppelt so hoch wie auf der "grünen Wiese" liegen. Der Zeitaufwand für die Planung ist ebenfalls deutlich höher als bei völlig neu entstehenden Gewerbegebieten.

Für die Errichtung von Industrie- und Gewerbeflächen wurden 3 356,6 ha erschlossen. Die Erschließung der Industrie- und Gewerbeflächen schafft für die gewerbliche Wirtschaft die Voraussetzungen für ungefähr 97 000 Dauerarbeitsplätze.

Insgesamt läßt sich festhalten, daß Thüringen sich durch eine systematische, mittelstandsorientierte Förderpolitik zu einem zukunftsträchtigen Industriestandort entwickelt.

Mittelstandspolitik

Neben der Thüringen-Bund-Gemeinschaftsaufgabe "Verbesserung der regionalen Wirtschaftsstruktur" als Herzstück der Fördermaßnahmen hat das Land Thüringen auf der Grundlage des Mittelstandsfördergesetzes eine Reihe von Förderprogrammen aufgelegt, die differenziert auf die besonderen Ansprüche kleiner und mittlerer Unternehmer eingehen. Mit diesen Programmen sollen insbesondere Unternehmen, teilweise auch Freiberufler unterstützt werden, die über die Gemeinschaftsaufgabe "Verbesserung der regionalen Wirtschaftsstruktur" keine Zuschüsse erhalten können.

Thüringer Zinszuschußprogramm
Im Rahmen des Thüringer Zinszuschußprogramms können die Zinsen mittel- und langfristiger Bankdarlehen an kleine und mittlere gewerbliche Unternehmen sowie an Freiberufler, die überwiegend für die gewerbliche Wirtschaft tätig sind, um 3,5 Prozent verbilligt werden. Das Zinszuschußprogramm ist Mitte 1993 durch das "Thüringer Mittelstandskreditprogramm" abgelöst worden.

Messeförderungsprogramm/Regionalmesseförderung
Zum Ausbau internationaler Wirtschaftskontakte fördert das Land Thüringen die Beteiligung von Thüringer Unternehmen des gewerblichen Mittelstandes an Messen und Ausstellungen im In- und Ausland, die vorwiegend exportorientiert und von überregionaler Bedeutung sind. Darüber hinaus werden im Rahmen der Regionalmesseförderung regionale Ausstellungen und Messen in Thüringen gefördert. Insgesamt wurden bis Ende 1992 200 Vorhaben mit einem Zuschußvolumen von 2,5 Mill. Mark gefördert.

Förderung von Verkaufseinrichtungen im ländlichen Raum
Um die Versorgung der Bevölkerung in ländlichen Regionen zu verbessern, werden kleine und mittlere Thüringer Einzelhandelsunternehmen bei der Einrichtung stationärer und mobiler Verkaufseinrichtungen unterstützt.

Förderung des Absatzes Thüringer Produkte
Durch das Förderprogramm sollen Thüringer Unternehmen unterstützt werden, neue Märkte zu erschließen. Gefördert werden zum Beispiel Veranstaltungen, die den Be-

kanntheitsgrad Thüringer Produkte erhöhen, sowie damit in Verbindung stehende Werbemaßnahmen.

Exportberatungsprogramm
Die Förderung betrifft die gezielte Einzelberatung auf dem Gebiet der Außenwirtschaft für kleine und mittlere Unternehmen und Handwerksbetriebe. Die Beratung soll den Unternehmen entsprechende Kenntnisse und Informationen für den Export vermitteln.

Förderung des Fremdenverkehrs
Zur Förderung des Fremdenverkehrs einschließlich privater Unternehmen der Gastronomie werden weitere Programme ausgearbeitet. Das Ziel der Förderung ist es, die privaten Betriebe der Gastronomie an die international üblichen Qualitäts- und Leistungsstandards anzupassen. Den Schwerpunkt bilden Investitionen im Küchen- und Sanitärbereich. Privatvermieter von Fremdenzimmern und Ferienwohnungen erhalten Zuschüsse für Investitionen zum Einbau von Naßzellen.

Ab Mitte 1993 greifen zahlreiche neue Programme im Bereich der Mittelstandsförderung:

1. Förderung der Ansiedlung auf Altstandorten
Gefördert werden Investitionen zur Entwicklung, Erweiterung und Rationalisierung von gewerblichen Betriebsstätten an Altstandorten und die Erschließungs-, Umbau- und Ausbauinvestitionen von Industrie- und Gewerbeflächen im Rahmen der wirtschaftsnahen Infrastruktur. Zuwendungen werden nur für Investitionsvorhaben gewährt, die in Thüringen nicht im Rahmen der Gemeinschaftsaufgabe "Verbesserung der regionalen Wirtschaftsstruktur" gefördert werden können.

2. Förderung der Managementberatung
Mit diesem Programm wird der Einsatz erfahrener Führungskräfte in kleinen und mittleren Unternehmen gefördert. Damit soll das Know-how in Betriebswirtschaft, Marketing und Vertrieb auf den neuesten Stand gebracht werden. Der Zuschuß kann bis zu 50 Prozent betragen, höchstens jedoch 45 000 Mark im Halbjahr.

3. Förderung von Handwerkerhöfen
Gefördert werden die Errichtung, der Ausbau und die Erweiterung von Handwerkerhöfen sowie Bau-, Erschließungs-, Planungs- und Projektierungskosten.

4. Förderung des Fremdenverkehrs
Es kann die Errichtung, Erweiterung und Rationalisierung von gewerblichen Fremdenverkehrsstätten und die Neuerrichtung, Modernisierung und Erweiterung bestehender Objekte gefördert werden. Die Zuwendungen werden nur für die Vorhaben gewährt, die in Thüringen nicht im Rahmen der Gemeinschaftsaufgabe "Verbesserung der regionalen Wirtschaftsstruktur" gefördert werden können.

5. Thüringer Mittelstandskreditprogramm
Dieses Programm wird das Thüringer Zinszuschußprogramm ablösen. Hierdurch werden den Hausbanken Darlehen im Weg der Refinanzierung durch die Thüringer Auf-

baubank auf Antrag zur Verfügung gestellt. Darlehen werden in Höhe von 5 Prozent, bei erstmaliger Existenzgründung von 4 Prozent zur Verfügung gestellt. Es werden keine Unternehmen unterstützt, die bereits durch die Gemeinschaftsaufgabe "Verbesserung der regionalen Wirtschaftsstruktur" gefördert worden sind.

6. Thüringer Konsolidierungsprogramm

Mit dem Thüringer Konsolidierungsprogramm werden langfristige, zinsgünstige Darlehen zur Umschuldung kurzfristiger Verbindlichkeiten gewährt. Mit einer Umschuldung kurzfristiger Verbindlichkeiten in zinsgünstige Darlehen soll Unternehmen, die wegen einer schwierigen Ertragslage in Liquiditätsprobleme geraten sind, geholfen werden. Die Förderung erfolgt zu folgenden Konditionen:

- Zinssatz 5 bis 8 Prozent pro Jahr,
- Laufzeit 3 bis 12 Jahre, davon 2 oder 3 Jahre tilgungsfrei,
- Auszahlung 100 Prozent.

7. Thüringer Umlaufmittelprogramm

Im Thüringer Umlaufmittelprogramm wird durch die Bereitstellung zinsgünstiger Darlehen die Finanzierung von Umlaufmitteln gefördert. Hiermit sollen kleine und mittlere Unternehmen bei der Errichtung und Sicherung der Existenz unterstützt werden. Die Förderung erfolgt zu folgenden Konditionen:

- Zinssatz 5 bis 8 Prozent pro Jahr,
- Laufzeit 3 Jahre,
- Auszahlung 100 Prozent.

Forschungs- und Technologiepolitik

Thüringen verfügt über verschiedene renommierte Hochschulen und Fachhochschulen. Zu nennen sind hier:

- Friedrich-Schiller Universität Jena,
- Technische Universität Ilmenau,
- Hochschule für Architektur und Bauwesen Weimar.

Das Land baut gegenwärtig Fachhochschulen in Erfurt, Jena und Schmalkalden auf.

Der Bereich der wirtschaftsnahen Forschung befindet sich in allen neuen Bundesländern und damit auch in Thüringen in einer schwierigen Situation. Vom Zusammenbruch der alten Kombinate war die Industrieforschung am stärksten betroffen.

Der Umstrukturierungsprozeß im Bereich der wirtschaftsnahen Forschung ist noch in vollem Gange. Die Politik ist aufgefordert, leistungsfähige Forschungspotentiale zu erhalten, neu zu schaffen und technologieorientierte Firmengründungen zu unterstützen. Die Landesregierung mißt der Technologiepolitik große Bedeutung zu, denn Standortfragen werden mehr und mehr unter dem Gesichtspunkt eines attraktiven Forschungs- und Technologiepotentials entschieden. Das technologiepolitische Konzept des Landes Thüringen setzt dabei vorrangig auf die Entwicklung einer innovativen mittelständischen Wirtschaft. Die Forschungslandschaft in Thüringen wird sich in nächster Zeit auf die traditionelle Kompetenz in Thüringen und zukunftsträchtige Bereiche konzentrieren.

Im Vordergrund stehen in der gegenwärtigen Phase

- Mikrosystemtechnik, Optoelektronik,
- Feinmechanik/Optik,
- wissenschaftlicher Gerätebau,
- Mikroelektronikanwendung,
- Werkzeuge, Werkstoffe und Werkzeugbau,
- Maschinenbau und Automatisierungstechnik,
- Textil- und Kunststofftechnologien,
- Technisches Glas und technische Keramik,
- Biotechnologie und Medizintechnik,
- Energie- und Umwelttechnik.

Besonders gefördert wurden die bisher unter Treuhand-Verwaltung stehenden Forschungs-GmbH, die aus alten Kombinatsstrukturen hervorgingen und deren Privatisierung Anfang des Jahres 1993 abgeschlossen werden konnte. Diese neuen Institute sollen insbesondere die Innovationskraft und Wettbewerbsfähigkeit kleiner und mittlerer Unternehmen stärken.

Hierzu gehören insbesondere

- die Gesellschaft für Fertigungstechnik und Entwicklung Schmalkalden für den Bereich Werkzeug- und Maschinenbau,
- das Textilforschungsinstitut Thüringen-Vogtland, das aus der Fusion von Textil-Service Greiz und Textil-Forschung Plauen hervorging sowie
- das Thüringer Verfahrenstechnische Institut Saalfeld für Umwelt und Energie Saalfeld.

Mit der Mitte 1992 erfolgten Gründung des Mikroelektronik-Anwendungszentrums Thüringen (MAZeT) ist in Erfurt eine Einrichtung geschaffen worden, die vor allem die Mikroelektronikanwendung bei der Produkt- und Verfahrensentwicklung in der mittelständischen Wirtschaft beschleunigen soll.

Das Thüringische Institut für Textil- und Kunststoff-Forschung in Rudolstadt ist auf dem Gebiet der Textilfaser- und Kunststoff-Forschung, einschließlich der Umweltaspekte, tätig.

Der Aufbau einer Technologielandschaft vollzieht sich regional differenziert. Einen besonderen Stellenwert räumt die Landesregierung der Region Jena–Hermsdorf–Eisenberg mit ihrer traditionellen Kompetenz auf dem Gebiet der Mikrosystemtechnik, Feinwerktechnik und Optik ein.

Mit Unterstützung des Landes wird eine zweite Technologieregion in Südthüringen als Standort des Werkzeug- und Maschinenbaus sowie der Werkstoff- und Automatisierungstechnik konzipiert.

Der Aufbau einer eng verzahnten, wirtschaftsnahen Forschungsinfrastruktur ist bereits weit vorangeschritten.

Das Netz der Technologie- und Gründerzentren besteht gegenwärtig aus den TGZ in Erfurt, Jena und Ilmenau, die mit Mitteln des Bundes und des Landes gefördert werden. In Nordthüringen wurde mit dem Aufbau eines European Community - Business and Innovation Centre (EC-BIC) begonnen. Auch in anderen Gegenden Thüringens werden Konzepte für neue Technologiezentren vorangebracht, und zwar unter anderem in Gera und Rudolstadt.

Die Thüringer Agentur für Technologietransfer und Innovationsförderung (THATI) wurde 1992 mit Unterstützung des Bundeswirtschaftsministeriums gegründet, sie unterhält Geschäftsstellen in Erfurt, Gera, Nordhausen und Suhl. Als Partner für kleine und mittlere Unternehmen bietet THATI ihnen besondere Beratungs- und Projektbegleitungsleistungen an.

1993 wurde die Gründung einer Technologiestiftung in Thüringen vollzogen.

Das Thüringer Ministerium für Wirtschaft und Verkehr verfügt über ein eigenes Technologieförderprogramm, das von der mittelständischen Wirtschaft gut angenommen wird. Kernstück ist dabei das Thüringer Innovationsförderprogramm, das in seiner jetzt erweiterten Form kleinen und mittleren Unternehmen unter 500 Beschäftigten für risikobehaftete Produkt- und Verfahrensentwicklungen eine projektbezogene Förderung in Höhe von bis zu 40 Prozent der Kosten (maximal 200 000 DM) vorsieht.

Bedeutungsvoll für die Herstellung der Leistungsfähigkeit wirtschaftsnaher Forschungseinrichtungen ist die Förderung im Rahmen eines Strukturhilfeprogramms.

Weitere Maßnahmen des Technologieförderprogramms Thüringen sind die Förderung

- der Vorbereitung und Planung des Aufbaus von Technologie- und Gründerzentren,
- der Planung und Vorbereitung von Innovationsberatungs-, Technologietransfer- und Demonstrationszentren sowie von wissenschaftlich-technischen Fachinformationszentren,
- der Technologieprojektbegleitung in kleinen und mittleren Unternehmen,
- der Nutzung wissenschaftlich-technischer Fachinformationsstellen,
- eines qualifizierten Forschungsmanagements in wirtschaftsnahen Forschungseinrichtungen und Forschungsdienstleistungseinrichtungen,
- des Einsatzes von Fremdmanagement zur Ausarbeitung von innovativen Branchen- und Regionalkonzepten.

Anhang: Wichtige Adressen

Berlin

Senatsverwaltung für Wirtschaft und Technologie
Martin-Luther-Straße 105
10820 Berlin
Tel.: 0 30/7 83-0
Fax: 0 30/7 83-8281

Senatsverwaltung für Arbeit und Frauen
Storkower Straße 134
10407 Berlin
Tel.: 0 30/4 24-3548

Senatsverwaltung für Stadtentwicklung und Umweltschutz
Lindenstraße 20-25
10958 Berlin
Tel.: 0 30/25 86-2421

IKB Deutsche Industriebank AG
Bismarckstraße 105
10834 Berlin
Postfach 110469
Tel.: 0 30/3 10 09-0

Investitionsbank Berlin
Kranzer Straße 6-7
14199 Berlin
Tel.: 0 30/8 20 03-476

Berliner Bürgschaftsbank e.G.
Weydinger Straße 14-16
10178 Berlin
Postfach 5910122
Tel.: 0 30/28 40 92 00

BBB Bürgschaftsbank zu Berlin-Brandenburg GmbH
Bismarckstraße 105
10834 Berlin
Tel.: 0 30/3 13 30 02

Mittelständische Beteiligungsgesellschaft
Berlin-Brandenburg GmbH
Steinstraße 104-106
14480 Potsdam
Tel.: 03 31/6 49 63-0

Deutsche Ausgleichsbank
Wielandstraße 4
53173 Bonn
Tel.: 02 28/83 14 00/401
        Niederlassung Berlin
        Sarrazinstraße 11-15
        12120 Berlin
        Postfach 611066
        Tel.: 0 30/8 50 85-0

Industrie- und Handelskammer zu Berlin
Hardenbergstraße 16-18
10623 Berlin
Tel.: 0 30/3 15 10-324

Handwerkskammer Berlin
Blücherstraße 68
10961 Berlin
Tel.: 0 30/2 59 03-01

BAO Berlin-Marketing Service GmbH
Hardenbergstraße 16-18
10623 Berlin
Tel.: 0 30/3 15 10-0

Technologie-Vermittlungs-Agentur e.V. (TVA)
Kleiststraße 23-26
10787 Berlin
Tel.: 0 30/2 10 00 30

Entwicklungsgesellschaft Adlershof mbH (EGA)
Rudower Chaussee 5
12484 Berlin
Tel.: 0 30/63 92-2200

Innovations Zentrum Berlin
Management-GmbH (BIG/TIB)
Gustav-Meyer-Allee 25
13355 Berlin
Tel.: 0 30/4 96 46 66
oder
Rudower Chaussee 5
12489 Berlin (IGZ)
Tel.: 0 30/63 92 60 00

tbg Technologie-Beteiligungsgesellschaft mbH der Deutschen Ausgleichsbank
Wielandstraße 4
53173 Bonn
Tel.: 02 28/83 12 90

TU-transfer
Technologie-Transfer-Stelle der TU Berlin
Fasanenstraße 4
10623 Berlin
Tel.: 0 30/3 14-23906/-25131

VDI/VDE Technologiezentrum
Informationstechnik GmbH
Potsdamer Straße 12
14513 Teltow
Tel.: 0 33 28/4 35-154

SCF Seed Capital Fund GmbH Berlin
Bundesallee 184/185
10717 Berlin
Tel.: 0 30/8 53 10 29

Wirtschaftsförderung Berlin GmbH
Haller Straße 6
10587 Berlin
Tel.: 0 30/3 99 80-0

Beteiligungsgesellschaft Berlin mbH für kleine und mittlere Betriebe
Weydingerstraße 14-16
10178 Berlin
Tel.: 0 30/28 40 92 30

Interhoga
Kronprinzenstraße 46
53173 Bonn
Tel.: 02 28/82 00 80

Messe Berlin GmbH
Messedamm 22
14055 Berlin
Tel.: 0 30/30 38-2229

ERIC Berlin
Offizielle EG-Beratungsstelle für die Unternehmen der BAO-Berlin/IHK
Hardenbergstraße 16-18
10623 Berlin
Tel.: 0 30/3 15 10-240/241

Brandenburg

Ministerium für Wirtschaft, Mittelstand und Technologie
Heinrich-Mann-Allee 107
14473 Potsdam
Tel.: 03 31/8 66-0
Fax: 03 31/8 66-1726

> Außenstelle Cottbus
> Am Nordrand 45
> 03044 Cottbus
> Tel.: 03 55/65 23 01

> Außenstelle Frankfurt/Oder
> Große Scharnstraße 59
> 15230 Frankfurt/Oder
> Tel.: 03 35/4 71 32

Ministerium der Finanzen
Steinstraße 104-106
14482 Potsdam
Tel.: 03 31/8 66-0
Fax: 03 31/8 66-6009

Ministerium für Stadtentwicklung, Wohnen und Verkehr
Dortustraße 30-33
14473 Potsdam
Tel.: 03 31/8 66-0
Fax: 03 31/8 66-8368/69

Ministerium für Umwelt, Naturschutz und Raumordnung
Albert-Einstein-Straße 42/46
14473 Potsdam
Tel.: 03 31/8 66-0
Fax: 03 31/8 66-7240/-42

Verbindungsbüro des Landes Brandenburg bei der EG
80, Boulevard St. Michel
B-1040 Brüssel
Tel.: 00 32/2-741-0940

Regionale Aufbaustäbe
Koordinierungsreferat der Landesregierung
-Staatskanzlei-
Heinrich-Mann-Allee 107
14473 Potsdam
Tel.: 03 31/8 66-1326/27
Fax: 03 31/8 66-1324

352

Industrie- und Handelskammer Potsdam
Große Weinmeister Straße 59
14469 Potsdam
Tel.: 03 31/2 15 91/92, 96973-0
Fax: 03 31/2 34 85
Telex: 03 31/31 13 12

Industrie- und Handelskammer Frankfurt/Oder
Humboldtstraße 3
15230 Frankfurt/Oder
Tel.: 03 35/3 39-0
Fax: 03 35/32 54 92
Telex: 03 35/31 13 12

Industrie- und Handelskammer Cottbus
Goethestraße 1
03046 Cottbus
Tel.: 03 55/3 65-0
Fax: 03 55/3 65-266
Telex: 03 55/1 75 34

Handwerkskammer Potsdam
Charlottenstraße 34/36
14467 Potsdam
Tel.: 03 31/44 11
Fax: 03 31/2 23 77

Handwerkskammer Frankfurt/Oder
Bahnhofstraße 12
15230 Frankfurt/Oder
Tel.: 03 35/3 46-0
Fax: 03 35/2 36 65

Handwerkskammer Cottbus
Lausitzer Straße 1-7
03046 Cottbus
Tel.: 03 55/2 20 31/33

Treuhandanstalt
Zentrale
Abteilung Brandenburg
Leipziger Straße 5-7
10117 Berlin-Mitte
Tel.: 0 30/31 54-2385
Fax: 0 30/31 54-2383

Geschäftsstelle Cottbus
Gubener Straße 24
03055 Cottbus
Tel.: 03 55/63 84 00
Fax: 03 55/1 74 06

Geschäftsstelle Potsdam
Am Bürohochhaus 2
14478 Potsdam
Tel.: 03 31/86 90-0
Fax: 03 31/2 34 85

Geschäftsstelle Frankfurt/Oder
Halbe Stadt 7
15320 Frankfurt/Oder
Tel.: 03 35/3 42-0
Fax: 03 35/32 50 48, 2 76 11, 2 76 66

Auftragsberatungsstelle Brandenburg e.V.
Goethestraße 1
03046 Cottbus
Tel.: 03 55/70 00 19
Fax: 03 55/70 00 24

Bürgschaftsbank Brandenburg
Steinstraße 104-106
14480 Potsdam
Tel.: 03 31/6 49 63-0
Fax: 03 31/6 49 63-21

Investitionsbank des Landes Brandenburg (ILB)
Steinstraße 104-106
14480 Potsdam
Tel.: 03 31/64 57-0
Fax: 03 31/64 57-234

Wirtschaftsförderung Brandenburg GmbH
Am Lehnitzsee
14476 Neu Fahrland
Tel.: 03 31/96 75-0
Fax: 03 31/96 75-100

Brandenburgische Außenhandelsagentur (BRAHA)
Weinbergstraße 21
14469 Potsdam
Tel.: 01 61/13 33-134/35
Fax: 01 61/13 33-133

Brandenburgische Energiesparagentur (BEA)
Feuerbachstraße 24/25
14471 Potsdam
Tel.: 03 31/96 45 02/24

Brandenburgisches Wirtschaftsinstitut
Ruhlsdorfer Weg 27
14532 Stahnsdorf
Tel.: 0 33 29/61 22 02/04
Fax: 03 31/61 22 06

Landeseichamt
Berliner Straße 52
14467 Potsdam
Tel.: 03 31/2 35 21/2
Fax: 03 31/2 80 12 35

Euro-Info-Centrum (EG-Beratungsstelle)
Am Lehnitzsee
14476 Neu Fahrland
Tel.: 03 31/96 75-201
Fax: 03 31/96 75-100

EG-Zentrum zur Verbreitung von Energietechnologien (OPET)
Feuerbachstraße 24/25
14471 Potsdam
Tel.: 03 31/96 45 02
Fax: 03 31/96 45 24

Grundstücks- und Vermögensamt Cottbus
Lieberoser Straße 13
03046 Cottbus

Landesamt für Datenverarbeitung und Statistik Brandenburg
Dortustraße 46
14467 Potsdam
Tel.: 03 31/39-405
Fax: 03 31/39-418

Landesentwicklungsgesellschaft Brandenburg mbH (LEG)
Bertinistraße 8
14469 Potsdam
Tel.: 03 31/2 36 20, 21197
Fax: 03 31/2 36 20

Oberbergamt für das Land Brandenburg (OLB)
Roßkaupe, Haus D
01968 Senftenberg
Tel.: 0 35 73/79 14 03
Fax: 0 35 73/79 19 91

pro Brandenburg
Schloß Sacrow
Krampnitzer Straße 33
15913 Sacrow
Tel.: 03 31/2 34 87
Fax: 03 31/2 35 59

Technologie- und Innovationsagentur Brandenburg GmbH (T.IN.A.)
Niederlassung Potsdam
Am Lehnitzsee
14476 Neu Fahrland
Tel.: 03 31/2 23 46, 2 26 36
Fax: 03 31/2 24 87

Einzelhandelsverband Land Brandenburg e.V.
Hauptgeschäftsstelle
Virchowstraße 10
16816 Neuruppin
Tel.: 0 33 91/27 70

Verband der Bauindustrie Berlin und Brandenburg e.V.
Templiner Straße 19
14473 Potsdam
Tel.: 03 31/31 82 27

Landesfremdenverkehrsverband
Friedrich-Ebert-Straße 115
14467 Potsdam
Tel.: 03 31/2 22 44, 2 56 32
Fax: 03 31/2 66 83

Gaststätten- und Hotelverband Brandenburg
Hauptgeschäftsstelle
Saarmunderstraße 60
14478 Potsdam
Tel.: 03 31/87 65 89
Fax: 03 31/87 65 11

Touristischer Buchungsservice Brandenburg GmbH (TOURBU)
Saarmunderstraße 60
14478 Potsdam
Tel.: 03 31/87 65 78
Fax: 03 31/87 65 77

Rationalisierungskuratorium der Deutschen Wirtschaft (RKW)
Geschäftsstelle Brandenburg
Berliner Straße 89
14467 Potsdam
Tel.: 03 31/2 21 24
Fax: 03 31/2 41 00

Vereinigung der Unternehmerverbände Berlin und Brandenburg e.V.
Am Schillertheater 2
10625 Berlin
Tel.: 0 30/3 10 05-0
Fax: 0 30/3 10 05-120
Telex: 0 30/18 43 66

Telekom Direktion Potsdam
Steinstraße 104
14480 Potsdam
Tel.: 03 31/2 82-0

Amtsblatt für das Land Brandenburg
Brandenburgische Universitätsdruckerei und Verlags-Gesellschaft Potsdam mbH
Karl-Liebknecht-Straße
14482 Potsdam-Golm
Tel.: 03 31/9 76 23 01
Fax: 03 31/9 76 23 09

Ausschreibungsblatt des Landes Brandenburg
c/o "neue odersche" Verlags- und Medien GmbH
Birnbaummühle 65
15234 Frankfurt/Oder
Tel.: 03 35/33 37 02
Fax: 03 35/33 37 03

Mecklenburg-Vorpommern

Ministerium für Wirtschaft des Landes Mecklenburg-Vorpommern
Johannes-Schelling-Straße 14
19048 Schwerin
Tel.: 03 85/58 8-0
Fax: 03 85/5 88 58 61

Grundsatzangelegenheiten der Wirtschaftspolitik
Tel.: 03 85/5 88 52 00

Förderung der gewerblichen Wirtschaft
Tel.: 03 85/5 88 52 20

Förderung der wirtschaftsnahen Infrastruktur
Tel.: 03 85/5 88 52 30/-5231

Förderung des Tourismus
Tel.: 03 85/5 88 57 50/-5751

Gesellschaft für Wirtschaftsförderung Mecklenburg-Vorpommern mbH
Schloßgartenallee 15
19061 Schwerin
Tel.: 03 85/5 81 39 12
Fax: 03 85/5 81 39 11

Landesförderinstitut Mecklenburg-Vorpommern
Werkstraße 2
19026 Schwerin
Tel.: 03 85/34 05-0
Fax: 03 85/34 05-104

    Förderung der gewerblichen Wirtschaft
    Tel.: 03 85/34 05-144/-146

    Förderung der Infrastruktur
    Tel.: 03 85/34 05-110

Finanzministerium des Landes Mecklenburg-Vorpommern
Schloßstraße 9-11
19048 Schwerin
Tel.: 03 85/5 88 42 00
Fax: 03 85/5 88 45 82

Landwirtschaftsministerium des Landes Mecklenburg-Vorpommern
Paulshöher Weg 1
19048 Schwerin
Tel.: 03 85/5 88 63 60
Fax: 03 85/5 88 60 25

Sozialministerium des Landes Mecklenburg-Vorpommern
Werderstraße 124
19048 Schwerin
Tel.: 03 85/5 88 92 00

Bürgschaftsbank Mecklenburg-Vorpommern
Am Grünen Tal 19
19063 Schwerin
Tel.: 03 85/34 04-19/-21

Industrie- und Handelskammer Neubrandenburg
Katharinenstraße 48
17033 Neubrandenburg
Postfach 2007
17010 Neubrandenburg
Tel.: 03 95/44 79-202
Fax: 03 95/44 79-509

Industrie- und Handelskammer Rostock
Ernst-Barlach-Straße 7
18055 Rostock
Tel.: 03 81/3 75 01
Fax: 03 81/2 29 17

Industrie- und Handelskammer Schwerin
Schloßstraße 6-8
19053 Schwerin
Postfach 011041
19010 Schwerin
Tel.: 03 85/81 03-0
Fax: 03 85/8 33 90

Sachsen

Sächsisches Staatsministerium für Wirtschaft und Arbeit
Budapester Straße 5
01008 Dresden
Tel.: 03 51/4 97 85
Fax: 03 51/4 95 61 09

Sächsische Aufbaubank Dresden
St. Petersburger Straße 15
01069 Dresden
Tel.: 03 51/4 82 90

Treuhandanstalt Dresden
Webergasse 2
01067 Dresden
Tel.: 03 51/4 96 11 02
Fax: 03 51/4 96 10 52

Treuhandanstalt Leipzig
Goerdelerring 5
04109 Leipzig
Tel.: 03 41/21 72-0
Fax: 03 41/20 93 80, 2 17 26 99

Treuhandanstalt Chemnitz
Neefestraße 119
09119 Chemnitz
Tel.: 03 71/9 20-0
Fax: 03 71/9 20-393/4

Wirtschaftsförderung Sachsen GmbH
Albertstraße 34
01097 Dresden
Tel.: 03 51/5 02 29 81
Fax: 03 51/5 02 30 30

Industrie- und Handelskammer Dresden
Niedersedlitzer Straße 63
01257 Dresden
Tel.: 03 51/2 80 20
Fax: 03 51/2 80 22 80

Industrie- und Handelskammer Südwestsachsen – Plauen und Zwickau
Sitz Chemnitz
Straße der Nationen 25
09111 Chemnitz
Tel.: 03 71/6 82 38 01
Fax: 03 71/64 30 18

Industrie- und Handelskammer zu Leipzig
Goerdelerring 5
04109 Leipzig
Tel.: 03 41/71 53-0
Fax: 03 41/7 15 31 21

Handwerkskammer Dresden
Wiener Straße 43
01219 Dresden
Tel.: 03 51/4 71 59 81
Fax: 03 51/47 91 88

Handwerkskammer zu Leipzig
Lessingstraße 7
04109 Leipzig
Tel.: 03 41/76 91
Fax: 03 41/20 08 16

Handwerkskammer Chemnitz
Aue 13
09112 Chemnitz
Tel.: 03 71/3 49 44
Fax: 03 71/3 29 30

Regierungspräsidium Chemnitz
Brückenstraße 10
09111 Chemnitz
Tel.: 03 71/68 20
   Abteilung für Wirtschaft und Arbeit
   Referat Wirtschaftsförderung
   Tel.: 03 71/6 82 33 84/3320

Regierungspräsidium Dresden
August-Bebel-Straße 9
01219 Dresden
Tel.: 03 51/4 71 56 00
   Abteilung Wirtschaftsförderung
   Tel.: 03 51/4 85 25 26/2505

Regierungspräsidium Leipzig
Karl-Liebknecht-Straße 145
04277 Leipzig
Tel.: 03 41/39 90
   Abteilung Wirtschaft und Arbeit
   Tel.: 03 41/3 99 24 27/2480

Sachsen-Anhalt

Ministerium für Wirtschaft, Technologie und Verkehr
Wilhelm-Höpfner-Ring 5
Postfach 3480
39116 Magdeburg
Tel.: 03 91/5 67 01
Fax: 03 91/61 50 72

Industrie- und Handelskammer Magdeburg
Alter Markt 8
Postfach 1840
39104 Magdeburg
Tel.: 03 91/5 69 30
Fax: 03 91/34 43 91

Treuhandanstalt
Niederlassung Magdeburg
Otto-von-Guericke-Straße 107
Postfach 4107
39104 Magdeburg
Tel.: 03 91/56 60-0
Fax: 03 91/3 29 12

Antragannahmestellen für Investitionszuschüsse
"Verbesserung der regionalen Wirtschaftsstruktur"

    Bezirksregierung Magdeburg
    Abteilung 3
    Dezernat 33
    Olvenstedter Straße 1/2
    39108 Magdeburg
    Tel.: 03 91/5 67 02
    Fax: 03 91/5 67 26 45

    Bezirksregierung Dessau
    Abteilung 3
    Dezernat 33
    Bauhofstraße 27
    06842 Dessau
    Tel.: 03 40/82 11 16
    Fax: 03 40/82 30 77

    Bezirksregierung Halle
    Abteilung 3
    Dezernat 33
    Willy-Lohmann-Straße 7-9
    06114 Halle
    Tel.: 03 45/34 70
    Fax: 03 45/34 71-444

Wirtschaftsförderungsgesellschaft für das Land Sachsen-Anhalt GmbH
Wilhelm-Höpfner-Ring 4
39116 Magdeburg
Tel.: 03 91/5 67 43 67
     03 91/61 51 24
Fax: 03 91/35 15 99

Thüringen

Thüringer Ministerium für Wirtschaft und Verkehr
Johann-Sebastian-Bach Straße 1
99096 Erfurt
Tel.: 03 61/6 63-0
Fax: 03 61/3 16 15

Thüringer Landes-Wirtschaftsförderungsgesellschaft
Tschaikowskistraße 11
99096 Erfurt
Tel.: 03 61/42 92-0
Fax: 03 61/4 29 22 02

TLW-Außenstelle Gera
Am Ziegelberg 25
07545 Gera
Tel.: 03 65/5 41 53 oder 2 22 15

TLW-Außenstelle Suhl
Am Bahnhof 3
98529 Suhl
Tel: 0 36 81/3 93 30
Fax: 03 61/3 99 33 26

TLW-Außenstelle Artern
Fräuleinstraße 11
06556 Artern
Tel.: 0 34 66/3 12 43
Fax: 0 34 66/3 12 47

Thüringer Aufbaubank
Neuwerkstraße 10
99084 Erfurt
Tel.: 03 61/66 61-0
Fax: 03 61/66 61-221

Industrie- und Handelskammer Erfurt
Friedrich-List-Straße 36
99096 Erfurt
Tel: 03 61/42 69-0

IHK Ostthüringen Gera
Feuerbachstraße 9
07548 Gera
Tel: 03 65/5 15 13

IHK Südthüringen
Auenstraße 27
98529 Suhl
Tel.: 0 36 81/2 22 78

Verband der Wirtschaft Thüringens e.V.
Lossiustraße 1
99094 Erfurt
Tel.: 03 61/6 75 90
Fax: 03 61/67 59-222

Handwerkskammer Erfurt
Fischmarkt 13-16
99084 Erfurt
Tel.: 03 61/6 30 67

Handwerkskammer Ostthüringen
Puschkinplatz 4
07545 Gera
Tel.: 03 65/5 14 50

Handwerkskammer Südthüringen
Rosa-Luxemburg-Straße 8
98527 Suhl
Tel.: 0 36 81/2 01 13

Mittelständische Beteiligungsgesellschaft Thüringen mbH
Neuwerkstraße 10
99084 Erfurt

Brandenburg

An der Ausarbeitung des Berichtes haben das Ministerium der Finanzen, das Ministerium für Arbeit, Soziales, Gesundheit und Frauen; das Ministerium für Stadtentwicklung, Wohnen und Verkehr und das Ministerium für Ernährung, Landwirtschaft und Forsten mitgearbeitet.

Anfragen:
Ministerium für Wirtschaft, Mittelstand und Technologie des Landes Brandenburg
Heinrich-Mann-Allee 107
14473 Potsdam
Tel.: 03 31/8 66 15 59

Mecklenburg-Vorpommern

Der Abschnitt Haushalts- und Finanzlage wurde vom Finanzminister, der Abschnitt Land- und Forstwirtschaft vom Landwirtschaftsminister und der Abschnitt Arbeitsmarkt vom Sozialminister des Landes Mecklenburg-Vorpommern zur Verfügung gestellt.

Stichwortverzeichnis

367